U0710547

紹興大典 史部

萬曆新修餘姚縣志 1

中華書局

圖書在版編目(CIP)數據

（萬曆）新修餘姚縣志 / (明) 史樹德修 ; (明) 楊文焕等纂 . – 北京 : 中華書局 , 2024.6. – (紹興大典). – ISBN 978-7-101-16925-6

Ⅰ . K295.54

中國國家版本館 CIP 數據核字第 2024PN2392 號

書　　名	（萬曆）新修餘姚縣志（全二册）
叢 書 名	紹興大典・史部
修　　者	〔明〕史樹德
纂　　者	〔明〕楊文焕　沈應文 等
項目策劃	許旭虹
責任編輯	梁五童
裝幀設計	許麗娟
責任印製	管　斌
出版發行	中華書局
	（北京市豐臺區太平橋西里38號 100073）
	http: // www. zhbc. com. cn
	E-mail: zhbc@zhbc. com. cn
印　　刷	天津藝嘉印刷科技有限公司
版　　次	2024年6月第1版
	2024年6月第1次印刷
規　　格	開本787×1092毫米　1/16
	印張67　插頁2
國際書號	ISBN 978-7-101-16925-6
定　　價	980.00元

學術顧問（按姓氏筆畫排序）

安平秋　李　岩　吴　格
袁行霈　張志清　葛劍雄
樓宇烈

編纂工作指導委員會

主　　任　盛閲春（二〇二二年九月至二〇二三年一月在任）
　　　　　温　暖　施惠芳　肖啓明　熊遠明

第一副主任　丁如興

副 主 任　陳偉軍　汪俊昌　馮建榮

成　　員（按姓氏筆畫排序）
　　　　　王静静　朱全紅　沈志江　金水法　俞正英
　　　　　胡華良　茹福軍　徐　軍　陳　豪　黄旭榮
　　　　　裘建勇　樓　芳　魯霞光　魏建東

編纂委員會

序

紹興是國務院公布的首批中國歷史文化名城，是中華文明的多點起源地之一和越文化的發祥、壯大之地。從嵊州小黄山遺址迄今，已有一萬多年的文化史；從大禹治水迄今，已有四千多年的文明史；從越國築句踐小城和山陰大城迄今，已有兩千五百多年的建城史。建炎四年（一一三〇），宋高宗駐蹕越州，取義「紹奕世之宏庥，興百年之丕緒」，次年改元紹興，賜名紹興府，領會稽、山陰、蕭山、諸暨、餘姚、上虞、嵊、新昌等八縣。元改紹興路，明初復爲紹興府，清沿之。

紹興坐陸面海，嶽峙川流，風光綺麗，物産富饒，民風淳樸，士如過江之鯽，彬彬稱盛。春秋末越國有「八大夫」佐助越王卧薪嘗膽，力行「五政」，崛起東南，威續戰國，四分天下有其一，成就越文化的第一次輝煌。秦漢一統後，越文化從尚武漸變崇文。晋室東渡，北方士族大批南遷，王、謝諸大家紛紛遷居於此，一時人物之盛，雲蒸霞蔚，學術與文學之盛冠於江左，給越文化注入了新的活力。唐時的越州是詩人行旅歌詠之地，形成一條江南唐詩之路。至宋代，尤其是宋室南遷後，越中理學繁榮，文學昌盛，領一時之先。明代陽明心學崛起，這一時期的越文化，宣導致良知、知行合一，重於事功，伴隨而來的是越中詩文、書畫、戲曲的興盛。明清易代，有劉宗周等履忠蹈義，慷慨赴死，亦有黄宗羲率其門人，讀書窮經，關注世用，成其梨洲一派。至清中葉，會稽章學誠等人紹承梨洲之學而開浙東史學之新局。晚清至現代，越中知識分子心懷天下，秉持先賢「膽劍精神」，再次站在歷史變革的潮頭，蔡元培、魯迅等人「開拓越學」，使紹興成爲新文化運動和新民主主義革命的重要陣地。越文化兼容並包，與時偕變，勇於創新，隨着中國社會歷史的變遷，無論其内涵和特質發生何種變化，均以其獨特、强盛的生命力，推動了中華文明的發展。

文獻典籍承載着廣博厚重的精神財富、生生不息的歷史文脉。紹興典籍之富，甲於東南，號爲文獻之邦。從兩漢到魏晋再至近現代，紹興人留下了浩如煙海、綿延不斷的文獻典籍。陳橋驛先生在《紹興地方文獻考録·前言》中説：「紹興是我國歷史上地方文獻最豐富的地方之一。」有我國地方志的開山之作《越絶書》，有唯物主義的哲學巨著《論衡》，有書法藝術和文學價值均登峰造極的《蘭亭集序》，有詩爲「中興之冠」的陸游《劍南詩稿》，有輯録陽明心學精義的儒學著作《傳習録》等，這些文獻，不僅對紹興一地具有重要價值，對浙江乃至全國來説，也有深遠意義。

紹興藏書文化源遠流長。歷史上的藏書家多達百位，知名藏書樓不下三十座，其中以澹生堂最爲著名，藏書十萬餘卷。近現代，紹興又首開國内公共圖書館之先河。光緒二十六年（一九〇〇），紹興鄉紳徐樹蘭獨力捐銀三萬餘兩，圖書七萬餘卷，創辦國内首個公共圖書館——古越藏書樓。越中多名士，自也與藏書聚書風氣有關。

習近平總書記强調，「我們要加强考古工作和歷史研究，讓收藏在博物館裏的文物、陳列在廣闊大地上的遺産、書寫在古籍裏的文字都活起來，豐富全社會歷史文化滋養」。黨的十八大以來，黨中央站在實現中華民族偉大復興的高度，對傳承和弘揚中華優秀傳統文化作出一系列重大决策部署。中共中央辦公廳、國務院辦公廳二〇一七年一月印發了《關於實施中華優秀傳統文化傳承發展工程的意見》，二〇二二年四月又印發了《關於推進新時代古籍工作的意見》。

盛世修典，是中華民族的優秀傳統，是國家昌盛的重要象徵。近年來，紹興地方文獻典籍的利用呈現出多層次、多方位探索的局面，從文史界到全社會都在醖釀進一步保護、整理、開發、利用紹興歷史文獻的措施，形成了廣泛共識。中共紹興市委、市政府深入學習貫徹習近平總書記重要指示精神，積極響應國家重大戰略部署，以提振紹興人文氣運的文化自覺和存續一方文脉的歷史擔當，作出了編纂出版《紹興大典》的重大決定，計劃用十年時間，系統、全面、客觀梳理紹興文化傳承脉絡，收集、整理、編纂、出版紹興地方歷史文獻。二〇二二年十月，中共紹興市委辦公室、紹興市人民政府辦公室印發《關於〈紹興大典〉編纂出版工作實施方案的通知》。自此，《紹興大典》編纂出版各項工作開始有序推進。

百餘年前，魯迅先生提出「開拓越學，俾其曼衍，至於無疆」的願景，今天，我們繼先賢之志，實施紹興歷史上前無古人的文化工程，希冀通過《紹興大典》的編纂出版，從浩瀚的紹興典籍中尋找歷史印記，從豐富的紹興文化中挖掘鮮活資源，從悠遠的紹興歷史中把握發展脉絡，古爲今用，繼往開來，爲新時代「文化紹興」建設注入强大動力。我們將懷敬畏之心，以古人「三不朽」的立德修身要求，爲紹興這座中國歷史文化名城和「東亞文化之都」立傳畫像，爲全世界紹興人築就恒久的精神家園。

是爲序。

温暖

二〇二三年十月

前言

越國故地，是中華文明的重要起源地，中華優秀傳統文化的重要貢獻地，中華文獻典籍的重要誕生地。紹興，是越國古都，國務院公布的第一批歷史文化名城。編纂出版《紹興大典》，是綿延中華文獻之大計，弘揚中華文化之良策，傳承中華文明之壯舉。

一

紹興有源遠流長的文明，是中華文明的縮影。

中國有百萬年的人類史，一萬年的文化史，五千多年的文明史。中華文明，是中華民族長期實踐的積累，集體智慧的結晶，不斷發展的產物。各個民族，各個地方，都爲中華文明作出了自己獨具特色的貢獻。紹興人同樣爲中華文明的起源與發展，作出了自己傑出的貢獻。

現代考古發掘表明，早在約十六萬年前，於越先民便已經在今天的紹興大地上繁衍生息。二〇一七年初，在嵊州崇仁安江村蘭山廟附近，出土了於越先民約十六萬年前使用過的打製石器〔一〕。這是曹娥江流域首次發現的舊石器遺存，爲探究這一地區中更新世晚期至晚更新世早期的人類活動、

〔一〕陸瑩等撰《浙江蘭山廟舊石器遺址網紋紅土釋光測年》，《地理學報》英文版，二〇二〇年第九期，第一四三六至一四五〇頁。

華南地區與現代人起源的關係、小黄山遺址的源頭等提供了重要綫索。

距今約一萬至八千年的嵊州小黄山遺址〔一〕，於二〇〇六年與上山遺址一起，被命名爲上山文化。該遺址中的四個重大發現，引人矚目：一是水稻實物的穀粒印痕遺存，以及儲藏坑、鐮形器、石磨棒、石磨盤等稻米儲存空間與收割、加工工具的遺存；二是種類與器型衆多的夾砂、夾炭、夾灰紅衣陶與黑陶等遺存；三是我國迄今發現的最早的立柱建築遺存，以及石杵立柱遺存；四是我國新石器時代遺址中迄今發現的最早的石雕人首。

蕭山跨湖橋遺址出土的山茶種實，表明於越先民在八千多年前已開始對茶樹及茶的利用與探索〔二〕。距今約六千年前的餘姚田螺山遺址發現的山茶屬茶樹根遺存，有規則地分布在聚落房屋附近，特别是其中出土了一把與現今茶壺頗爲相似的陶壺，表明那時的於越先民已經在有意識地種茶用茶了〔三〕。

對美好生活的嚮往無止境，創新便無止境。於越先民在一萬年前燒製出世界上最早的彩陶的基礎上〔四〕，經過數千年的探索實踐，終於在夏商之際，燒製出了人類歷史上最早的原始瓷〔五〕；繼而又在東漢時，燒製出了人類歷史上最早的成熟瓷。現代考古發掘表明，漢時越地的窑址，僅曹娥江兩岸的上虞，就多達六十一處〔六〕。

中國是目前發現早期稻作遺址最多的國家，是世界上最早發現和利用茶樹的國家，更是瓷器的故

〔一〕浙江省文物考古研究所編《上山文化：發現與記述》，文物出版社二〇一六年版，第七一頁。
〔二〕浙江省文物考古研究所、蕭山博物館編《跨湖橋》，文物出版社二〇〇四年版，彩版四五。
〔三〕北京大學中國考古學研究中心、浙江省文物考古研究所編《田螺山遺址自然遺存綜合研究》，文物出版社二〇一一年版，第一一七頁。
〔四〕孫瀚龍、趙曄著《浙江史前陶器》，浙江人民出版社二〇二二年版，第三頁。
〔五〕鄭建華、謝西營、張馨月著《浙江古代青瓷》，浙江人民出版社二〇二二年版，上册，第四頁。
〔六〕宋建明主編《早期越窑——上虞歷史文化的豐碑》，中國書店二〇一四年版，第二四頁。

鄉。《（嘉泰）會稽志》卷十七記載「會稽之產稻之美者，凡五十六種」，稻作文明的進步又直接促成了紹興釀酒業的發展。同卷又單列「日鑄茶」一條，釋曰「日鑄嶺在會稽縣東南五十五里，嶺下有僧寺名資壽，其陽坡名油車，朝暮常有日，產茶絶奇，故謂之日鑄」。可見紹興歷史上物質文明之發達，真可謂「天下無儔」。

二

紹興有博大精深的文化，是中華文化的縮影。

文化是一條源遠流長的河，流過昨天，流到今天，還要流向明天。悠悠萬事若曇花一現，唯有文化與日月同輝。

大量的歷史文獻與遺址古迹表明，四千多年前，大禹與紹興結下了不解之緣。大禹治平天下之水，漸九川，定九州，至於諸夏乂安，《史記·夏本紀》載：「禹會諸侯江南，計功而崩，因葬焉，命曰會稽。會稽者，會計也。」裴駰注引《皇覽》曰：「禹冢在山陰縣會稽山上。會稽山本名苗山，在縣南，去縣七里。」《（嘉泰）會稽志》卷六「大禹陵」：「禹巡守江南，上苗山，會稽諸侯，死而葬焉。……劉向書云：禹葬會稽，不改其列，謂不改林木百物之列也。苗山自禹葬後，更名會稽。是山之東，有隴隱若劍脊，西嚮而下，下有窆石，或云此正葬處。」另外，大禹在以會稽山爲中心的越地，還有一系列重大事迹的記載，包括娶妻塗山、得書宛委、畢功了溪、誅殺防風、禪祭會稽、築治邑室等。

以至越王句踐，「其先禹之苗裔，而夏后帝少康之庶子也，封於會稽，以奉守禹之祀」（《史記·越王句踐世家》）。句踐的功績，集中體現在他一系列的改革舉措以及由此而致的強國大業上。

他創造了「法天象地」這一中國古代都城選址與布局的成功範例，奠定了近一個半世紀越國號稱天下强國的基礎，造就了紹興發展史上的第一個高峰，更實現了東周以來中國東部沿海地區暨長江下游地區的首次一體化，讓人們在數百年的分裂戰亂當中，依稀看到了一統天下的希望，爲後來秦始皇統一中國，建立真正大一統的中央政權，進行了區域性的準備。因此，司馬遷稱：「苗裔句踐，苦身焦思，終滅强吴，北觀兵中國，以尊周室，號稱霸王。句踐可不謂賢哉！蓋有禹之遺烈焉。」

千百年來，紹興涌現出了諸多譽滿海内、雄稱天下的思想家，他們的著述世不絶傳、遺澤至今，他們的思想卓犖英發、光彩奪目。哲學領域，聚諸子之精髓，啓後世之思想。政治領域，以家國之情懷，革社會之弊病。經濟領域，重生民之生業，謀民生之大計。教育領域，育天下之英才，啓時代之新風。史學領域，創史志之新例，傳千年之文脉。

紹興是中國古典詩歌藝術的寶庫。四言詩《候人歌》被稱爲「南音之始」。於越《彈歌》是我國文學史上僅存的二言詩。《越人歌》是越地的第一首情歌、中國的第一首譯詩。山水詩的鼻祖，是上虞人謝靈運。唐代，這裏涌現出了賀知章等三十多位著名詩人。宋元時，這裏出了别開詩歌藝術天地的陸游、王冕、楊維楨。

紹興是中國傳統書法藝術的故鄉。鳥蟲書與《會稽刻石》中的小篆，影響深遠。中國的文字成爲藝術品之習尚，文字由書寫轉向書法，是從越人的鳥蟲書開始的。而自王羲之《蘭亭序》之後，紹興更是成爲中國書法藝術的聖地。翰墨碑刻，代有名家精品。

紹興是中國古代繪畫藝術的重鎮。世界上最早彩陶的燒製，展現了越人的審美情趣。「文身斷髮」與「鳥蟲書」，實現了藝術與生活最原始的結合。戴逵與戴顒父子、僧仲仁、王冕、徐渭、陳洪綬、趙之謙、任熊、任伯年等在中國繪畫史上有開宗立派的地位。

一九一二年一月，魯迅爲紹興《越鐸日報》創刊號所作發刊詞中寫道：「於越故稱無敵於天下，海岳精液，善生俊異，後先絡繹，展其殊才；其民復存大禹卓苦勤勞之風，同句踐堅確慷慨之志，力作治生，綽然足以自理。」可見，紹興自古便是中華文化的重要發源地與傳承地，紹興人更是世代流淌着「卓苦勤勞」「堅確慷慨」的精神血脉。

三

紹興有琳琅滿目的文獻，是中華文獻的縮影。

自有文字以來，文獻典籍便成了人類文明與人類文化的基本載體。紹興地方文獻同樣爲中華文明與中華文化的傳承發展，作出了傑出的貢獻。

中華文明之所以成爲世界上唯一没有中斷、綿延至今、益發輝煌的文明，在於因文字的綿延不絶而致的文獻的源遠流長、浩如煙海。中華文化之所以成爲中華民族有别於世界上其他任何民族的顯著特徵並流傳到今天，靠的是中華兒女一代又一代的言傳身教、口口相傳，更靠的是文獻典籍一代又一代的忠實書寫、守望相傳。

無數的甲骨、簡牘、古籍、拓片等中華文獻，無不昭示着中華文明的光輝燦爛、欣欣向榮，無不昭示着中華文化的廣博淵綜、蒸蒸日上。它們既是中華文明與中華文化的基本載體，又是中華文明與中華文化的重要組成部分，是十分重要的物質文化遺産。

紹興地方文獻作爲中華文獻重要的組成部分，積澱極其豐厚，特色十分明顯。

（一）文獻體系完備

紹興的文獻典籍根基深厚，載體體系完備，大體經歷了四個階段的歷史演變。

一是以刻符、紋樣、器型爲主的史前時代。代表性的，有作爲上山文化的小黄山遺址中出土的彩陶上的刻符、印紋、圖案等。

二是以金石文字爲主的銘刻時代。代表性的，有越國時期玉器與青銅劍上的鳥蟲書等銘文、秦《會稽刻石》、漢「大吉」摩崖、漢魏六朝時的會稽磚甓銘文與會稽青銅鏡銘文等。

三是以雕版印刷爲主的版刻時代。代表性的，有中唐時期越州刊刻的元稹、白居易的詩集。唐長慶四年（八二四），浙東觀察使兼越州刺史元稹，在爲時任杭州刺史的好友白居易《白氏長慶集》所作的序言中寫道：「揚、越間多作書模勒樂天及予雜詩，賣於市肆之中也。」這是有關中國刊印書籍的最早記載之一，説明越地開創了「模勒」這一雕版印刷的風氣之先。宋時，兩浙路茶鹽司等機關和紹興府、紹興府學等，競相刻書，版刻業快速繁榮，紹興成爲兩浙乃至全國的重要刻書地，所刻之書多稱「越本」「越州本」。明代，紹興刊刻呈現出了官書刻印多、鄉賢先哲著作和地方文獻多、私家刻印特色叢書多的特點。清代至民國，紹興整理、刊刻古籍叢書成風，趙之謙、平步青、徐友蘭、章壽康、羅振玉等，均有大量輯刊，蔡元培早年應聘於徐家校書達四年之久。

四是以機器印刷爲主的近代出版時期。這一時期呈現出傳統技術與西方新技術並存、傳統出版物與維新圖强讀物並存的特點。代表性的出版機構，在紹興的有徐友蘭於一八六二年創辦的墨潤堂等。另外，吴隱於一九〇四年參與創辦了西泠印社；紹興人沈知方於一九一二年參與創辦了中華書局，還於一九一七年創辦了世界書局。代表性的期刊，有羅振玉於一八九七年在上海創辦的《農學報》，杜亞泉於一九〇一年在上海創辦的《普通學報》，羅振玉於一九〇一年在上海發起、王國維主筆的《教育世界》，杜亞泉等於一九〇二年在上海編輯的《中外算報》，秋瑾於一九〇七年在上海創辦的《中國女報》等。代表性的報紙，有蔡元培於一九〇三年在上海創辦的《俄事警聞》等。

紹興文獻典籍的這四個演進階段，既相互承接，又各具特色，充分彰顯了走在歷史前列、引領時代潮流的特徵，總體上呈現出了載體越來越多元、内涵越來越豐富、傳播越來越廣泛、對社會生活的影響越來越深遠的歷史趨勢。

（二）藏書聲聞華夏

紹興歷史上刻書多，便爲藏書提供了前提條件，因而藏書也多。大禹曾「登宛委山，發金簡之書，案金簡玉字，得通水之理」（《吴越春秋》卷六），還「巡狩大越，見耆老，納詩書」（《越絶書》卷八），這是紹興有關采集收藏圖書的最早記載。句踐曾修築「石室」藏書，「晝書不倦，晦誦竟旦」（《越絶書》卷十二）。

造紙術與印刷術的發明和推廣，使得書籍可以成批刷印，爲藏書提供了極大便利。王充得益於藏書資料，寫出了不朽的《論衡》。南朝梁時，山陰人孔休源「聚書盈七千卷，手自校治」（《梁書·孔休源傳》），成爲紹興歷史上第一位有明文記載的藏書家。唐代時，越州出現了集刻書、藏書、讀書於一體的書院。五代十國時，南唐會稽人徐鍇精於校勘，雅好藏書，「江南藏書之盛，爲天下冠，鍇力居多」（《南唐書·徐鍇傳》）。

宋代雕版印刷術日趨成熟，爲書籍的化身千百與大規模印製創造了有利條件，也爲藏書提供了更多來源。特别是宋室南渡、越州升爲紹興府後，更是出現了以陸氏、石氏、李氏、諸葛氏等爲代表的藏書世家。陸游曾作《書巢記》，稱「吾室之内，或棲於櫝，或陳於前，或枕藉於床，俯仰四顧，無非書者」。《（嘉泰）會稽志》中專設《藏書》一目，説明了當時藏書之風的盛行。元時，楊維楨「積書數萬卷」（《鐵笛道人自傳》）。

明代藏書業大發展，出現了鈕石溪的世學樓等著名藏書樓。其中影響最大的藏書家族，當數山陰祁氏；影響最大的藏書樓，當數祁承㸁創辦的澹生堂，至其子彪佳時，藏書達三萬多卷。

清代是紹興藏書業的鼎盛時期，有史可稽者凡二十六家，諸如章學誠、李慈銘、陶濬宣等。上虞王望霖建天香樓，藏書萬餘卷，尤以藏書家之墨迹與鈎摹鐫石聞名。徐樹蘭創辦的古越藏書樓，以存古開新爲宗旨，以資人觀覽爲初心，成爲中國近代第一家公共圖書館。

民國時，代表性的紹興藏書家與藏書樓有：羅振玉的大雲書庫、徐維則的初學草堂、蔡元培創辦的養新書藏、王子餘開設的萬卷書樓、魯迅先生讀過書的三味書屋等。

根據二〇一六年完成的古籍普查結果，紹興全市十家公藏單位，共藏有一九一二年以前産生的中國傳統裝幀書籍與民國時期的傳統裝幀書籍三萬九千七百七十七種、二十二萬六千一百二十五册，分别占了浙江省三十三萬七千四百零五種的百分之十一點七九、二百五十萬六千六百三十三册的百分之九點零二。這些館藏的文獻典籍，有不少屬於名人名著，其中包括在别處難得見到的珍稀文獻。這是紹興這個地靈人傑的文獻名邦確實不同凡響的重要見證。

一部紹興的藏書史，其實也是一部紹興人的讀書、用書、著書史。歷史上的紹興，刻書、藏書、讀書、用書、著書，良性循環，互相促進，成爲中國文化史上一道亮麗的風景。

（三）著述豐富多彩

紹興自古以來，論道立説、卓然成家者代見輩出，創意立言、名動天下者繼踵接武，歷朝皆有傳世之作，各代俱見槃槃之著。這些文獻，不僅對紹興一地有重要價值，而且也是浙江文化乃至中國古代文化的重要組成部分。

一是著述之風，遍及各界。越人的創作著述，文學之士自不待言，爲政、從軍、業賈者亦多喜筆耕，屢有不刊之著。甚至於鄉野市井之口頭創作、謡歌俚曲，亦代代敷演，蔚爲大觀，其中更是多有内藴厚重、哲理深刻、色彩斑斕之精品，遠非下里巴人，足稱陽春白雪。

二是著述整理，尤爲重視。越人的著述，包括對越中文獻乃至我國古代文獻的整理。宋孔延之的《會稽掇英總集》，清杜春生的《越中金石記》，近代魯迅的《會稽郡故書雜集》等，都是收輯整理地方文獻的重要成果。陳橋驛所著《紹興地方文獻考録》，是另一種形式的著述整理，其中考録一九四九年前紹興地方文獻一千二百餘種。清代康熙年間，紹興府山陰縣吴楚材、吴調侯叔侄選編的《古文觀止》，自問世以來，一直是古文啓蒙的必備書，也深受古文愛好者的推崇。

三是著述領域，相涉廣泛。越人的著述，涉及諸多領域。其中古代以經、史與諸子百家研核之作爲多，且基本上涵蓋了經、史、子、集的各個分類，近現代以文藝創作爲多，當代則以科學研究論著爲多。這也體現了越中賢傑經世致用、與時俱進的家國情懷。

四

盛世修典，承古啓新，以「紹興」之名，行紹興之實。

紹興這個名字，源自宋高宗的升越州爲府，並冠以年號，時在紹興元年（一一三一）的十月廿六日。這是對這座城市傳統的畫龍點睛。紹興這兩個字合在一起，藴含的正是承繼前業而壯大之、開創未來而昌興之的意思。數往而知來，今天的紹興人正賦予這座城市、這個名字以新的意藴，那就是繼承中華優秀傳統文化，建設中華民族現代文明，爲實現中華民族偉大復興，作出自己新的更大的貢獻。

編纂出版《紹興大典》，正是紹興地方黨委、政府文化自信、文化自覺的體現，是集思廣益、精心實施的德政，是承前啓後、繼往開來的偉業。

（一）科學的決策

《紹興大典》的編纂出版，堪稱黨委、政府科學決策的典範。二〇二〇年十二月十一日，中共紹興市委八屆九次全體（擴大）會議審議通過了關於紹興市「十四五」規劃和二〇三五年遠景目標的建議，其中首次提出要啓動《紹興大典》的編纂出版工作。

二〇二一年二月五日，紹興市第八届人民代表大會第六次會議批准了市政府根據市委建議編製的紹興市「十四五」規劃和二〇三五年遠景目標綱要，其中又專門寫到要啓動《紹興大典》的編纂出版工作。二月八日，紹興市人民政府正式印發了這個重要文件。

二〇二二年二月二十八日的中共紹興市第九次代表大會市委工作報告與三月三十日的紹興市九届人大一次會議政府工作報告，均對編纂出版《紹興大典》提出了要求。

二〇二二年九月十五日，紹興市人民政府第十一次常務會議專題聽取了《〈紹興大典〉編纂出版工作實施方案》起草情况的匯報，决定根據討論意見對實施意見進行修改完善後，提交市委常委會議審議。九月十六日，中共紹興市委九届二十次常委會議專題聽取《〈紹興大典〉編纂出版工作實施方案》起草情况的匯報，並進行了討論，決定批准這個方案。十月十日，中共紹興市委辦公室、紹興市人民政府辦公室正式印發了《〈紹興大典〉編纂出版工作實施方案》。

（二）嚴謹的體例

在中共紹興市委、紹興市人民政府研究批准的實施方案中，《紹興大典》編纂出版的各項相關事宜，均得以明確。

一是主要目標。系統、全面、客觀梳理紹興文化傳承脉絡，收集、整理、編纂、研究、出版紹興地方文獻，使《紹興大典》成爲全國鄉邦文獻整理編纂出版的典範和紹興文化史上的豐碑，爲努力打造「文獻保護名邦」「文史研究重鎮」「文化轉化高地」三張紹興文化的金名片作出貢獻。

二是收録範圍。《紹興大典》收録的時間範圍爲：起自先秦時期，迄至一九四九年九月三十日，部分文獻酌情下延。地域範圍爲：今紹興市所轄之區、縣（市），兼及歷史上紹興府所轄之蕭山、餘姚。内容範圍爲：紹興人的著述，域外人士有關紹興的著述，歷史上紹興刻印的古籍善本和紹興收藏的珍稀古籍善本。

三是編纂方法。對所録文獻典籍，按經、史、子、集和叢五部分類方法編纂出版。

根據實施方案明確的時間安排與階段劃分，在具體編纂工作中，采用先易後難、先急後緩，邊編纂出版、邊深入摸底的方法。即先編纂出版情況明瞭、現實急需的典籍，與此同時，對面上的典籍情况進行深入的摸底調查。這樣的方法，既可以用最快的速度出書，以滿足保護之需、利用之需，又可以爲一些難題的破解争取時間；既可以充分發揮我國實力最强的專業古籍出版社中華書局的編輯出版優勢，又可以充分借助與紹興相關的典籍一半以上收藏於我國古代典籍收藏最爲宏富的國家圖書館的優勢。這是最大限度地避免時間與經費上的重複浪費的方法，也是地方文獻編纂出版工作方法上的創新。

另外，還將適時延伸出版《紹興大典·要籍點校叢刊》《紹興大典·文獻研究叢書》《紹興大典·善本影真叢覽》等。

（三）非凡的意義

正如紹興的文獻典籍在中華文獻典籍史上具有重要的影響那樣，編纂出版《紹興大典》的意義，同樣也是非同尋常的。

一是編纂出版《紹興大典》，對於文獻典籍的更好保護——活下來，具有非同尋常的意義。歷史上的文獻典籍，是中華文明歷經滄桑留下的最寶貴的東西。然而，這些瑰寶或因天災人禍，或因自然老化，或因使用過度，或因其他緣故，有不少已經處於岌岌可危甚至奄奄一息的境況。

編纂出版《紹興大典》，可以爲系統修復、深度整理這些珍貴的古籍争取時間；可以最大限度呈現底本的原貌，緩解藏用的矛盾，更好地方便閲讀與研究。這是文獻典籍眼下的當務之急，最好的續命之舉。

二是編纂出版《紹興大典》，對於文獻典籍的更好利用——活起來，具有非同尋常的意義。歷史上的文獻典籍，流傳到今天，實屬不易，殊爲難得。它們雖然大多保存完好，其中不少還是善本，但分散藏於公私，積久塵封，世人難見；也有的已成孤本，或至今未曾刊印，僅有稿本、抄本，秘不示人，無法查閲。

編纂出版《紹興大典》，將穿越千年的文獻、深庋密鎖的秘藏、散落全球的珍寶匯聚起來，化身萬千，走向社會，走近讀者，走進生活，既可防它們失傳之虞，又可使它們嘉惠學林，也可使它們古爲今用，文旅融合，還可使它們延年益壽，推陳出新。這是於文獻典籍利用一本萬利、一舉多得的好事。

三是編纂出版《紹興大典》，對於文獻典籍的更好傳承——活下去，具有非同尋常的意義。歷史上的文獻典籍，能保存至今，是先賢們不惜代價，有的是不惜用生命爲代價换來的。對這些傳承至今的古籍本身，我們應當倍加珍惜。

編纂出版《紹興大典》，正是爲了述録先人的開拓，啓迪來者的奮鬥，使這些珍貴古籍世代相傳，使藴藏在這些珍貴古籍身上的中華優秀傳統文化世代相傳。這是中華文化創造性轉化、創新性發展的通途所在。

編纂出版《紹興大典》，是紹興文化發展史上的曠古偉業。編成後的《紹興大典》，將成爲全國範圍内的同類城市中，第一部收録最爲系統、内容最爲豐贍、品質最爲上乘的地方文獻集成。

紹興這個地方，古往今來，都在不懈超越。超乎尋常，追求卓越。超越自我，超越歷史。《紹興大典》的編纂出版，無疑會是紹興文化發展史上的又一次超越。

道阻且長，行則將至；行而不輟，成功可期。「後之視今，亦猶今之視昔」；「後之覽者，亦將有感於斯文」（《蘭亭集序》）。讓我們一起努力吧！

馮建榮

二〇二三年六月十日，星期六，成稿於寓所

二〇二三年中秋、國慶假期，校改於寓所

編纂説明

紹興古稱會稽，歷史悠久。

大禹治水，畢功了溪，計功今紹興城南之茅山（苗山），崩後葬此，此山始稱會稽，此地因名會稽，距今四千多年。

大禹第六代孫夏后少康封庶子無餘於會稽，以奉禹祀，號曰「於越」，此爲吾越得國之始。《竹書紀年》載，成王二十四年，於越來賓。是亦此地史載之始。

距今兩千五百多年，越王句踐遷都築城於會稽山之北（今紹興老城區），是爲紹興建城之始，於今城不移址，海内罕有。

秦始皇滅六國，御海内，立郡縣，成定制。是地屬會稽郡，郡治爲吴縣，所轄大率吴越故地。東漢順帝永建四年（一二九），析浙江之北諸縣置吴郡，是爲吴越分治之始。會稽名仍其舊，郡治遷山陰。由隋至唐，會稽改稱越州，時有反復，至中唐後，「越州」遂爲定稱而至於宋。所轄時有增減，至五代後梁開平二年（九〇八），吴越析剡東十三鄉置新昌縣，自此，越州長期穩定轄領會稽、山陰、蕭山、諸暨、餘姚、上虞、嵊縣、新昌八邑。

建炎四年（一一三〇），宋高宗趙構駐蹕越州，取「紹奕世之宏庥，興百年之丕緒」之意，下詔從建炎五年正月改元紹興。紹興元年（一一三一）十月己丑升越州爲紹興府，斯地乃名紹興，沿用至今。

歷史的悠久，造就了紹興文化的發達。數千年來文化的發展、沉澱，又給紹興留下了燦爛的文化載體——鄉邦文獻。保存至今的紹興歷史文獻，有方志著作、家族史料、雜史輿圖、文人筆記、先賢文集、醫卜星相、碑刻墓誌、摩崖遺存、地名方言、檔案文書等不下三千種，可以説，凡有所録，應有盡有。這些文獻從不同角度記載了紹興的山川地理、風土人情、經濟發展、人物傳記、著述藝文等各個方面，成爲人們瞭解歷史、傳承文明、教育後人、建設社會的重要參考資料，其中許多著作不僅對紹興本地有重要價值，也是江浙文化乃至中華古代文化的重要組成部分。

紹興歷代文人對地方文獻的探尋、收集、整理、刊印等都非常重視，並作出過不朽的貢獻，陳橋驛先生就是代表性人物。正是在他的大力呼籲下，時任紹興縣政府主要領導作出了編纂出版《紹興叢書》的決策，爲今日《紹興大典》的編纂出版積累了經驗，奠定了基礎。

時至今日，爲貫徹落實習近平總書記系列重要講話精神，奮力打造新時代文化文明高地，重輝「文獻名邦」，中共紹興市委、市政府毅然作出編纂出版《紹興大典》的決策部署。延請全國著名學者樓宇烈、袁行霈、安平秋、葛劍雄、吴格、李岩、熊遠明、張志清諸先生參酌把關，與收藏紹興典籍最豐富的國家圖書館等各大圖書館以及專業古籍出版社中華書局展開深度合作，成立專門班子，精心規劃組織，扎實付諸實施。《紹興大典》是地方文獻的集大成之作，出版形式以紙質書籍爲主，同步開發建設數據庫。其基本内容，包括以下三方面：

一、《紹興大典》影印精裝本文獻大全。這方面内容囊括一九四九年前的紹興歷史文獻，收録的原則是「全而優」，也就是文獻求全收録；同一文獻比對版本優劣，收優斥劣。同時特別注重珍稀性、孤罕性、史料性。

《紹興大典》影印精裝本收録範圍：

時間範圍：起自先秦時期，迄至一九四九年九月三十日，部分文獻可酌情下延。

地域範圍：今紹興市所轄之區、縣（市），兼及歷史上紹興府所轄之蕭山、餘姚。

内容範圍：紹興人（本籍與寄籍紹興的人士、寄籍外地的紹籍人士）撰寫的著作，非紹興籍人士撰寫的與紹興相關的著作，歷史上紹興刻印的古籍珍本和紹興收藏的古籍珍本。

《紹興大典》影印精裝本編纂體例，以經、史、子、集、叢五部分類的方法，對收録範圍内的文獻，進行開放式收録，分類編輯，影印出版。五部之下，不分子目。

經部：主要收録經學（含小學）原創著作；經校勘校訂，校注校釋，疏、證、箋、解、章句等的經學名著；爲紹籍經學家所著經學著作而撰的著作，等等。

史部：主要收録紹興地方歷史書籍，重點是府縣志、家史、雜史等三個方面的歷史著作。

子部：主要收録專業類書，比如農學類、書畫類、醫卜星相類、儒釋道宗教類、陰陽五行類、傳奇類、小説類，等等。

集部：主要收録詩賦文詞曲總集、别集、專集，詩律詞譜，詩話詞話，南北曲韻，文論文評，等等。

叢部：主要收録不入以上四部的歷史文獻遺珍、歷史文物和歷史遺址圖録彙總、戲劇曲藝脚本、報章雜志、音像資料等。不收傳統叢部之文叢、彙編之類。

《紹興大典》影印精裝本在收録、整理、編纂出版上述文獻的基礎上，同時進行書目提要的撰寫，並細編索引，以起到提要鉤沉、方便實用的作用。

二、《紹興大典》點校研究及珍本彙編。主要是《紹興大典》影印精裝本的延伸項目，形成三個成果，即《紹興大典·要籍點校叢刊》《紹興大典·文獻研究叢書》《紹興大典·善本影真叢覽》三叢。選取影印出版文獻中的要籍，組織專家分專題開展點校等工作，排印出版《紹興大典·要籍點校叢刊》；及時向社會公布推出出版文獻書目，開展《紹興大典》收録文獻研究，分階段出版研究成果《紹興大典·文獻研究叢書》；選取品相完好、特色明顯、内容有益的優秀文獻，原版原樣綫裝影印出版《紹興大典·善本影真叢覽》。

三、《紹興大典》文獻數據庫。以《紹興大典》影印精裝本和《紹興大典·要籍點校叢刊》《紹興大典·文獻研究叢書》《紹興大典·善本影真叢覽》三叢爲基幹構建。同時收録大典編纂過程中所涉其他相關資料，未用之版本，書佚目存之書目等，動態推進。

《紹興大典》編纂完成後，應該是一部體系完善、分類合理、全優兼顧、提要鮮明、檢索方便的大型文獻集成，必將成爲地方文獻編纂的新範例，同時助力紹興打造完成「歷史文獻保護名邦」「地方文史研究重鎮」「區域文化轉化高地」三張文化金名片。

《紹興大典》在中共紹興市委、市政府領導下組成編纂工作指導委員會，組織實施並保障大典工程的順利推進，同時組成由紹興市爲主導、國家圖書館和中華書局爲主要骨幹力量、各地專家學者和圖書館人員爲輔助力量的編纂委員會，負責具體的編纂工作。

《紹興大典》編纂委員會

二〇二三年五月

史部編纂説明

紹興自古重視歷史記載，在現存數千種紹興歷史文獻中，史部著作占有極爲重要的位置。因其内容豐富、體裁多樣、官民兼撰的特點，成爲《紹興大典》五大部類之一，而别類專纂，彙簡成編。按《紹興大典·編纂説明》規定：「以經、史、子、集、叢五部分類的方法，對收録範圍内的文獻，進行開放式收録，分類編輯，影印出版。五部之下，不分子目。」「史部：主要收録紹興地方歷史書籍，重點是府縣志、家史、雜史等三個方面的歷史著作。」

紹興素爲方志之鄉，纂修方志的歷史較爲悠久。據陳橋驛《紹興地方文獻考録》（浙江人民出版社，一九八三年版）統計，僅紹興地區方志類文獻就「多達一百四十餘種，目前尚存近一半」。在最近三十多年中，紹興又發現了不少歷史文獻，堪稱卷帙浩繁。

據《紹興大典》編纂委員會多方調查掌握的信息，府縣之中，既有最早的府志——南宋二志《（嘉泰）會稽志》和《（寶慶）會稽續志》，也有最早的縣志——宋嘉定《剡録》；既有耳熟能詳的《（萬曆）紹興府志》，也有海内孤本《（嘉靖）山陰縣志》；更有寥若晨星的《永樂大典》本《紹興府志》，等等。存世的紹興府縣志，明代纂修並存世的萬曆爲最多，清代纂修並存世的康熙爲最多。

家史資料是地方志的重要補充，紹興地區家史資料豐富，《紹興家譜總目提要》共收録紹興相關家譜資料三千六百七十九條，涉及一百七十七個姓氏。據二〇〇六年《紹興叢書》編委會對上海圖書館藏紹興文獻的調查，上海圖書館館藏的紹興家史譜牒資料有三百多種，據紹興圖書館最近提供的信息，其館藏譜牒資料有二百五十多種，一千三百七十八册。紹興人文薈萃，歷來重視繼承弘揚耕讀傳統，家族中尤以登科進仕者爲榮，每見累世科甲、甲第連雲之家族，如諸暨花亭五桂堂黄氏、山陰狀元坊張氏，等等。家族中每有中式，必進祠堂，祭祖宗，禮神祇，乃至重纂家乘。因此纂修家譜之風頗盛，聯宗聯譜，聲氣相通，呼應相求，以期相將相扶，百世其昌，因此留下了浩如煙海、簡册連編的家史譜牒資料。家史資料入典，將遵循「姓氏求全，譜目求全，譜牒求優」的原則遴選。

雜史部分是紹興歷史文獻中内容最豐富、形式最多樣、撰者最衆多、價值極珍貴的部分。記載的内容無比豐富，撰寫的體裁多種多樣，留存的形式面目各異。其中私修地方史著作，以東漢袁康、吴平所輯的《越絶書》及稍後趙曄的《吴越春秋》最具代表性，是紹興現存最早較爲系統完整的史著。

雜史部分的歷史文獻，有非官修的專業志、地方小志，如《三江所志》《倉帝廟志》《螭陽志》等；有以韻文形式撰寫的如《山居賦》《會稽三賦》等；有碑刻史料如《會稽刻石》《龍瑞宫刻石》等；有詩文游記如《沃洲雜詠》等；有珍貴的檔案史料如《明浙江紹興府諸暨縣魚鱗册》等；有名人日記如《祁忠敏公日記》《越縵堂日記》等；有綜合性的歷史著作如海内外孤本《越中雜識》等；也有鉤沉稽古的如《虞志稽遺》等。既有《救荒全書》《欽定浙江賦役全書》這樣專業的經濟史料，也有《越中八景圖》這樣的圖繪史料等。舉凡經濟、人物、教育、方言風物、名人日記等，應有盡有，不勝枚舉。尤以地理爲著，諸如山川風物、名勝古迹、水利關津、衛所武備、天文医卜等，莫不悉備。

這些歷史文獻，有的是官刻，有的是坊刻，有的是家刻。有特别珍貴的稿本、鈔本、寫本，也有珍稀孤罕首次面世的史料。由於《紹興大典》的編纂出版，這些文獻得以呈現在世人面前，俾世人充分深入地瞭解紹興豐富多彩的歷史文化。受編纂者學識見聞以及客觀條件之限制，難免有疏漏錯訛之處，祈望方家教正。

《紹興大典》編纂委員會
二〇二三年五月

萬曆新修餘姚縣志 二十四卷

〔明〕史樹德修，〔明〕楊文焕、沈應文等纂

明萬曆三十一年（一六〇三）刻本

影印説明

《（萬曆）新修餘姚縣志》二十四卷，明史樹德修，明楊文焕、沈應文等纂。明萬曆三十一年（一六〇三）刻本。半葉九行行十九字，小字雙行同，白口，單魚尾，左右雙邊，有圖。書前有沈應文所撰《新修餘姚縣志序》，另有《修志姓名》，詳述參與修志人員名籍。

史樹德，金壇人，萬曆二十九年（一六〇一）來知縣事。楊文焕，餘姚人，歷任廣東海陽縣添注典史、前刑科給事中。沈應文，字徵甫，號雷門，餘姚人，隆慶二年（一五六八）進士，先後任池州推官、江西副史、南京工部右侍郎等職。

此志現存者極爲稀見，據《中國地方志聯合目録》，僅國家圖書館有藏（又有膠卷），上圖、南圖皆爲膠卷。國圖所藏此志原書現暫存臺灣，成文出版社《中國地方志集成》即據以影印，闕卷、闕葉嚴重。另，經查海外收藏機構，日本國會圖書館藏有此志全本，雖偶有闕葉，但全書基本完整。此次影印，即以日本國會圖書館藏本爲底本。底本闕葉情況如下：目録第三葉，卷一第六、七、十一、十二、十三、十四、十五、二十四、二十五葉，卷二第十三、十五、十六，卷三第十五、十六、二十一、二十二及三十葉後，卷四第六、七、八、十三、十四葉，卷五第八葉，卷六第九、十四、十五、十七葉，卷九第八、九葉，卷十第三、七、十、十七葉，卷十一第一葉，卷十二第一、二、十葉，卷十三第十五、十六、二十七、二十八葉，卷十四第三、四、十五、十六、三十二葉，卷十五第八、十一、十二、十六、十七、十八、二十九、三十葉，卷十六第三、四、六、九、十、二十一、二十二葉，卷十七第九、十及十八葉後，卷十九第一葉，卷二十第一、二、十三、十四、十九、二十葉，卷二十一第二十一、二十二、二十五、二十六葉，卷二十三第一葉，卷二十四第十三、十四、十五、十六葉。因無他本可補，暫付闕如。

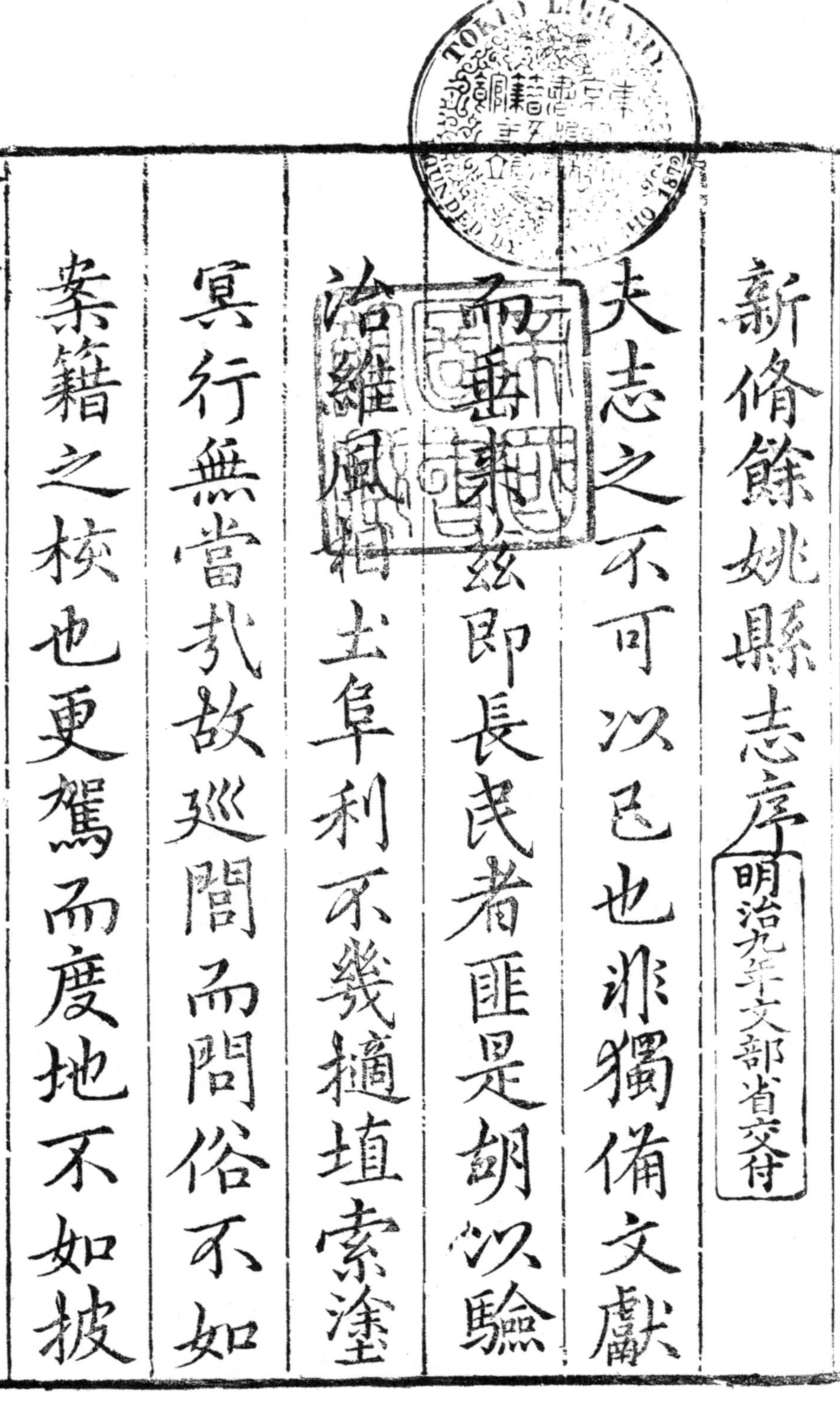

新脩餘姚縣志序

夫志之不可以已也，非獨備文獻而垂來兹，即長民者匪是胡以驗治維風，相土阜利，不幾擿埴索塗、冥行無當哉？故巡閭而問俗，不如案籍之核也；更駕而度地，不如披圖之便也邑舊有志顧志不能不與時遷變也故者更始亡者開先良有司事也歲辛丑金沙史侯來涖茲土甫逾月百廢具興已乃覽於故實與圖新之則前署事郡理孫公業有請矣侯復詢謀諸博士上

之監司郡國咸欵可以屬不佞應文偕給諫楊公文煥一時同事編摩者為孝廉邵君圭葉君憲祖而採摭則諸生公翁大端邵應祺朱文輝分任之凡閱七月而志成不佞宜有言次首簡自惟寡昧操牘見

域丘里其所論著既已遠媿三都猶自以身爲玄晏乎雖然有諸君子在聊以告成事而已夫邑之志不猶乎國之史哉晉楚大矣而春秋以魯特聞詎魯足重以魯人重也不佞姚人也安所重姚粤自句

踐之困會稽也，與其大夫種蠡之徒候天察地，厲卒廣儲，無日不討國人而訓之，二十年遂以沼吳而威列國，則越之重於天下舊矣。姚非越首邑歟？此偏霸不足術也，遠睇郊坰，則有虞氏之故墟在焉，周覽城邑則夏后氏之遺文闕焉俗漸而順民化而勤則猶有上古之風焉扶九鼎於一絲北鄙客星嵬然入望高風亮節猶令人想見矣明興二百餘年名世迭生真儒挺出或司鼎鉉以弘化而光輔

三朝武揭良知以明宗而大麻交喪
至砥節逆藩殞軀粤逘忠貫日月
義炳丹青夫非丗邦之人哉山川
無恙也土方氏之職貢非減也而
風俗移人大有逕庭矣設輶軒使
者如昔賢問士於邑曾安所置對

乎夫孔子嘆周末文勝而有先進
之思也他日又曰斯民也三代之所
以直道而行也今章縫冠帶之倫
閭巷韋布之士誰非食舊德服先
疇者豈其以直道而今古之張侯
則決拾者趨立表則期集者赴蓋

温陵黄侯繼至殺青始就而憲使
宣城葉公紀綱於上實式靈之葉
公蓋前令余邑者也分校則學博
錢君瀓選蔣君霈錢君瑩而佐領
朱君應魁程君尚友林君雲程皆
與有襄事之勞者例得並書

萬曆癸卯仲夏穀旦

賜同進士出身通議大夫南京工部

右侍郎邑人沈應文撰

脩志姓名

廣東海陽縣添註典史前刑科給事中邑人楊文煥

南京工部右侍郎邑人沈應文纂脩

鄉進士邑人邵圭

葉憲祖同脩

署餘姚縣事紹興府推官鍾祥孫應時

餘姚縣知縣金壇史樹德

溫陵黃琰叅訂

餘姚縣儒學署教諭事舉人慈谿錢胤選

訓　導　彭城蔣霔

烏程錢　瑩參閱

庠生翁大端

邵應祺

朱文輝分輯

餘姚縣縣丞　朱應魁

主　簿　程尚友

典　史　林雲程督鋟

新脩餘姚縣志圖

一縣境　一縣治

一新城　一縣署

一儒學　一臨山衛

一龍泉山　一客星山

一歷山舜廟　一四明洞天

一姚江　一沿海

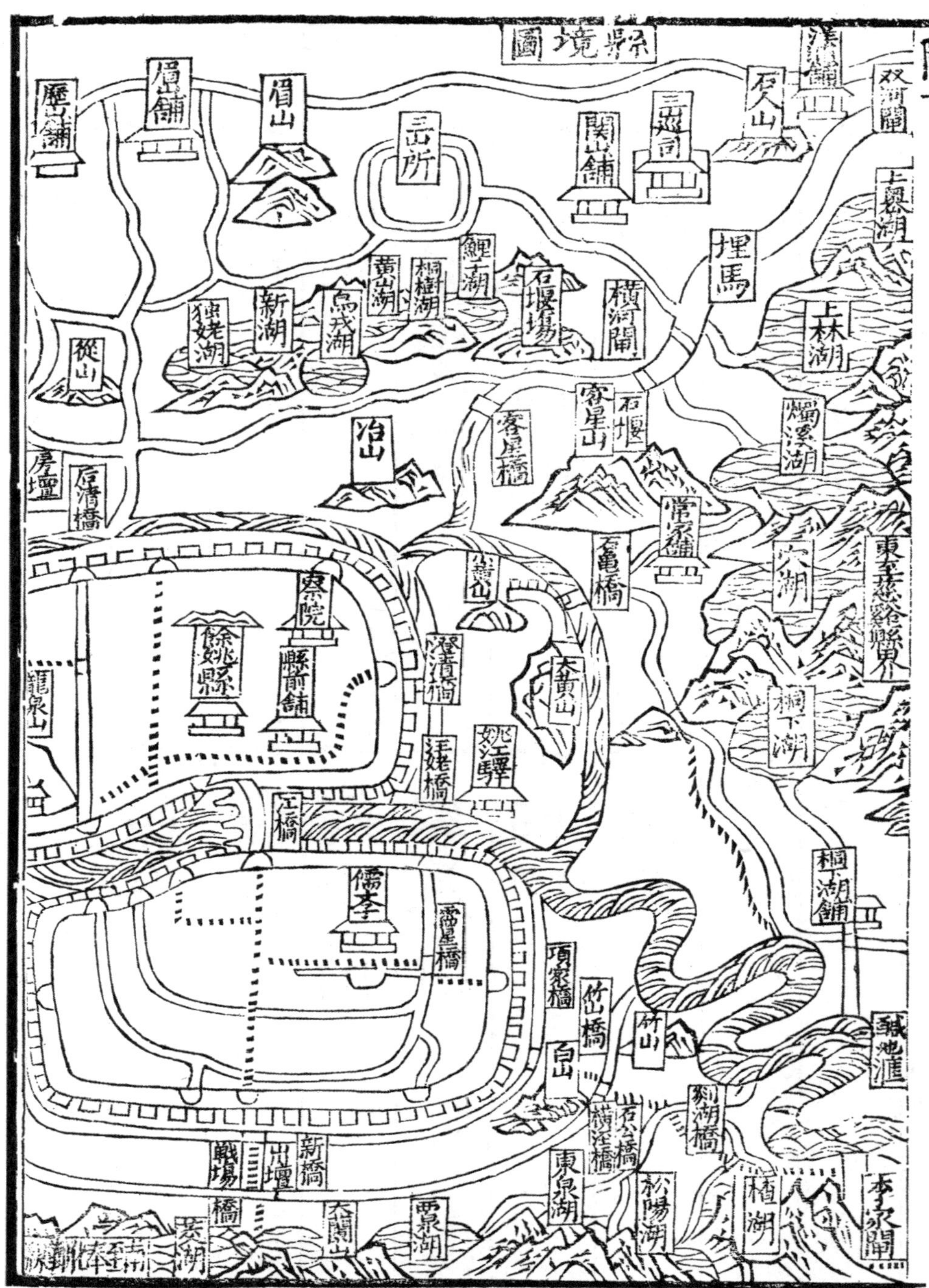
縣境圖
歷山鋪
眉山鋪
眉山
關山鋪
石人山
双河閘
埋馬
黄山湖
桐樹湖
新湖
独姥湖
石堰場
横河閘
從山
上林湖
燭溪湖
冶山
客星橋
客星山
石堰
后清橋
石龜橋
東至慈谿縣界
龍泉山
縣前鋪
澄清橋
大黄山
汪姥橋
姚江驛
江橋
儒學
項家橋
竹山橋
竹山
白山
桐湖鋪
石公橋
横涇橋
東泉湖
松陽湖
新橋
戰場橋

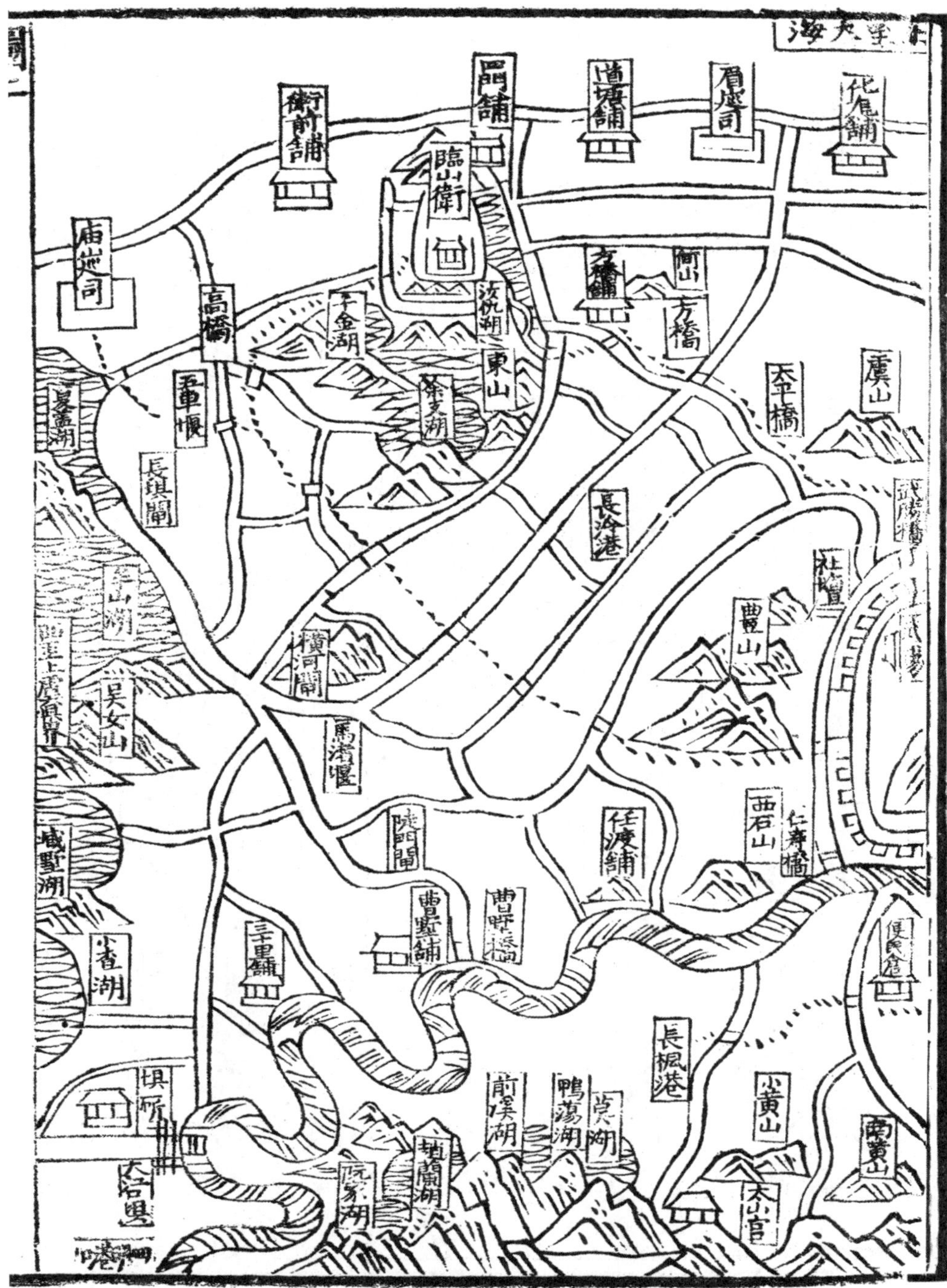
圖二
海
衛前舖
臨山衛
道塘舖
廟山巡司
高橋
臨山衛
汝仇湖
東山
長泠港
方橋
太平橋
長壩閘
橫河閘
馬渚堰
陡門閘
任渡舖
西石山
仁壽橋
曹墅舖
曹墅橋
三十里舖
小查湖
鴨蕩湖
前溪湖
長楓港
小黃山
南黃山
太山官
燭溪湖
牟山湖
吳女山
上虞縣
歷山
便民倉
梅川
庵東
巡司
五車堰

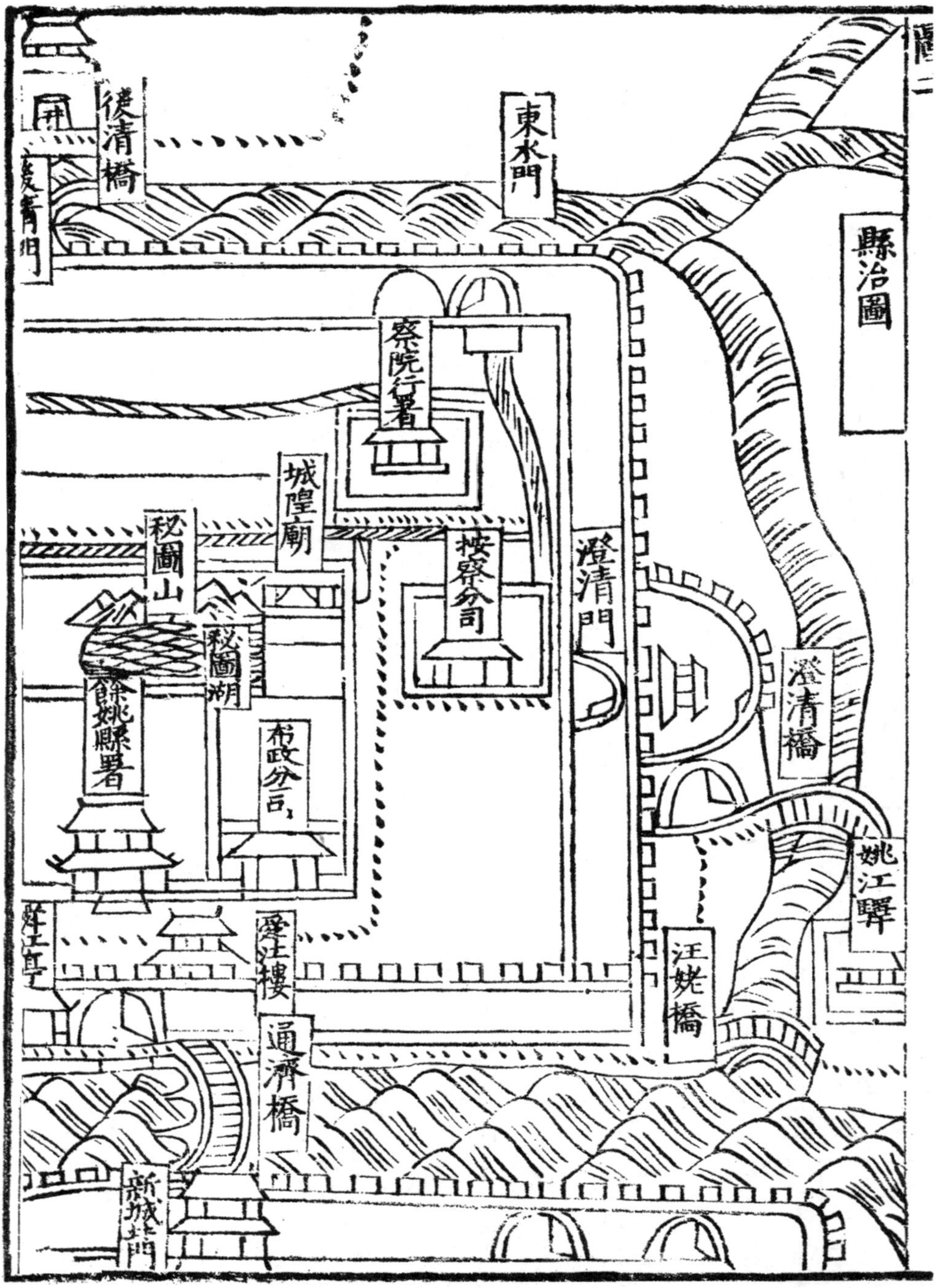

圖二

縣治圖

東水門
後清橋
後青門
察院行署
城隍廟
秘圖山
按察分司
澄清門
秘圖湖
餘姚縣署
布政分司
澄清橋
姚江驛
汪姚橋
舜江亭
舜江樓
通濟橋
新城北門

圖二

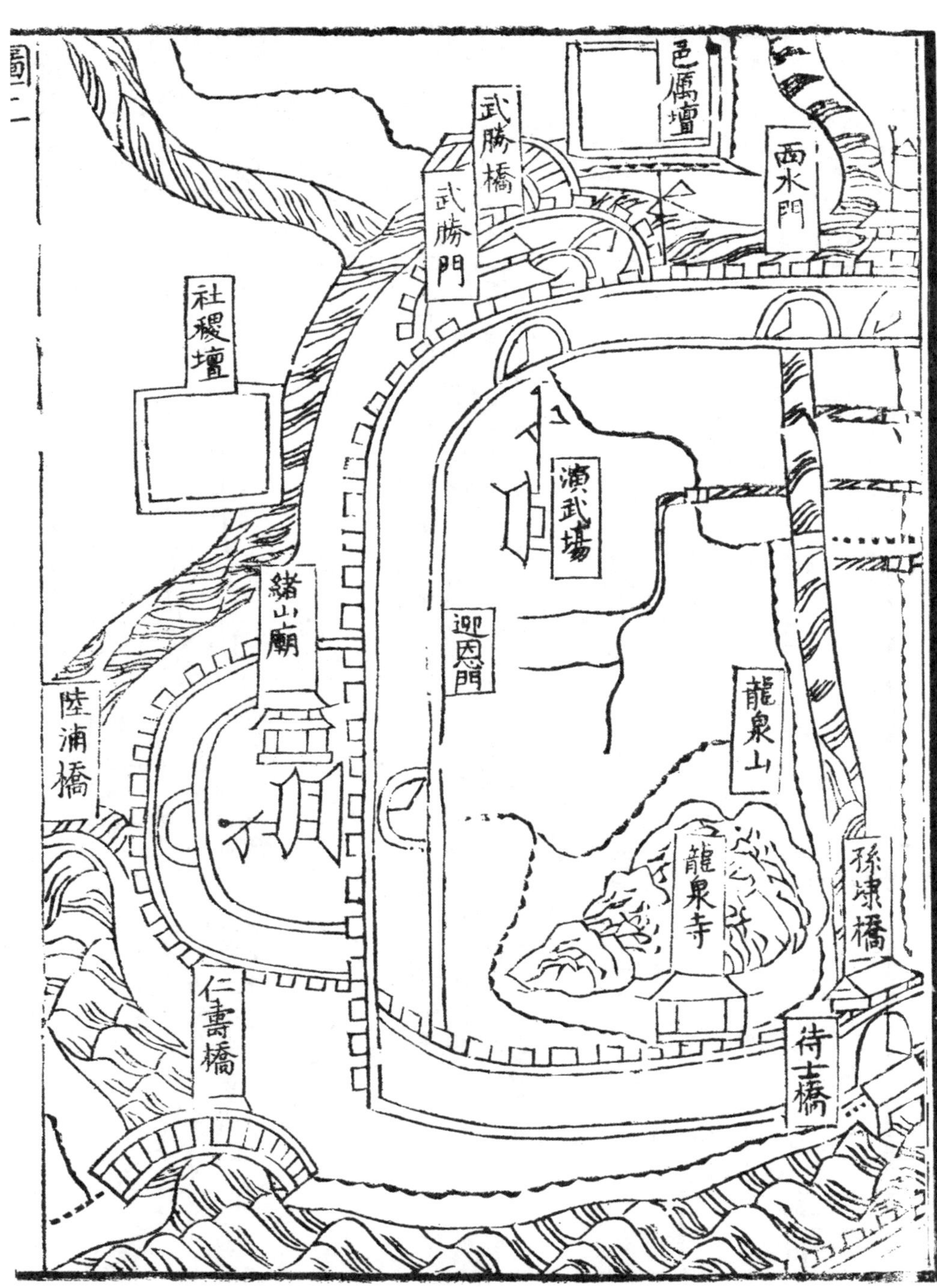

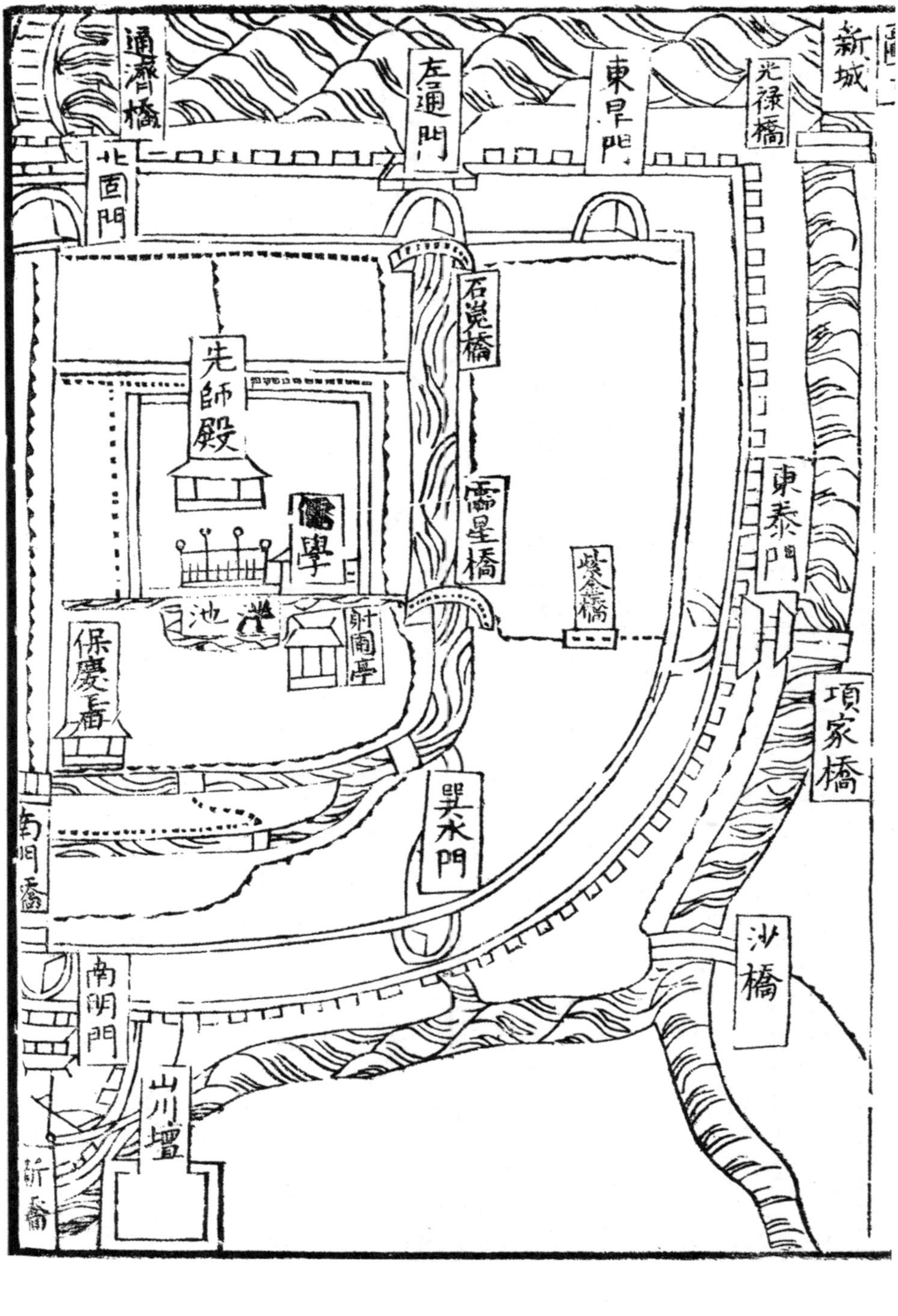

通濟橋
左通門
光祿橋
新城
北固門
先師殿
儒學
泮池
射圃亭
保慶庵
雷星橋
東泰門
項家橋
巽水門
沙橋
南明門
山川壇

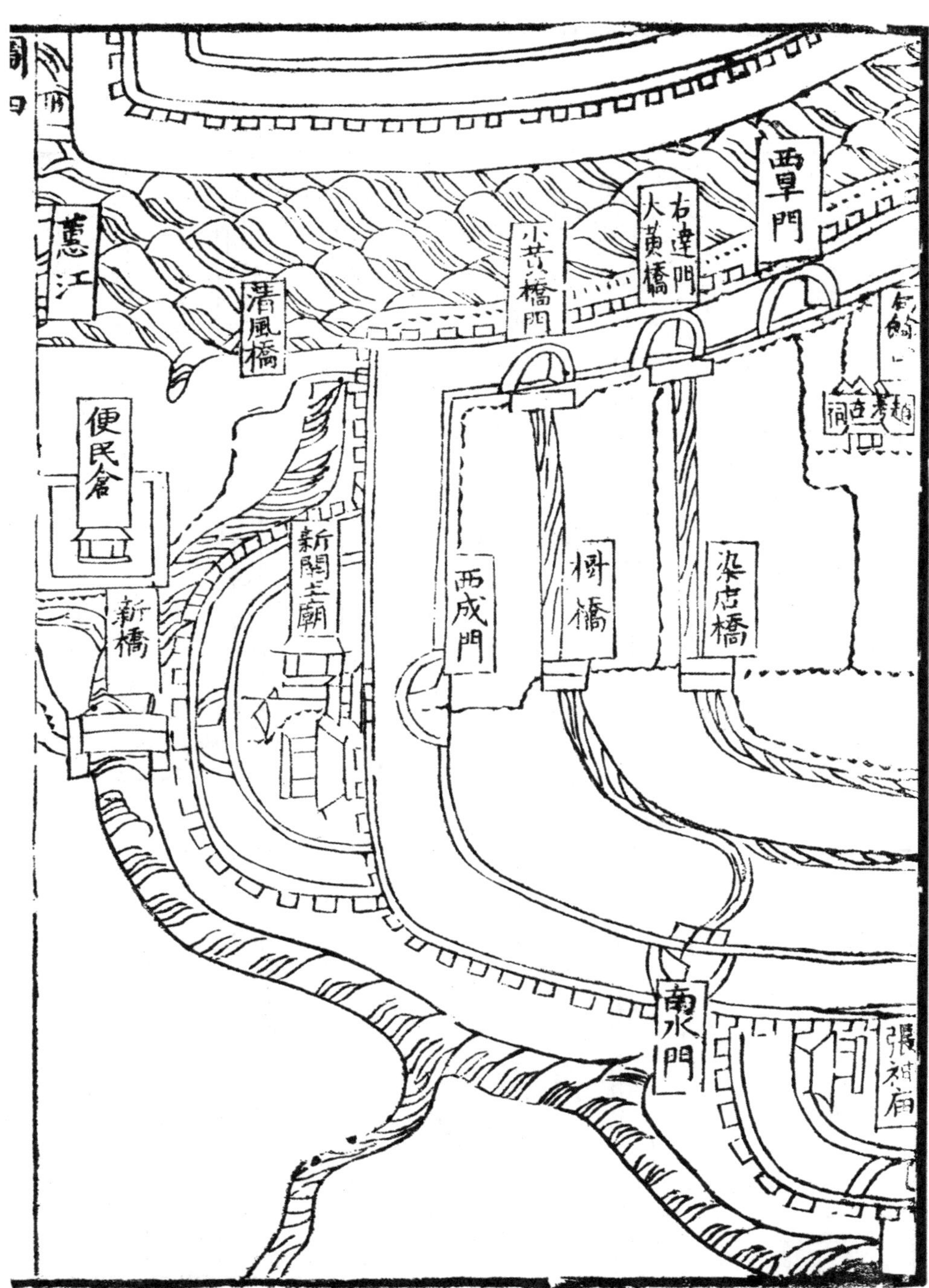
西草門
右達門
大黄橋
小黄橋門
清風橋
蕙江
便民倉
新關土廟
新橋
西成門
樹橋
染店橋
南水門
張神廟
趙孝子祠

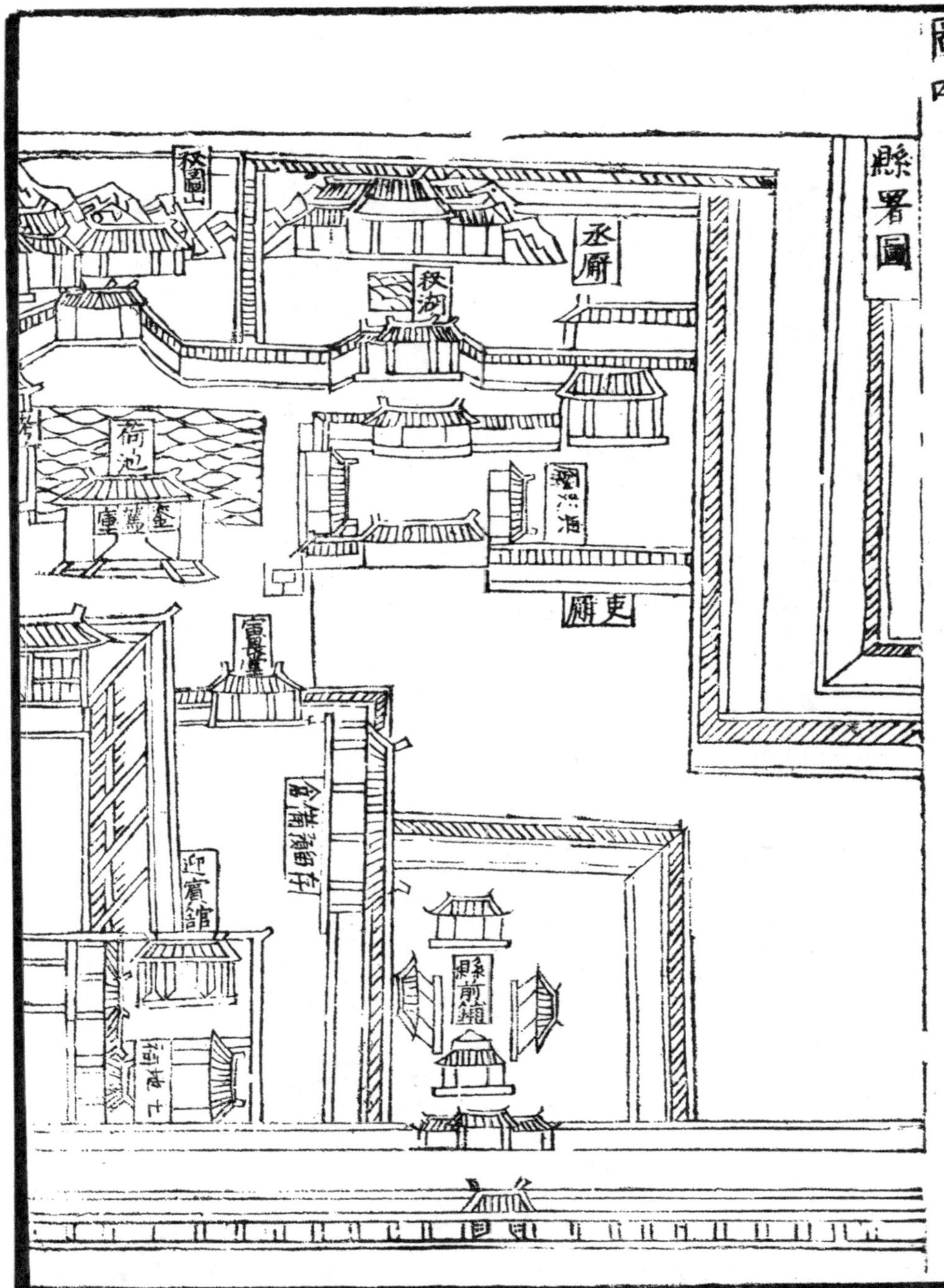
縣署圖
丞廨
秋湖
秋圖山
荷池
吏廨
迎賓館
縣前鋪

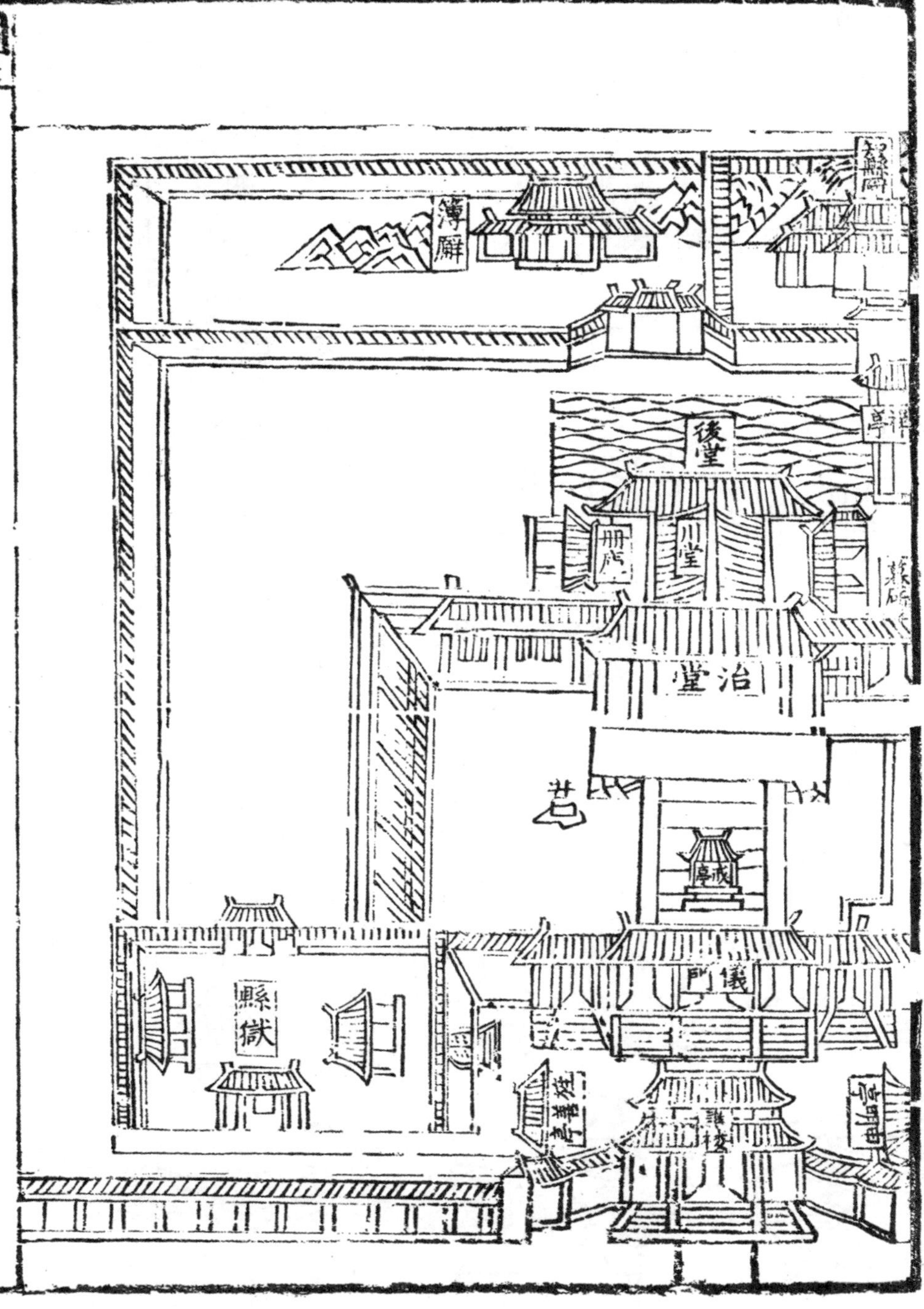
簿廨
後堂
治堂
儀門
縣獄
戒亭

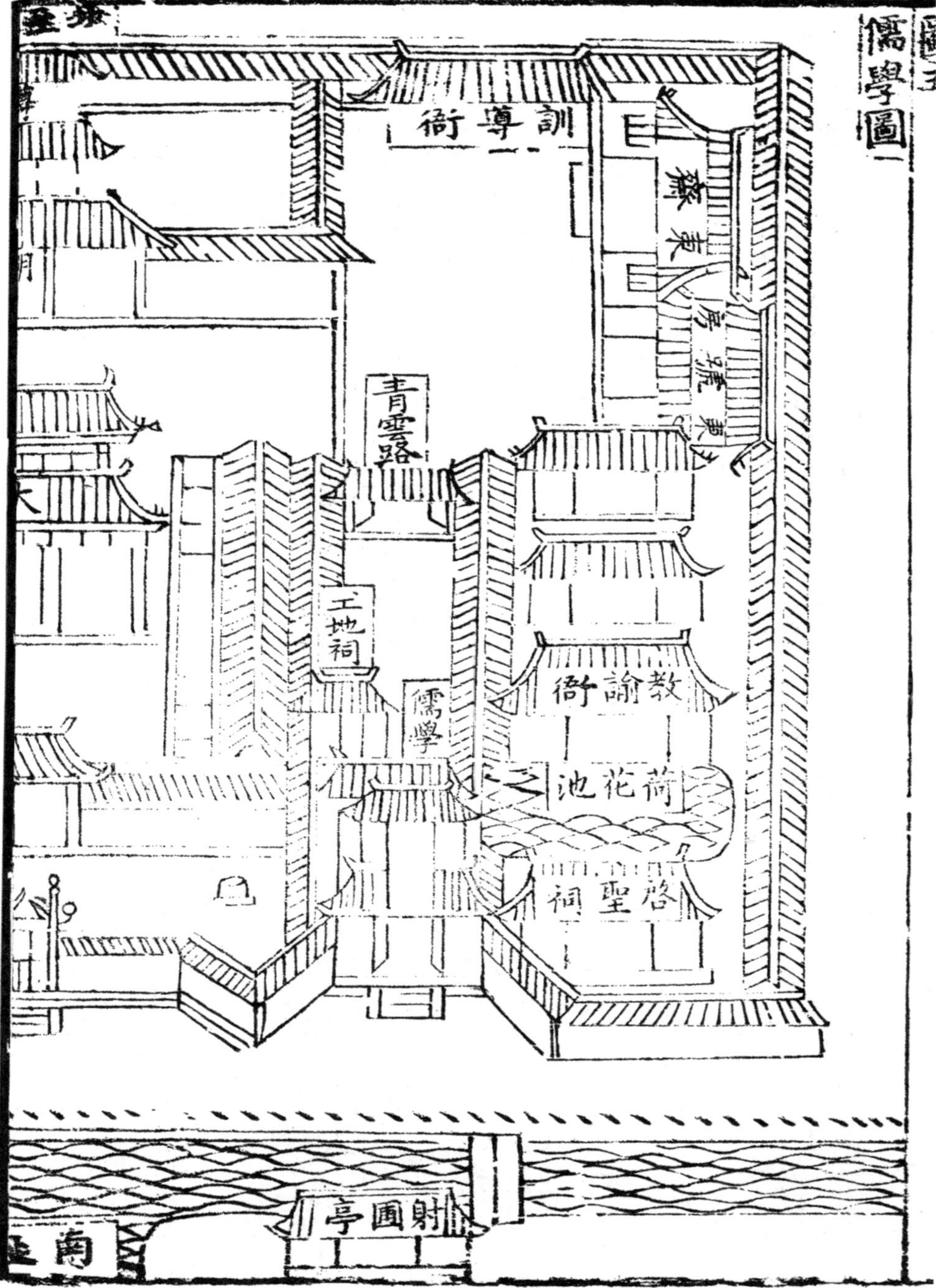
儒學圖
訓導衙
東齋
東號房
青雲路
土地祠
儒學
教諭衙
荷花池
啓聖祠
射圃亭
南

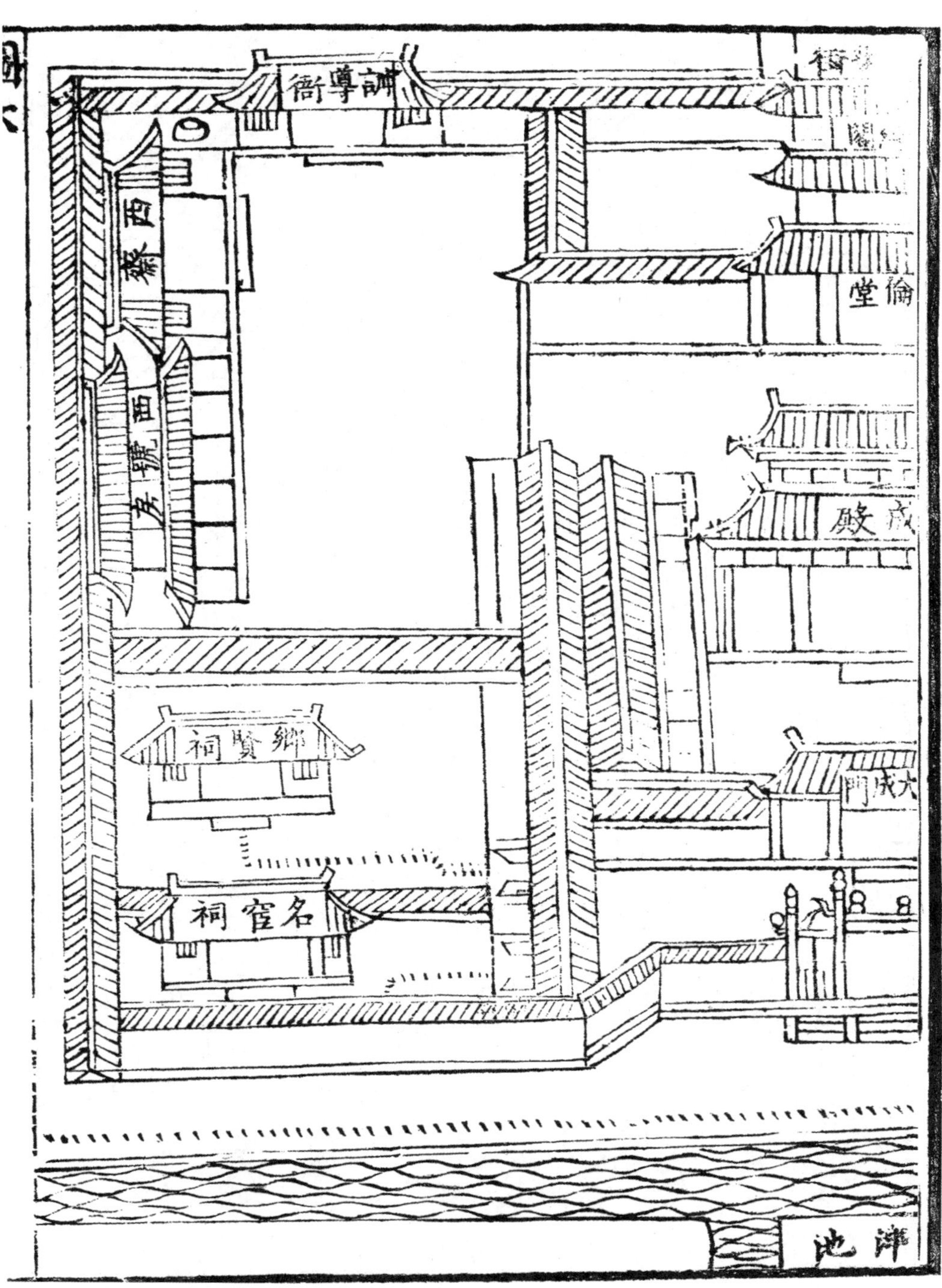
訓導衙
西齋
鄉賢祠
名宦祠
倫堂
成殿
大成門
泮池

臨山衛圖
烽堠
臨山衛
常豐三倉
烽堠
烽堠

圖七
大海
烽堠
臨山

圖十
龍泉山圖
中天閣
陽明祠
海月祠
文正祠
忠烈祠
龍泉寺
子陵祠

圖
関王廟
三錫祠
文安祠

圖六
客星山舊圖
子陵墓
清風閣
高節書院
客星庵
燭溪湖

圖
靈瑞塔
華清泉
絲風亭
客星橋
安山

歷山舜廟舊圖
東井

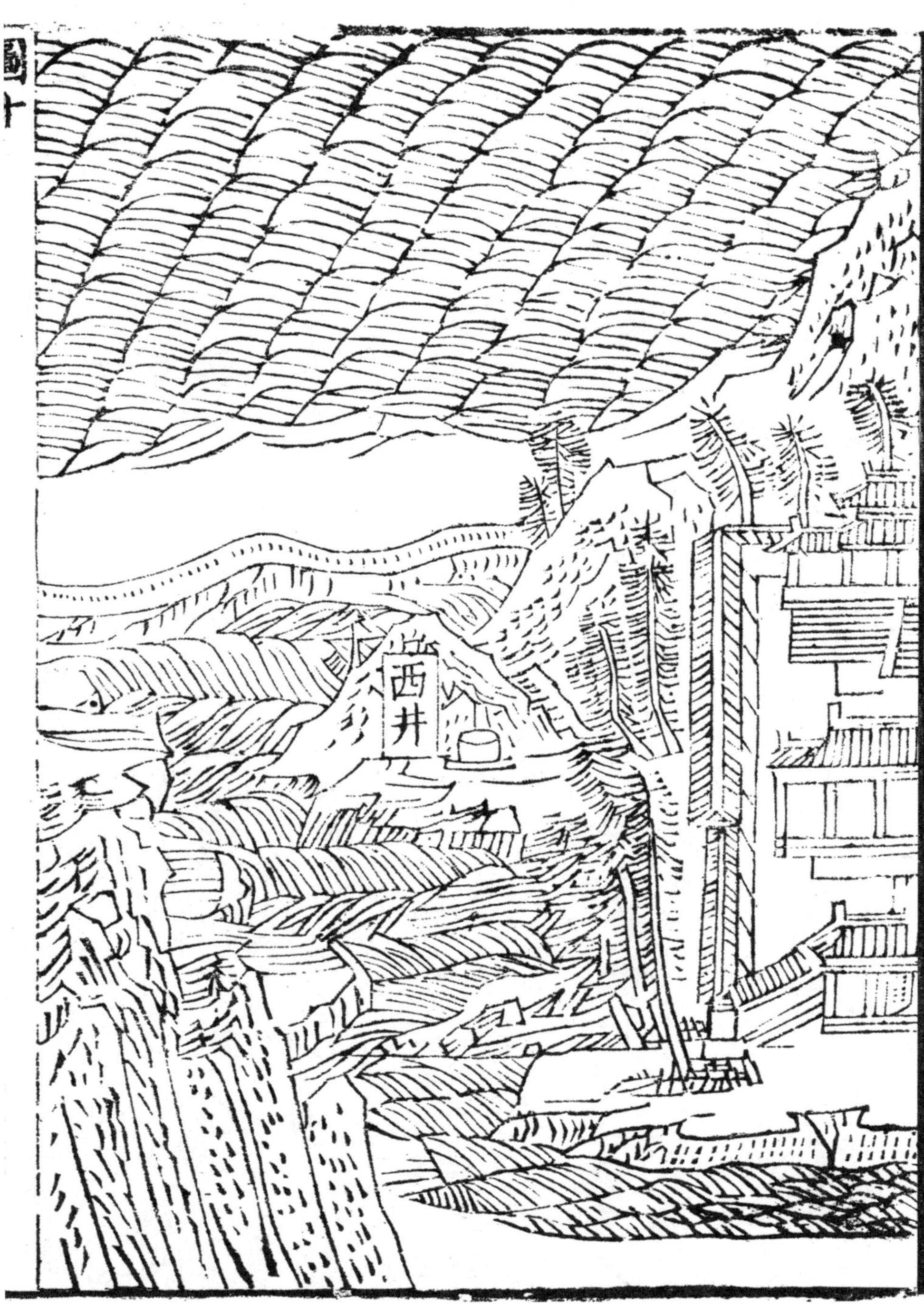
西井

圖一 四明洞天

黎州山
嵊縣界
四窗
白蓮庄
簟溪
下管
樊榭
昇仙山
鳳鳴洞
東岡
龍潭
祠子觀
瀑布
大嶺
楊亭嶺
白雲山
雷山
蓮花峯
桃花嶺
貝山泉
梁衕
東明山
烏腸峯
羅壁山
湧泉
黃山
雙鳳山
上虞縣界
虞山
笠嶺

圖十一
奉化縣界
千丈岩
乳竇峰
鄞縣界
太白山
杖錫寺
雪南
潺湲洞
過雲
岩
鹿亭
孔澤
分水嶺
大蘭山
大皎
石潭
九曲嶺
三井龍潭
龔村
石門
小皎
雲頂山
白龍潭
藍溪
化安泉
黄箭龍潭
流水臺龍潭
餘姚縣界
小嶺

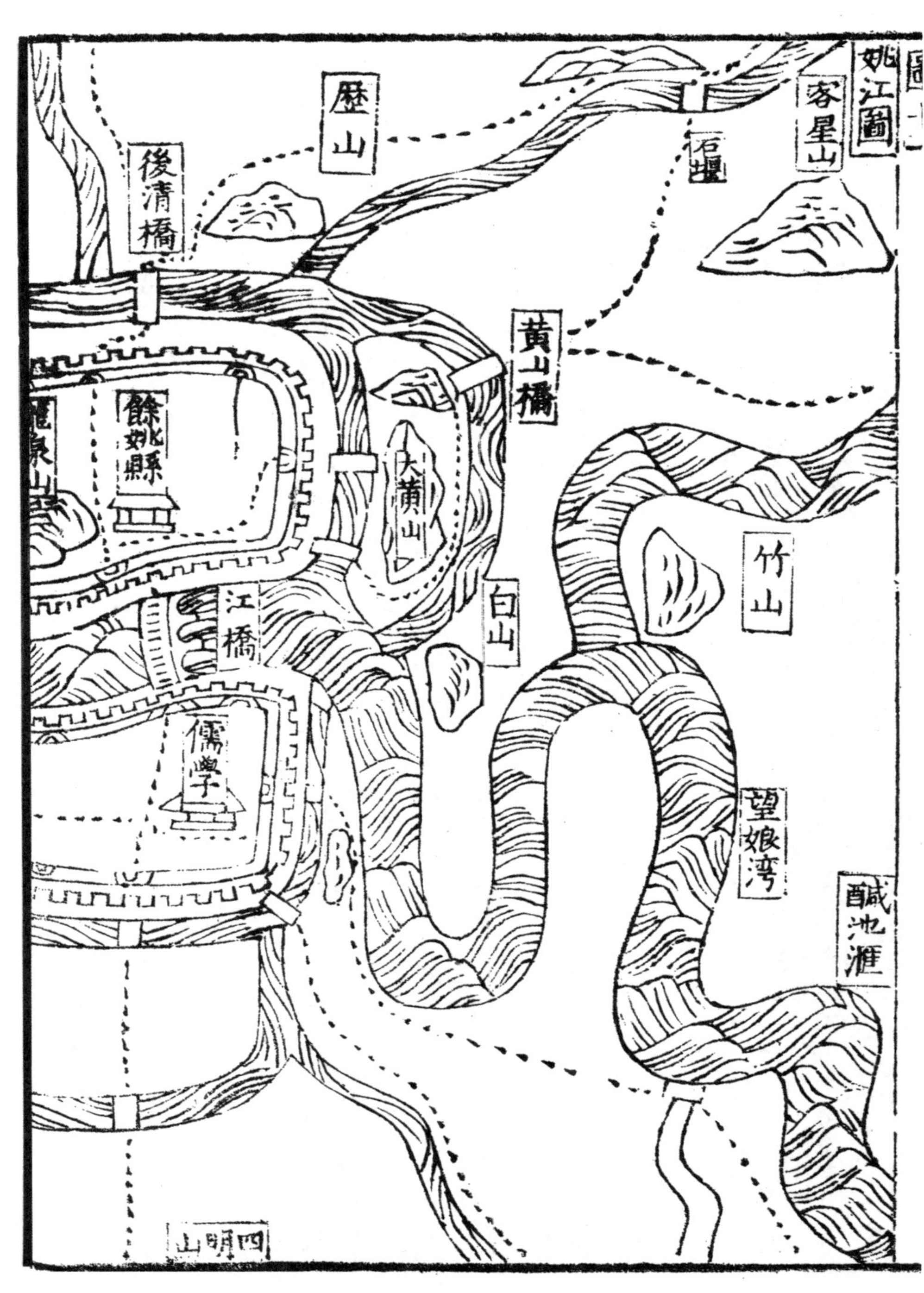
姚江圖
客星山
石堰
歷山
後清橋
黃山橋
餘姚縣
大黃山
竹山
白山
江橋
儒學
望娘湾
鹹池滙
四明山

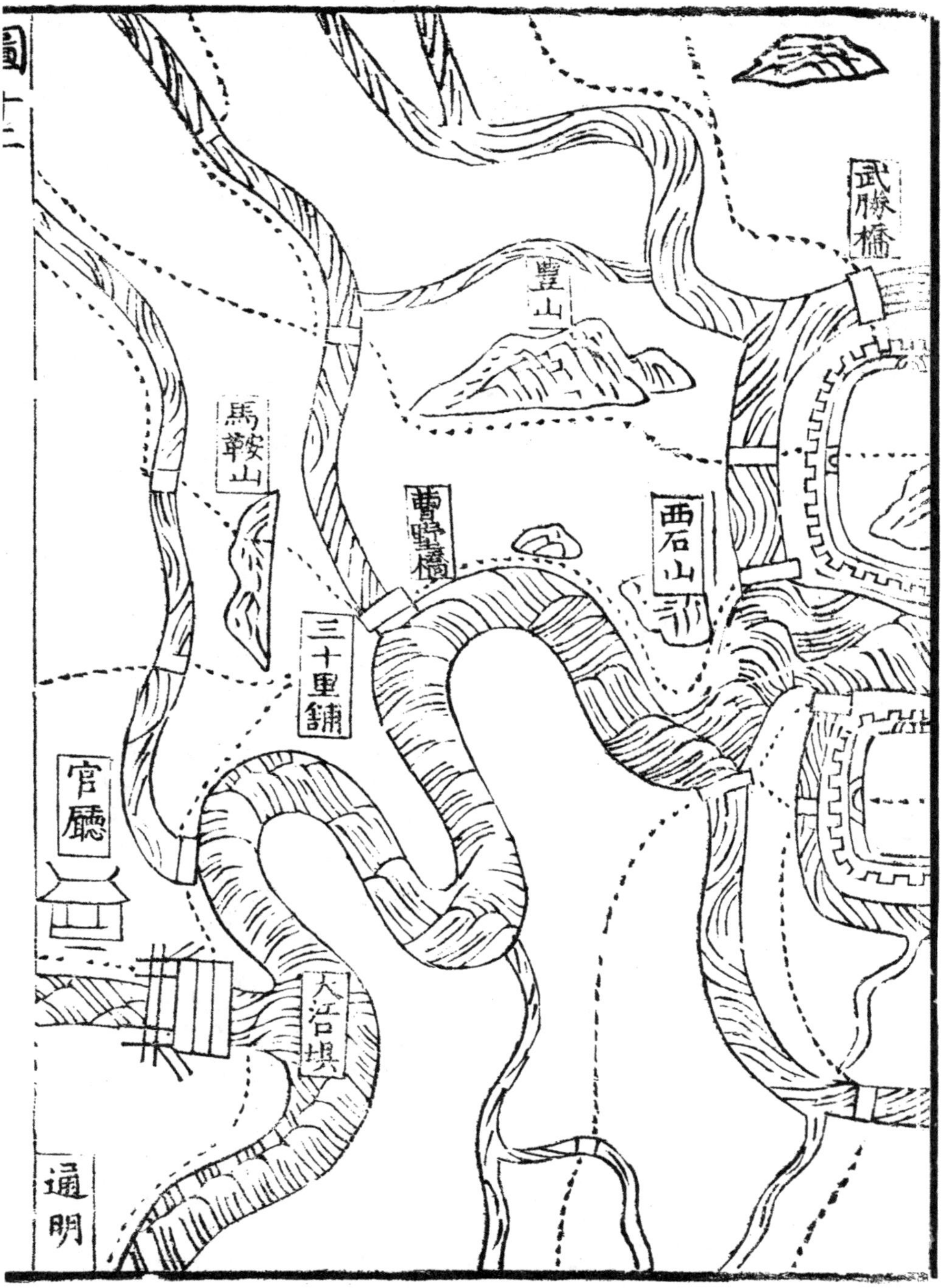

圖十二

武勝橋
豊山
馬鞍山
曹墅橋
西石山
三十里鋪
官廳
大江口埧
通明

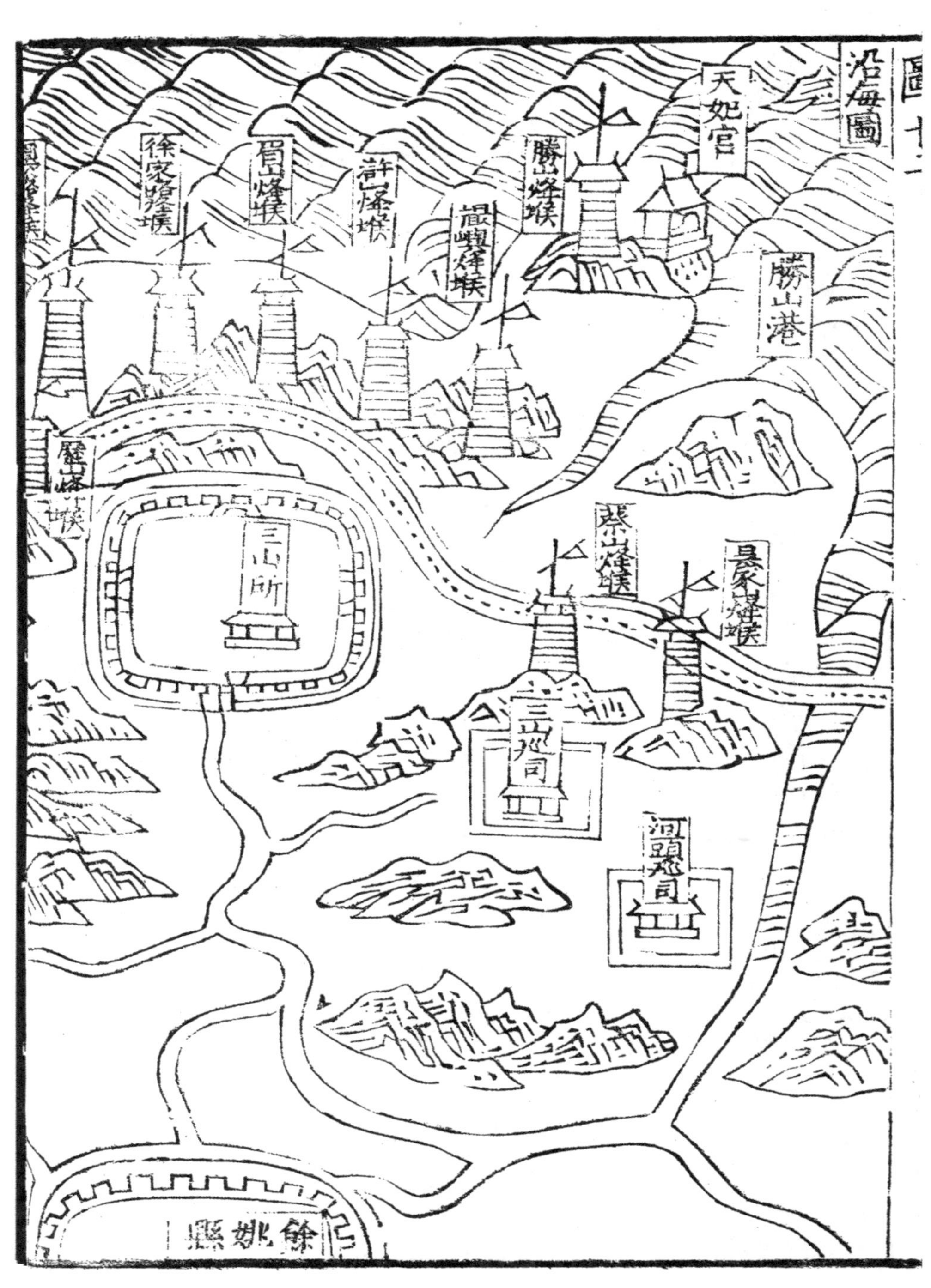
沿海圖
天妃宮
勝山烽堠
許山烽堠
眉山烽堠
徐家路烽堠
勝山港
三山所
蔡山烽堠
吳家烽堠
三山巡司
河頭巡司
餘姚縣

臨山港
長横山
羅山烽堠
四門烽堠
廟前烽堠
烏盆烽堠
夏蓋烽堠
荷花池烽堠
天妃宮
臨山衛
梁湖
豐山
上虞縣
曹娥驛

（萬曆）新修餘姚縣志　目録

新脩餘姚縣志目録

新脩餘姚縣志卷之一

輿地志 共五卷

沿革　疆域　鬥都　行市　橋渡

山川　湖陂　形勝　風俗

夫宛委發藏爰開禹甸握登亂聖是表姚丘所從來遠矣宇內以會稽郡稱最而姚爲領縣又其最者也余嘗陟靈緒之顛周覽井疆允哉山川映發擅美東南聖哲遺風比屋弦誦詎止重墉巨浸壯金湯之勢已哉使厲功曹而在其所

稱述又當何如也作輿地志

輿地志一

沿革　疆域　隅都
行市　橋渡

沿革

閱世綿邈神州赤縣棋置局翻漢而後大抵多襲秦舊然不無小異則托變窮之意寓焉革之象耳姚自禹甸有稱其說祖舜者近是治系豈必從朔惟有虞氏之遺風猶幾幾見之忘沿革

餘姚古荒服分土錫名肇於何時世遠多不傳周處風土記云餘姚爲舜支庶所封從舜姓故稱

姚郭璞云邑南有句餘山因稱餘記者曰以山
係姓義頗不屬餘者舜之支餘及攷其支餘封
建所從來則既無所徵見故又或以夏帝少康
封子無餘於會稽而姚乃其屬邑故曰餘姚此
說似爲得之唐虞以前邈矣史記夏本紀曰禹
東廵狩至於會稽後無餘國號於越至周職方
氏列九州以會稽爲稱晋入戰國籍諸楚秦滅
楚始皇二十六年始置故越地爲會稽郡則自
三代以至於秦餘姚竝爲會稽領縣漢高祖六

年廢郡以屬荊王賈國十一年國除仍爲郡明年廢郡以屬吳王濞國景帝前元四年國除終漢歷吳竝領于會稽郡晉宋齊梁間會稽之爲州郡國邑不常餘姚隨所易置隸焉晉太康二年以會稽地封孫秀永寧元年國除仍爲郡大興元年以郡爲瑯琊王裒奉邑大寧二年徙瑯琊王昱爲會稽王元熙元年國除宋永初元年仍爲郡大明八年以會稽等郡爲東揚州齊建元二年仍爲會稽郡梁天監十八年仍改爲東揚州陳永定三年始改爲越州尋爲郡餘姚爲領縣竝如故隋文帝開皇九年乃并餘姚入句章縣以屬吳州其年改會稽郡爲吳州大業元年改爲越州尋復爲會稽郡餘姚爲領縣如故唐

高祖武德四年以句章故餘姚地始置姚州七年廢姚州仍爲餘姚縣玄宗天寶元年始置餘姚郡治明州肅宗至德二載廢郡仍爲明州竝領餘姚縣昭宗乾寧三年吳越錢鏐攻餘姚令袁邠以城降唐開元二十六年江南道採訪使齊澣請以越州之鄮縣復爲明州天寶元年廢爲餘姚郡領餘姚縣至德二載改餘姚郡仍爲明州領餘姚縣唐書紀明州領鄮奉化慈谿翁山而不及餘姚蓋佚之矣

宋元以來會稽之爲郡爲州爲軍爲路者不常餘姚之爲領縣莫之有改天寶元年改越州爲會稽郡十三載仍爲越州中和三年陞義勝軍光啓三年改威勝軍乾寧

三年改鎮東軍天復二年以封吳越王錢鏐梁開平元年改越州巳而復爲軍宋太平興國三年罷鎮東軍爲越州紹興元年改紹興府元至元十六年改紹興路餘姚爲領縣竝如故逮元成宗元貞元年始陞爲州　明興洪武二年詔以紹興路仍爲紹興府其所領餘姚州仍爲餘姚縣云

疆域

邑襟山枕海中環大江如帶西指五癸東走四明舟楫之利便於輿馬地非儉而馮生者廣疆場綺錯壓閈鱗次亦吳越一大都會也志疆域

稽禹貢揚州之域位當少陽於卦爲巽天文家以牛女爲分野餘姚在會稽封内葢從之云其疆里東西中横廣五十五里南横廣九十五里北横廣一百四十里南北袤一百九十六里東十里界桐下湖橋東之南三十五里界楊溪村之石門山東之北七十里界上林之渼塘並抵寧波之慈谿縣境西三十里界小楂湖西之南六十里界筆竹嶺西之北七十里界烏盆斷塘並抵上虞縣境南一百六十里界黎州山抵嵊

縣境北三十五里入海際又北包懸泥山跨海之北抵嘉興之海鹽縣境徃籍云白洋湖唐餘姚縣令張辟强所築鳴鶴鄉寔邑人虞鳴鶴所居竝餘姚地今皆在慈谿縣西北境上古今疆域殊異莫可詳矣

東西走官道西水陸二道竝由大江口壩經上虞之梁湖鎮一水道由菁江經驛亭堰過百官渡渡曹娥江經會稽達紹興府城凡一百八十里出府城出運河西入錢清經蕭山西興鎮渡錢塘江凡一百二十里總之凡三百十里達於省城北逼嘉湖蘇常諸郡達于 南京凡一千三百九十里又北

達淮揚青徐諸郡四通于齊魯趙雍豫之境又北達于　北京凡四千八百八十里又由錢清水道西南至臨浦達錢塘四通婺廬諸郡以至於荆襄宛鄧蜀漢秦隴之分東陸道出德政橋過桐下湖舖至慈谿縣凡八十里又東南過西渡登陸達寧波府凡五十里又南經奉化寧海至温台南通閩廣西通江襄水道由姚江東過慈谿之丈亭渡達寧波府凡一百三十五里東北出定海蛟門入大海通閩廣之地遥通於日

本朝鮮琉球諸東夷之國南陸道由嵊縣邑新昌達台州之天台經黃巖過鴈宕至温處通於閩廣北水道絕大海入嘉興府海鹽之澉浦及松江府上海之青村旁通海寧及蘇湖諸郡

隅都

附城曰隅厺城曰都隅統坊坊長若而人都統里里長若而人在舊乘已減於剏邇乃絜田而有所裒益似慮始難夫前主所是爲律后主所是爲令亦何常之有志隅都

今九里半上林宋爲鄉領里五石人嚴順邵恩田熟王惠一都初領里十圖元九今里八二都初領里五圖元五今四里半

通得宋爲鄉領里四仁歸再生仁德多兒一都初領里五圖元六今三里半二都初領里六圖元五今里四三都初領里七圖元六今四里半

孝義宋爲鄉領里四俞成王壽壽俞黄金一都初領里十六圖元八今里八二都初領里十六圖元十六今里十五

雙鴈宋爲鄉領里四中逮南雷國覇王安

宋李光雙鴈道中詩

曉潮落盡水涓涓，柳老秧齊過禁烟。十里人家鷄犬靜，竹扉斜掩護蠶眠。

一都初領里十二圖元十今里九二都初領里十圖元八

今七里半

龍泉 宋爲鄉領里六羅滉傳太大慶王保施惠聯德 一都初領里八 元七圖 今五里半 二都初領里九 元七圖 今八里半

隅都之制定於洪武二十四年爲里凡三百又二見大明一統志及觀舊乘所稱初今里數又與載在令甲者不同則雖名爲里實以編戶而非制地也戶有盈耗故里有損益每十年更籍不及具載姑載其近者如左

萬曆十九年編審四隅俱如 國初定制領里二

十又七東山一都六里二都六里三都七里蘭風一都五里二都七里三都五里燭溪一都六里二都八里三都七里梅川一都七里二都十二里冶山一都三里四名一都四里二都五里三都六里開原一都十二里二都十一里三都八里鳳亭一都八里二都十二里雲柯一都十四里二都十里三都七里雲樓一都十一里上林一都八里二都五里通得一都三里二都五里三都七里孝義一都八里二都上區九里下區十里雙鴈一都八里二都八里龍泉一都八里二都六里四鄉共領里二百七十又三

萬曆二十九年編審東南隅舊六里增二里今八里東北隅舊九里如故西南隅舊四里增二里今六里西北隅舊八里增二里今十里四隅共領里三十又三蘭風一都舊五里增一里今六里三都舊五里增一里今六里梅川一都舊七里增一里今八里鳳亭一都舊八里增一里倒二里今七里二都舊十二里倒六里今六里通得二都舊五里增一里倒一里今五里孝義二都下區舊十里增一里今十一里雙鴈二都舊

八里倒二里今六里餘俱如舊四鄉共領里二百七十　按州縣自元改鄉爲都都皆通其所領之都以一二起數而次第之獨餘姚三十五都繫宋十五都之名各以一二計之仍分四署曰東蘭燭川冶四開原亭柯樓上德義雙泉官有所督治視署爲先後與他縣獨異宋之鄉則以地理近遠爲序首冶山次通得雙鴈鳳亭四明雲樓燭溪雲柯東山孝義開原蘭風龍泉梅川而終於上林又今冶南二隅及通得雙鴈鳳亭四明凡四鄉八都並江南地而四明尤在萬山間餘俱江北地然江北之上林梅川孝義雲柯開原東山蘭風凡七鄉一十八都地俱濵海在前代海決其鄉民無寧宇近堤稍完得保其區域亦時有海患每耗其里甲今四明並山都里亦無弗耗折者矣鄉之名曰雙鴈者用漢虞國事曰冶山四明燭溪東山龍泉梅川上林則以山川雜繫之然龍泉之山燭溪之湖及梅

川者與所稱之鄉又錯越也獨鳳亭與通德諸鄉皆莫詳其名義好事者多文贅之俱删焉其鄉之里據宋湖經嘗改爲村以領保然莫詳其改何時湖經又稱某湖蔭某鄉某都第幾大保田卽保甲法鄉領都都領保十家爲保五十家爲大保之制云

都里自　國初廢矣乃令生齒日繁顧損折何哉予自童時見鄉里富家多華屋美田其次亦不失温飽今三十年來富者産廢温飽者多羸然貧有轉徙者矣夫里甲焉得不損折哉富族之政古今豈異耶

見役議　周禮鄉大夫辨其可任者國中自七尺

渡

邑城南門外折而東三十步許曰通濟橋宋慶曆間令謝景初始用木跨江橋之名曰德惠尋壞崇寧五年邑人莫若鼎復建制極高大有碑云海舶過而風帆不解碑今不存建炎三年金兵焚之紹興初縣令蘇忠規復建淳熙五年壞七年王司業逨捐資復建咸淳三年壞王司業孫籍曾孫應龍復建壯偉加於昔易名虹橋德祐二年張世傑焚之入元載建再壞葢浮橋云僧惠興請作石橋經

始有緒而僧卒羽士李道寧繼其役州判官牛彬捐俸而力董之至順三年橋成下爲三洞長二十四丈高九十六級名曰通濟韓性爲之記

至順三年餘姚州通濟橋成餘姚岸江爲州之理所按宋圖經姚江在餘姚縣南十步橋曰德惠即今橋是也建炎中廢縣令蘇君忠規率十五鄉民重建至淳熙戊戌而壞司業王公逵方里居捐貲以創巨木五接架空負石勢若虹偃歷歲百餘至咸淳而壞司業之孫王籍曾孫應龍復創建焉杜偉加於昔易名虹橋建十年而燬縣入職方縣尹杜君仲仁進王氏子孫而論之曰此君先世義事也不可不勉於是應龍即舊址經營其族人壽湘等相繼盡力至元二十年九月橋成未備獸欄楯縣尹夏君杞俟邑人趙孟嵩等助成之至延祐六年九月而衆行者

藉舟以渡當是時餘姚既陞爲州同知州事夏賜孫率州民造浮橋屢脩屢圮人以爲病有僧惠興言於官請作石橋爲永久利州官許之經始有緒而僧亡州判官牛君彬恐遂廢弛命羽士李道寧繼其役且捐已俸爲倡而力董之會奉議大夫監州拜住奉議大夫李侯恭來知州事與同知州事帖木兒不花賈策判官張志學唐脩吏目陳天瑞沈思齊咸勸成之至是而石橋成名之曰通濟風帆浪楫停潮依汐鱗居通闤東西相屬橋之名遂冠東浙非直一州偉觀而已衛寧於橋傍浚井以利汲又爲通濟道館以居其徒又爲屋二十二間積其僦直以待脩橋之用州之人士疏其本末至山陰澤中使性爲之記夫涉險生民之甚病聖人有作取象於渙而舟楫之利興水涸梁成著於夏令造舟爲梁周制畧備矣安固而支久莫愈於聚石特其費爲重而成之爲難餘姚爲州西抵越東達句章江界其中郵傳之所出入行旅之所往來日

幢幢焉江之有橋不可一日少也自建炎至今二百有餘年乍而成成而倏壞當其壞時顧盼千里資於舟檝不能無蹴踏傾覆之虞浮橋少便矣然而波濤日涉纜絶艦解邑人疲於營繕繼材置枋始若堅密淋炙之不勝朽敗踵之猶浮梁也惟聚石之利人之所知必有待於二百年之久不以其費之重而成之難乎今山林之人不難於勞遠近聞者不難於施亦惟長民者有以勸成之也此人士之所欲記也興工於天曆二年四月閏二年而訖工橋長二十四丈其高九十六級下爲三洞用人之力餘三萬六千石以丈計者大小一千八百鐵以斤計者餘二千五百竹以束計者四千五百費可謂重矣記其大畧庶幾後人知其費之重而成之難脩葺之儆資之不足則恊力而助俾勿至於甚壞安固支久之利式被無窮此又人士之所欲記也至於成壞之歲月後之脩郡志者所欲考并記之

明萬曆九年南洞大

圯邑人邵司寇陞爲倡首兵部提領徐倫鳩工度費脩之復完邵司寇爲之記

畧曰姚治瀕江江亙二百餘里而通濟橋横跨其上盖山水之要衝明越之孔道也元至順間始建以石迄今三百年歳久數圯圯而邑長吏禜之則夜聾聾閗動衆聲旦起榍飄正衆咸怪以爲神余家江南每乘船而度仰視一石外垂驚若卽墮後復渡則甃石整然不見所爲外垂者此其故不可知然歷歷所覩記殆謂神者非耶嘉靖戊午倭内訌始城江南夾橋垣以石楔者四不勝震撼至萬曆庚辰南洞乃大坼行旅艱之余因出五十緡而屬南京兵部提領徐倫董其役經始於壬午之八月迄成於癸未之正月又置鐵絙長數十尋於南洞兩傍卒有急可縋而上偉哉津梁稱不朽矣是役也邑大夫丁侯秉虔庀事於上而徐君佐貲輸力於下故以三百年將墜之緒數萬人難就

孔

之功非假庸於白徒籍貲於勸募不禪寒暑而告成事何其神哉傳曰道而得神是謂逢福我姚人之邀福於是橋且覩是橋而思其福之致也曷可忘所自哉

南八十步曰南門橋出南明門外曰偃橋又一百三十步曰司馬橋又五百二十步曰楊溪橋會稽志作一百三十步非是四里曰戰場橋宋劉述古與睦賊迎戰於此宣和二年睦寇犯境縣遣顧秀才徵所部鄉夫鑒濠龍泉山後寇乃取道鳳亭欲自南門橋入越帥劉述古率官軍百許人克其衆數千人于此故名萬曆十五年圯里人史僉憲元熙盧太學生公萮重脩史僉憲爲之記畧曰邑南城而南一里許曰戰場橋循橋而南由半霖涉鳳山以達於太平四明諸

山巃蜒綿亘數十百里層峯疊嶂民鮮墳衍率資樵採藝樹以自給笮携稛載踵接肩摩即濟暑凛寒凄風苦雨而纍纍於橋之上者趾相錯也顧橋左當西南溪谷諸水之衝霖雨信宿則猋涌而下奔騰澎湃趨橋以注之江而達諸海而又年久數圮曩所拓治第稍具欄楯而不及其址至萬曆丙戌圮益甚里父老思爲更始而無適爲主者余乃謀於太學盧君君慨然曰是義舉也微公言余且圖之然費金錢以百計何以取盈若苟且補綴如曩時覆轍可覩矣是委金錢於水也乃議盡撤其址之石若揵而闢之石加厚栈加密廣爲尺者二崇如之策既定捐與諗諸封大中沈翁翁力從更之余乃聞於縣大夫周公請約束公即斥贖鍰之羨二十緡且屬李尉布功令而程督焉於是諏日之良土石之傭以次受直不數月而告竣長虹亘空江流無恙輿徒負戴嬉游往來一升橋而寓目則緑疇蒼楚千頃一色複岫層巒紫翠萬狀漁歌牧

唱時與潮聲相響答而隆然爲邑南一勝槩矣昔國子爲政乘輿濟人孟氏猶或非之宋莒公奕奕聯魁卒踐台鼎說者謂從渡蟻得焉今令公急民隱而曎大體公孫大夫當有慚色而太學君終始勤勞大中公同心協力數十百年實受其賜其爲德佑於莒公何如哉、三十里曰登明橋由此橋可登四明山也四十里曰清賢橋晉謝安支遁許詢所登陟也戰場橋南三里許有平橋跨溪南北里人亦呼爲清賢橋六十里祠宇觀之側者曰觀橋白水山之下者曰白水橋治東南並儒學靈星門之東曰靈星橋宋元豐元年邑人莫當始建靈星之北曰石嵬橋初有題云石嵬江水字橋以蕙花香今訛呼石碑云曰霞星絕港而東曰紫金橋又一里五十步曰項家橋永安橋五里曰竹山橋少南曰橫涇橋六里曰沙浦橋七里曰百年橋八里曰石碑橋傍有界石碑也少東北十二里曰赤石橋橋之石赤也十五里曰隱鶴橋唐莫盛携鶴至此忽隱不見故云少南十八里曰江家橋二十里曰石公橋二十五里曰剡湖橋三十里曰長橋入慈谿界治西南三百步許曰大黃橋小黃橋水經云江水東逕黃橋下蓋

漢黃昌宅橋也稍南曰樹橋出西門外跨清風港曰清風橋一里五十步曰待士橋四里曰蘭墅橋少南曰石婆橋十里曰長豐橋四十里曰驄馬橋治西一百二十步曰孫埭橋又名孫浦橋出西門百步曰陸浦橋橋內有六浦受大江之水灌於靈緒山足故云或曰宋陸宦家此得名陸浦之南爲仁壽橋二里曰白鶴橋橋成時有鶴回翔焉七里曰黃童橋二十里曰曹墅橋稍北並于九宫寺者曰九宫橋又北在茹𡏖廟

前者曰始壢橋少左曰景福橋又西南曰長慶橋又少東北曰賽公橋三十里跨馬渚者曰馬渚橋五十五里曰青龍橋曰跨湖橋自昔墅橋西二十五里曰界碑橋（蓋雲樓界也）三十里曰賀墅橋由新壩折而南曰江口橋昔圯周都御史如斗捐俸七百緡復創計七洞更名來思橋俗又呼爲新橋（直上則爲通明矣）自通明東可十里曰西石橋（此橋與上虞分界）由新壩而西曰濟美橋亦如斗所建又西曰姚江西界第一橋陳都御史克宅建

子太宰有年重脩治東門之東數步曰澄清橋由橋入東門少西五十步爲按察分司故橋以澄清名今俗譌呼爲登明橋橋之南六十五步瀕于大江曰汪姥橋汪姥之所建也又西七十步在驛之右曰昇僊橋稍北二里二百步曰黃山橋莫詳其始建歲月其燬而再建在宋紹熙間名善政橋元至順間嘗脩之詳在韓性記中畧曰餘姚州之東距理所二里有善政橋橋傍有大小黃山上人因呼爲黃山橋嘗燬于火紹熙間僧覺因合衆力即舊址重建三年而後成其廣九丈其高十有二丈有奇下通海舟之危浙東之橋莫與爲比

建寶祐間橋之建六十年矣寖及於圮邑人樊暉率衆修葺而橋完又七十餘年當至順年間寧李侯恭知州事來視橋梁歎石溯過者懍懍則與僚寀議曰橋百年不脩則壞壞而更爲不可以卒成如吾民何捐俸以爲之倡於是監州某同知州事賈寀判官某協力而成之侯以公餘日往眡役用工而橋復完州之人士環視踴躍謳謡西過山陰澤中俾性爲之記性不敢辭因爲言曰古之爲政非徒奉法制禁令而已將爲人司牧而生全之也是以興其利除其害就其喜違其戚害者戚者莫病涉之爲甚是故橋梁之利爲善政稱首以鄭僑之惠而徒杠輿梁之弗成孟子猶以爲不知政也李侯之爲治能急於是役則其政之善也可知爾矣至正間復壞十九年僧自悅重建潮汐奔潰不可置一石自悅祝天願少卻潮忽竟日不至乃併力

基之橋始克成遣方國珉國珍弟鎮邑諜珉者更橋之名曰福星初爲二洞高危善敗明正統三年改爲三洞稍平之嘉靖三十四年倭寇卒自海上來遂毀橋明年議復建石趾而木梁排石其上爲平橋隆慶改元里人翁司馬大立架屋十楹其上易石以板萬曆二十九年燬于火里人毛伏諸起鳳等募金重建倭寇北來東路由此橋中路由後清橋西路由武勝橋而東路尤爲要害蓋緣東門外民居稠密恐賊竊渡據爲巢穴則兩城岌岌矣雖橋南建有敵樓而沿江極爲空濶守此彈丸何益哉設或有變不可不深慮也

進東

五里曰射龜橋俗傳竹山如龜形以橋作弓小浦爲箭射之故名南近大江曰外射龜橋萬曆間重建邑人盧運使璘爲之記東路通慈谿迤北五里曰范家橋治北秘圖山之右曰秘圖橋跨桐江南北石矼如砥直與察院外屏相對少東曰小秘橋秘圖山之左曰桐江橋俗稱呼爲童家橋北出後清門曰後清橋明嘉靖三十四年亦以倭故與黃山橋同毀後倭果至對岸跳躍竟以不得渡用善射虎者騎危射之殪一人焉放横筒砲又殪二人遂北遁不可謂毀橋非計也　明年議建亦如黃山橋所爲平橋者萬曆二十年間漸

圯行旅趑悚而不敢過里文學聞人羔請討於兵部提領徐倫募金復建洞橋如故邑人吳進士道光作頌以紀其事出邑後清門數武巋然跨江而雄峙者後青橋也嘉靖壬子島夷冦海上所過輒殘破諜得其攻城狀守者閉亟毀之已而冦果薄城下不得渡引而去衆遂不敢復故爲高橋而架木爲梁祗丕而平之僅通往來事甚草創冦旣平父老興嘆屢欲新之而未有舉也歲久而木漸朽石且隕裂存者如綫舟人慄慄行旅惕息若不能朝夕待矣宛葉侯知餘姚之二年政通人和百度改觀一日而履斯地曰斯非邑之要害乎而胡以傾圮若兹也且於度爲不協夫安民者在捄其危興利者必討其遠作而新之易禪以梁太險則安斯百世之利也顧費不可以煩度支吾其任之矣出俸百金而走使告諸上大夫日

鄉之水又東曰七星橋三十三里曰虹橋三十五里在埋馬市者曰埋馬橋四十里彭山之北者曰彭橋四十五里曰匠堰橋滸涇橋五十里近石人山者曰石人橋治西北一里曰新橋火坎口後新橋折而西曰㭊橋出武勝門外曰武勝橋晉高雅之克孫恩於此故名迤北十里曰景家橋景星所宅也十二里曰洪家橋景家坂橋吳家竺橋吳家輝橋由武勝橋轉西十里曰太平橋十一里近毛忠襄宅者曰忠襄橋又北

曰盧方橋錢家橋二十里亦曰新橋舊跨長泠港曰長泠橋又名方橋少傳謝文正公荅馮雪湖蘭方橋道中見懷詩方橋徒步記當年今日經過一悵然老去杜門深避俗閑來命駕偶隨緣乘桴喔我從遊海鍊石憑誰詫補天解后行窩仍一笑聯床剪燭話心便國初城臨山乃官道遷長泠之橋為新橋便官軍云又十里曰大將橋三十五里宋楊子祥故宅東西者曰雙橋五十里謝文正公家側者曰萬安橋其南曰濟美橋步雲橋登瀛橋並侍郎謝丕所建由方橋稍南而西曰萬石橋宋侍郎孫榮叟建趙孟頫題

曰萬石如漢稱萬石君之意又西里許曰湖蘆
橋曰牽枝橋又里許曰剡莊橋曰石鼓橋曰青
山橋西入蘭風曰八士橋少南曰木連橋極西
曰舜橋按寰宇記及太康地記云越州餘姚有
舜橋舜避丹朱於此百官候之故亦曰百官橋
今在縣治西北境上虞界中
按吾餘姚地形㴱濵海諸鄉瀾仰河涇淺狹春
秋霖雨三四日卽彌望皆水居民往往私架橋
河涇自便然湮水道水不時洩敗禾麥其害不

細惟東北濵江土高水易洩無患諸浦口官爲便橋乃奸出盜利者盜毁之今皆斷岸民病涉焉

渡

治之東四里曰陸家渡八里曰竹山渡十里曰下陳渡十二里曰邵家渡十五里曰姜家渡治之西一里曰鄒家渡五里曰啞兒渡七里曰霍家渡十里曰任郎渡十一里曰方家渡十二里曰徐家渡三十里曰郭家渡三十五里曰沈家渡四十五里曰吳家渡治之北三十里曰黃沙渡

東北二十里曰燭溪渡

新脩餘姚縣志卷之一終

新脩餘姚縣志卷之二

輿地志二之三　山川上　山川下

山川

環邑皆山也川則多大江支流與泉源相屬于霄絡野爍若天繪靈秀所孕紱冕雲興然亦其人與地相引爲重非必形家之說足張姚也志山川

輿地志二

山川上

山　嶺　峯　巖　石　洞
泉　潭

姚之山塊然于縣署北者曰秘圖山署垣據北麓大半其上有石如匱舊經云神禹藏靈秘圖之所山高丈許葢初名方丈山云天寶六年稍西改今名南二百步爲龍泉山在北城西偏宋高宗嘗幸焉山半有神僊洞高數尺深不可測明于震詩密葉垂重護彩霞也知深處是僊家雲屏靜掩人間月春色遥連洞口花局向山河移甲子樹頭寒暑記年華西風正苦瀛洲路願借溪邊兩月槎洞旁有泉僧接竹引之未嘗竭所謂龍泉者也高宗飲之甘因取十甕以去宋王安石詩山腰石有千年潤海眼泉無一日乾天下蒼生望霖雨不知龍向此中蟠又一人傳湫水未嘗枯滿底蒼苔亂髮麤四

厲旱多霖雨少此中端有臥龍無蘇軾詩過餘姚
古縣亦何有龍井白泉甘勝乳千金買斷顧渚
春似與越人爭日注孟點詩汀瀆橫鱣鯨鑊蟻
得而制所據非所容悲嘆生賈誼吾疑洛陽英
所見未超詣卷之不能伸無乃爲形累竭來姚
江濱稽首龍泉寺泓澄尺餘水龍乃於此憩飲
之還可小泥蠕縱覡肆乘時大其用雲行復雨
施出無而入有莫得窺其際茲龍之爲龍所以
超萬類彼哉橫江鯨舟楫詑吞噬莫知屈伸理
已大不可細滄溟有時竭鬐鬣何足恃惟龍神
以天不足以跡泥洪濤載翻播勺水或游戲江
河固所使巖穴亦可寄深潛若終隱奮迅倏已
逝小大無定名變化莫擬議吾聞黃面老法門
垂不二細能入無間大可周天地芥子納須彌
玅語言下契蟄龍依佛久其亦悟此意元韓性
詩鳳凰不棲枳天焉肯就闕胡爲九淵龍臥此
數仞山苟無風霆威何異蛙蟈繁世網易嬰人
有如百尺瀾悠哉志士懷直欲魁人寰一朝躡

浮雲游戲窮玄間寧知天瓢側不及皆井蟠百年撫陳跡老木亦已刋名高雖易毀志遠終難攀山中白頭僧咲我發浩嘆明王守仁詩我愛龍泉山山僧頗疎野盡日坐井欄有時臥松下一夕別雲山三年走車馬愧殺巖下泉朝夕自清濁皇甫汸詩大唐昔頌濯龍川於越龍吟坐異泉終日出雲臨禹穴有時飛雨灑堯天

舊名靈緒山又名嶼山三峰挺秀南俯江流如一線縈繞而兩城環之頗號佳勝唐方干詩未明先見海底日良久遠鷄方報晨古樹含風長帶雨寒巖四月始知春中天氣爽星河近下界時豐雷雨均前後登臨思無盡年年改換往來人元柳貫詩嶠首上龍山翠氣深盤盤松雲制高鑰沙月轉彎還沿沂二十里回檣客扣關山中宴坐人間世如翔鸞十年不同夢笑迎發清歡浣我塵上面對君冰雪顏吾生大自在眠食盡輕安爲作卜日

留開迸飛鳥還〔明陶安詩〕蒼峯倚重霄萬古色不改神龍去已遠蹤跡隱然在石竅常出泉土脉本通海寶坊起樓閣氣清地爽境佳菊金蕨欝古木青晻靄攀蹬行復坐瑶草鮮可採賓朋競詠唱氣味似蘭臭談笑有推趣巖壑被光彩鼎會有幾何不醉復何待〔又〕脚底潮生鼓萬雷浪頭隱隱白雲堆諸洲地到海邊盡外國帆從天際來但見中間浮島嶼不知何處是蓬萊平生登覽今朝最髣髴蛛宮貝闕開〔潘府詩〕九日龍山又一登花開夾道笑還迎帆飛雲外江流遠木落空中爽氣清已覺塵機銷欲盡謾愁歸路險難平子陵臺上宜高臥閒看冥鴻默默情〔謝遷詩〕迤邐盤龍接秘圖雨中臺殿畫糢糊神僊勝境餘三島任客歸舟任五湖地近東溟先見日樹連南郭晚棲烏高軒過處一爭訝一片清氷照玉壺〔林俊詩〕龍山幾道落巖泉古寺長松鎖夕烟風雨晦明無丈室藤蘿昏黑隱諸天香飛短錫知何日打賣殘碑不計年生滅大千

還世界白雲滿地故依然山巔有井晉葛洪煉丹於此曰葛僊井中峯最高處有石曰絕頂石明成化間邑人成噐陳牲豆於上祭劉球焉遂名祭忠臺侍講劉球江右人以言事忤閹王振振誣以同官董璘事下詔獄令其黨馬順肢解獄中即埋於獄之隙地璘從旁匿球血衣球家人遂以血衣爲槻歸葬此千古所無之冤也而哀憤乃出於上虞時事益可慨矣其祭文曰於乎先生龍逄爲行兮比干爲心紓忠竭志兮日月照臨慨前代在閹豎之失德竊當今復因循而蹈襲伏闕蓋疏太息掩流　帝曰汝嘉寔感　睿衷惟彼群姦切齒相從幽之錦衣肆其鞫凶龍逄蒙既兮比干葅醢雲霏霏其承宇兮天高高而莫余字顧虀粉之是甘兮羌時事之可慨于會稽之發室兮頻忠義之是懷鑒往事循感慨兮夢[illegible]

而九廻側聞先生之死兮又奚啻乎七哀抑帝閽其無路兮徒煩寃而滇滿歌楚些而招寃兮弔汨羅以爲計於是割鷄釃酒望風奠祭懼褻于家登彼龍山崖石齒齒兮竹松間開太天曰其咫尺兮將英寃之可攀恭載拜以長慟兮跽敷衽以陳告惟蹇蹇以自完兮得死所其奚悼顧棄德而崇姦兮尾日大而不能掉彼閹豎其何誅兮痛　廟堂之具臣曷其不撲滅於早兮旣滔天而無津乃首鼠以自保兮獨先生之奮身使舉朝皆抗扼兮何倡狂之餘腐也嗟剛中而無應兮適以快其怒也砥柱於洪流兮聊以示此度也視婞婩之輩流兮直鶩鴻與脫兔也生無益於時兮富且貴其何數也吁嗟先生之死兮寔知名於孺婦也噐謹志以法像兮中心好而非浮慕也或緣此以貫飫兮吾不惕以攻其素也

明倪宗正詩

滄江落日祭忠臺動地風雲鬱未開忠節重爲天下惜英魂疑向朔方來王堂茅屋心相感白鶴青猿調轉哀片石

嵯峨倚峯頂野僧時上掃莓苔翁大立標列龍山八景方干詩未明先見海底日曰五更見日寒巖四月始知春曰四月留春江東西皆九曲而後清環其北曰九曲環清南望諸山參差屏列曰千峯拱秀虹橋横跨下流如虹飲澗而當南北市井要衝曰市橋虹跨泉出洞傍淙淙不絶曰石洞龍唫登山四望闤闠嶙峋殊爲宏麗曰萬室飛翬南北兩城夾江並峙曰兩城合璧

龍泉之西曰西石山在縣治西二里江中有石曰落星石高七八尺吳越王寶正六年封爲寶石山數破舟邑人莫若嵩椎之又西曰童山少北曰

豐山在治西少北五里東西兩峯相對俗呼東豐山西豐山高一千八百丈廣可十里十道志云山少

木多石。又云通始寧及剡。漢分上虞置始寧縣，唐復爲上虞。嵊，今漢剡城縣，唐分置嵊州，後州廢，仍爲剡縣，宋復爲嵊縣。葢北山之脉南通於剡，西通於始寧，故云。通詳具形勝志。明倪宗正詩：此山高且險，上與霄漢倂。石道卅松崖，髣髴飛虹遊。山童輕以捷，步步恣騰躒。而我隨之上，不敢輕回眸。風高動寒慄，天濶益傴僂。躋攀極分寸，詎肯中途休。不顧瀕顛沛，但欲搜逕幽。怳怳出寰宇，飛步神僊樓。白雲流其下，群山青萍浮。澄江一縣藐，綠野文綺綢。俯見滄海痕，只在山麓流。長嘯天地中，鳥葦霜花秋。荊棘化桑梓，叡海沉山丘。坱漭幾變易，唐晉承漢周。撐開萬古眼，看破萬古愁。僊迹究然在，僊人不可求。藥臼對丹鑪，苔草何疊稠。烟光從地起，暝色生松楸。落日萬丈暉，倒照寒山頭。衣袖耿餘光，光景爲予留。風骨尚塵埃，歸路披颼颼。

又西曰滸塘山，曰馬鞍山。去治西二十里。曰菁

江山九功寺側者曰九功山曰馬渚山在治西三十里

秦始皇東巡飲馬於此曰娥眉山在治西三十八里天

寶六年改名吳女山後姜山五峰有娥眉峰或以是故改今名云高

一百二十五丈周七八里屹立於牟山湖中者

曰巨山少南曰姜山在治西五十里其袤十里上有五

峰吳越智覺禪師延壽各有詩曰金鷄峰松蘿高鎮夏長寒透出群峰盡恐難

造化共成彰五德洞天雲散露花冠曰娥眉峰盤空勢險露巖根深洞寒聲落白泉

好是雨餘江上見水雲曾出認西天曰積翠峰翠厭群峯地勢直落日猿聲在空碧

天風吹散斷崖雲古松長弄三秋色曰凌雲峰烟蘿高巘勢凌雲影瀉斜陽出海門

會與支公深隱處夜寒風雨上方聞曰白馬峰雲外層峰瀉危瀑天際陰陰長寒木南北行人望莫窮秋雲一片橫幽谷下有姜女泉其水清洌有木葉蔽之厺葉即濁會稽續志云姜山下有小池廣不及丈大旱不竭積雨不盈是爲姜女池姜女不知何時人傍有淨凝寺寺僧飲濯皆取給於池池草蕪沒稍加芟治泉即枯竭祈禱久之始復秘圖山之東爲大黃山厺治東二里許亦名凰山明皇南巡詩鳳厺山空尚有名翩翩五色曉霞生遙瞻玉帝祠前火散作人間不夜城山之脊曰鴈嶺以漢虞國致鴈而名嶺麓迤西北三十步爲小黃山又東曰烈山厺治東五里山九疊山厺治東九里俗呼九里山曰桐下湖山厺治東十里即慈谿

界

秘圖山絕江而南曰句餘山山海經曰無草木多金玉水經注云句餘山在餘姚縣南句章縣北及考大明一統志則此山又在慈谿西南四十里注云以其在句章西餘姚東故名盖句章慈谿舊名也今求之不得其處俗相傳以爲南城址國門內稍西南三十步許有巻石矻立民家宇下者是然亦無所徵信也

出南城南明門十五里曰㲊山曰大小雷山去治南二十里神僊是處獵者汚觸之輒震雷云又南曰桃花嶺古有桃樹大可數圍曰茭湖山去治南五十里其嶺特峻語云事好省莫上茭湖嶺曰太平山去治南八十里輿地志云山形如織故亦名織山孔臯記四角生木

冬種或穄或梓或樠或榧不相㮇雜三陽之處華冉代發孔靈符會稽記餘姚江源出太平山隨潮至浹江口入海東連四明南接天台上有葛僊煉丹石石有二竅其深三尺形如釜臼又名日門山晉謝敷梁杜京產居焉會稽記太平山有三一在會稽一在上虞其在餘姚者最著晉孫綽銘曰嵬峩太平峻踰華霍秀嶺樊緯竒峰挺崿上干翠霞下籠丹壑有士冥遊黙往竒託蕭形枯林映心冥漠亦既覯止渙焉融滯懸棟翠微飛宇雲際重巒蹇產迴溪縈帶被以青松洒以素瀨流風佇芳祥雲停靄齊孔稚圭詩石險天貌分林交日容歇陰澗落春榮寒巖留積雪曰大蘭山去治南八十里支連四

明漢劉樊于此昇僊又名昇僊山有榭曰樊榭梁孔祐隱焉有亭曰鹿亭（樊榭鹿亭詩詳見古蹟志）其東有九曲嶺分水嶺又南曰四明山（在治南一百十里）高一萬八千丈梅福四明山記云周圍八百餘里（或云二百一十里）蟠跨數縣由鄞小溪而入者稱東四明由餘姚白水而入者稱西四明由奉化雪竇而入者直謂之四明層巒絕壁深溪廣谷高迥幽寂下與人境殊絕方士家云第九洞天晉孫綽賦涉海則有方丈蓬萊登陸則有四明天台

靈僊窟宅焉山凡二百八十二峰四面嶞聳東曰驚浪山西曰奔牛隴其中爲三孕峰漢張平子家焉少南五峰相望各十五六里狀類芙蓉曰芙蓉峰其中峰益四明之胷臆有漢隸深刻曰四明山心其上爲鶱鳳巖東南十里爲殺羊巖神僊屠羊於此有血漬焉又南爲分水嶺入鄞縣界鶱鳳之右爲石窗四面玲瓏天地澄霽望之如牖戶中通日月星辰之光是稱四明亦名四窗唐謝遺塵云是爲四明之目唐陸龜蒙詩石窗何處見

萬仞倚晴壓積靄迷青瑱殘霞動綺疏山應列
圖嶠宫便擬方壺秪有三奔客時來教子書皮
日休詩過窓開自真宰四達見蒼涯苔染渾成綺
雲漫便當紗㩦中空吐月扉際不扃霞未會通
何處應連
王女家右爲韓采巖左爲下管嶺入上虞縣
界太公韓采巖北七里曰孔石又十五里爲丹山
赤水狀類設色東連白氷山由扎石南轉而東
五里爲錢鏐走馬岡又名青斑岡卓方六七里
細草連茵若文簟然下岡五里曰陳巖又一里
曰九雷嶺昔有縈嶺下者九雷聲於秋中云自
芙蓉中峯少北有洞 曰潺湲洞潰瀑流沫冬夏

不息龜蒙詩石浅洞門深潺潺萬古音似吹雙
羽管如奏落霞琴倒穴漂龍沫穿松濺鶴
襟何人乘月弄應作上清吟日休詩陰宮何處
淵到此洞潺湲敲碎一輪月鎔銷半段天響高
吹谷動勢急歎雲旋料
得深秋夜臨流盡古僊洞之十爲過雲巖有雲
不絕者二十里民皆家雲之南北每相從謂之
過雲龜蒙詩相訪一程雲雲深路僅分嘯臺隨
日辨樵斧帶風聞曉著衣全濕寒衝酒不
醺幾廻歸思靜髣髴見蘇君日休詩粉洞二十
里當中幽客行片時迷鹿跡寸步隔人聲以杖
探虛翠將襟惹薄明經時未過得恐是入層城
明楊山人坷見隱逸傳嘗遊四明山過雲巖見
雲氣瀰漫濃厚可掬遂携三四巨罌於雲深處
以兩手撲納罌中至湧出不容則知罌滿矣乃
以紙封其口携歸藏之遇好事者過小酌輒云
陋室無以爲樂請獻白雲侑酒可乎因呈雲罌

剌針眼其口則一縷如白線冲㸑須臾遶梁棟已而蒸騰座間鬱勃撲人面無不引滿大呼相誇爲絕奇也問亦曾贈相知者云因考齊東埜語唐陶通明詩山中何所有嶺上多白雲只可自怡悅不堪持贈君謂雲非可持贈之物也又蘇東坡一日還自山中見雲氣如群馬奔突遂以手掇開籠收於其中攜歸開而放之遂作攓雲篇云道逢南山雲欻吸如電過竟誰使令之衮衮從空下或飛入吾車偪仄人肘胯搏取置笥中提攜反茅舍開緘試放之掣去仍變化然則雲真可以持贈矣又宣和中艮嶽初成令近山多造油絹囊以水濕之曉張於絕巘危巒之間既而雲盡入遂括囊以獻名曰貢雲每車駕所臨則盡縱之須臾滃然充塞如在千巖萬壑然則不特可以持贈又可以貢矣揚山人之瞿雲或亦有所本也

其南爲雲門

龜蒙詩雲南更有溪丹礫盡無泥藥有巴賨賣枝多越鳥啼夜清先月午秋近少嵐迷若得山

殷仕芝之差手白鵬日休詩雲南背一川無鴈到岸前壢里生紅欒人家發白泉兒童皆似古婚嫁盡如僊共作真其北爲雲北龜蒙詩雲北是官戶無由稅石田湯川人家洞壑連壇當星斗下樓栘翠微邊一半遥峯雨三條古井烟金庭如有路應到左神天日休詩雲北晝冥冥空疑背壽星犬能諳藥氣人解寫芝之形野歌遇松蓋醉書逢石屏焚香住此地應得入金庭竝與韓采諸巖相直石窓西北轉爲簞溪爲白溪神蛇居之禱雨絕應皆通於大蘭白水白雲東明烏膽羅壁焚湖雙鳳南雷諸山之勝三井雲頂白龍水臺之窟鳳鳴之澗問道之石與天台鴈石爭奇鬪異王十朋會稽三賦云四明

競秀於天台非虛語也永樂十三年　詔道士朱大方繪圖以上　按松陵集云謝遺塵者有道之士也嘗隱於四明之南雷一旦訪龜蒙陸子語以山中之奇品爲九題索詩曰石窻過雲雲南雲北鹿亭樊榭潺湲洞青櫺子鞠侯皮日休和之詩各因題附見樊榭鹿亭改入古蹟志青櫺子鞠侯原在食貨志舊乘叅原道曰宋施宿云謝遺塵所稱及陸皮諸詩世雖競傳之顧今四明山中居人乃不知異境果安所在蓋與華山之華陽武陵之桃源皆神僊境可聞而不可即者也予頗貪奇者怪夲之信後躡足四明畧觀其勝已大奇之然求遺塵九題止得所謂石窻者諸皆無可索摸乃憶施君之言良是及今作邑志登載山川四明諸蔫紳先生家競來言山中之奇頗閒九題有廣濟寺僧者處太白山往來四明間最久予進而叩之指點圖畫者連日夜益詳哉其言之也莫哉

越山溪平豁非人境奚啻陸皮之所詠者然[illegible]
自樊榭則墟矣予乃貽悔昔所遊覽未[illegible]
伐以爲奇今所歷者大於昔所見矣尚
入山躬歷之僧試隨予後無予告予今信
所履信目之所視必盡有八百里之美二[illegible]八之
十二峯之奇以歸僧向予頂立作禮曰是直尋
無上世界弟子止見大白山西一方云然予又
恨施君不可作徒迷惑終其身於是志四明山
特詳焉施君又云四明本屬餘姚而今明州擅
其名猶嘉州之峨眉反得名於眉州華州不見
華山而同州乃見之故語曰世間多少不平事
却被同州看華山真是枉屈予謂四明諸山皆
天下大觀非一州里所得專今造化已私於吾
上顧又與夫封域者爭名哉且實在吾姚奚用
名爲又其山鄮奉並占之其稱名也亦宜唐施
肩吾詩半夜尋幽上四明手攀松桂觸雲行相
呼已到無人境何處玉簫吹一聲又宿四明山
詩梨州老人命余宿杳然高頂浮雲平下視不道

知幾千仞欲曉不曉天雞聲唐之淳詩會稽東南秀四明名更佳皎皎三百里條淡青蓮花伊昔天地初山川始萌芽六丁運神斧斲削如人家四牖遺古制玲瓏吐雲霞側聞劉樊徒於此煉丹砂耕烟種青穚結實大於瓜揮手謝衆士身登鳳凰車至今石窗底青天守龍蛇玉女四五人綠髮垂鬖髿時來聽潺湲意態靜不譁我夜闖其傍月黑星如麻顧慚無靈氣悵望空咨嗟宋孫應時詩平生抱遐尚撫劍遠行遊跡謝聲利牽心與巖壑謀東征泛滄海南鶩踰丹丘西登岷峨嘯北望關隴愁匡廬挽歸轡巫峽紆行舟劍閣最險壯龍門更奇幽歷覽雖未飽勝槩略已收邇來臥燭湖清夢長夷猶家山惟四明名字橫九州出門咫在眼欲往輒不酬人事真好乖山靈苦吾仇忽近遊可咲投老空自尤茲辰正芳春會心得良儔贏糧幸易足快策遂所求中宵雨聲斷逗曉霽色浮天容極瑩淨風氣亦和柔瘦節從籃輿野服無輕裘遲遲指林

麓欣欣聽溪流試屐清賢嶺彌蓋自水湫飛瀑響淙潺怪松韻蕭颼艱哉上羊額喘若料虎頭鷲石昉嵗期負樵歌道周百折快一眺千里森雙髻峯巒何綿聯脈絡相纏繆化鈞妙融結神功巧雕鏤長風動溟渤洪濤播瀛洲巨鰲出贔屭游龍繞蚴蟉鯨鵬怒摩盪蠱魚紛疊稠萬怪各起伏千帆近行留或坦若几案或崇若冠旒或排若劍戟或剡若戈矛或舞若鸞鳳或驟若驊騮或戲若狻猊或搏若貔貅儼然開明堂玉帛朝諸侯赫然會岐陽長圍方大蒐鏖戰臨長平堅壁持鴻溝廣野列車騎中軍嚴旆斿開闢浩茫茫變化久悠悠愕眙不得語形容那可侔僊樹四十圍蟠根幾千秋老幹枯不死新榮舉相樛颷馭定來止桑田行驗否遺跡信所聞輕轝當何由東南徑崇岡左右羅平疇人家散雞犬村塢來羊牛官徵畢薪炭春事勤鋤耰土膩火沙石氣寒無麥麰荒蹊夾桃李窑蔭開松楸是中可避世何勞更乘桴騈巖下蒼峭別岫爭

崪嶓孰云二二剎勝逝肯中道休杖錫既巉絕雪竇仍阻倏停雲朝漠漠剛風晝飂飂盤礴渡方橋廣宇連飛樓珠璣錯藻繡金碧照雕髹橦鐘食千指鳴板登百籌真來天上居不涉人間憂周遭富佳致徜徉得窮搜姚峯遠色奏錦鏡波光瀏兩溪赴聒聒千丈落漉漉深瀑漂隨昮品潭隱靈虬倒窺凜欲眩俯掬清可漱澗草高下積巖花零亂抽掛壁見猱提食苓聞鹿呦日長囀睍睆霧暗啼鈎輈倏竹奏竽瑟細溜錚琳璆占晴喜弄鵲畏雨愁呼鳩何妨共齊鉢且復薦茶頤老僧頗好事名德肯見投隨意宿山房無眠聽更籌念昔身萬里及此天一陬登臨世界濶俯仰歲月遒榮辱兩蝸角聚散一海漚塵鞅自束縛名場相敵讐不念猿鶴怨坐令泉石羞心期晚乃愜俗駕我尚優勝具學文許奇踪非阮劉時哉山梁雉樂矣濠上滌聊追典公賦不莫柳子囚招招知音子爲我亦向聲謳明楊維楨

洞天謠四明山二百八十青屏野頂天穹四嘯金

亂龍騰沸銀濤雪浪間怒激崖石噌吰有聲似吼似吟怡然聽之若耳中别具一世界也山僻遊人罕至宋元嘉中李信自兗避地家于會稽嘗構亭其上遺趾尚存李信詩幷序山從絶頂分澗數十交會中隈滙而爲池池中孤石獨出水面水澄且碧四包孤石望潦下流當隙之口逡巡而立則懸崖千百丈獻奇足下俯瞰山趾前膝不能尺寸而高下相懸如從天漢户見平地宂客南遷登覽樂之構一草亭于石之上讀書求志對景慨然幽思不已爰賦此章詩山邊瀑布懸龍唫沖入山根無極深若箇手持千斛杓挽升雲漢作甘霖自攪水出東北一里許曰牛埸山又出三里兩石相對如門而色黝曰

烏石門又東二里曰壺瓶石蓋有石如壺瓶也又東少北曰黃羅嶺又三里少南曰黃箭山下有龍潭明萬曆二十五年久旱禱此遂得大雨其趾東南二壠向北而出中隔里許曰西跳頭東跳頭又東曰鶴山又二里曰化安山有泉曰化安泉有巖曰道巖又東曰清山進剡湖嶴又一里爲花嶴有井曰江井深可三尺瑩澈可鑑鬚眉常滿而不溢人或汲之復盈其故處而止有巖如广覆其上景甚幽雅而味亦甘美可愛亦以山僻知之者

聲聞大地王龍吼勢接碧空雲漢流道院晝陰徵雨集斗坛秋冷濕雲浮山翁指點青松外曾見僊人跨鶴遊明王守仁詩邑南富巖鑿白水猶奇觀興來每思往十年就茲觀停驂指絕壁涉澗緣危磴百源旱方歇雲際猶飛湍霏霏灑林薄漠漠凝風寒前聞若未愜仰視終莫攀石陰暑氣薄流觴迴瀾茲遊詎盤樂養靜意所關逝者諒如斯哀此歲月殘探幽雖得所避時將猶難劉樊古方外感慨有餘嘆又千丈飛流舞白鸞碧潭倒影鏡中看藤蘿半壁雲烟濕殿角長年風雨寒野性從來山水癖直躬更覺世途難卜居斷擬如周叔高臥無勞比謝安又南三十里曰羊額嶺漢劉樊二僊乘羊過此故名上嶺即與大蘭山相聯有峯曰三台峯下有龍湫其深無底有巖曰屏風巖有潭曰屏風潭有溪曰洗

藥溪亦名紫溪有石屋雲根之勝別有巖曰寒草巖元鐵笙之詩寒草巖前春色稀桃花無數映清溪我行已到僊家窟不比漁人此路迷

秘圖山之北曰勝歸山太公治北三里晉劉牢之擊孫恩勝歸屯此故名山皆礐石頗白細多採用之因呼爲打石山邑人魏都御史有本嘗慨茲山域當乾位神冀玄武翕靜貞固允維其宜顧乃朝震夕凌前宙後窰鑿眞洩秘於神爲不祥於禮爲不恪於政爲失防禁而完之斯吾守土者之責也往往有禁然爲大姓專業禁而復弛嘉靖二十七年邑令胡宗憲出公羨銀若干兩贖毛文學弘元等山五十餘畝民曾惟曾等西面山宕二畝

邑人王太守正思以近北山宕六龢史同知鶴又以北石宕三處具書契以歸官而皆辭其值其每歲額課議出辦於公以杜請佃之端是胡侯永奠此山靈而篤祐我姚人也社而稷之夫誰曰不可明孫鑛詩爽氣朝來勝相借但阿咸幽林尋鹿豕古廟看松杉劉守曾無碣胡公尚有巖人生幾兩屐山路自巉巉北曰鯉魚山又北曰儀桐山少東曰烏戎山亦名烏玉山下爲烏玉湖太治北少東十七里由烏玉山北少西曰礶山其嵬然特秀爲一方之宗者曰劉山去治北二十里曰鏌鋣山去治北二十三里

曰崧山去治北二十五里曰柏山去治北三十里五季時晉胡輔成家此澆山植栢更名栢山曰嚴公山世傳爲子陵先生故里今其裔尚聚俗而居焉其少東曰陶婆嶺由嶺入北曰黃山其下爲黃山湖曰月山去治北三十里形如偃月北面臨湖湖中三丘環向而拱俗稱爲三星拱月直北群峯簇擁狀若蓮花曰蓮花峯少東北曰眉山去治北三十五里海中望之如脩眉然少西曰樣山去治北三十里又西曰歷山去治北四十里舊經云舜所耕也其下有田曰象田有井曰舜井又有石牀足蹈處雙跡宛然王十朋會稽三賦載舜遺蹟甚具石

孟子以爲東夷人則會稽於唐虞時爲東夷無疑也尒金履祥作通鑑前編云舜生河中府即今山西之蒲州考輿地圖爲舜都則非所生之地可知矣大抵祖大史公冀州之說冀於方域爲西西而文之岐周又在陜西則孟子何以分東西也論者以歷山舜井之類必非舜所耕鑿或以支庶所封思舜故鄉取像於此若云旣非舜所生之地曷爲而置其子孫於夷亦大非人情矣故須實得帝舜所生之處彼爲眞是則此爲眞非不然不若顧名而思實似爲得之夫先聖遺蹟豈盡湮吾之跡華山之博哉梁江文通詩愁生白露日思起秋風年落葉下楚水別鶴噪吳田嶂氣陰不極日色斷半天酒至情蕭瑟憑尊還惆然宋王安石賦歷山之峩峩兮予汝耕之孰汝疆之此匪予私云然兮誰女使子人之子兮余師歷山之峩峩兮則維其常人之子兮云曷而下云曷而亡兮我之思今孰繼兮我之悲嗚呼巳矣兮來者爲誰元鄭薿歷山後賦并

序二王文公宰鄞時有與李父争田于縣于州于轉運司不直提點刑獄命公直之將歸閔然望歷山而作賦其辭有曰鳴呼已矣來者其誰蓋傷承宣者不得其人而民俗所以不古若也後公一百餘年太梁劉侯佐是邦受展田之命于郡息争田之訟七十餘事父子兄弟各還其天者蓋多有之又何民俗之易化也然則來者固有其人惜文公不及見也余耕于歷山者也於侯之化幸親見之乃作後歷山賦歷山蒼蒼兮上地茫茫維昔先民兮聖人之氓耕者讓畔兮孰貪孰争時弗古若兮斯人之傷化有所自兮汚隆弗常侯承于後兮民既樂康玆爲之兆兮來者可等來者可望兮歷山蒼蒼按蘇鶚演義云歷山有四一河中二齊州三冀州四濮州又其二不聞所云不聞者豈此山乃其一耶

秘圖山東北曰文山去治東北二里山北曰治山去治東北五里世傳歐冶子於此鑄劍

焉又北曰屯山（去治東北十五里）晉孫恩屯兵於此必東曰安山曰陳山（去治東北十里）治北秪之卓峭如筆冢則章廣可十畝周顯德中建靈瑞塔院其上遺址尚存（靈瑞塔院宋改普濟寺詳載祠祀志）高千餘仞少石饒草木子陵先生墓在焉故又名客星山（嚴先生故里在雲柯鄉嚴公山而舊乘云在此山亦相沿之誤然先生祠志中又爲詳核矣）元黄溍詩一柱孤撑杳靄間人言此是客星山流風百世今誰嗣應詔諸賢故未還荒塚草深迂石路高齋月滿閟松關窮年漫跡蒼江上及此維舟獨厚顔明潘府紀遊序略丁丑之秋訪舊姚江値重九日故事當登高姚士知予者請尋客星山之勝予曰此吾志也遂命舟偕往仰子陵之高風瞻客

星之絕巘攝齊踰峻攀蘿剪棘披志求之得于陵之墓于亂石數拳之間卽掃地陳饌酹酒墓前其時天開氣爽神思曠逹諸君咸興今古之嘆乃命酒載酧因取雲山江水歌分韻賦詩而予嘗記其事予惟世道日降漫無收拾竊嘗仰止先生維持風教之功恨不可以復作特爲是遊以舒感慨顧瞻低回不能去云復取山下華清井之泉人酌之予慨然曰此殆非貪泉也諸君飲此幸他時毋負玆泉吾老矣猶當卯戒　山半有泉曰華清泉亦名旋井宋元豐中楊景謨顧臨同遊酌泉賦詩昔有人得一鰻魚於井持歸鬻而烹之俄失鰻所在後數日見其游泳於井而有鬻痕皆傳以爲龍云有嶺曰陳山嶺少北曰小嶴曰大嶴其南曰姥嶺又南曰柳家嶴曰照山衕南與九疊山相連東入燭溪湖環

湖之山三四十里其㞢最名者曰孫家尖前有二阜列於西湖之中者曰磨山曰茅山燭溪湖中界以塘西者爲西湖東者爲燭溪湖詳見湖陂志東則湖波千頃縹緲間有墩丘焉俗呼爲漲沙墩雖大浸不没若與水相上下云又東曰孤山去治東北二十八里面臨大湖而四峯如筆格最秀絕湖而南曰梅嶺少東曰石匱山登高遠眺正方如匱三面臨湖山多大石礧磈礧之殷殷有聲上有烽堠舊跡又東曰航渡山去治東北二十二里其南有溪曰明塘溪又南曰梅梁

山宋理宗題曰梅梁之山梅溪水自其西出又東一里曰許郎山又名海郎山山址甚濶自趾至腰平可行上則陡峻必由東西逶迤乃可上山巔亦有烽堠故趾俗呼爲雄鷲廊又東曰真武山址囬湖端聳如人危坐肩東下折中高阜隆起如拳手著腹東龜山西鮀山對列湖中自孤山望之儼然若出天造稍東曰稻嶴自孤山址出五里曰流亭山（去治東北二十里）其下爲石堰又址曰虞山（去治東北二十三里）太康地志云舜避丹朱于

此曰石屋山（去治東北二十三里）其石空洞如屋傍有嶺曰娥眉嶺又東北亦曰嶼山（去治東北三十里）曰烏山（去治東北三十五里）曰澌山（去治東北三十八里）其南曰埋馬山（去治東北三十五里）山趾有石臥水如馬舊經云秦始皇東巡觀海馬斃埋此或云宋高宗爲金所追徒行幾及中途忽得馬遂疾馳明州至此馬化爲石一統志誤誌此山于慈谿又東曰彭山（去治東北三十八里）曰匡山（去治東北四十里）亦名康山曰塗山曰包山（竝去治東北四十二里）狀類襆包其巔曰包結嶴曰石人山（去治東北四十五里）

山陽有石如人元岑良卿賦余里有石人山下有石如人與家居禺峯相望以其類隱者號曰居士設爲禺峯老人與石居士問荅之辭云禺峯老人披鹿裘躡芒屩好怪嗜奇畢意探索躋攀巉巖徙倚林薄有石居士倨傲自若匪鬼非人逼視無愕老人進揖而問曰巖洞窈冥草木紛錯子居是焉何取何樂載籍逸亡歲月綿邈罔究端倪孰能測度請無言其詳願聞其畧乎石居士曰昔者鴻濛既判混沌乃鑿陽沓陰交胚胎堅確凝精結氣磊瑰盤礴維媪神之姙娠亦女媧之鍊䰟蒙養日月之光乳毓雨露之澤戴玄履黄揭揭中立俯瞰塵寰流光瞬息睠茲土之雖陋有垂華之遺跡極海濵之斥鹵亘終古而窮僻既託身而何之棲已久而無斁九州錫貢匪怪罔及曲沃馮言匪余之職金華群羊笑彼何叱鄗南翁仲匪我儔匹顧支機之何賤思補天而無力邀安期於耶坐訪王母於寥閬睨世態於萬端殆浮雲之變

易既世俗之我遺亦何勞於記憶感邂逅於知己眞畢露其胸臆嗟余懷瑾握瑜隱避下邑絜彠是持禮法是式沉靜玄默端莊謹飭任吾天眞不假脩飾招白雲以爲蓋籍芳草以爲席衣薜荔兮鱗鱗冠蒼苔兮岌岌猿猱爲侶麋鹿在側若夫林和日暄歌鳥欣懌山明月覽群鶴翔集景物暢美余固自適至于電掣雷驚虎嘯猿號霧晴烟昏松杉失色氣象荒寥余亦自得此固安于所性而不知夫悲歡得失也老人曰子之所負余旣獲聞之矣然吾聞之望高山而仰止世瞻企以爲則方海內之蒐賢何迷邦而懷璧恐鶴書之專致來蒲輪而遠辟願奮起以慰俗而無事乎深匿也居士曰吁君言是矣然余猥資質之頑礦愧形軀之寒瘠素沉淪乎草萊又捐棄乎巾舃感誨言之勤渠動余懷之惕怵志雖企乎雲霄材莫齊乎金錫在昔神禹東巡是極錫土與姓弗邇咫尺祖龍戾海人神感惕駕濤成梁我逖其擊大庭雍熈嘗沐盛德億萬

斯年復覯今日言未既老人郤立而謝曰子負世長寻弗子識追余舌之淺近嗟駟馬之難及幸隣德之匪遥将覽夫摶天之翼其陰有洞曰石人洞嘗若掃溉峭石如粉昔有浮屠褁糧持炬而入經濊信宿聞艫聲乃還又北曰蔡山山之北有巖曰望海巖曰金山巔多麁石行列甚整昔有人依石結亭達觀溟海故又名海亭山曰破山相傳葛洪剖之取石煉丹元黃叔英詩爲問當年葛稚川剖山煮石功貪天爐殘火斷石山亦合造化物者褁故然又三山相峙如門因名門峯亦呼爲三山云並太治東北五十里曰吳山太治東北六十里其陰

有洞曰吳山洞北面大海巨浪激撞巖石嵌空旁產牡礪匡山直北浸于大海者曰懸泥山去治東北七十里其上多橘下有湧泉冬夏不竭俗呼為勝山嘉靖中屯兵備倭有營房焉直南曰繆家山去治東北三十里山甚高登其巔北見大海西南陡峻北望如牛形負軛處脊峯宛然平坦易上上有池廣數丈曰光池東曰方岡曰白石尖曰鏡臺峯諸山環列北面開陽為游源山游涇之水出焉有嶴曰金雞嶴少東曰杪山介金雞妙山

之間有大阜焉曰叙惇山相傳陸氏祠墓叙俗於此故名中多大谷坳僻人跡罕到曰邵塢窮塢以入有潭曰鬼肅潭神龍是宅大旱禱之輒雨北有嶺曰大古嶺小古嶺西走銀塘東入上林諸山其最尊者曰僊居山在治東北六十里相傳神僊所居土人占雨望此山出雲則立澍故又名雨靈山又狀類栲栳亦曰東栲栳峯西栲栳峯云西栲栳之巔有石如屋曰石谷亭山半有石平如砥可坐數十人曰盤蘿石旁石嶙峋以復

傴而探之顆然是産長生草下有溪曰栲溪溪旁有石高二丈餘曰鬬紫石並溪有二石一俯一仰曰筊笠石石東下有墩曰讀書墩莫子純嘗於此讀書焉有泉曰瀑布泉亞於四明山之白水宋謝景初詩落泉下峭壁陡絶千萬丈濺急雪片飛望若匹練廣曲嶺隔青林三里已聞響其旁有巨石平潤可俯仰愚俗所不道我輩數來賞須期秋色清攀蘿將爾上其址一瀧二支曰小蟠龍大蟠龍環爲林湖諸山謝景初詩山水有奇秀何必耳目親茲地世未知偶游良可珍平湖瞰其中翠巘圍四垠青松千萬株落瀑如懸巾佛廟聳殿塔裝點繪畫新清谿與斷崖水石聲粼粼峯巔見蒼海日出常

先晨花草時節異寧問秋夏春陵谷千萬古豈無稱道人德微言不信又恐遠故湮尊酒且樂我醉來事事均又北亦名石圓山亦大石礧磈如貫其東亦曰東山有泉曰淨聖泉大旱不枯傍有神僊之跡趾蹤干林湖而多支山竝以栲栳爲宗秘圖山西北自勝歸山稍西曰塔子嶺去治西北五里又西曰魯家山去治西北六里曰熨斗山曰點兵山去治西北十里晉高雅之於此點兵焉今譌呼爲點碧山云曰蕨山去治西北十四里有嶺曰蕨菜嶺曰去治西北二十里是產靈芝又東少北曰石姥山去治西北十五

里有白龍湫禱雨輒應曰克山去治西北十五里曰花

蕭山去治西北十五里是產香蕭又西北曰烏卜山曰

禾山並去治西北二十里謝康樂云山海經有浮玉之山北望具區今餘姚烏道北禾山與具區相望即浮玉山乃山海經之誤又西亦曰東山去治西北四十里亦以晉謝安石得名邑稱東山者三一在四明一在上林并此為三舊經志安石居鳴山甚確則四明者或其遊寓若太傅所隱東山實在始寧也其下汝仇余支二湖

環數十里多支山最名者曰雞鳴山曰杏山曰

茅山曰牛屯山並去治西北四十五里並以雞鳴為宗其

間林壑茂邃巖嶠崎崛多奇則惟東巖為勝有分

嵐嶠捫蘿磴點易竇躡雲梯巖巖石棲霞島拔茸岫聆柯峽逓玄谷小石梁枕流磯探奇窟凝暉嶂弄月窩吟秋壑藏春塢調鶴臺友鹿壇穿雲广來鳳亭賔鷗閣皆春樓東巖精舍天風海濤亭皆謝侍郎丕所營構焉有嶴曰夏公嶴曰縢琪嶴中多怪松枝柯拳曲狀若虬龍曰老寨山在治西北五十里有嶺曰歡喜嶺曰鶩山在治西北五十里曰姚丘山舊經云舜母握登感大虹生舜之地風土記云舜東夷之人生於姚丘會稽舊記云餘姚縣西六十里上虞縣東三十里有姚丘者舜所生也蓋是山云

新修餘姚縣志卷之二終

新脩餘姚縣志卷之三

輿地志三

山川下

江　河　浦　滙　灘　壩
閘　陡門　海隄

餘姚江在縣南十步許曰舜江跨江有橋曰通濟橋詳見橋志橋而西宋放生池在焉宋隆興元年令王度置舜江以西一百五十步爲放生池侍制朱翌有記今不傳東自汪姥橋至黃山港口曰姚江益俱籍名帝舜以爲重也西自落星石以西舊產蕙曰蕙江宋王安石詩山如碧浪翻江去水似青天照眼明喚取儋人來住此莫教辛苦上層城又軋軋櫓聲急蒼蒼江日低吾行有定止潮汐自

阮達

東西明呂本詩潮生舟欲動纜解岸如移二里行將近三山望益奇江深魚出餌林茂鳥爭枝談笑堪隨俗無由共所知又江上全無暑山中殷有雷淩波今未見行雨暮須來啼鳥隨時換名花應景開不知東海外何處是蓬萊孫陞詩雨霽春山翠欲浮高人邀我恣行遊烟堤繚繞鶯啼樹雲水縈廻鷺立洲鬢雪已增滄岳感江花更喚杜陵愁且揩酩酊未歸去落日微風共泛舟王稺登詩白雲丹嶂路盤盤千里都從桃上看何必雪中堪訪戴青山五月自生寒又日日清江日日山看時曲曲聽潺潺誰言江水如衣帶不繫鄉心一夕還又山縣行來不見花扁舟一葉小如瓜菉腸已作千廻結莫笑江流曲似虵東西相去僅三里許而三江異名產魚亦異色詳具食貨志聞之漁人云若有界域者然人所命名而物產隨異亦奇矣

江廣四百尺可勝千斛之舟海潮一日夜再至自定海蛟門𡉏入東過慈谿西渡入鹹池滙過通濟橋西至上虞通明壩朝曰潮夕曰汐卯酉之月特大於餘月朔望之後特大於餘日然其水不滷

鄉諺云四十日高晴鹹潮至丈亭丈亭東去姚江四十里不數日鹹潮漸入姚境引以灌田稼立槁

宋海潮陰陽依附論觀古今諸家海潮之說者多矣或謂天河激湧亦云地機翕張盧肇以日激水而潮生封演云月周天而潮應挺空入漢山湧而濤隨析木大梁月行而水大源殊派異無所適從索隱探微宜伸確論祥符間奉詔按察諸郡以至句章俱沿海濱朝夕觀望潮汐之候者有日矣得以求之刻漏究之消息十年用心頗有準的大率元氣噓

翕天隨氣而漲歛溟渤往來潮隨天而進退者
也以日者衆陽之母陰生於陽故潮附之於日
也月者太陰之精水乃陰類故潮依之於月也
是故隨日而應月依陰而附陽盈於朔望消於
朏魄虛於上下弦息於輝朒故潮有小大焉今
起月朔夜半子時潮平於地之子位四刻一十
六分半月離於日在地之辰次日移三刻七十
二分對月到之位以日臨之次潮必應之過月
望後東行潮附日而又西應之至後朔子時四
刻一十六分半日月潮水俱復會於子位其小
盡亦然惟次日移三刻七十三分半是知潮常
附日而右旋以月臨子午潮必平矣月在卯酉
汐必盡矣或遲速消息之少異而進退盈虛終
不失其期也　此論得於會稽石碑失其姓氏
渾天載地及水法　地浮於水天在水外天道右
轉七政左旋日入則晚潮激於左日出則早潮
激於右潮之大小則隨於月月近則小遠則大
元吳亨壽荅嚴益論潮書　坎本月之體月本水

之精月與水一而已矣月一晝夜凡一加午故潮一日再生月一日退大十三度十九分度之七故潮日遲於一日所以初二之潮晝遲而入十八之夜十八之潮夜遲而入初三之晝也一月之間生明生魄潮亦再盛焉生明之潮則自前月二十六長小謂之起信歷晦朔至月三日謂之大信初四潮勢漸殺謂之落信歷上弦至月十日謂之小信生魄之潮則自十一始長歷望至十八而盛自十九始殺歷下弦二十五而衰其起落大小之信亦如之天下之至信者莫如潮生落盛衰各有時刻故曰潮信月於一月之間漸遲而縮一日潮於兩信之内漸遲而縮兩潮秋月最明秋潮最盛亦其理然也或曰月之說然則潮之候亦宜月半以前由微漸大月半以後由大漸微今乃於明魄之生兩盛焉何哉曰月一月一週天而一日之内則一加子一加午者也潮於月加子午之時一日再至故亦於月生明魄之日一月再盛月之一潮之再若

不相似而實相感召非深於理者未易語此「昔有爲詩以括潮候者曰午未未未申寅卯卯辰辰巳巳巳午午初一十六輪如前月大盡則初一午未初二未初如前月小盡則初一午正初二猶在午未初三方在未初十六日一如初一大盡之候夜則六時對衝其大槩如此餘姚潮候全差早於西興以潮來道里有遠近耳非地勢高下使然也」

自此江以南橫亘於南城之南者曰蘭墅江自此江以北纏繞於北城之北者曰後清江蘭墅江潮自竹山潭南入橫涇橋折而西過戰場橋北出蘭墅橋會於慧江而西後清江潮亦自竹山潭北入黃山港過福星橋經後橫潭此潭與竹山潭俱自發潮西過後清

橋武勝橋折而南由六洧橋出仁壽橋會於舜江而西兩江環合如璧爲一邑之襟帶焉北城內通潮者三一自後清橋東北入東水門南七十步折而東至東城趾復折而南稍西至寶巷口而止又南二十步折而西過金沙井衕可七十餘丈又南五十步折而西過察院後可六十餘丈又南一百五十步由小秘橋而南三十步分流東西西者不過數武東者可三十餘丈相傳名清風港南城西門外亦有名清風港又者此則在民居中漸淤塞矣

封泉

自小秘橋而西過察院前秘圖橋橋西側入分流而南舊至城隍廟門外西受秘圖湖及縣署之水水由廟二門内東流入河今自廟北可三十丈許已佃爲民居僅留小溝通流驟雨則瀰溢衢路行者若病涉焉又自秘圖橋西過桐江橋至新橋自小秘橋至新橋一帶名桐江蓋取桐江一絲之義一自後清橋西北入西水門南五十步折而西過拗橋至閱武場西城趾昔此水西通外河緣築城流遂絕中有分流直北三十餘丈折而西可六十餘丈其西流者亦在民居中又南折而西入後新

橋可六十餘丈又南過新橋合桐江之流昔東水門之水西流西水門之水東流合於秘圖山北麓今西流漸淤多合於新橋矣一自舜江入南水門北過孫墟橋與東西二水門之流合於龍泉山東麓昔合於新橋南可二十餘丈今南河多瓦礫填塞北水漸向南流矣此北城流脉之大都也南城內通潮者六一自通濟橋西南入右達水門進大黃橋至呂文安公宅折而東一自右新水門進小黃橋過樹橋至南城趾折而東一自戰場橋分流而北稍西進南明水門入於新河一自通濟橋東南

入左通水門進石嵬橋抵霝星橋南五十餘丈折而西經保慶廟直與右達水門之流會於呂文安公宅前又自保慶廟東分流南過新河過新河橋與右新水門及戰場橋南來之水俱會於南明水門內

一自東泰門南下有演潮自姚江南來西入演過紫金橋而止昔此水西入霝星港今近西數十丈已坦然成衢亦不知塞於何時也

一自東南九曲水由西天湳入巽水門盂漩而西經陳光祿勳園北會於霝星港詢之父老云成弘以前此水自東南來北趨霝星港西入泮池嘉靖初東南已

言不復入泮池矣後以城故復斷其流堪輿家云邇來科第少衰蓋由九曲水不入堂之故明萬曆丁酉年遂議開巽水門吕天官郎胤昌陳別駕錄卲耆蕭圭皆讓地焉然吾姚九曲水在在有之而所開之門乃丙非巽也　又濡星港潮舊直進泮池西至向家池而止今泮池以東河恒具在而淤久不通致使泮水豬而涔濁浚而治之僅十夫一日之力耳加意斯文者豈宜在巽水丁哉此南城流脉之大都也其兩城外大江支流皆與各鄉泉源相屬南則潮止戰場橋上一里許而鵰嶺以南群山之水建瓴而下以入於江西南則進蘭墅橋二里許有潭焉南廣而北銳其形如犁土人呼為

龍舌東通戰埸橋西南進沈家閘過石婆橋至聚粒山由沈家閘過長豐橋至羅壁山而清賢嶺以西諸山之水皆由此以入于江東南則進竹山橋入檀樹灣過隱鶴橋至谷家尖自檀樹灣少東至第四保而擄水以西之流皆入焉又東由李家閘今廢詳見閘志進陸家埠而慈谿石門三十六嶴之水咸會於此此水源甚深遠然居東南東瀉於江便而乃屈曲西向且隨潮直過邑西堪輿家云惟餘姚獨會八方之水良然東則自竹山潭北入射龜橋受穴湖諸山之水自邵家渡北受桐

下湖之水西則自曹墅橋入菁江過馬渚橋至西橫河堰受牟山湖諸水又自新壩東南由新橋上七里灘入四明江口進婁家閘潮至西石橋而止上則孔靈符記所稱發源于太平山過斷溪至于上虞之水皆溪流與江潮相接東北自後橫潭北過客星橋進石堰閘東橫河閘而東北諸鄉之水盡由此以達於江北自史家灘由鮑家潭（此潭亦自發潮）過俞家橋宋堰橋至潮堰亦有龍舌焉東則進確山堰至黃清堰西則進湯

家閘馮家閘至低塘堰又自鮑家潭西入景家橋洪家橋至梁家堰而附于黄山二湖以西諸鄉之水皆由此以達於江西北之潮一自武勝橋而西一自陸浦橋而北合流西向過太平橋盧方橋至小里堰而決侃湖以東諸鄉之水皆由此以達於江凡此皆江潮分派散走四鄉一日再至用以溉田而舟楫亦隨潮上下百姓世享其利其他小渠引水過道者不可勝數然各鄉亦有稱江河名最著而有關於一方之利害

者曰菁江在治西二十里受縣西諸鄉及上虞東鄉之水注于江以入于海明越舟航之所經焉唐權德輿詩越郡佳山水菁江接上虞即是江也宋王安石詩村落蕭條夜氣生側身東望一傷情丹樓碧閣無處所獨有溪山照眼明曰東横河在治東北二十五里源出燭溪湖東至于雙河又東北至于觀海西流出石堰而入于江嘉靖十五年冬縣丞金部浚深之一方軍民咸利焉曰制河在治東北三十五里滸源銀塘諸溪之水出焉北流爲滸涇又東北亦溢于雙河西北會于東横河

曰雙河在治東北七十里西受游源上林之水東注于海河傍有小河約長一百四十尺濶二十五尺夾道而流故名傍小河不通舟楫易於淤塞嘉靖間里人呂明濬治之曰西橫河在治西三十里源出牟山湖西流入于上虞北至于臨山曰長泠河在治西北二十五里源出上虞之鎮都長壩又出于牟山湖東至于菁江北至于海壖曰新河在通明壩北去治西三十五里舊走曹娥水道北由菁江則上下湖堰閘僅可容艭南由通明則道既回

遠而七里灘非得潮不能上乃通此河頗稱徑便此外又有以浦名者曰秋風浦即今南城之新河云曰湖塘浦在治東十五里曰呵浦宋虞丘進于此破張驃焉今莫記其所矣南史虞丘進從高祖征孫恩戍句章城被圍數十日與賊黨張驃大戰身被數鎗至餘姚呵浦遂破之滙曰鹹池滙在治東十里過姚江里許即紆廻而東折而西南後折而東北每一曲約十餘里數曲間陸行不過十里而舟行則四十餘里東流入慈谿界灘曰子陵灘上俗所記治少東江瀨粼粼潮汐上

下常有聲蓋嚴先生初釣遊處也宋孫應時客星橋記載此今失池敗入古其處蹟志

【壩】

【曰大江口壩】亦名下新壩在治西南三十五里雲樓鄉左江右河河高於江丈有五天明越舟航往來所必經然壩高舟難猝上又候夜潮乃行率夜半始群至壩下至則各登涯爭先緯纜每相持或竟夜不東一舟遇雨雪衣服濡濕饑寒僵縮股慄不禁益甚死力爭之嘗有鬬而死者議者曰下江船不分晝夜隨潮行至壩下上

河別易小船以行則行旅無所疾苦矣

閘在雲樓鄉之一都者曰運河新閘入江口壩上運河十八里其塘起自塘上至慶源橋僅百丈而內障河水外捍江濤閘則備旱潦水以資溉浸然坍而善圮河水沖決立涸舍惟病旅且以病農　明萬曆丙申里人陳太宰有年周憲副思宸白於分守道吳獻台檄下衆議將壩夫新認役銀并鹽埠共計緡錢百二十千爲椿石費半載而工告成迺立石壩上周憲副爲文以紀

其事在通得鄉之三都者曰李家閘宋建隆三年建今廢巳久二石柱尚存緣溪流遷徙不常不敢議再建在龍泉鄉之一都者曰石堰閘西南受姚江之潮灌于龍泉諸鄉其東受横河游涇之水行之于江實餘姚東北方水道咽喉而其水門窄隘潮水無大出入司閘者又皆宿奸射商舟之利縱閉不時旱澇無所於救鄉縉紳嘗言于司河渠者乞闢廣之縣巳計植利諸鄉田畝科銀入公而役不興民頗咎之曰南湫閘

節燭溪湖下原之水使不下傾于江曰東横河閘節燭溪上原之水使不傾于下原在梅川鄉之二都者曰匡堰閘節滸溼及上林湖之水水門亦頻隘不能洩滸源諸澗暴水曰水窰閘今廢在上林鄉之一都者曰白石堰閘節上林上嶴二湖之水在二都者曰雙河閘曰洋浦閘今廢東界于慈谿之鳴鶴鄉水自上林西南行六十里經四堰四閘始達于江東注鳴鶴地卑易流不十五里已達于海唐景隆元年乃創二閘

於樣塘之南曰雙河北曰洋浦洩上林縣水宋乾道九年開慶元年元天曆間皆脩治之以故上林諸鄉寡水患　明永樂初西廢上林之岑家壩宋時嘗置此壩以絕梅川游涇之水東廢鳴鶴之黃泥壩置松浦閘水東行益利而慈之豪猾者故欲塞雙河閘輒下土石以射鹽夫負販之利每霖雨水暴至盡淹上林諸鄉禾稼廬舍正德十一年里人毛鳳何明孫俊始白其事于御史臺慈人忿爭之積歲不解吏巡按御史成英劉廷簠檄台

郡守顧璘杭郡同知丁儀臨治之於是觀地形攷便宜咸謂雙河置閘有利餘姚無妨慈谿乃踵唐宋以來之蹟復爲石閘餘姚人世守之且與慈谿併力疏浚洋浦使永無填淤反壞之害然累年爭且未息在慈人則曰雙河原有破山洋浦二閘洩水入海即今洋浦已漲爲桑田高亘一二十里倘議開浚非萬人之力不可慈人肯併力而均作乎吾有以知其不能也則雙河之水將安歸哉況上林地高鳴鶴地下水之就

下天地之性然也貪負販之小利以逆天地之性强隣壤以必不可受之害非計之得矣在燭溪鄉之三都者曰礶山閘南通江潮直至黃清堰北受燭姥湖及新湖之水春夏閉以利農秋冬開以利商而市猾故爲築塞恣其需索一方商民兩病焉萬曆二十七年居民嚴史澤等呈縣遂立石示誡然此弊蓋不特礶山一閘爲然也

余聞之父老曰雙河閘窒於慈谿餘姚東北邊

時時病水自汝仇牟山諸湖內侵以豪右夏蓋漁浦諸湖外攙於上虞西北遝歲歲苦旱田者至不能償種司民命者操秉公義不爲威惕奪諸湖盡歸之民關石堰以東諸堰閘行水于江決漾塘之雙河洋浦入海如此餘姚北鄙可長無水旱之災矣舊乘

陡門在燭溪鄉曰菁江陡門在梅川鄉曰廟山陡門在治山鄉曰諸郎陡門曰孫家陡門在鳳亭鄉曰黃莊陡門在雲柯鄉曰眉山陡門在雲樓

鄉曰橫河陡門在上林鄉曰孫家陡門曰焦家陡門曰孟家陡門在孝義鄉曰仁風陡門在龍泉鄉曰沙河陡門餘具湖陂志

按境內陡門堰壩諸堰俱見湖陂志或絕河涇或關湖水灌田禾通舟楫百姓蒙其利今多廢不治治者惟諸湖及通津衆耳目所覩記者余悉檢志之俾察水利治河渠者得以覽焉舊志

海隄 海在治北四十里東起上林西盡蘭風七鄉一十八都之地悉瀕於海水經云餘姚故城皆

海趙俶賦維會稽之東陲兮表姚丘之崇崇瀕海陬之垠堮兮壯有虞之支封海水北流薄於海鹽東通定海之鮫門西過纂風亭入鱉子門通於錢塘江暑薄凉微天雨初霽海中有蜃氣夾雲而興倏忽變幻千態萬狀殊爲奇觀秋冬值風雨之候又時有海氣彌望蓊鬱云宋謝景初詩海上風與雨未朕先氣升澤鹵雜山祲蓊鬱相薰蒸交語匼匝障安辯丘與陵衣襦帶葦綴臭腥殊可憎自非昌其陽疾癘得以秉君子卻陰邪何必醫師能商賈苦內河勞費或泛海取捷謂之登潭宋燕肅曰潭者海中沙也錢塘海門之潭

亘二百里登渾趨餘姚者一由錢塘江過鱉子門一由海鹽澉浦並至于東山之四門或收於懸泥山宋元時海舶云並入梅川之陳家浦遇風恬浪靜瞬息可濟亦時有覆舟者海水南有斥地縱十數里橫亘八九十里其產魚鹽螄蛤稻黍菽麥瓜蔬木綿蘆葦諸鄉細民生業其中頗利焉然海壖鹵脆潮流溢決數十里之地爲海所漸浸入內地蕩民居害嘉穀前代苦之於是作隄禦海所從來久遠文字缺蔑莫可攷然亦率壞敗難成功功之可見者宋慶曆七年縣令謝景初自雲柯達

海堤集不可悉記詳其尤著者焉先是海塘未完築土隄於内地以防潮汐溢决其制隨地形上下散漫不一曰散塘今皆不治及海塘漸固潮寖郤沙塘日墳起可藝永樂初始於舊海塘之北築塘以遮斥地曰新塘以别於舊塘云已而沙塘益起海水北郤十里許其中俱可耕牧成化間水利僉事胡　復於海口築塘以禦潮曰新禦潮塘自是斥地之利歲登而　國家重鹽筴亭民苦煮海天順間寧紹分司胡琳請以

新塘至海口之地盡給於竈永爲鹽課根業毋令軍民侵漁之　詔可乃豪强罔利者告訐無已弘治初　詔侍郎彭韶整理鹽法議非竈户敢有侵地者每畝歲科銀八分謂之蕩價給竈補課而豪强愈益爭不解群竈苦之其明年紹興府推官周進隆察民竈之情相地淺深於新塘之下築塘界之塘以南與軍民共利其北惟竈户是業爭緣是得息以其周姓因稱塘曰周塘云

余嘗週行舊海堤，嘆謝施葉子之功，當咸有廟食。又嘗觀新禦潮塘，實繫斥地之利，今皆毀缺。三秋潮溢，地利必太，姚土鹽而民稠，給衣食者大半於兹土，要不可玩愒忘治者也。此下有于先生曰一段，意欲取費於無征之土，取力於無事之兵，以治海堤。今則加賦及於亭民，毫無剩地，而巡司之兵裁其大半，亦無剩役矣，故删之。余又見海濵勤生業之民，多墾舊海隄址偏之地為田，植嘉穀，其歲入或等於良疇。詢諸父老，云自梅川以東，其間四五里內並可為田，患在水泉寡不救。然今塘南田者遇旱卽夜穴塘引海溝水灌之誠令鈌古塘張斗門南北通水互灌可以兼利是塘北亦有水泉也稍不足則於竝山頗高處爲湖渠備旱如新海湖及海湖竝取諸海地脩禦潮塘令高完於浦口多張水門春雨水溢決使入海秋冬築之以障潮汐如此則塘北之地漸爲沃壤畝可萬計畝收一鍾則北鄉民食可坐足矣昔西門豹令鄴漳水在旁而不知用史起病其不仁不智起代豹引漳漑田而鄴以富民歌謳之爲吾姚者能導利田

海給民其有弗歌之者歟其址偏不可田者相
其地形令水工準高下博議利害穿大河東注
觀海西注臨山接于澥浦令通轉輸免内河勞
費利軍國通商旅其水又足以溉田又一勞永
逸之大利也龔秉
岑先生居海濱目覩斥地之利言之懇懇頗稱
石畫今則東西相望百十餘里下無不墾之土
而上亦無不征之地竭力耕闢不足以供倍稱
之賦近且連歲不入瀕海窮民實爲狼狽謹詳

若干篇惟當事者採焉竊見禦潮塘址沙塗漸漲太公海踔遠非若昔時石隄之下即鯨波巨浸也以故塘南一帶頗爲膏壤梅川上林宜禾稼地重孝義開原等鄉以木綿豆麥爲利樹藝既殊水利亦異滸山而東各於田下濬新河益深畜陂澤視爲巳業滸山而西原有溝渠相通南址旱可互灌潦可洩水若木綿荳麥其利倍於嘉穀而水泉似可少緩因地制宜規畫巳盡非復曩時比矣至古塘下穿河東西橫亘舟楫轉

輸商民並受其利嘉靖乙卯倭奴舟泊海涯焚掠屠戮之慘吾姚壮鄉首受其毒邑令李伯生請於古塘下開新河以備倭東自觀海西達臨山相距百餘里濶二丈深一丈許路口各置柵門鄉兵巡邏守禦亦隱然有金湯之勢業已就緒而患熄備弛豪强擅填塞以廣其私畝然而河之故道猶未盡没也夫其塞也誰使塞之則今之開也即使塞者開之亦甚易爲力耳開之而用以溉田一利也淫雨浹旬暴水忽漲水有

所洩二利也便舟楫通轉輸三利也海上卒有警長河之阻足備非常四利也官不煩一卒庫不費一錢民蒙其利雖勞不罷又何憚而不爲也若夫四民之中惟亭户最爲勞苦天順間既以新塘址至海壖之地盡給於竈永爲鹽課根本然豪强侵利倚勢作奸冒嚴禁而不避故界以周塘民竈既分爭少得息當是時塘南民地且稱天漲沙塗恐坍塌無常止量納鈔價豈不知有土有征而慮變憂民誠爲至計嘉靖二十

貧竈多籍他田以希優免名曰詭寄欲袪此弊乃查竈戶有田而應免者坐派該場徵收每畝一分三釐名免田銀扣抵衆竈正課之數有田者不得獨擅優免之利無田者不必假籍他田而亦得均霑優免之惠意非不善也顧法多變則多弊政多門則多竇襄邑長總之丞且稽之尚不能清詭寄之弊今以縣籍遥發本場場司胥史上下爛結總目解戶相緣爲奸甚則通同王籍有田若干畝而開納僅十之二三影射漏

匿不可勝數其病不下於詭寄摟萬曆二十五年免田冊計十萬餘畝至二十八年止七萬四千五百餘畝矣三年之內非有盡境凶荒之甚也何至頓減田二萬餘畝哉設非漏匿何以至此又況免銀旣屬場徵其田有今年竈而明年或軍或民或士宦者亦有今年軍民士宦而明年屬竈者展轉出入田有二主稅更兩處收納混淆難以畫一又或田多而丁少則輸巳之財而稱人之課心所不甘旣征之縣而復征之場

勢文不便多有買田而終身不歸戶者是條一詭寄文增一詭寄也然昔之寄人者爲貧今之寄於人者爲富寄於人者愈多則免田愈少而貧之蒙惠愈微故免田之法惟貧民獨受其弊雖所爭斯須富之所輕固貧之所重也且
祖宗立法以一煑海賤夫至與博士弟子同其優免何也齊民惟農人最爲勤動尚入有息而耕有時而亭民煎辦之苦無間寒暑無分晝夜迫逐於湯火之間而莫可告訴自非　聖主

明照部屋孰能矚其隱情哉然全免亦不過歲得二錢六分有奇半免則一錢三分有奇今以免銀抵課止得半免之二三耳豈不大失我

祖宗欽恤之仁哉此免田之法所當議復者也又惟竈蕩經界既明無容攙越惟本戶均分丁少則蕩多丁多則蕩少故一丁所得寬者僅四五畝而漥下鹵薄居其七八用力甚費出利無多時值天災惟有赤地乃折課有征每丁三錢新墾有征每畝一分五厘解京有征每畝三分五厘見今新行而優免

則歲割而月甚焉政不率法而盈縮惟心知上而不知下欲以華奸而遣以成奸欲以太害而反以滋害惜乎其不講于損益之義也

宋王安石海隄記

自雲柯而西有隄二萬八千尺截然令海水之潮汐不得冒其旁田者知縣事謝君爲之也始隄之成謝君以書屬予記其成之始曰使來者有考焉得卒任完之以不隳謝君者陽夏人也字師厚景初其名也其先以文學稱天下而連世爲貴人至君遂以文學世其家其爲縣能不以材自負而忽其民之急方作隄時歲丁亥十一月也能親以身當風霜氛霧之毒以勉民作而除其菑又能令其民翕然皆驩趨之而忘其役之勞遂不踰時以有成成功其仁民之心效見於事如此亦可以已而猶自以爲未也又思有以告後之人令嗣續而完之以永其存善夫

仁人長慮郤顧圖民之菑如此其至其不可以無傳而後之君子考其傳而得其所以爲其亦不可以無思而異時予嘗以事至姚過予與余從容言天下事君曰道之閎大隱密聖人之所獨鼓萬物以然而皆莫知其所以然者蓋有所難知也其治政教令施爲之詳凡與人共而尤丁寧以急者其易知較然者也通塗川治田桑爲之隄防溝澮渠川以禦水旱之災而興學校屬其民人相與習禮樂其中以化服之此其尤丁寧以急而較然易知者也今世吏者其愚也固不知所爲而其所謂能者務出奇爲聲威以驚世震俗至或盡其力以事刀筆簿書之間而已而友以爲古所謂丁寧以急者吾不暇以爲吾曹爲之而曹不足以爲之萬有一人爲之臣不足以名於世而見謂材害其可嘆也夫爲天下國家且百年而勝殘去殺之效則猶未也其不出於當時予良以其言爲然既而聞君之爲縣其至則爲橋於江治學校以教養縣人

之于躬既而又有隄之役於是又信其言之行
而不予欺也已爲之書其隄事因幷書其言終
始而存之以告後之人慶曆八年秋記樓鑰海
隄記餘姚爲紹興北縣岸大海者八鄉分東西
二部綿地一百四十餘里舊有長隄蔽遮民田
孝義龍泉雲柯三鄉沙漲土高無風潮衝決之
患開原東山蘭風梅川上林五鄉間有缺壞實
爲民憂慶曆七年縣令謝景初自雲柯至于上
林爲隄二萬八千尺王文公記之後百五十年
爲慶元二年縣令施君宿又自上林而蘭風爲
塍四萬二千尺其中石隄四所爲尺五千七百
又其創建者也邑人求記於予謝之曰令尹之
功固倍蓰前人前有文公之記何敢爲第二碑
請不已則曰文公之文不可及姑記其實則可
爾余外祖汪公思溫宣和中嘗爲是邑脩燭谿
之湖建承宣之亭後伯父琛從兄鉌皆嘗爲之
婦家王氏自尚書侯而下四世寓邑中熟知海
隄之爲害而近世猶甚大率歲起六千夫役二

十日計工一十二萬費緡錢萬有五千民力不堪曾不足支一歲焉施君始至詢究利害得其要領選鄉豪公直强幹人所信附者十五人分地而共圖之尉曹趙君伯威復協力佽助務爲久計以蘇民瘼蓋在承平時提刑羅公適知縣秘書丞牛君常伐石爲堤今計百年蕩在海塗乃按迹取之得其故石創業二千七百尺用工二十萬三百六十而東部之田始有蔽障其西部之謝家塘王家塘和尚塘悉爲紹熙五年秋濤所决於是復度爲石堤三千尺鄉民趙明釋子行琳董其役約費甚重縣不足供列于府監司提舉常平劉公誠之首助穀三百斛勉爲之倡所陳請率應如響通守王公介幹辦公事王君柄左右尤力令得畏布而隄用告成其高一丈石厚一尺爲一層用石三萬尺縣出緡錢四千三百有奇縣之士大夫與其鄉人助工三百萬費尤未足也然則茲役亦甚重且大矣思其重大而慎於守護縣之官分季臨眡朔山三山

兩寨官月遣十兵巡之鄉豪仍伺察焉稍損鋑郎白諸邑補治之復議刮上林海沙田二百三十餘畝及汝仇湖外之地六百八十三畝桐木廢湖七百四十五畝凡爲田一千六十八畝又將益求曠土以足二千畝之數築倉於縣酒務之西儲其歲入以備脩隄之用歲省重費民遂息肩而劉公復請諸朝乞以其田準常平法一毋他用仍禁官民户之請天子輙報可吏民祇拜明命刻之堅珉竊惟令之宰劇縣者簿書期會日不暇給如水利之政趣了目前姑以辦聞其至誠愛民而才智足以行之如施君者幾何人哉君湖之長興人司諫之子司諫用不盡其才君能世其家其治縣百廢具興銖積寸絫以成是役中間易地之行咸恐敗於垂成及其來歸爲之愈力百年之害一日以除夫天下之事害不極則利不興今民困已甚令以深長之思而興民庸賢部使建白甚明而聖明勤恤民隱遂濟登兹若有數然庸作爲詩章使後人歌以

守之俾勿壞其詩曰舜江之爲邑兮處越之封八鄉瀕海兮水浴日而吞空古有長隄兮庸蔽遮乎一同人力有限兮海濤之來無窮濤來如山兮駕以颶風堤遂缺壞兮葺不可障而泥不可封民將爲魚兮良田墊于馮夷之宮歲歲勞費兮民告以鞠凶萬五千之緡錢兮十二萬之民工惟令之賢而才兮有尉曹之和衷築土絫石兮折彼叵之衝矗如長城兮繚海南之西東部使者主之於上兮飛章徹于九重仰明聖之惆矜兮朝奏而暮惟民欲之從墾田倍於千畝兮藏其妝於廪中禁豪右之侵漁兮惟脩堤之是供化斥鹵兮土膏隆隆變歎歲兮爲年之豐良耜爰畟兮多稼芃芃穫之積之兮將櫛比而墉崇惟後人之勉勉兮用心以公視此隄之缺兮謹顯顯其彌縫念經始之艱難兮尚圖功於厥終

樓鑰海堤後記 景初治堤凡二萬八千尺王文公記之厥後增築視舊倍蓰堤或罅弊不堅受潮之齧隤摧頹圮甚則蕩析民田漂沒廬

舍於畢歲役夫六千人人役二十日率於農隙脩築吏或苟且董治不堅役罷堤壞徒耗財力慶元二年令施宿始因歲役華具就實既峻事則圖所以永其存蓋東之爲雲柯梅川上林在承平時嘗有牛秘丞斲石爲堤歲久堤移石亦湮沒命二丞求之淤淖乃具得之爰相舊規畢力疊累既壯東偏矣西之爲蘭風東山特當濤勢衝突徒恃土隄懼不能久則又計工採石㕣新改築蓋爲費者八千緡而西偏石隄復立焉深推厥終俾民蠲役經營海塗開墾曠土總之得田千六百畝有奇乃建海隄倉用其租入隨時補葺力不下困隄亦固完自是歲省民夫千有二萬提舉常平劉誠之以事請于上報可而顯謨閣學士樓鑰爲之記

元陳旅海隄記

餘姚地枕大海其地曰蘭風東山開原孝義雲柯梅川上林者皆潮汐之所爭也當宋爲縣時慶曆七年知縣事謝景初自雲柯至上林爲隄二萬八千尺慶元二年知縣事施宿自上林至蘭風爲

隄四萬二千餘尺中石堤四計五十七百尺餘盡累土斗施令以土累者易敗當每歲勤民麋財乃請於其上之人置隄田二千畝以得於田者時其敗而冶之而竇慶中民淪於海者殆百家土隄雖僅治不足恃也皇元陞餘姚爲州州視縣得展其所爲然未有能除民所甚病者葢海壖自竇慶內移大德以來復益衝潰今壖去舊涯之墊海中者十有六里歲榷木籠竹納土石潮輒齧去之謝家塘南爲汝仇湖大將千頃餘支湖連之其大強半州西北田悉受灌注海旣迫湖奪爲廣斥而潮勢卬於平地鹹流入港遂達內江田失美溉故連歲弗穫而殫民力隳農功與風濤抗而卒不勝葢四十年矣及元至元之四年四月方成隄六月復大壞紹興路總管府檄委州判葉君恒治之君視壞堤自開原至蘭風見凡土爲者皆闕惡慨然曰是則爲民禍也有窮已乎遂與其鄉老人議爲石隄宜則又曰改石費鉅出錢大農當煩文書遲歲月就

得請州其沼矣若等能與我共爲之乎今費雖鉅常歲之費則省而若與子孫莫居無虞也聞者咸曰民志則然白於府府亦聽民所爲於是有田者願計畝出粟或輸其直以力至者亦喜於服役君屬民高年與正於里者掌出納以率作又請於府免民他科徭以悉力是役宣閫亦下書毋以他事使葉判官輒公州君先使人浚河渠復廢防畜湖水伐石于山以舟致之分衆作爲十有五所所有程督君往來蒞之其法布杙爲址前後參錯杙長八尺盡入土中當其前行陷寢木以承側石石與杙平乃以大石衡縱積疊而厚密其表隄上側置衡石若比櫛然又以碎石傅其裏而加土築之隄高下視海地淺深深則高丈餘淺則餘七尺長則爲尺二萬一千二百十又一也其中舊石塘之危且闕者亦昔治完之至正元年三月癸亥成是役也用民之力而民不知其勞賦民之粟而民不知以爲費往往喜而言曰餘姚自今其有州乎吾歲歲

困於禦海自今其遂休乎因運石以治川澤遂得沃吾田浮吾舟乎州士楊瑛以教官謁選京師致其長老之言以求記葉君鄞人字敬常國子生釋褐授是官在成均時余忝師屬最相親能深知之天下之事葢未有不可爲者不知所以爲又使人得以其私欲而撓之是以爲之而難成也敬常清謹而詳練清謹則守嚴詳練則慮周慮周而守嚴則得其所以爲又無有能撓之者故於人所難成者而能成之餘姚自前代至今豈無用意於是隄者而其迹泯矣數百年之久惟謝施二令與敬常之功稱焉而敬常所爲視二令葢尤倍也則求世之能爲如敬常者豈不亦甚少哉余故著其所以能者爲世道也敬常到州當大火後能佐其長舉百廢作譙門製刻漏起舜江樓新捕盜司廨舍以至申禁令典教化鋤奸抑强以保寧善良事多可紀者而隄則其大云至正二年三月望日記王沂海隄記畧餘姚瀕海之田歲墊潮汐判官葉君恒作

石隄以𥳑之爲尺二萬一千二百十有[illegible]
成而他土隄之差可緩而未甃以石者[illegible]所未
暇也時宋公文瓚守紹興嘉葉君之[illegible]其
將代請於工浙行省丞相及部使者俾[illegible]其
役而葉君謝事矣未幾完者都來代宋公因督
完者都成之繼宋公之後者爲泰不華公其督
成是役亦竊究心焉乃又作石隄三千一百有
四尺總爲尺二萬四千二百二十有五自是以
往民不苦海而歲入倍他壤葉君之功於是乎
大矣事有可繼君子繼之不必其聲於己若完
者都豈非善繼者乎然其變因循以就功致俾
得展其才濟其志亦宋公泰不華公有以成之
也然則政之廢舉其不繫乎人哉　汪文璟海塘
記曩余佐治是州每歲二三月熄人夫輦木石
以脩海隄民苦之余蓋從事於是亦不過循舊
趨急以紓目前未有以大慰于民也今二十年
自翰林復來是役之不復講也數年矣小民晏
然得及時以勤業爲吏者無往來督責之勞兼

君石隄之功於是里談家誦樾祠刻石而不能自已也嗚呼是可謂有功於州民者矣父老爲余言石隄既成昔之衝齧墊溺之處沙塗遂壅茅葦叢生綿亘數十百里若有天助然亦異矣余既嘉葉君之功又自愧其不能及日與判官楊君及州之民巡行堤上視損缺罅漏者補而築之而立石州門之左以示來者庶幾久而不壞焉至正七年三月十五日記

黃溍海隄記

書敘禹之治水備著其濬導之迹孟子亦稱禹疏九河瀹濟漯決汝漢排淮泗其於海入于海注之海而已蓋至此無所復用其力是以太史公河渠有書班孟堅溝洫有志其於海則存而不論也餘姚居天下之東南而地訖於海居民數有海患其故爲縣時慶曆間知縣事謝景初嘗爲隄二萬八千尺慶元間知縣事施宿嘗爲隄西萬二千尺而其中爲石隄者五千七百尺其用力於海皆古所未及可謂難矣國家易縣爲州四十餘年而葉君恒來爲其州判官始作名

新脩餘姚縣志卷之四

輿地志六　湖陂

湖陂

邑南北抑潮汐絕壤各因山匯湖以利灌溉而無奈請射者何也田家會其涸時貯消滴若膏澤至有泣下者蓋無歲是無民也昔賢引漳鑿渭不難開其所無而今乃涸其所有豈異民哉志湖陂

按宋慶曆間餘姚縣令謝景初上言轉運日本

治原有陂湖三十一所並係衆戶植利蔭田累
有詔勅山澤陂湖不得占佃請射及無簿籍稽
管奈今官司因循請託或受賂遺許令豪右請
射作田以起納租稅爲名收作已業廢奪民田
蔭灌之利爲害不細乞爲轉奏勅下本屬明置
簿籍稽管如違其所請人及所管官司重行朝
典轉運司即如狀具奏皇祐元年奉旨送三司
依所奏施行縣司遂帖取責各湖植利人戶具
折本湖頃畝若干蔭田若干地形高下啟閉時

刻依例置簿赴縣查對每年三月至七月植利
人戶每湖輪差七人巡湖專管盜湖爲田如不
覺察盜種一畝每人罰錢三百文每湖塘一里
差人戶二名看管塘堤湫堰幷蔭囿湖塘樹木
一月一替於界首蓋小屋子充宿置簿遞相交
割赴官發驗如湫堰損缺塘樹被盜等情不行
中報攙地分每人罰錢一貫仍具木碑一面出
示謂之規繩皇祐間縣令王叙遂鏤板印給植
利人戶名曰湖經嘉泰中縣令常褚元至元中

州守汪文璟俱重刻　明成化初紹興知府彭誼每湖各勘四至類附舊經之末而再刊之今余所見葢成化本也夫湖經歷更數賢之手足稱詳備然考各湖及蔭田頃畝之數多誇張而無實如牟山湖稱灌田二萬二千頃有奇頃爲百畝共計之得二百萬畝有奇夫通邑計畝僅不滿六十萬而牟山一湖乃三倍而有餘推之各湖皆然此葢一開卷易見而以諸賢之明達漫焉不省必非然也抑植利者所僞增細擷僞

增之意而又不可得豈成化本乃贋本耶此其故不可知余嘗請於史邑侯樹德業有成命遣以憂去若履齕而核之則非一人之力所能辦也姑識之以俟令志所載或水道有遷徙與湖經不合者必目覩其實仍著遷徙之故餘並采之湖經以足舊乘之所未備焉舊乘自元以前者稱曰舊經彭紹興所增述則曰新經今仍之

秘圖湖在丞廨之前初本石竇微出泉好事者因而廣之才丈許巖石陡處鐫曰神禹秘圖此湖

於水利無足稱數然雩亭禊集振王聯珠當與蘭亭共爲不朽而神禹圖書在焉又非僅僅爭工於筆札間者比也故首著之詳在古蹟志

牟山湖一名新湖在治西三十五里東山三都周五百頃二十三畝三角二十步東距獅子山西距上虞之鎮都橫塘南距姜山北距湖塘灌田二萬二千七百八十七頃放水土門三一在蘭風班兒村魏晟保餘竝在方偉胡吉等保成化中俱改石閘歇水石湫一在胡吉保其水道南流至于東山一都之橫河減水閘又至于開原一都之風林堰水涇堰馬渚堰聞家堰號

家堰練子堰東南至下燭溪三都之丁真堰沈家堰游源堰樊經堰菱池堰杜公堰東至于開原一都之盛涇堰長堰戴家堰小里堰東北至于孝義一都之橫路堰小趙堰後樂堰夾尚堰大趙堰任堰大程堰小程堰陸家堰梁家堰大陡堰又至于雲柯一都之中滔堰小馮堰張伯堰矮黃堰陸靖界堰又至于孝義二都之祁家堰許家東堰何滕堰低仰堰以上諸堰上蔭本湖水下通湖汐西南至于蘭風三都之柯家堰與夏蓋湖分界堰上蔭夏蓋湖水堰下蔭本湖水西至于東山一都之湖康堰鄉心壩竹橋壩木篠壩諸鑒壩矮覺壩宋公壩上蔭余支湖水下蔭本湖水西北至于東山二都之楊李壩陸家莊堰張徙壩上蔭余支湖水下蔭本湖水北至于開原二都之諸水涇堰東蒲堰箬林堰何山堰呂安堰丘保堰上蔭汝仇湖水下蔭本湖水又至于孝義二都之徐堰張虎堰孫塘堰湖堰許家堰上蔭汝仇湖水下蔭本湖水諸堰壩

皆未開不啓

汝仇湖在治西北四十里東山二等都原計九百七十一頃六十三畝三角三十步其西北一角揆塡臨山衛基量塚一千二百八畝八分五毫爲田給民飜種外今止九百五十九頃五十四畝南距山又距喻格堰孟家塘與余支湖界北距海隄灌田九千七百二十五頃放水上門六在東山二都之謝拱保陳秀保內者各一三都之陳衆保倪賢保內者各一是爲東上門三都之張蒲保張巽保內者各一是爲西上門東上門之水東流至于孝義二都之林家堰湖堰塚

塘堰張虎堰徐堰并減水閘一道上蔭本湖水下蔭牟山湖水東南至于開原二都之界堰丘保堰呂安堰何山堰箬林堰東蒲堰諸水涇堰上蔭本湖水下蔭牟山湖水又至于東山二都之董堰沙堰上蔭本湖水下蔭余支湖水西土門之水西流至于蘭風之練墈堰與千金湖水分界堰北塘下舊因臨山衛軍船取徑開一通河港乃於練墈堰相對寨橋下作壩土强堰一條積水流蔭春夏脩築秋冬開放餘壩俱無啓閉

洪武初既將西北一角撥補臨山衛基亦其灌田如故用是水不給洪武二十七年耆民黃原敬上言乞築湖北海地爲湖以補給田之數則水可足乃下其議于浙江按察司於是副使楊名躬按視之乞如原敬言乃築新海湖周一千餘畝與汝仇湖北偏海隄接界土門一在湖之東南每決汝仇先決海湖之水併于汝仇乃始決之是後請射繁興大妨水利訟湖者累累不能決萬曆己丑耆民楊全等控情三院檄府

縣勘覈於是邑侯葉君爚躬詣相度剗去佔佃者十之九居民遂於湖西門今名余家堰爲葉侯擇地建祀邑人大司馬翁大立爲之記其畧曰濵汝佚湖而居者皆鉅宗虎踞海濵自相雄長耕牧樵漁竝倚湖牟利里豪意忌訟湖者累歲不脅息賴督撫尚書胡公宗憲先爲邑令洞曉弊源檄邑令徐君養相立碑垂後顧碑猶未立佔佃者如故一逢水滂恐妨私田盜決湖防而湖外之田及旱乾無救矣猶賴水利道陳公擒渠魁數人斃杖下興訟少衰顧湖防築矣增高倍薄之功未施雖有湖防無益也堰埭設矣啓閉不關於縣官雖有厲禁無益也徐胡何山三堰成矣撼以狂濤不甃以石無益也佃價革矣追籽粒而遷延歲月不登循環無益也濵湖者不觸禁矣城居勢家復佔湖以事壟斷雖有賢有司無益也語曰天下攘攘皆爲利往利之所在卽賢達士大夫寧免染指哉萬曆已丑九月耆民楊全華控情三院並移分守参政王公

荷花蕩白日亭午登𢹂提遠近青山歷瞻望老禪相邀供茗椀也復開筵攬清况揚家果出珊瑚珠竹裏行厨送春釀座中賓客盡能文豈愁下筆供詩帳分題賦就日將瞑再詠再歌成放浪〔孫述〕得凉字殿閣薰風生爽氣燭湖旭日漾晴光探奇梅塢雙山寂覽勝蓮塘一野航有客帶經來泮水携朋載酒泛滄浪東林淨社知何在古海深樽樂未央艤棹遠尋松下寺鳴琴更坐竹間床禪僧出定談清况詩侶分題賦短章酩酊不知歸渡晚藕花風透葛衣凉〔孫尚書文恪公湖上詩〕湖上携尊坐翠微山芳舟冉冉襲人衣春來水漲桃花發社後風和燕子飛一艇斜維垂柳岸群鷗閑傍釣漁磯故鄉好景不知翫何用天涯每憶歸

〔梅灣湖〕即燭谿湖航渡西南之一曲古與燭谿湖通有陡門今屬上原土人相傳本湖秋雨時有梅龍顧子之説詳見佚事志事雖不

經然湖水實自北倒流而南入航渡橋波濤洶湧中高起一帶如脊常衝墮橋石一堤亦大異也

黃山湖在治東北二十五里雲柯二都周一百三頃三十三畝一角二十步南西二面距山東界附子湖北至海塘灌田一百頃有奇低土湫大土門一砂堰一大土門之水東灌于雲柯二都之廣墅廟閘又至于柯莊堰堰西蔭本湖水堰東蔭附子湖水西灌于過佐橋至黃清堰昔黃清堰在栢山則堰上受新湖之水東有唐家堰與本湖相界及黃清堰徙于栢山之北則新湖之水盡灌于堰下故開唐家堰爲橋引本湖之水直抵堰上昔年亦有擅塞唐家堰不使本湖之水西流居民告縣開通迄今

無畋西南灌于丁宗宅角堰上港田土陰木湖水丁港可上陰鱧子湖水西北灌于黃牛塘之北堰南灌于新湖漾塘北灌于海塘沙堰上門之水流至于沙堰下界閘而止上陰木湖水下陰獨姥湖水

獨姥湖在治北四十里燭溪一都周四頃三十六畝二角四十步東南北三面距山西限本湖之塘灌田三十頃陡門一在湖之西南偏雲柯燭溪二都水道有低卬流注不均正統四年請於官陞謝汝堰爲石閘分承福村邵膺沈慶等保爲上原周班村王守禮徐照陳政王襲等保爲下原湖水出大河西流至于官路堰又至于俞序宅角堰北流至于柏山堰南流至于謝汝堰閘是惟上原之水既週次決謝汝堰閘下流入大河至于馮珍王致等

堰東流至于孫徐罍山西流至于陳判堰南流至于普明院之前又至于半山堰其塘北山下王皓孫等田亦灌之其水道東南北三面皆極于山西至大河

新湖在治北四十里燭谿一都周四頃三畝一角二十步東南北三面距山西限本湖之塘灌田五頃舊北門東西各一今黄清堰既徙于北則本湖之水俱在堰之下矣故塞東北門開唐家堰引黄山湖水直抵堰上西北門之水與獨姥湖水共入大河東流至于謝汶堰西流至于官路堰既過次開檀林堰引水西至邵思宅角堰次開楊殷涇引水東至官路堰次至馮朔宅角堰次開低墓堰引水南至馮家堰西至官路堰並雲柯之地

烏戎湖在治東北二十里龍泉一都周三十四畝

東西北三面距山南限本湖之塘灌田八十畝土門一洪武間改石閘其水東流至于西鶚堰西流至于黃陵堰南至于黃喜保北流沿于湖塘及沿山之田

千金湖在治西北六十里蘭風三都周一千畝有奇東南北三面距山西限本湖之塘灌田一千頃有奇土門三第一門之水灌蘭風二都第六保田至于南涇港口而止第二門之水灌蘭風一都七保八保田至于念畝橋壩顫打綱壩而止第三門之水灌蘭風二都七保八保九保田至于練埭隔堰東北至于高原省堰與汝俛湖分界

桐下湖在治東一十里通得三都周五百畝有奇

東西北三面距山南限本湖之塘灌田二頃一十畝石斗門一在西湖塘北向其水東流盡于湖塘西流至于九壘山趾南至于大官路北至于戴家山趾

穴湖在治東一十里治山一都夏侯曾先志云吳時有望氣者鑿斷此山爲湖故名穴湖水經穴湖之水沃其一鄉竝爲良疇周七頃四十五畝二角四十步東西南三面距山西限本湖之塘灌田三十頃陡門一在湖北葉小朱保內其水東流至于山西至于張郎閘朱郎閘南至于杜家堰北至于下座橋北門

樂安湖在治西二十里雲樓一都周二十九頃十

五畝二角西北距山東南限本湖之塘灌田一千二百畝土門三曰張家門其水灌于七里之瀚水田塍曰方家門灌于七里八里九里之郭家堰漾塘爲界曰陳家門灌于六里七里之郭家基邊堰故有北大門一湖墖一古石湫一今皆不存

臧墅湖在治西三十里雲樓一都周八頃二十五畝二十五步西北距山東南限本湖之塘灌田四百畝土門一水道三處一至于駱駝橋一與樂安湖水接界一達于金家山趾直至大河邊朱墅湖水接界

蒲陽湖在治西南二十五里鳳亭二都周五百畝

有竒東距山民田西距山南距山民田北距民田灌田一千五百畝有竒土門一其水東流至于皂角堰又至于九畝塍與鴨蕩湖分界西至夏家牛圈頭北至于崔郎廟南沿下本湖之塘

前溪湖在治西南一十七里鳳亭二都周二百畝東西並距山南至河塘民田北界湖塘灌田一千畝有竒土門一在湖北偏其水東至劉宣德堰堰東蔭莫家湖水西至蘭桐堰堰西蔭蒲陽湖水南至本湖塘北至雙峰堰及皂角堰

莫家湖在治西南一十五里鳳亭二都周三百畝東西距山南距民田山北界湖塘灌田一千畝

流注瀦以爲湖冬夏不涸灌田三千畝東流至于吕灌周西至戚諲宅田南至何細一宅北至沈奐田

西泉湖在治西南一十五里雙鴈一都周八畝三角東距田西距黃泥埭浦南距田北距官路其源自葉家潭涌出流于何家潭天井潭注于本湖湖之水涇一通玉山橋浦畢家堰涇之内泥堰二蔭田三百八十六畝有奇東流至于張添五田西至向平自宅田南至羅壽車頭北至于山橋南低田

鱧子湖在治東北三十五里梅川一都周四頃六

十三畝三角五十四步西南並距山東北並界

湖塘灌田五頃有奇水門六曰顏輿門曰褚林門曰周邑門曰江

猶門曰包定門曰劉輿門其所灌地卑卬不倫

近置黃家堰閘分上下原東流至于羅樹橋閘

閘外蔭燭溪湖水西至于雲柯三

都八堡界山南沿湖塘北界海塘

附子湖在治北三十里雲柯三都周一十六頃八

十一畝一十步東距桐樹湖夾塘西距黃山湖

長塘南距山北限湖塘灌田二十七頃一十九

畝士門四在吳謙等保其水東灌于眉山閘西灌于廣墅閘又灌于柯庄堰南沿本

湖之塘北盡海塘其鮑家門原係石閘崩毀承

灌之田輒被旱災植利人乃各用資重置石閘

瀦海地溝水遇澇啓閘泄水遇旱則仰給湖水蔭灌並湖田畝塘下有河嘉靖十七年里人郎琛具奏開河闊二丈許杜塘滏瀉水之弊至今賴之

勞家湖在治北三十五里雲柯三都周一十一畝西南北三面距山東限本湖之塘灌田四十畝有奇土門一其水東灌至于官路路東蔭鱧子湖水西南至于山北至于民地地北蔭鱧子湖水

泉木潭在治南少西一十五里鳳亭一都不盈二畝分流兩涇灌田四十餘頃詳見佚事志

華清泉在治東北十里冶山一都客星山南麓深

廣不過咫尺而泉源混混不竭灌田三百餘畝詳見山川志二泉不以湖名然灌溉頗饒且不若諸湖之日競於爭而農民安受其利故併識此以見水利之重云

其以湖名而今悉科入爲田者共有三所

松陽湖在治東南一十五里通德一都周九十畝地印張水驟泄無灌溉利洪武十九年悉科入爲田

桐樹湖在治東北四十里龍泉一都周十一頃有奇宋慶元四年縣令施宿以高印無水利將七

百四十五畝作田布種每年課其稅入海隄倉
爲築塘之費原存四百畝有奇今已盡廢爲田
僅存一勺矣

寺湖在治東北五十里梅川二都周八十三畝二
十步　明洪武十九年悉計畝科入

湖在上虞界中而分蔭餘姚者共有三所

漁浦湖在治西北六十里上虞縣之永豐鄉亦名
白馬湖按舊經引夏侯曾先志云驛亭埭南有漁浦湖深處可二丈漢周舉乘白馬遊
而不出衆駭以爲神因稱白馬湖十道志云舜
漁處也梁丘希範日發漁浦詩漁潭霧未開驛

亭風巳颺[晉]謝靈運詩宵濟漁浦潭[唐]錢起詩漁浦浪花摇素壁[宋]王十朋賦水則有漁浦三憮

周一百一十五頃六十五畝二角三十六步東西南三面距山北限以塘與夏蓋湖界灌餘姚之東山蘭風開原三鄉及上虞之西瀝五保田一百二頃四十畝　土門一　在上虞縣三都之賞家保唐貞元中置湖門三所別於北門置放水塘四百步今北存其一門每缺水必先作夏蓋湖內横瀾及上虞之潜瀆等港始開驛亭堰及賞家陡門行水灌東山蘭風開原等鄉沿流餘三十里

小櫃湖　在治西三十七里　是湖本屬上虞而灌溉之利乃及於雲樓鄉者以水勢東傾而就下也　周五十五頃一十畝一角四十步

西與大樝湖分界東北限本湖之塘南距大官路灌田一十二頃土門五曰小穴湫其水灌于楊樹湖曰東塘弼湫灌枇杷山田二十四畝曰張牟湫曰大湖門湫灌于大江山嶴之下家港曰丘頭湫灌于枇杷山之裏

夏蓋湖在治西北七十里上虞縣界中水經云西陵湖東有夏蓋山亦名夏蓋湖湖內三十六溝其水灌上虞之新興等五鄉之田而陳倉堰閘之水則灌餘姚之蘭風一都四保五保七保九保十保之田一萬六千畝有奇其水道自本湖餘姚溝閘起至抵界陳倉閘放水灌蘭四保五保之水西南至西夾堰坐上虞之第四都西至聚涇堰坐上虞之第五都南至楝樹堰湖門埭堰東至桐樹堰張公堰何婆減水閘又至于李鹽堰北至

茹家堰七保九保十保則與上虞之第五都聯溝其港車厍東至李鹽堰北至繆家堰南至茹家堰上虞諸鄉放水六次餘姚溝放水三次此皆古規二縣之人世守之其後上虞之豪陳富之懷奸挾私不肯與吾姚同利乃謀廢華往跡洪武六年蘭風人胡炫輩訟之憲府憲府檄知府唐鐸及府判吳敬按治悉復古規仍于本府及二縣之廳事本湖之陳倉閘各樹一碑志其本末俾世守毋改焉紹興府儒學教諭王嚴爲之記「曰越之屬邑曰上虞去邑東北四十里有湖曰夏蓋周圍一百里有奇相傳邑人捐田瀦水灌其五鄉之田隣壤餘姚蘭風之田均賴以灌鄉志所謂夏蓋湖一百五里蔭注上虞縣新興等五鄉及餘姚蘭風鄉是也昔人作渠引水俱有定規歷世既遠或廢湖爲田或復田爲湖變置不一舊規湮廢虞邑之人曰湖水我土地所有於姚江乎何與故吝而弗與姚江之人則曰水宜通利無往不達豈虞人所可專故爭而

不斛自其情而論之虞邑之地高姚邑之地下水誠一渡勢若建瓴虞邑將有旱暵之菑於茲水不得不斷蘭風他無所豬不得足水其田亦不能有成於茲水不得不爭向自前宋以迄于元訟無已時二邑之人既各嗜所欲而不通彼我之情長二邑者又往往各私其民而不能平此湖之訟此其爭之所以弗息也既版圖歸化姚江民胡炫輩自其事愬府憲府檄郡守唐公鐸考其實相其宜以均其利於是移判府吳公敬親詣湖所會二邑之長與其耆老考索往誌尋求故跡咨詢輿論僉謂蘭風一都田爲茹譏七九十保姚與上虞接境素藉茲湖之水茲輩所言四五保田爲瓿者六千亦宜蔭以茲水餘皆太公湖遠勢不相及彼有堰名陳倉堰於二邑之間作閘其上通水以蔭蘭風之田甓之以石閘之以版錮之以鎖戒近民守之而上鑰于郡遇亢陽二邑同給鑰詣陳倉集乃父老啓閘聽水適可而亟鎖之即上鑰焉庶杜過求之私

遏相争之患議定辭協于一郡守盡召其耆民集于庭親諭之者三言名情協乃復于憲府命二邑與作渠已而渠成且期不變所議也俾記其事而勒諸石嗟夫民非水不生活樹百谷植烝民賴水焉資不得而争固其所也閲時歷世莫或平之逮夫聖神啓運化洽萬邦數十百年不决之訟一日而息其與虞芮之質厥成者何以異哉惟永不渝易此規均兹水利俾斯渠世世弗壞將隣壤協和民德歸厚矣人心誠和於下天心將和於上雨暘時若豐年屢應復何争乎兹水請以是爲記其後永樂間上虞脩邑志乃於本湖疏曰秋後三日於陳倉閘放水四個時辰每遇决湖其圩甲諸色人指此藉口不得應時放水灌溉蘭風一鄉之民重遭其困復許於郡宣德初郡守陳公耘手批云波及蘭風古規可准湖專虞邑新志難憑蔭灌遶六旱時瀦蓄廢乎有利必於秋後三日纔放水漿若或夏至高晴豈不斥地立辨虞人之奸决罰之復與

餘姚均

利云

按會稽志紹興二年上虞令趙不摇言縣所管夏蓋湖爲田不便吏部侍郎李光奏一方利害無甚於湖田乞比較興湖爲田以來所失常賦孰多孰少自政和以來以湖爲田者乞復爲湖得旨張守具經久利害以聞限三日知越州張守言上虞縣夏蓋湖改爲田者一百三十一頃二十四畝餘姚縣汝仇等湖一十三所改爲田八十一頃四十九畝二年内暗失米四千二百三十六石八斗有零民間所失當復數倍復廢爲湖自此兩縣可望全熟委是經久有害無利奉旨依仍自三年正月爲始初建炎四年給事中山陰傅崧卿守鄉郡時聘餘姚陳橐爲記室橐嘗書曰橐惟執事作鎮鄉郡必思所以興利除害爲此邦悠久之福橐亦嘗蚤夜籌思期有獻於左右其間非無利害之大者復念吾君播遷未有定居戎羯憑陵疆圉弗固乃欲於此時

陳利害之說是猶疾病之人邪氣未除而遽議調補亦似乎不知務也故事非迫切於今日者皆未敢輒有言前日因至上虞境內過夏蓋湖備究湖田之害實吾民今日倒懸之苦有不得不言者古、設陂湖以備旱歲王仲嶷建請以爲田乃引鑑湖自然淤澱已成田陸爲說又有不妨民間水利之語其欺罔甚矣然佃戶占請之初各有畝數不敢侵冒當時湖之爲田者才十二三佃戶止於高卬處作捺未敢涸湖旦自便民田尚被其利但渚水不如曩日之多故諸鄉之田歲歲有旱處比年以來冒占不已今則湖盡爲田矣以夏蓋湖推之諸處可以類見素所知者止上虞餘姚其它四邑皆不及知新昌嵊縣無上虞餘姚所管陂湖三十餘所而夏蓋湖最大週圍一百五里自來蔭注上虞縣新興等五鄉及餘姚縣蘭風等此六鄉皆瀕海土平而水易泄田以畝計無慮數十萬惟藉一湖灌溉之利今既涸之爲田若雨不時降則拱手以視禾稼之焦枯耳其他諸湖所灌注皆不下數百頃在餘姚若汝仇牟山燭溪上林余支千金漁浦黃山樂安等湖所灌田動以數百頃植利人户倚以為命而乃盡奪之一遇旱暵非惟赤子饑餓僵踣道路而計司常賦虧失尤多雖盡得湖田租課十不補其三四又况每遇旱歲湖田亦隨例申許官中檢放與民田等昨見上虞丞言魯蒙上司差委相度湖田利害因熟對靖康元年建炎元年湖田租課除檢放外兩年共納五千四百餘石而民田緣失陂湖之利無處不旱兩年計檢放秋米二萬二千五百餘石只上虞一縣如此以此論之豈不較然民間所損又可見矣但當時以湖田租課歸御前與省計自分兩家雖得湖田百斛而常賦虧萬斛變倖之臣猶將曰此百斛者御前所得也不辦湖田何以有此省計虧羨我何知哉今湖田租課既充經費則漕臺郡守固當計其得失之多寡而詳究利害夫公上之與民一體也有損於公有

益於民猶當爲之況公私俱受其害可不思所以革之耶槖得之父老云本州之湖其自然可以爲田者唯有鑑湖高卬去處盡不失水利蕪與民田亦無相妨其它皆隨湖廣狹以定植利之頃畝尋常湖水平堤旱歲常憂不足頃見李宣州言此利害甚詳而明（李宣州即莊簡公光）必曾與執事熟論況執事越人也想前已洞達於胷中君子懷濟民利物之志每恨不得行耳然則解斯人之倒懸顧不在今日乎槖愚意欲望執事斷以不疑除鑑湖外諸縣湖田悉罷之以便民識不貴之利也然儻俟奏報則湖田皆在四月上旬揷種之後若行罷廢似非人情不廢則失今夏瀦水之利故槖必與左右以權宜即日施行一面具利害奏聞仍上章待罪如四聰嘉納則粒米狼戾之慶可坐而致或俞音尚閟則湖已瀦水令歲不得爲田足以寬嗷嗷之衆秋間果得一稔則疲氓可蘇盜賊可息人樂其生無思亂之意執事雖以此得罪亦無愧於心矣此事惟在

斷而行之雖謀之上客謀之益友愚恐少有肯責商明以必行者執事試召所親信三數人詢之必有二三之論非其智識有不逮也其勢然耳爲國計者必曰湖田歲入幾萬斛正今日經費所賴而遽罷之則緩急何以濟爲左右計者必曰行在咫尺公爲守臣豈可不得奏報而專罷行之事此皆知其一而不知其二也又或以爲未必然者亦人情之常曩若非前日親見雖它人以誠相告亦未書信蓋曩聞湖田之害孰矣向在幕府未嘗言及今播種迫期方獻言於左右誠以親究其害耳執事儻以曩之言爲信不異身臨而目覩也恐或以爲湖田行之累年矣縱不便於民未應疾苦若此其甚豈可未聞於朝一旦驟欲罷廢待報而行未爲晚也曩謂此特拘攣守常者之言非惻怛愛民者之言也吾民困苦極矣前此怨嗟叫號爲其父母者恬不聞知流害滋深以至今日今執事將自此於拘攣守常之徒乎抑以世之重自任耶又事有

大可慮者頃年雖有豐有凶然富民薄有儲蓄無它邦轉糴可以相補故小民幸免於溝壑今虜騎所過之地穀粟皆被焚爇屈指聚落之間有餘糧者無幾且無他邦轉糴之望而官兵支費又將取給於民父子兄弟不相聊矣然猶竭力耕種以覬秋穫雨澤在天不可必也陂湖之與奪在人幸未至於後時可不任其責哉失此機會歲事或虧湖田之租常賦之額兩無所得元元艱食流離道路強者爲盜弱者爲丐嘯聚弄兵豈不由此執事當自見之知豪不爲過論也建炎二年春邑民常訴湖田之害於撫諭使者使者下其狀于州縣上虞令陳休錫遂悉罷境內之湖田翟帥名汝文以未得朝廷旨揮數窘之陳不爲變是歲越境大旱如諸暨新嵊赤地數百里農夫無事於銍艾獨上虞大熟餘姚次之餘姚七鄉通江潮陰汁蕪有燭溪等湖數處不可田湖不廢故亦熟而上虞新興等五鄉被夏蓋湖之利尤爲倍收其冬新嵊之民糴谷

上虞餘姚者屬路不絕何使陳今行之
邑民救死不暇況他境丁夫以一縣令
之槖之所望於左右宜如何槖既知利害
今或不言槖則有罪遂取不避僭易仰瀆聽
不任悚懼更有數
項鄙見條具于後
此事如蒙采擇須在三月盡文字到縣故或遲
緩不可過四月初二三也蓋此時湖田揷種者
尚少蕉植利人户須於梅雨前修築堤塘甬涵
之後難以施工也　槖二月念一日舟行湖中
詢田夫云已種二十之一至月末可種十之一
若罷湖田所揷之秧當爲棄物與大利不可愉
小害也左右果欲施行不可先使衆人知之恐
刻木得以爲市　湖田有請數畝爲名而侵佔
曼延至百十畝此湖之所以盡爲田也前此累
有論訴官中差人打量只是刻木及一牙人乞覓
租課只仍原額未嘗增也增湖利者皆鄉村豪
強之人中間上司體量利害此革行賄至千餘

纔入來或罷田當有訟諜紛然並至必以已種
爲詞亦有乞候收成罷廢者此皆緩官中行遣
至期官吏移易又復寢侵矣惟在台嚴少加懲戒
毋爲浮言所惑幸甚　上虞陂湖之爲田者共
一十四所其西溪湖等一十三所共納租米三千
餘石而夏蓋湖獻管納二千餘石可以見此湖
之廣潤係上虞餘姚兩縣六鄉二萬餘戶植利
所繫非輕蓋六鄉皆濱海瀰望盡是平陸非湖
灌發諸郡間京池[illegible][illegible]以蔭注自與湖田[illegible][illegible]
不旱大旱之歲至[illegible]放秋米一萬餘石逮逢災
三年餘今罷湖田[illegible]賦一鄉無一戶訴旱其利
害甚明恐台意以爲乃朝廷多故又總鄉[illegible][illegible]
權屬事涉大專未欲盡罷不識可先罷夏蓋湖
田否蓋其他諸湖比之爲狹雖州郡行遣[illegible][illegible]
分彼此然一時權宜救民之所甚急於理無[illegible][illegible]
此亦庶雍齒之意民間曉然知惠之將及我也
此已涉第二義恐思其上者而不得故謾及之
黨所言儻不鄙斥更留客詢利害條呈以當[illegible]

蓄蒔論列即恐事以汩迄期不暇草奏乞只認彙今所言錄白繳進幸可利於民彙雖死不恨

余讀陳侍郎乞罷夏蓋湖田書其利害究矣奏誠於救民矣曰死且不恨倚龍圖賢帥要非親空文無施行者又嘗讀宋史謝深甫運從宋文臺求回蹁湖為田會稽太守孟暻堅不聽後貴休避湖又不聽深壯其人及觀陳令不奉朝請悉罷境内湖田便民即毀碑之不變益度幾者賦嗟乎嗟乎人誠急於救民如陳侍郎必不忍植湖以自封不畏強禦如孟守陳令必不忍視

民病而弗禁也余故考湖經述陳書作湖陂壽
後有君子得以覽觀焉

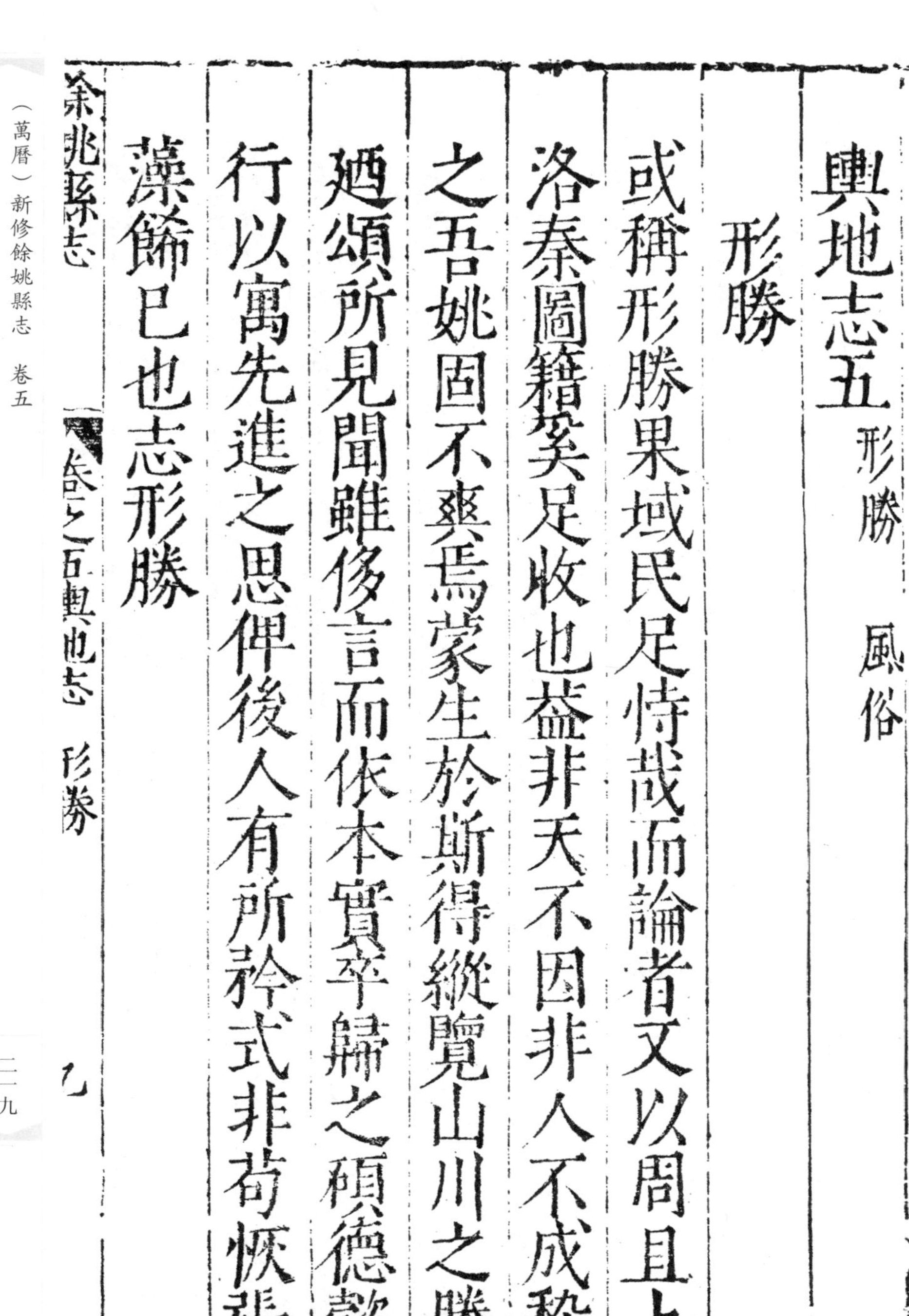

新脩餘姚縣志卷之五

輿地志五　形勝　風俗

形勝

或稱形勝果域民足恃哉而論者又以周且上洛秦圖籍奚足收也益非天不固非人不成稽之吾姚固不爽焉蒙生於斯得縱覽山川之勝廼頌所見聞雖侈言而依本實卒歸之碩德懿行以寓先進之思俾後人有所矜式非苟恢張藻飾已也志形勝

粤若稽古神聖畫壄分州以建萬國莫不因天度地䕶山敷川各擅形勢之美安內而維外然氣有偏全運有隆替恍默宰於玄極疇能更之若夫還資貟顧懷發祥胤聖側陋明揚而帝天下洋洋乎懿爍摛之罔極豈其元符所鍾而獨洪也本之姓氏肇錫以嘉名今萬世常戴文明之盛是曰餘姚東接鮫門西通曹渡南連㟭嵊北跨錢塘吳越邅延數十百里此爲要衝然非原本何以知委不尋緒曷以識歸美哉山河其詳可

得而云矣夫崑崙位天地之中其入冀華夏者三分而出中條起關中而盡東魯北條放太原而迄北平南條祖岷山掖江漢歷衡踰郴包絡甌閩達于上饒由鉛山分派東走括蒼崒嵂崦靡崢嶸谽谺搆天台之靈奇而峩峩南來鬱真蓄秘以開我姚邦者寔惟四明蟠跨八百里中有二百八十二峰摩青霄而蔽日月幽巖邃壑岭嶒岰㠔望之茫茫莫可殫極眩覽勝之明眸摯搜奇之捷足即山居谷棲者亦僅僅於一隅

而曾不得其百一焉或曰是號丹山赤水第九洞天若方丈蓬壺可聞而不可即是幻説也天地盛德之氣始於西北而盛於東南運值中天當帝王升降之會天將篤生玄德終文祖而啓平成如植異種土脉不厚則不毓如負大量風力不積則不勝清寧間淑孕此隩區夫豈一丘一壑擅勝爭奇逸士足騁其遊蹤文人得竟其品槩如彼皮陸九題云爾哉上有五峰相望各五六里桉方而峙參差轆映若芙蓉自青天擁

出中峰是尊漢隸署之曰四明山心緒引而北有峰窿然三脉異態分道而馳名曰三孕自三孕而北則層巒疊巘横複肆衍糾糾翶翶錯牾還會如連營百萬橈旃牙纛秩行肅隊天動地岋而焱列於廣野前有石窓玲瓏雲巖黰霮大巑巀嶭綴以樊榭鹿亭而綱佑之倫鎬焉托處右有烏石黃箭之屋嶐雲頂白龍之峡屼流水有臺問道有石而重岡雜沓不可勝圖左有桃嶺茭湖上過飛鳥不及日門之半姚水之源是

之自出或人重而志清賢或地勝而稱蘿壁虞
墅鄰池支輪謝屐消搖容與於其間邑南眡之
樹屏接日列障連雲偉矣大觀詎云虛設自三
孕而東則千峰競騖如瀑流乘飆洶湧迅逝是
日驚浪直注甬東東激於海踰江而北崛起招
寶回面西顧南脉迄於九壘北脉分而爲三一
入燭湖委迤夾岸與湖光相蕩漾者蓋數十里
一近踞大江之湄特立天表客星之名緣莊光
而始標一盤礴兩山之間若雄虹赴澗而中[illegible]

崆巃爲舉者二焉至于滸源以東嶔崟嶄谷谿

形詭號人跡罕及皆驚浪之脉東轉西旋以出

我東北之藩垣者也自三孕而西精神蘊蓄

極欲舒如逸風之牛陷泥蹶塊不可軛馭是曰

奔牛少息肩於始寧遂騁力於曹娥抵江而北

勢使然也于是祖羅巖而宗吳女雞鳴二柔作

鎭庚域勝歸塔嶺昂首展翼而冀諸玄武北則

石姥潛龍隱形東渡確兮剎兮崧兮栢兮登降

綿邈至于歷山象田舜井厥跡猶存東與懸泥

諸山相媾就制偶之歸海而會荷歟彌哉南則馬渚東驤滸塘北躍其中若隱若見珠貫絲聯跳沫穿昳者纍纍於是乎兩豐竝峙亘十餘里中斷而起龍泉伏地數百武巉然特立四顧平衍莫可爲伍宅中而開域者秘圖山也昔赤帝命蒼水使者錫帝禹以神書禹狩會稽乃函以石匱而藏之此山金簡玉字亮章秘寶以嘉帝覞天作聖孚亦有祚於神明而兆基此土南有高原廣陸委委佗佗句餘拳石潛拱於近三江

蹏躔橫貫乎其中吐納霧淖瀑演澎潡消息元
氣升降陰陽爲天地之至信風颶潮生飛䬍鼓
檝魚萃鳥逝蔽天而翔霆靄陰霓千山斂色濛
濛淼淼惟匹練遠輸撻曳烟嵐之内雨餘新漲
萬壑齊犇滃瀑淜騰怒濤人立舟師估客茹神
象息怛然而淹薄乍霽陽升淵澄浪静眇扶桑
於一瞬洗太空其若鏡巖翠四垂霞彩亂發而
波光烱射駭目洞心乃若蘭墅南環後清址繞
左右分流瀠洄合派水屬理孫而咸句於矩東

有鹹池鼇折而出水道紆陸之九西亦如之兼之四象交馳龐錡歸嶕而過溢於下沿龍泉緣其隈西石廷其蹳而抵柱於上滓八水歸情萬峰寘衛其內又有陂湖瀆潒剡地而其泰置者三十二所抱山含谿約防徹壅惟水決決生我百穀春瀦之爲屯雲膜決之爲行雨天有不菑之禾農獲常稔之福民之望之如望歲焉其外又有溟海滈浤百川胥會桃以巾實控以赭龕鴻浪浮天鯨波浴日矯矯南來之脉逆折而旋中

冲旁殺憑淩成渚若半璧之狀下饒魚鹽上資耕收徼天之幸趯趯北徙所以翰我外維而窮海荒氓亦倚此以爲命即是而揆山川巨麗局於一方而風氣委藏固非荒土之可比隆而媲渥也是以封域肇於無餘領縣分於秦政量其徑輪稽其廣袤地邑民居參以相得辰方之襟三江崇二豐於秋隅豶九疊於春路爾乃覘土告時鳩工庀材皇堂特起應門大開廨署翼異各居其所重軒曲閣往往而在鑑止澄心芙蓉

志瑞翠實交疏秀野接題翰墨留坡僊之絕筆
吊隱杷子陵之高風雖奢儉隨時而倣制傀嫢
跨跱於甃左則飛梁獨架危堞雙翔貸殖遷引
烟雲交錯層樓增成傑出舜江之上憑虛聽響
而碣石揚聲四望回眸而蓬瀛聚色右則靈緒
崆巃六祠比列幽竹長松巉巖巨石直與清風
駿烈輝映千古峰頂片石若臺題曰祭忠匹夫
慕義石且籍以傳此名也俯視郛郭則南北異
堺桑梓相連峻宇雕墻星纏霧合木巧之飾盤

紆刻微湍游渭滅彌望而交矚遠眺郊坰則地重而所宜惟稼民稠而所業惟耕莫不笠糾簑黍沾體塗足是蕪是蓘而不敢告勞惟天降康穰穰粟粟崇墉比櫛百室一歡顏而相慶至於養士化民以學校爲根本德宇震震在江之南四明綱秀於文糺九曲流祥於泮沼紆侈袂曳方履鼓篋而居業者千有餘員人號經笥家稱藝苑其有挑達不事詩書者則衆咸笑之爾乃甲科塡里紱冕盈門裕累世之貽謀和九臯之

振轡連枝竝茂玉樹齊榮大蓋高軒貴相望於道路海内薦紳先生爭艷言之其有臨涖茲土者愷然竝稱曰民度而康士美而盷周原如組比屋如鱗文章之府青紫之林伊造物之所培廼山川其獨神也耶然得其華矣未得其實也夫奢則不遜盛則必衰亦以挽瀉還淳訓之先哲使山川生色不亦臧歟瞻彼姚丘重華奕奕陟彼客星清光咫尺與起我後人允服之而無斁故其君子仰前脩以作則期不愧於所生孝

風俗

世變江河，風俗日下。顧在姚則有昔勝今，今亦勝昔者。風從上被，俗由下成。高髻紫衣，疇唱而和，隨俗雅化，吾以責君子之德風。志風俗。

載記稱餘姚爲舜故鄉，盍其詳哉。宋王銍曰：餘姚有諸馮之地，舜所生也。黃震曰：邑以餘姚名，以其爲帝舜舊地也。王十朋曰：舜生諸馮，孟子以爲東夷之人，然遜之邑則有上虞、餘姚，山則有虞山、歷山，水則有漁浦、三澳，地則有姚丘、百官里焉，有栗陶焉，有竈汲焉，有井祀焉，有廟，其遺迹也。意者不生於是則游於是。孫因曰：舜生於姚丘兮，地近夷而居東。歷山其所耕稼兮，陶漁皆有遺蹤。二女降於嬀汭兮，百官備而景從。繄帝王之所在兮

宜風俗之近古習孝悌與勤儉兮亦好遜而尚
忠[按陸氏翼孟音解序曰舜生河東壁山雷澤
各有其地而風土記則以爲餘姚人縣之歷山
舜井象田本其蹟也然自書傳陁於秦火彼是
此非無從攷裹若以爲支庶封於餘姚思舜故
鄉取像而名之猶漢新豐之義竊謂非然葢歷
山瀕在邑之北海邑中固多高山大谷可以寓
名且分茅錫土者必擇地而居不應獨取海濱
塊然一
山也]是故言風俗之美者曰舜爲人子孝故
其俗烝烝是傚爲臣克盡其道故其俗孳孳是
蹈爲兄怨怒不藏故其俗愛而能容爲君以天
下禪故其俗廉而能遜其所由來尚矣是故其
民龐渾朴茂敦尚行實謹祭祀畏刑辟力本重

農好學篤志尊師擇友誦絃之聲相聞下至窮
鄉僻戸耻不以詩書課其子弟自農工商賈鮮
不知章句者家矜譜系推門第品次甲乙非其
族類卽富貴不通婚姻男子不事游獵婦女躬
紡織無交游雖世締姻戚寡所識面是故尊卑
有儀里族有施士不𨧫忌是故知耻好脩善讓
儉而不陋華而不費勤而不匱貧而不俚其憂
深其思遠非有虞氏之遺風其能若是秦漢以
降聖人之化徂濶然作者代興風流不泯是故

嚴光處巖穴式化東都卒成風俗尤薰炙其鄉閭無齪齪之習虞氏國翻喜預愿寄茘綽之華冑舜之後保世承家仕者鳴其治隱者完其節忠義者列其誠而弘博洽聞者紓六藝之風宣帝王之道凡皆賢哲之選叢于家邦專門表俗傳世十餘更五代始衰耗矣宋之鉅儒先生談道學者朋興斷斷焉行行焉師友朱陸者多姚士姚士而用不曲其所學故東南儒風宏楙盛美姚稱最焉胡元亂天下風俗靡靡姚頗漸漬

之其間吉人君子厚德垂範支瀾砥潰以故不
胥淪於夷　明興我　聖祖高皇帝以仁義
禮樂同一海宇而吾姚承德尤謹逮于　憲孝
及　今上皇帝涵濡滋久士類專經術服文
章迭魁甲科躋膴仕敬踐官箴聲稱天下比
國有大棘戡難死節者又吾姚士姚士而王公
大人乃復特起倡道海內豪傑翕然宗之餘姚
以此益聲為道學林矣俗之流而弊也冠不備
三加婚娶多論財生女多不舉喪死不大歛且

治酒食伐鼓延賓亦頗用火葬拾煨燼瘞之謂之骨墳祭或不事典禮尤重墓祭墓祭以清明節金鼓銃爆喧競相高男女盛容飾彼諸山野父兄之教其子弟專事決科求仕榮名重利仕者前此類潔廉自完或以墨敗官薦紳之老于鄉者恥伍之近稍忻羡其黷貨者俗以此寖利喜譙文忘本實漸不可長變之宜從士大夫始前此長貳吾邑者有能以道字民太公則紀錄其行事以爲口實至五六十年或百餘年不忘苟

不以其道爲紳之尊且賢者交謁陳義秉法以譏切之故不知者以爲難治今昔刓方爲圓無譏切之風而多紀録之譽雖張急之治猶得行之如以其道治於何有以況其人敏柔而慧導吏畏威其教易成占產至薄縮衣節食以卒伏臘輸賦以時其政易敷地多山林湖陂小江大海魚鹽材木之利頗饒其民易足無瓌奇之產以來四方之游販其民一而不雜夫治莫先於風俗而　今上皇帝尤切注意鑒古今之失

得揚聖哲之徽猷，襲其美，救其弊，因其易而圖之，令無愧於帝舜之鄉，此尤長民社之責。乃或狃之以爲安，仍之以爲俗，而其士大夫之爲民望者又不置諸思惟，將風微流下，靡有底極。余爲此懼，故詳著于篇，後有君子觀風問俗而推遷之，得以鑒識焉。以上係舊乘

元日，舉家夙興，盛服，家長率卑幼焚香拜天。已，設酒饌祀先。已，拜家廟。已，拜祖先遺像。已，男女序拜尊長，卑幼以次交拜。男子出拜族黨親友，謂

之賀歲家各治酒食相延數日乃已婦止拜夫黨服屬之親翌日歸拜父母餘雖至戚亦不赴立春前一日縣官率僚屬迎春于東郊還反農夫服牛秉耒效耕於治廳門東偏隨手作種穫水旱豐凶之兆世傳惟餘姚春爲極驗自遠方來觀者如堵墻正月十五日夜謂之元宵自十三至二十日各家懸燈於祖先像前街坊鄉鎮則接竹爲棚係燈其上然皆土製亦不過數十壓閭有一二大家朱門畫屋遍設華燈製備殊

方之選乃邀親朋飲酒高會金鼓歌吹之聲非達旦不已或好事者箕斂里中擇曠達處架以高臺施以錦繡集珍聚奇以意布置務極機巧燈光燭影參差燦爛於其中名曰鰲山男女縱觀極爲䦨雜章非歲以爲常十五日以黏米作粉置筥中灑以水急用兩手旋之作丸如芡謂之圓子熟以湯先供祖先次雜酒食闔家相聚而飲食之謂之賞元宵亦取一家團圓之義十二至十五婦女用香燭茶果夜請木杓神於廁

或紫姑傯於廁間休咎（劉敬叔異苑曰紫姑本人家妾為大婦所妬以十五日感激而死代人至日作其形迎於廁以卜不知吾姚何所自始）二月初一至初十婦女不事女紅謂之忌作是月也東風大作有禱祀而放風箏者竹為之骨紙為之膚繫以細絢迎風而布之如颿漸高至數百仞絢盡而止負以二琴焉琴用絲綫為經馬尾為緯織如小帶施以膠竹張如弭風鼓之則鏘然有聲愈高風力愈厚如八音竝奏於空中翕如也夜則懸燈於絢乘風而上如奔星繫絢以手少

惠

不潔墜失立見且有後災俗以爲神所憑焉清明緣門挿柳節前後十餘日祭墓男女畢往大家多用鼓樂宋邑人高九萬詩曰南北山頭多墓田清明祭掃各紛然紙灰化作白蝴蝶血淚染成紅杜鵑日落狐狸眠塚上夜歸兒女笑燈前人生有酒須當醉一滴何曾到九泉三月二十八日俗傳爲東嶽岱帝誕辰廟在治東大黃山自十六日起婦女競往燒香以祈冥福他方亦有拉隊乘舟而至者大抵皆鄉村下戶每日有會或一姓自成一會或庚姓共成一會供神花果極爲鮮潔而陳設爭尚麗都簫鼓之聲竟日或飯或餅以

故禮郡市井庶民暨官家僕竪花冠今易爲唐巾矣女飾千百爲群沿途秩列三武則爲首者鳴金一聲齊稱佛號而膜拜焉自十四至二十日止謂之禮拜亦不知其起於何時也大姓用樓船載酒肉外各以類從往觀勝會婦女多避喧不敢入廟雖小民亦鳴榔遊飲以相矜尚立夏先期備青梅數顆麥數穗笋細而嫩者數莖櫻豆數莢後三物火熟之奎兒昏時食少許云可辟夏疰之災五月五日取艾葉或竹籜裹黏米爲角

黍相餽遺雜置菖蒲雄黃於酒中飲之婦女佩符艾或以繭作虎及五毒之類小兒綵繩繫臂綴繡符於背並袪邪云七月七日先一日夜摘荷花漬水露星月下清晨用水以靧能令人黍慧是日女子陳瓜果祭賽乞巧十五日爲中元節閭里願追薦父母者共集僧舍作盂蘭盆會或放水燈蔽江而下爍若繁星喧以鐃鼓益亦爲亡者設也八月十五日夜家各置酒宴集謂之賞中秋九月九日蒸米作五色糕亦畧角黍

士人或具尊携盒登龍泉山爲登高之會十月中迎桑神廟在西石山導以大纛二十座若蔽天之雲每座用遊冶少年絳飾者二十四人佐之乃得行裝紙五色作傘有造樓臺人物其上高三十尺者亭行且十餘里登高嶼之巔翩翩奕奕若彩霞亂落人間耳及趨赴於奔而還冬至祀先然不拜賀十二月二十四日俗謂之臘月念四正人飾鬼容執器仗鳴鑼鼓沿門叫跳謂之跳竈蓋亦古逐疫之意是夜男子祀竈品用糖糕

是後人家各拂塵換桃符門神其諸過歲品物不論貧富各經營預辦親戚互爲歲餽食榼相望於道路蒸米半熟名飯粿少雜烏豆於內新正朝炊食之客至取其易熟也除日洒掃堂室懸祖先像向暮外事畢闔門陳牲豆塞祠謂之送年爇柴於庭其光燭天然紙砲以代爆竹號聲鐙鐙遠近交應從此至元宵不絕集少長歡飲曰分歲有終夜圍爐群坐不寢者曰守歲或立竹木於簷端懸燈迄晦月或如月晦名曰天

燈盞內家戸之云各鄉於夜半後占猫犬犬吠
歲多盜猫鳴歲多虎晨起占牛立則歲勞眠則
歲逸

冠禮間有一二縉紳家行者然不多見男子十五
六以上或卜日或冬至正旦加網巾於首拜天
地拜尊長祭告祖先大率如此婚論門第女家
以擇婿爲主先用正媒通情定議乃請士人爲
媒席不過再設女家即治酒酬媒謂之許酒續
後擇吉日納幣奢儉從女家然鼓樂盤盒之靡

今多不用娶不親迎而輿從之飾煩爲不經三日廟見乃拜舅姑尊卑長幼亦以次序拜喪用文公家禮惟不行大小斂亦有倚廬蔬食三年守禮不踰者若舊乘所云火葬惟痘殤及窮鄉客死者乃爾今則桑戶棬樞之子亦未有以骨葬其親者然多溺堪輿家說而堪輿家又何可與語者學書不成勦拾古先五行八卦陳筌以資口給稱地師主有地則誇嚴以與速葬我得受其利而後且不與其害主無地則串有地者

諸嚴以冀速買我安得顧其害而今且共其剗羞敢必海內盡無精此術者而吾姚適比比然也是以遲疑而不決終身不葬親者有矣過信而自尋禍發不旋踵者有矣余嘗讀司馬溫公葬論則可遇而不可求之說信矣然朱文公向背之說程伊川先生五害之議又人子所當究心者也固非茫然東西易面而日我必遇之難矣哉

祭以四時或八節或誕忌二辰用日各異惟忌辰則素服不赴宴會世家遵文公禮小民止列羹飯香燭家長口請祖先而巳其他門外之祀依於卜筮拘於陰陽亦時時

有之然昔應仲遠稱越俗財盡於鬼神產匱於祭祀未必然也四鄉小民多勤稼穡事工賈執技藝而無游惰食麄衣惡僅以卒歲邑井則戶無貴賤率方巾長服近且趨奇炫詭巾必駭衆而飾以玉服必耀俗而緣以綵昔所謂唐巾鶴氅之類又其庸庸者矣至於婦女服飾歲變月新務窮珍異誠不知其所終也飲食若流惟取饜厭無論窮海極陸八珍四膳之奢試計兩城魚肉之用一日之費幾何而他物稱是矣蓋之

閭閻鮮四民之業而世家子弟事文學或嬉遊博塞奕暇論其有餘不足即纖儉習事善治產積居而有再世不替者乎蓋入物有限出利無孔安所實漏巵哉至若尚氣好爭輕於搆訟少有憤激群聚而起或至數十百人列於衢路擁於公庭或以編户而辱縉紳或以後進而訴先輩攘臂譟呼罔所顧忌犇踶之勢漸不可長此則鄉邑之所同也至有素稱禮義情屬友生而口吻微瑕頻生戈戟錙銖小忿便作寇仇雖一

時意氣我則難忍而兩家眉目彼亦何堪推已反觀定須氷釋又有聚黨作奸根連株結巧詆曲証良民拱手而入穽中如黠佃者逋主者之租則陰擒上意顯駕其膚受之愬而旁爲之周内文致以比於麗必使盡剗所佃之田以爲搆而主者方以得脫爲幸矣諸如此類難以枚舉是豺虎而居民間不摘其伏孰舂其喉姦痤日業益搏之翼將盤牙而遍飛食人又有小醜無賴更相湊噬力不能遂則倚藉貴勢其可以罪

過誣者公洽而竊之其不可被以罪過者以私衆困之恐脇暴戾必極魚爛此或蒙蔽上人群小爲政可不瞻顧覺釁使無辜有覆盆之寃至於驕陽爲災必有所召惟當齋虔祈禱以回天意次則迎龍致雨理或有之乃天則不雨而歸優伶隸賤作争鬭殺伐之形恠異嬉戲之狀珠翠綺繡陸離飄颺若與風日争烈是侮天之威而益之怒也家各有派無不殫竭心力夜拮据早約束至旦平明竊恐得雨不獲逞其鬬謀竒

技不知其稱斯舉也則謂之何而況人情好異天道惡爭蕞爾同封繆分南北競相角勝以啓爭心甚則假貌古人自誇閥閱因誇生誚武徃惡來切意刺獮鎮鄉爲下藏機黠灼射覆猶麄市井冠裳胥於詆娸侵侮而反侈然德色此雖閭有之事亦風俗之一大蠹也嗚呼聖王正始四海同風吉士慮終一鄉易俗語不云乎操曲木者不累月銷金石者不累日禮義廉耻人之恒性固非有待於銷操之力也躬化率先是在

吾黨豈惟善良即翩彼飛鴞有不懷我好音者
哉敢効忠告之義必備勸懲俾諸明哲詳覽
焉四民而下有郎戶丐戶詳載别賤録不具
世風遞趨遞降而越最近古則以阻江濵海一切
蠱艶譎詭之習靡得而濅其樸焉列八邑姚爲
領袖山川廻映篤生聖神海内之仰姚丘何啻
恒岱流風餘化施及千禩昔賢稱忠臣係踵孝
子連閭葢詳哉其言之矣爰逮中葉古道猶存
士大夫相勵以名節相矜以意氣耻干長吏以

私學者熏功令守師承尙精墳籍迻巡禮讓市無竒貨民無袤行婦女勤于絲枲田晙昏于作勞一道同風庶幾所稱舜鄉哉嵊令而邇成弘未百年胡浸以敝也縉紳先生其航髒齟齬爲世所指目今昔無異而間有慮及門戶子弟者欲削跡公門其道何繇學者割裂經傳支離冠服遇先輩不屑謦折翹遊里中意製殊詭甚或好生羽毛惡成瘡痏抑又舞其管而爲鼠雀幟闤闠子燥髮而學操觚嚶咿效一二語輒前無

作者市井惡少年甲乙黨覆憑陵大家其黠猾
慣以蜚語中人睚眦之隙輿謡造謗毒螫不可
方物富人籍家世操奇贏以伺人之急或有不
耐楞腹而遊其彀中未幾什倍徵焉然間亦爲
其所持矣輿臺下賤俱有稱號何論士庶子弟
召客必治辦累日或西走蘇杭市方物徵歌侑
觴徹夜方止婦女莊擲織絍皆取成于婢僕垂
綃戴勝方舟結幰而禮梵寺尤可詫者曠旱傷
稼不事脩禳縁以賽會平時懿親密友罕有落

其一毛比競勝雖木難火齊傾筥無悋色親者死惟盛脩竺乾之業謂爾爾則生與死俱無憾云俗之日偷由來者漸難更僕數也第曩時搢士家斤斤制義猶愳弗給今率習爲古文辭及詩歌輒有窺其堂奧者曩時顯者多自矜詡好崖異今或不輿不蓋無改布素曩時婚聘索重貲今則梧酒片言可以定約若今者總百年之事持萬世之公誰毀誰譽無慾直道而知我罪我一付無心則誦洙孔氏又竊敢以自比焉要

之醇而醨者什九醨而醇者什一雖賢者憤世
嫉俗欲挽其趨而舉國如狂方以不狂爲狂也
語曰以二缶鍾惑而所適不得適今靡靡成習
雖有祈嚮庸可得耶

新脩餘姚縣志卷之五終

餘姚縣志

新修餘姚縣志卷之六

建置志 共四卷

城池　署廨　倉厫　衛所　學校　祠祀

井牧既分堂皇肇啓肅賓合衆懸法布象一何周也元季兵燹規畫罔稽　明興一切鳩聚繕重壘而臨治之黌序在前亭障在後壇壝庾傳封内秩如而禳菑祝釐則梵宇亦所有事也邃廬視之垝圮弗治矣作建置志

建置志一　城池　廨署　倉厫　衛所

城池 縣城　江南城　衛所巡司諸城

邑江北故有城，嘉靖間震於倭，再城江南，兩城竝因江爲池，跨橋如虹，足稱天塹。邊海阸塞，亦有崇墉，小聞警，人無固志，豈險不足恃哉？是在守臣志城池。

縣城　始築於吳將朱然，圍一里二百五十步，高一丈，厚倍之，莫詳何時墮。元至正十七年秋，方國珍復城之，凡一千四百六十五丈，延袤九里，高一丈八尺，基廣二丈。陸門五：東通德（今改澄清），西龍

泉今改迎恩南齊政北武勝後清水門三四面環江爲濠可通舟楫

元行省都事高明記畧

餘姚州襟江枕海南連嶀嵊北距錢塘其東山蘭風諸鄉與浙右海寧澉浦相直天清日朗北望諸聚落雲樹可指自海寧澉浦遇順風挐舟南邁半潮汐即達餘姚境實吳越要衝地也至正十有八年天子賜印綬節鉞命江浙平章榮祿方公分省東藩明年乃廵行至餘姚瞻視形勢顧謂僚屬曰是州控扼吳越不宿重兵以鎮之可乎頻兵儲糧無郛郭以居之又可乎乃議築餘姚城而屬役于軍士於是姚民咸願輸財効力公因民情從之且曰餘姚爲鄞郡外屏吾其召鄞縣慈谿奉化之民分築之以紓爾力其四門用力尤重吾其給鏹庀財令軍士自營之民再拜感激遂界基址辨土方揣高卑伻蔣漁慮財用書餱糧峙楨榦稱畚梮公乃躬自爲表直視功黎明至城所夕猶不息工先畢

者犒以金帛既畢而或隤圮者又出錢令軍士
繕脩之公之貴介弟僉樞密亞中公能竭力勸
相以贊公志以至正十九年九月戊午始十月
甲申畢功凡城以里計者九以丈計者一千四
百六十五有奇餘姚當其半自西進址爲丈七
百有六其自址而東五十四丈慈谿縣當之又
東而南四百六十丈鄞縣當之南盡直西委之
奉化縣爲丈一百八十有二而義士魯名實僉
誠岑吉徐魯四人者又樂爲助築三十有一丈
界餘姚慈谿之交城爲址廣二丈其上之廣殺
其址二尺其高如上之數邪口之高又六尺焉
四面之門有五南門齊政北門武勝後清東門
通德西門龍泉其東南北又各立水門以通舟
楫雉堞巀嶭睥睨明整樓櫓峻麗虹亘雲矗州
之官屬與其耆老相與言曰吾州庶其安乎往
時冦盜窺偵吾境欲肆搏噬賴平章公威武足
以讋之彼雖恫疑怔忪不敢進然吾民嘗懾懾
不自安譬居而無藩垣門戶欲高枕而卧得乎

今斯城既作崇墉重關設險守阨樹旌聚橐晝徼夜擲雖有外侮亦將沮不敢犯公之保捍我民者其惠庸有既乎乃偕輿伐石願紀公績而屬明爲書其實云

皇明洪武二十年大將軍湯和畧地東浙以餘姚要害宜宿重兵用制險塞命紹興後所千戶孫仁增治壘堞仍置千戶所守禦之正統六年邑人李應吉以爲不便　奏乞罷所嘉靖中城漸圮知縣鄭存仁李伯生相繼繕葺今益完餝云

江南城　嘉靖三十六年以比歲患倭各鄉震恐避兵者北城不能容且江之南生齒繁衍學宮在

馬邑人少保李本疏請城江南報可遂城之周一千四百四十丈有奇陸門四東泰西成南明北固小陸門二恩波流澤水門二左通右達萬曆二十三年間知縣馬從龍以諸生言又於城南開水門一引九曲水入學宮之前名爲巽水門云四門之上皆有重樓而北固樓枕江與舊城舜江樓相直通濟橋亘其中南北皆爲月城通兩城爲一明大學士華亭徐階記畧跨舜江而邑曰餘姚去海不百里夾江兩岸居民數萬家舊有城直江北以吏署所在也測其生齒江以南得三之二焉學宮倉廩咸于是在郊牧之間斷斷如也頃歲倭夷犯海上登丘洋泚汝旄窺縣西北鄙自溫台趨上虞

者大蹤四明界中江南之人聞寇且至走保城邑不能容則散入山谷間麋駭狼顧父子不相保浙東西數郡爲之騷然邑人少保李公聞之嘆曰今兵興尚未已江南脫不保縣城獨能完乎餘姚不完即上虞山陰不足恃而土崩之勢成矣今若益城江南衛絃誦之宫守常平之粟豈惟姚民攸賴將全浙實屏蔽之疏請于朝

天子可之於是下　詔益城餘姚縣南而總督都御史胡公宗憲實典領其事乃會巡按御史王君本固羅君元楨程土物度形勢而經費則督府制之不足始助以諸郡贖鍰什之一益總其費白金以鍰計不滿萬者百有十自木甓石之材以至於畚鍤啟幹募人之力無一求而不給焉始于丁巳年九月已卯而以次年六月辛卯城成周一千四百四十餘丈爲門而樓者四曰東泰西成南明北固又周爲隍引江水以環之而江則爲水陸小門各二又於江岸兩城之間故有橋處爲月城際江使聯爲一寇至可

以併力而守江南北之民見城郭樓櫓完而不知材之所自出聞鼙鼓之聲而不聞役夯之及已也四隣有警弛然而卧恃以無恐乃用諸生訂爲祠尸祝少保公而邑人叅政陳君輩又以諸里居之意請城記於予予惟成周盛時君臣一心攘夷安夏故城齊城朔皆以心膂重臣出而主之今少保公日侍幃幄贊　天下以脩幷其民此其心與南仲仲山甫無以異者而又得總督胡公爲之戮力經營于外朝廷無出車命將之勞而大功以成視齊朔之役殆有光焉是不可不紀也是役也憲副陳君元珂開鎮新城督率惟謹知縣徐侯養相規畫綜理勞來不勸經始則有知府李侯僑董役則有同知王侯近訥咸有勞績於法得幷書云　按新城實用銀五萬三千三百兩有奇記蓋省言之云明皇甫汸百雉雙環詩萬雉環虹架石梁中流樹色影蒼蒼垂竿試問潢溪水非復平泉醒酒花

姚之有新城自嘉靖中防倭而設也學校官牆在焉衣冠右族居邑之半扼塞與舊城等也南北重關樓櫓相望大江中亘崇山四維益輔車之勢哉初擬設兵以別駕領之比竟中寢如先年罷置千戶所故事由是城守虛而城亦漸圮矣頃海上有艅航之警卒無一人擱然登陴可爲寒心邑故有民捕若干人問之技擊不知每緣督逋持片符繹騷民間耳廛閈鄉比家自爲衛夫非閭左之戍乎誠聯之保甲而有事以什

伍部署之豈其驅市人而戰也蓋嘗思劉越之世所爲習流俊士諸御君子彼時句餘所賦豈下他邑而今胡以弱焉是在所以振之者保障哉今之史候廢幾恃以無恐乎

臨山衛城　洪武二十年大將軍和上言餘姚控引大海宜於其北邊置衛所巡司二十里一城以備倭寇乃徙上虞故嵩城城於餘姚西北境六十里之廟山初用土石半其年秋本衛指揮武英督成之乃盡用石圍五里三十步高一丈八

尺永樂十六年增其舊五尺並厚四丈五尺面半之陸門四水門一城樓五敵樓一十有四更樓一窩鋪三十八月城三女墻九百六十七兵馬司廳七濠長七百尺深一丈五尺吊橋四聮

望總臺一在東山三都羅家山烽堠十道塘堠在開元二都方家路堠在開元三都廟山堠泗門堠並在東山三都烏盆堠下殺堠並在蘭風一都夏蓋山堠趙港堠並在上虞縣五都荷花池堠在上虞縣六都姆堠各墩臺一柴樓二鷄犬各一

三山所城在縣東北四十里梅川一都之滸山命千戶劉巧住監築圍三里一百一十步高一丈

六尺永樂十六年增六尺址厚四丈五尺面半之陸門四水門一月樓四角樓四女墻六百三十五兵馬司廳三吊橋四濠週六百六十丈深一丈三尺廣三丈八尺瞭望臺一在滸山烽堠七蔡山堠吳山堠在上林一都檐山堠陳家堠在梅川二都化龍堠在孝義二都眉山堠歷山堠在雲柯三都

眉山巡檢司城舊在雲柯鄉之眉山爲眉山寨有土軍二百人洪武二十年徙之縣北四十里孝義二都之海湖頭圍一百八十四丈高一丈八

尺厚二丈城門城樓更樓望海樓各一窩鋪四女墻一百二十濠長一百丈有奇深一丈五尺廣五丈

三山巡檢司城舊在金家山爲三山寨有土軍百人洪武二十年徙之縣東北六十里上林一都之封山圍三百五十丈有奇高一丈五尺厚二丈城門一城樓一窩鋪四女墻一百二十

廟山巡檢司城舊在蘭風鄉之廟山爲廟山寨有土軍百人洪武二十年徙之縣西北六十里上

虞縣第五都之中原堰圖一百四十丈高二丈五尺厚二丈二尺城門一城樓一更樓一月城二窩鋪四女墻一百十濠並如眉山

廨署　縣署　行署　屬署　廢署

茅茨誦唐敝芾歌召晚乃沾一命者堂皇儼然顧其地以人重不即巍巍翼翼猶尸之耳臨下觀上說在乎易占者其知所處云志廨署

縣署北負秘圖山南俯姚江以四明山爲眉目遠代無考宋治堂曰正聽左爲東廳後爲清心堂

清心堂之左爲不欺堂夾堂直北臨池有軒曰鑒止鑒止少東北轉曰芙蓉亭芙蓉亭南折而東爲翰墨堂令施宿刻東坡手翰于中後常褚盐袁諸帖刻置之翰墨堂直北陟秘圖山下瞰秘湖初有閣曰秘圖已乃改爲翠簀亭翠簀西三十步許爲秀野亭當兩亭之中北望見客星山故有亭曰吊隱其南下爲高風閣令李祺壽建施宿成之前爲嚴公堂令徐端禮建立以嚴徵君名

宋莊簡李光嚴公堂詩子陵古真隱逸氣橫九州平生江海志自比巢與由鴻飛本冥冥肯爲稻粱謀虛屈萬乘顧枉煩物色求貽書誚君房預傳腰領憂舜江子

邑里子公踰千秋高山無古今大江日東流入物浪淘盡英名至今留當年漁釣地陳迹餘荒丘[又]徐侯有佳政百里安田疇作堂名嚴公懷賢慕前脩時來對江山一尊更獻酬我豈隱淪歟三黜令白頭年來賸得閒忘機狎群鷗結茅牟湖旁一竿幸可投蒻笠青簑衣生涯寄扁舟嚴子定不死吾將從之遊由治堂南出爲儀門爲譙樓譙南爲承宣亭令汪思温建展布象魏以詔民云當是時縣所營治特多遭張世傑之兵盡火之茲惟往牒所存著者元至元皇慶間復作公署堂寢之外有高風閣愛蓮堂故承宣亭之址作舜江樓州判葉恒建[元]陶安舜江樓詩承平八十載河海旣清宴越東在遐荒武備奉宸斷股肱二三

之重無難爲之事吾於是後卜之也記曰當世行之後世以爲楷倈可以爲長人者汝矣侯諱懋遜字允節萬曆庚辰進士分董是役　顏曰親則邑人太洞淳卽陞兵部提領徐倫民知縣葉煒立治堂東掖南下爲幕廳三間西掖爲縣庫一間又西爲庫書房一間由治堂甬路而南爲戒石亭石蓋黃庭堅筆云令徐端禮立亭南爲儀門凡三座左右耳房各五間左右爲吏廊東十間西十一間吏二十七人司吏九人典吏十八人先是吏三十三人盡東廊之北稍東爲寅賓堂一間知縣周鳴塤建先有倉廳今廢前左爲預備存留二倉見倉廒志儀門外舊爲東榜廊西榜廊各十間今廢今東爲

迎賓館三間知縣李伯生建爲土地祠三間知縣顧存仁建爲申明亭一間西爲獄官廳一間南四房西四房共九間爲旌善亭一間洪武四年詔天下隅都各置旌善申明亭餘姚縣凡建三十九所今皆侵沒下民先是左旌善右申明其前爲譙樓三間知縣黃維重建張弘宜丁懋遜馬從龍相繼新之而從龍復建舜江樓譙中鍾一鼓一雲版一元州判葉恒製刻漏甚精後上之府譙故有吏夫五名今罷陰陽生輪直明尚書翁大立重建譙樓及舜江樓記畧予聞之炳靈而鍾英者山川也乘運而奮起者人物也匪地靈不產人傑故詩曰維嶽降神生甫及申自古記之矣吾姚山川之秀爲文筆者五爲九曲者六而南面四明山則起自虞嵊形如懸榜飄飄乎層巒疊巘競爽爭奇而抵于招寶有大海在焉包鄞慈而西上遵海寶歷觀海過臨山以迄于夏蓋有禹亦在焉至

姚負海面山踞吾藏秘圖之所以立縣前爲鐘鼓樓位于離以當文明之象而東南城上有舜江樓歸然一巽峯也成弘間以及嘉靖魏科再甲接武宦海內稱盛邇年頗衰替矣士大夫謂舜江樓頹廢而鐘鼓樓亦去其複簷文風不競在此胥白于令君馬侯侯曰是誠在我顧侯廉愛吏也不忍勞民乃白憲副吳公義其舉首捐贖鍰十金爲助侯遂捐俸落成絲毫無擾于民者諸生感茲雅意以記文見屬予聞魏人董遇爲從學者苦無日嘗以三餘勗勉吾姚前輩深契斯旨故五夜書聲不以勤勸而息三冬文會不以寒沍而廢今得無稍稍闊乎山川靈秀固在也前輩儀刑固在也豈得諉諸氣運哉是在諸生加之意矣吳公名鴻洙山東萊蕪人馬侯名從龍河南新蔡人並起家進士

治堂之後爲川堂一間川堂之後爲後堂五間知縣李時成重建左爲儀仗庫一間右爲架

閣庫一間先爲岡庫架閣在幕廳側今併于此爲須知房三間今廢寓儀仗庫其前爲茶房由川堂出東便門折而北爲鑾駕庫知縣周子文建今亦漸圮後有池曰瑞蓮池過池有亭初曰半閒已改爲考祥知縣劉守達半閒亭記縣署後故有池一區前令植荷其中而橋于其上予視事之明年荷有並蔕而華者諸士大夫見之咸賞識爲瑞形諸詠歌又明年予始構亭于橋之北阜而請名于士大夫僉曰其以瑞蓮名也予曰不然予治縣無狀瑞于何有而有此嘉名人將不以予爲誇乎然予竊志滋縣之初堵案相仍寢食且有所弗暇此華之榮悴開落奚暇觀之邪既而勉爲辦治案之堵者日以太忩乃始得退食假息其時蓮並蔕予雖勉從諸君臨池一賞之追惟往事之勞而懼其猶弗治也亦未暇遊憩于此今年[illegible]

邦之民謹愿易治且憫予之勞至相戒勿以屬縣公於是訟簡於下而稅供于上庭嬾以少事今予一日之間而假其半日憩于斯亭爰思吾政之苦吾而覩民化之始終將亦不爲瑕事所奪矣敢名之曰半閒且以記吾始之勞者惟無治事之能而卒以少閒者實吾百姓之賜云

知縣顧存仁考祥亭記　正德乙亥開州劉公應徵視篆餘姚三年而政成百姓大和始築亭治內蓮池之上其時蓮乃並蔕或曰公善政之祥也宜以名亭公不欲居名以半閒榜公能於其官日之視事者半游息者半而縣以大治迺嘉靖壬辰冬予亦來嗣公後顧力小任繁日不暇給罷頓之餘亦嘗憩息斯亭嘆劉公之能而念此蓮之不可蔵也越明年夏乃復有並蔕者邑之薦紳皆曰祥也詩歌之而歸諸予予曰祥不虚生予豈其人哉乙未春姚士之登甲科者凡一十有六人其賜及第者二人魁禮部者三人海内人士莫與肩比予謝諸薦紳曰祥不虚生諸

君固當之矣予豈其人哉衆曰非然也周書有
之藪澤已竭卽蓮藕掘使政而竭澤蓮且亡淮
矣奚所並蒂耶是故范寬治最聽事蓮生爲瑞
令賢閤下荷出事固有明徵也必曰得士壯者
劉令曷徵乎予益謝不敢因卽退處斯亭而思
曰祥固弗敢居寧忘以自考也予政果弗竭澤
矣乎果可質諸前脩矣乎其不然無寧爲不祥
也雖然　天子命守令職教養予夙夜是懼
今者求賢佐中興　親臨軒策士其擢爲天下
第一第二人者皆吾學校士而其賜出身者視
昔爲特盛予將籍此以對揚　天子之休命
曰臣所職教養如此夫乃緣此爲予之祥而徵
諸蓮也雖然祥瑞春秋不書君子爲政亦考諸
心而已心盡而無徵於蓮不害其爲祥苟未盡
而有徵于蓮亦何取於祥易曰視履考祥其旋
元吉予將以自考也因更名半間之亭曰考祥

【明】太傅謝遷瑞蓮詩一曲南薰早放倚蓮臺叅
看竝頭花蓬萊隱子雙奇侶太乙眞人劉道居

源接秘湖芳有自，春分玉井沛無涯。遥聞歌頌蓮清賞，喜動哀顔望眼賒。[文]荷花深護使君衙，瑞應駢頭十丈花。雅致騰遊君子愛，清芬燕稱慕賓嘉。雙金作出蓬壺境，二華峯移舜水涯。麥秀兩岐同一頌，田家有酒亦頻賒。後重建，又改似玩，知縣馬從龍題其端云：玩非今事，瑞蓮再出而亭始成，有似于玩，故名。[明]葉憲祖瑞蓮歌：龍山佳氣葱且蒨，秘圖湖水明如練。中有僊人鳴素琴，亭上薰風坐清燕。風來馥馥沉烟斜，遥知新發芙蕖花。芙蕖夾堤亂來錦，千朵萬朵嬌於娃。聞道西湖十里艷，並頭幾得詩人誇。馮夷故故幻奇巧，不逐菱舟嫁若耶。漢宮姊妹羞纖綺，雙珮江妃未足擬。豈是天上奎與璧，齊落波心作連理。君不見合穎禾，兩岐麥，異政于今猶嘖嘖。能似霞標高百尺，灼爍文光士欲覩。指點靈華度苦厄，一切俱成清浄客。亭中載酒醉莫惜，亭壽毀。其址當秘圖之脊，爲今廨有門一座有廳有寢各三間有廂共六間令廨之左爲丞廨右爲簿廨迫丞廨之前爲典史廨制與令廨俱署相當典史廨之南爲吏廨歲久俱圮通判葉金署縣重建凡廨十六間脩八間向西爲總門今僅存八間

按宋令廨在治內丞廨在治東八十步有小室曰龜巢簿廨在治東五十步尉廨在治東南一里許

縣令常褚題名記縣令掌治民凡民無所不隸至若顯善勸義禁姦罰惡尤汲汲爲先務然終日坐堂上耳目之所不接或病焉尉雖位丞簿下職警捕日走阡陌知民所疾苦或縣政有闕尉得以告于令令從而罷行之惟謹縣尉之職夫豈警捕而已哉或者自卑其官眂所居若不屑爲

侯曰吾懲强暴務有贖金不以煩民遣秋仲大雨水害稼侯僦請貸且曰古有役民以救荒者乃募人徒經營社稷壇始尋舊制復之繚以石垣垣上覆石建齋宫於城隍廟之東偏新廟學儀門及學官廨宇按求本朝師儒科第姓名刻之豐碑而完石孝子趙考古之祠即府館舊址市民地拓之爲布政分司於其左建陰陽學右建醫學復斥其餘材屋於幕廳之左以居群吏凡屋之以楹數者若干垣之以丈數者若干碑凡若干座用土木之工凡若干日費若干金又以縣誌未就曰此尤文獻之不可一日無者屬于葉成之供億書刻之費又若干金於是縣之所宜有昔所弗能辦者皆次第脩舉士民輒相慶曰匪我侯誰其治此匪我侯爲我治此有弗賦我役我而反募我活我焉者於是侯所繩强暴之徒獨深弗便利侯旦夕解去乃構飛語聞於監司王公檄侯訊狀姚人皆扼腕憤嘆千百爲羣水陸夜發赴臺司爲侯白寃侯戒無往百

姓固欲徃姚薦紳繼之臺司聞其事乃更譽說候遣還縣竟所事以報蓋候心本無瑕浮言攙議卒莫之傷而世之吏者率依違毀譽終其任但務苟且因循而凡宜在建立者一切付之不問昔陳之逌茀襄子知其必亡鄭亭不脩薛宣責其子之不能於職候於吾邑雖權領假攝于一時而乃興起廢墜爲禮樂文物之大計如此其視流俗之賢不肖何如耶余因父老之請作興造記俾鑱諸石以告世吏候諱金字子良毘陵世家余邑人楊撫安世也　萬曆十八年知縣葉燁重脩

按察分司在縣東門內由布政分司折而北凡五十步東西各深四十五步南廣二十九步北廣二十八步計六畝四分有奇　制署與察院等今圯

江爲迎候客舫之所

大江口壩廨舊址在壩西南計地二畝七分五厘今廢並壩有津廳一所官一員今革壩夫三十五人

郵鋪 初自縣前及南官道置急遞凡六其後緣海置衛所增置址海道之鋪凡九治東四十步曰縣總鋪又十里曰常家鋪二十里曰桐下湖鋪入慈谿界治西一十里曰任渡鋪舊在治西七里名七里鋪二十里曰曹墅橋鋪三十里曰三十里牌鋪入上虞界是

爲南官道急遞鋪治西北三十里曰方橋鋪四十里曰化龍鋪四十五里曰道塘鋪六十里曰四門鋪六十二里曰臨山衛前鋪入上虞界治東北四十里曰眉山鋪五十里曰擔山鋪六十里曰蔡山鋪七十里曰洋浦鋪入慈谿界是爲北海道急遞鋪鋪各有廳三間有廂六間有郵亭一座有外門一間有司兵縣前鋪十人南官道諸鋪各六人北官道諸鋪各四人有吏一人領之按壩官革丞驛者兼領其事而亭郵固驛屬也併附驛後

石堰場鹽課司在治東北二十里許古名買納場

宋分石堰東西場慶元初置倉設官監之朱濆張孝聞黃震俱差監後以邑縣兼主之已乃併東場入鳴鶴而存西場即今石堰場云元至正十四年建鹽課司于流亭山其官司令并丞而丞程燧貢師泰並運黃縉俱有名稱　明興司仍其舊有廳有寢有廨官二員吏一名鹽倉五所今存其一曰北倉故有鹽廒三十八間倉後為鹽池池後為泄水鹽溝南倉在冶山一都之南湫有廒三十二間埋馬倉在梅川二都埋馬市之南柏山倉在雲村二都栢山梁堰倉在孝義一都之梁家堰並有廒一十八間永樂十八年罷景泰三年重建弘治以後聽竈輸價諸倉遂廢鹽運分

司在鹽課司西有門有廳有寢各三間南北深五十二步東西廣五十一步

巡檢司凡三詳城池志在治北並瀝海司各有門有廳有廨有演武廳官一員吏一名初各有兵百餘人今漸減三山眉山各二十二人廟山十一人廳廨俱圮而三山有僅存者

陰陽學舊在齊政門外之西並舜江亭通判業金新建于布政分司左今廢官一員

醫學及惠民藥局舊在治東五十步後更建布政

分司右今廢官一員

養濟院在龍泉山右東長十八丈五尺西長七八丈五尺南闊七丈三尺北闊十丈四尺中闊十二丈三尺堂四十二間知縣都相建顧有仁脩

僧會司

道會司俱無署始寓僧會記于建初寺後寓廣濟寺今寓積慶寺道會記則寓于廣福觀今觀廢無所寓

廢署宋置而廢者有丞廨簿廨元爲方氏元帥府今爲按察分司有尉司元爲捕盜司已乃改爲姚江驛今因之有鹽酒稅廨在治西五十一步

有米倉在治西二十步有百官倉在治西二里有稅務有賣茶鹽場有酒務並在治東一百五十步有海堤倉在酒務之西(令施宿建詳海堤志)有戶部犒賞酒庫二一在蘭風鄉一在雲樓鄉有寧波驛牒佚其所有津亭二在治北一里有弓手營其弓手百人建炎初改廣福觀元置而廢者有蒙古學(知州李恭建)國初改爲醫學及惠民藥局有濟留倉在治東南隅有米倉在治東北二百步 國初改爲餘姚千戶所有義倉都里各置

之有上塘税務在蘭風鄉　國初改爲中明亭
有李家閘巡檢司在通得鄉有鎮守司四其詳
其地　皇明置而廢者有餘姚千户所正統八
年罷爲布政分司有關隘二一在陸浦橋一在
否堰洪熙元年巡按御史尹崇高罷之有税課
局在齊政門外洪武九年置尋罷尋置正德三
年罷之有河泊所二一在治南二百步洪武十
四年置嘉靖九年罷知縣顧存仁改爲虹橋小
學十七年韓脩撰佃居之其一無署永樂七年

罷有外演武場在姚江驛東有常儲倉今爲治内預備倉云

予志廢署蓋元義倉及濟糴倉有古常平之遺令長誠加意元元斂散有度即有水旱螟蝛猶足以賑之今悉罷廢而置預備倉又幾於廢矣予乃於預備諸倉不志其廢予於高節書院不以列諸廢云出舊志

倉厫

姚人生計慼一切倚辦穀入至升没不及代何

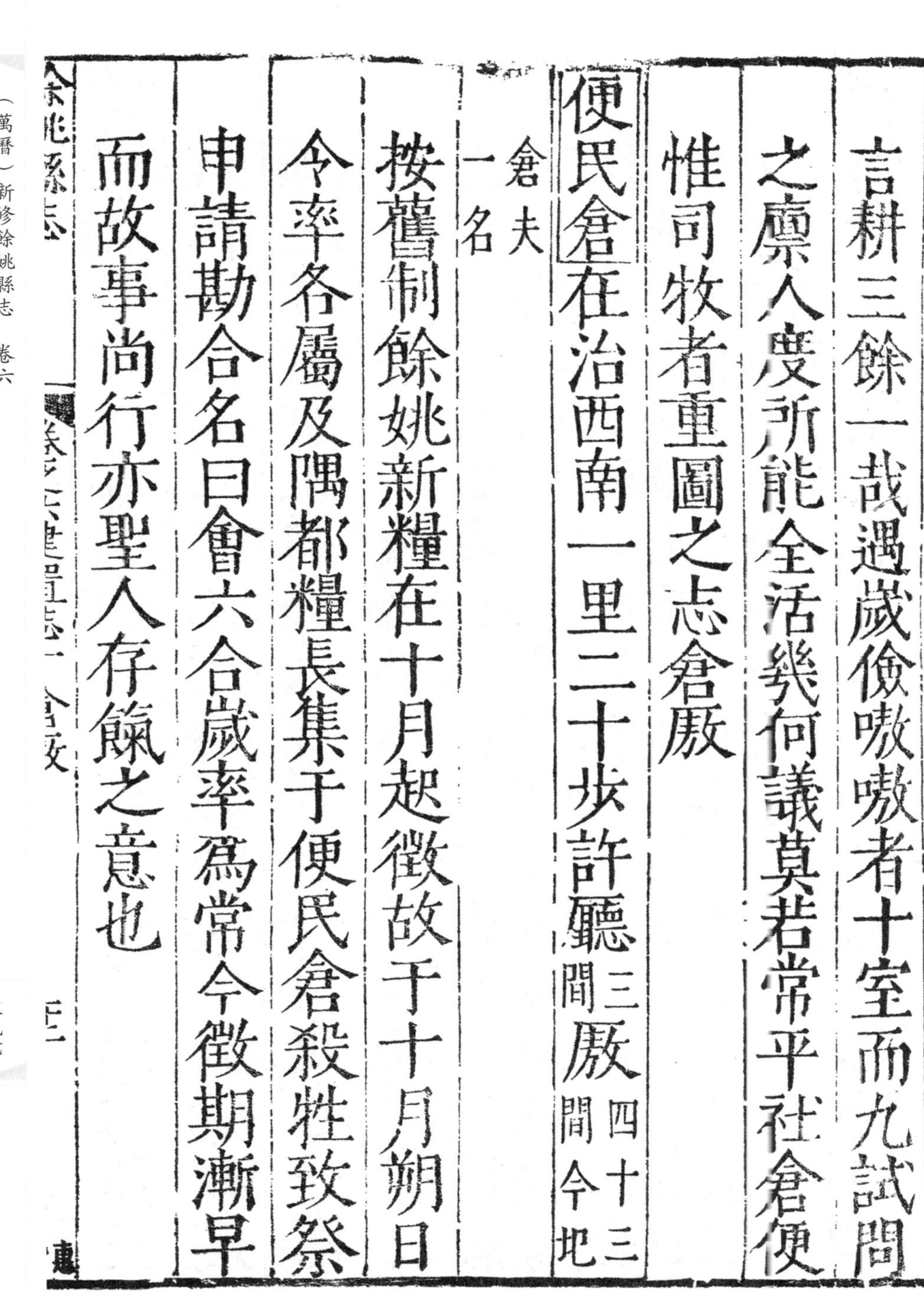

言耕三餘一哉遇歲儉嗷嗷者十室而九試問之廪人度所能全活幾何議莫若常平社倉便惟司牧者重圖之志倉廒

便民倉在治西南一里二十步許廳三間廒四十三間今圮

倉夫一名

按舊制餘姚新糧在十月起徵故于十一月朔日令率各屬及隅都糧長集于便民倉殺牲致祭申請勘合名曰會六合歲率爲常今徵期漸早而故事尚行亦聖人存餼之意也

常豐倉 一倉在臨山衛二倉在會稽之瀝海所三倉在三山所四倉在慈谿之觀海衛五倉在定海之龍山所竝領於餘姚官各一員吏各一名有廳有廨有斗級今改倉夫一倉廒二十三聯凡一百三十五間露囤五座凡一十五間俱廢今止東西廒各十二間廳三間廨九間倉夫外縣二倉東西廒各七間廳三間廨六間倉夫外縣三倉天字廒五間地字廒七間玄字廒十間黃字廒八間俱廢今止廒七間廳五間廨七間斗級三人今倉夫二名四倉廒東西各六間廳三間廨六間倉夫八名五倉來字成字二廒各五間廳三間廨六間倉夫四名

預備倉 凡五在縣治內爲中倉倉廳三間廒十二今廢間大

五里曰射龜橋俗傳竹山如龜形以橋作弓小浦爲箭射之故名南近大江曰外射龜橋萬曆間重建邑人盧運使璘爲之記東路通慈谿迤北五里曰范家橋治北秘圖山之右曰秘圖橋跨桐江南北石矼如砥直與察院外屏相對少東曰小秘橋秘圖山之左曰桐江橋俗稱呼爲童家橋北出後清門曰後清橋明嘉靖三十四年亦以倭故與黃山橋同毀後倭果至對岸跳躍竟日不得渡用善射虎者騎危射之殪一人焉放橫筒砲又殪二人遂北遁不可謂毀橋非計也明年議建亦如黃山橋所爲平橋者萬曆二十年間漸

圮行旅跋悚而不敢過里文學聞人羔請計於兵部提領徐倫募金復建洞橋如故邑人吳進士道光作頌以紀其事（出邑後清門數武歸緫跨江而雄峙者後青橋也嘉靖壬子島夷寇海上所過輒殘破狀得其攻城狀守者懼亟毀之已而寇果薄城不得渡引而去衆遂不敢復故爲高橋而架木爲梁砥石而平之僅通往來事甚草創寇既平父老興嘆屢欲新之而未有舉也歲久而木漸朽圮且隕裂存者如綫舟人慄慄行旅惕息若不能朝夕待矣宛葉侯知餘姚之二年政通人和百度改觀一日而履斯地曰斯非邑之要害乎西胡以傾圮若茲也且於度爲不協夫安民者在撥其危興利者必計其遠作而新之易陣以甓太公險即安斯百世之利也顧費不可以煩度支吾其任之矣出俸百金而走使告諸士大夫曰

之道者乎

衛所

邑址望大海直若耳倭帆乘風入內地誰爲偵誰爲禦所在屯守鼠竄狐伏收斂轉顧卒然首尾應有勝算胡不惕於往事云志衛所

臨山衛已詳城池志其署坐址鳳山鎮遠樓下正德七年海水泛溢署壞重建廣一百二步深百十六步有正廳五間軒三間左右耳房各四間吏廊左右各十一間儀門外門各三間儀門左爲經歷司右爲卿事廳各三間外

門之内爲鎮撫司爲千戸所署凡五（間各三）隆慶間改建左右兩營（左住軍兵右住民兵各五百名）近改爲叅將行署前增旗臺（二座）後增山廳（三間）衛北門内有海道公館（在後所地東西各深五十步南北各廣二十七步廳堂樓房凡二十二間）有軍器局（三間在中所地）有軍旗營房（左所五百一十三間在衛東門内右所四百七十八間在衛西門内中所五百二十四間在衛水門内前所四百六十八間在衛西門内後所五百八十九間在衛北門内今皆廢）有閱武場（在衛東門外）指揮十七員經歷知事各一員（知事隆慶間革）鎮撫二員千戸十八員所鎮撫十一員百戸四十三員吏一

十五名額軍五千一百名帶管二百名召募三百五十五名

三山千戶所署坐北門虎山有門大門儀門各三間有廳正堂後堂各五間前爲公館千戶五員百戶九員所鎭撫一員吏一名額軍一千一百二十名今六百名有奇帶管一百名召募一百三名

餘姚千戶所駐城中正統年奏革詳城池志今察院行署卽其址

按郡志餘姚千戶所洪武二十年湯將軍和奏

置者也餘姚東界寧波而海潮自定海來抵新
覇止多巨姓強族人材與貨力富賈海濵重鎮
方氏擾慶元郡時蓋以其弟鎮餘姚帥府遺跡
存焉湯將軍之設兵有意哉有意哉正統六年
邑人金壇教諭李應吉上言餘姚內地兵可省也
奏徙之悍軍恒擾居民無徙也城中人稱便焉
[illegible]後倭患作時犯餘姚餘姚乃苦無兵矣於是
[illegible][illegible]羅拱辰副使許東[illegible][illegible]後移節來拓前司
地居之[illegible]議建江南城　又擬設一通判駐江

南使此時而創銷兵之議本兵爲具覆否也不爲國家謀將然持久遠筭而徒以浦百齒保目所見左矣忘戰必危愼之哉

縣演武場舊在治西北武勝門内前已廢嘉靖九年復置以西北隅倪澄王伯孚等官民田爲之東西深七十丈南北濶三十四丈後倪澄等具議以牟山新湖王宿灣竹山西畈高阜可田處一百三十畝給補之

鳳山門在治東北二里許黃山橋之南上有敵樓蓋亦爲倭變設也詳見黃山橋下

四門堡在治西北四十里去臨山衛十里知縣胡宗憲築垣構屋爲練鄉兵之所地周五十四深一十八尺廣七丈八尺今圯廢不可考

新脩餘姚縣志卷之六終

新脩餘姚縣志卷之七

建置志二　學校

學校　先師廟　社學　義學　書院

自兩楹發夢廟食與天無極廟宮墻而擁臯比者夫非金口木舌耶邑黌鼠擅靈秀孕育魁名跨絕縣寓邇乃漸訝衰減廣厲獨奮責各有歸志學校

先師廟宋初在治西二百步許按漢書黃昌居近學官而昌故址在今治西南隅黄橋之傍則學宮又疑嘗在江南矣慶曆中詔天下縣學

士満二百人並得立學姚令謝景初奉詔營治制隘弗稱邑人將仕郎莫當出私貲市爽塏之地在今治之東南隅一里五十步所其舊址東西廣二百八步南北深八十八步今南北之深如故而東西之廣止四十六步通計六畝三分二釐元豐元年令黃鑄遷廟建學莫當仍開四衢於左右前後各廣三步曰其以來四方學者前衢之南作泮池東西廣四丈一尺南北深四丈二尺畫衢之東少南跨浦駕霝星橋其西臨直街作明倫坊語在王鉦記中記不存崇寧中置學長學諭直學齋長齋諭各一

人生員五十人，仍建齋舍廨宇。建炎兵火，獨廟學不燬。紹興五年令徐端禮、七年令趙子潚增治講堂齋舍。十五年尉史浩建射圃于泮池之南，作二亭，曰觀德，曰繹志。淳熙元年令趙公豫新學。慶元五年令施宿建直舍，爲致齋攷課之所，作外門垣墉，市贍田書籍甚備，尚書樓鑰爲記（記不存）。至咸淳廟學不治，九年令趙崇簡大改作之，詳黄震記中。德祐二年災（其歲丙子，後至元二年亦丙子，俱文廟災）。元至元十四年令杜仲仁重建，二十八年江浙廉訪使王俣按視令縣更大之建屋一百二十又九間仍置學職已乃陞縣爲州州守高慶仁張德珪李恭學正楊友仁竝崇治之播諸聲詩恭又刮田數百畒益學者廩餼重紀至元二年復災守汪惟正劉紹賢相繼新復詳韓性記中至正八年守汪文璟增建養蒙齋成德齋文會堂及東西二坊之門爲屋八十又八楹詳文璟記中二十三年邑儒黄顴亦出私貲新學詳劉仁本記中學故有上田山林陂蕩凡八頃

有奇宋乾道四年前縣尉史浩爲丞相守越買市良田歲取其入給鄉賢之後貧無以喪塟嫁遣者附于學謂之義田田之課入屬之縣主簿給散屬之鄉賢大夫及學官雖養士不得移支餘姚及山會共湖水田二千七十一畝地五十六畝山篠地一百一十六畝殯岡六十四畝俱歲久籍失其學田則泰定初州守羅也速歹兒及至正中守郭文煜皆嘗規復而丞相浩之後曰華甫者乃捐田五十二畮贍學其事並詳孫元蒙記中　明興廢州爲縣學因之不改而廢學正學錄大小學訓導直學齋諭

諸職乃建教諭一員訓導二員吏一名廩膳生員二十名增廣生員二十名附學生員無定數洪武二年十月詔重學校及鑄設科分教令式于學仍降臥碑制書三年六月詔孔子封爵如故頒鄉射禮儀于學宮視宋加詳矣語在黃震叙中十五年詔賜學米六百石宋元學田並給諸民永樂間廟學廢不治教諭林觀疏請十一年詔有司脩治其制繚以周垣中爲文廟五間高五丈奇有祀先師孔子旁列四配十哲並爲王侯像

縣令率其屬及師生釋奠祭器牲幣祝號咸具

古銅邉豆三十一古銅中香爐二古銅小香爐十新銅大香爐一古銅酒罇一古銅簠簋八古銅爵四古銅盥洗盆一錫酒罇二錫爵一百二十五錫籩豆一十六錫方簠簋一十六錫圓簠簋一十六錫碗五錫盆十錫花瓶二錫大香爐一錫大燭臺二鐵花瓶二鐵香爐二木豆一百四十竹豆一百三十六帛匣九大紅漆盤十六小紅漆盤一百七木簠簋二十一對毛血桶十一牲匣四龍香爐十齋戒牌一祝版一萬曆十五年教諭馬應龍置正殿石香爐一石燭臺三石花瓶二啓聖祠石香爐一天平一副祭桌八張方食箱一扛

嘉靖十年詔去聖賢像用主并革其封爵改文廟曰先師廟云由廟甬路而南爲戟門五間祊有外門甬儀門三間今廢

路之左爲東廡右爲西廡各十一間嘉靖二年東廡壞知縣丘養浩重建畫廡之址爲神廚西爲祭器庫各四間戟門之右爲鄉賢祠爲名宦祠詳祠祀志戟門之前爲靈星門三座臨前衢及泮池泮池引巽方九曲水從靈星橋入後築新城水塞今復開水門通之池南少左爲射圃東西各深五十八步南廣九步北廣十步後漸失故址教諭林一煥率諸生稍爲恢復浩所作二亭久廢嘉靖十四年紹興府推官陳讓作亭其中三間曰正己亭廟之北爲明倫堂三間堂之南舍左爲進德齋舍右爲脩

業齋各三間竝宣德七年知縣黃維重建正德六年明倫堂壞知縣張璜新之嘉靖九年始作七箴碑亭于堂之北刻　御製敬一箴五箴解云凡七碑夾堂甬路之東西畫齋以南俱爲號房初十八間今十二間諸生肄業焉竝正統四年知縣盧璣重建而新膳堂掖堂之右景泰五年知縣詹源澤則建講堂掖堂之左各三間今皆廢成化十年知縣劉規視永樂以來所建置多壞於是大新之事在名宦傳由明倫堂甬道東折而南竝靈星門之

東爲儒學門正統七年教諭王懋改建初止一間懋廣三間而自爲之記儒學門内折而東爲啓聖公祠三間嘉靖十三年知縣顧存仁即學倉舊址改建之後有池有亭初爲宰牲亭十四年存仁改建爲一鑑亭其址爲教諭廨六間而訓導廨一在進德齋址一在脩業齋址俱歲久就圮各二間嘉靖十九年通判葉金新之後廟學圮隆慶二年知縣鄧林喬萬曆十一年知縣丁懋遜各重脩在少傅呂本尚書翁大立二記改儒學門爲樓今

教諭錢侖選祀文昌于其上邑人邵圭記之弁立土地祠于儀門之内訓導東廨近圯寓居膳堂西廨亦久廢寓居號房焉

朝奉郎黄震餘姚縣重脩儒學記

咸淳九年冬金華趙侯爲餘姚宰脩泮宮成明年春走書屬震曰教化治道之大原庠序教化之先務故董仲舒謂守令爲民師帥我朝立法守令亦無不以學事繫銜學校非守令之責而誰責世降以來爲令者苦財賦學事往往不暇省朝廷爲别設官以主之令益得以諉其責學事反益日以壞如吾邑學廪歳收五百石有奇公厨至不舉烟學官至老且厭吾爲此懼亟起而身任其事窒蠹節費捐俸以倡學官前序諸生繼捐廪給以助乃新禮殿增之欄楯乃改兩序以使出入而繪從祀於夾廊使免哇褻若儀門若講堂若齋廡下至庖湢垣墉壹是咸新先賢

祠昔之散處者今亦創一堂於東序而合之規模顯設氣象宏大匪惟脩舊殆且增飾今而後將與二三子日講習於斯願子有以發其意震惟邑之以餘姚名以其爲帝舜舊地也設學校以教人自帝舜命契爲司徒始舜之教人也使父子有親君臣有義夫婦有別長幼有序朋友有信人之所以異於禽獸中國之所以異於夷狄家之所以和國之所以治皆不越此五者今之學即古之學也今之教即古之教也今之不古若者何也古無利祿之誘今利祿誘之也然利祿何足以誘我哉人之窮達制於天而利祿之有無係于命不以求而得不以不求而喪吾惟即父子而父子在所親即君臣而君臣在所敬即夫婦即長幼即朋友而各盡其所當然者于以從容乎義理之常而安行吾平生之素苟能此道而大者立矣則課試可也科舉可也亦帝舜敷納以言之遺意也未害其爲教也雖今猶古也否則其謂利祿可以求而得其誦讀書

可爲釣致利祿之具疲其神于破碎之學學者支溺于聲偶之文父子君臣夫婦長幼朋友五者之大倫反不知實踐而無所愧則雖游於斯息於斯弦誦於斯口談義理皆非其實亦胡取乎學校之教舜之所以始於虞庠者豈若是其甚也侯今興學于舜之鄉亦惟以舜命司徒之教人者教人人各以舜之所以教人者自勉曰舜何人哉予何人哉則旂鸞戾止于魯僖有光矣侯再書來曰是也願因以爲記遂書以遺之侯名崇簡其政稱是邑人併祠之學必有記其詳者云韓性餘姚州重建儒學記餘姚爲縣時立學縣東南一里所按越郡志宋元豐中知縣事王鑄之所定也至元十二年歲在丙子燬于火縣尹村仲仁創建焉縣陞爲州知州高慶仁等屢脩崇之後六十年當至元二年閭里煨災學復燬知州汪侯惟正經始未就是歲十二月奉議大夫劉侯來知州事喟然嘆曰罹火禍民舍如晨星州官署居不完力誠有不逮也惟學校

之建風化之源長吏之職其可以緩劬勞殫慮焉邑人先章逢樂輸其有斤斧板築不絕聲明年十月學成禮殿尊崇講堂高朗門廡齋舍嚴邃黝潔致敬有所鼓篋而來者如歸士民瞻仰嘆息羨其規模之宏駿其成就之速乃相與謀勒文以示侯之績夫教學古所甚重也士不可以一日而廢學上之施教其可一日而廢哉學校教學之所生也上庠下庠之制肇於有虞司徒之職典教之官雖設於上古之時著在聖經實自虞典始餘姚在東南公舜都數千里其以舜氏得名自秦漢則然說者以爲舜支庶所封也昔陳公子完之齊而韶樂之傳至孔子時猶在光其支庶所封遺風餘教必有被百世而不忘者故自漢以來是邦名世之士若嚴子陵虞仲翔御見于史傳元夫魁人近世彌盛豈非學校之功哉其甓與教學之所以得不廢此劉侯之績而州之士民所欲傳示於將來也若夫道德性篤藝倫敷教俾人人而風俗成長民善防火而

人材出慎考重華於數千載之上天下之教學者式焉茲學之建非獨爲州之所瞻仰而已侯名紹賢字良弼淳海人便宜仲祿之孫也知州汪文璟餘姚州儒學增造記至正八年冬十一月新建成德養蒙二齋及文會堂東西坊門凡八十有三楹既成會儒者及諸生以落之先是後至元丙子學燬于火幾盡知州汪侯惟正按其舊規創而復之既而侯太公繼其任者劉侯紹賢復爲兩齋重廊以環屬倫堂之左右於是學制麁備然而朔望二丁之會主祭之官相禮之士雜遝廊廡以爲期集更衣之所齋舍雖設隘陋淺逼不足以容學者況小學有師而大學弗置于教闕焉非所以長育人才大其所就之意至正六年四月文璟始至州既視事首謁夫子廟時學正徐君夔老儒者趙君珪等爲余言之於是以衆所推鄭君彝趙君由浩主大小學事師道既立教養一新負笈而來者于于也方議廣齋舍築賓館以大其規會令下權息土木之

役越二十年而至于今而克成也嗚呼古之學者陋巷環堵而講道不輟固未嘗以所居之崇卑動其心也然而泮宮之脩魯人至形之歌詠叅上之人鼓舞作興之典著於昇焉况其隘陋而就寬敞其於藏脩游息之所亦不可謂無助然則是役也詎容已哉夫守令者民之師帥也昔之爲師帥者躬行于上以端其本任賢取友以輔其教而後治化成風俗美若單父之彈琴武城之弦歌皆是物也文璟不敏豈能端本以稱師帥之任州之賢者幸而輔之庶幾誘掖作成感發興起以無負國家崇化育才之美意而有以繼言宓二子之躅此區區之心也若夫潛心大業孜孜不倦以要其成則誠有望於諸生之自勉云學正徐君雙老未幾以病去權其事者汪君焱大學訓導鄭君彛亦以憂去繼之者楊君燧

黄縉餘姚新學詩叙

餘姚學正楊君請于府若州撤廟學而新之予友彥實既爲作記歸美其守長邦人士樂君之志有成而懼來者

之弗嗣也復相與播之聲詩以垂無窮之思焉昔者魯脩泮宮孔子不書而史克頌之盖美其君而爲之師者弗與也何楊君之得於群公者閎侈若是哉記春秋之所不書詩之變歌詩人之所克頌情之不可已也情之不可已而至于詩之變夫亦禮以義起者也凡礱斲之容丹黝之麗紀詠備矣故予爲本詩春秋之旨系之末簡云

劉仁本與脩儒學記

今天子進浙江行省方平章國珍爵司徒保鳌東藩之明年爲至正二十有二年司徒檄介弟國珉樞密副使分鎮越之餘姚州又明年州之學宮脩葺一新爰釋奠于先聖且落成之其學官蔣履泰耆宿鄭尋持狀來請曰副樞密公既鎮我邦伏謁先聖廟蘙然就圮將圖繕脩遂以規畧命令都事葉某與前知州董完哲溥化學正鄭淬時則有若儒士黄顏者在列願悉出已貲力輸土木之工費一毫不假于官役既作知州王溶議復其户稍酬之而慕賔毛汞龍森力勉成之禮殿門堂齋

廡庖舍以及垣墉黝堊之飾靡不堅緻具備厥功茂矣經始于是年二月底就于今年正月願著于石以垂後觀仁本載辭弗獲遞歷考學之廢興于往諜而識之餘姚舊爲縣宋初有文宣王廟在縣西二百步造元豐間縣人莫將仕者割已資買爽塏之地於舜江之南一里所別刱新構又穿四道揭明倫之坊以來四方之學者既南渡建炎之變井邑遭燹而學宮巋然獨存邑宰趙子潚葺增葺於紹興初禩施宿又復廣之於慶元之末於是作人造士文教之興莫氏之後有文清公叔光中書舍人子純皆擢高科顯仕振名當代入我國朝燬于德祐丙子既而重建暨縣陞爲州屢加脩治而又燬于重紀至元丙子今所存者則知州劉紹賢所建汪文璟所闕也顧茲兵興有事邊鄙餘姚在虞守戒嚴之地而脩崇文教若此有非他郡縣所能企及也然余聞學校之設始於有虞之尊賢尚德自水土既平夏禹朝諸侯于會稽執玉帛者萬國

首封有虞支庶於餘姚獨先圍於禮樂衣冠之化漸仁磨義淪入骨髓詩書俎豆久而彌芳雖歷世亂離奔潰靡爛而又弗即廢置此無他學校之政實繫人心關世教極時溺爲甚亟也泮水之章曰既作泮宫淮夷攸伏矯矯虎臣在泮受馘又曰桓桓于征狄彼東南不告于訩在泮獻功雖詩人頌魯侯之績詎不驗于是邦而施諸今日者歟是故餘姚學宫之脩足爲邦家太平之基而黄氏之舉猶前莫氏之志爲可尚也斯固宜書遂爲之記

孫元蒙餘姚州學覈田記

畧餘姚爲越支壘相傳舜庶孽所封故名異時爲縣國朝陞州設官五品以長之其政所施加於舊矣至正九年夏四月人梁郭侯以奉訓大夫來知州事仁聲惠政洋溢遠邇尤注意於學校首謁孔子廟陞明倫堂進諸老而問焉咸言學故有田歷年既久欺弊日滋以故廩食不足春秋釋奠取給臨時稍食弗克教養失實將無以仰稱昭代右文之意侯喟然嘆曰此吾責也

是不可以緩卽推擇儒士之公廉誠篤者分歷諸鄉屬縣考覈或見侵于豪右或竊種于頑民或以磽易腴或以廣爲陿至是既得其實皆按籍復舊及秋輸粟於倉庾無敢後者於是節其入以爲出裒其羨以備用凡祭祀之物營繕之須師生之廩稍莫不充然有餘而非復曩時之弊矣侯慮夫久遠而復爲湮沒也則又編爲取數著爲定法刊之於梓俾凡隸儒籍者家喻戶曉更相察糾以絕欺弊其慮亦弘遠哉開元孝義二鄉有海漲塗田每歲亭民擴之以專菽麥瓜蔬之利侯乃命吏疆理計二百四十有一畝悉以贍學助養士此則規措得宜而愜乎公論者也州治之南有史氏華甫宋太師浩之裔聞侯以興舉爲心慨然捐田五十有一畝歸之學會歲之入得米三十有五石此亦政化所及而發於良心者也夫既有以養食矣則又延聘師儒增廣子弟員以廣其教考問學業以要其成侯之存心於學校嘉惠於諸生者其至矣侯名文

煜字彥章始以王邸說書校侍儀司典簿累遷華要今知餘姚其政績多可紀姑述興學崇化之事庸爲榜公且鐫其籍於碑陰俾來者有所考焉

貢震餘姚縣學鄉飲叙孔子稱吾觀于鄉而知王道之易易蓋自古者井田以養之庠序以教之衣食既足漸摩有素一旦示之以齒序揖遜故孝弟之心有不期而自生後世言政而不及禮者固無望此或好禮矣黨不自政始則亦類墮於空文餘姚固名邑然已積二十年今無得善者則其施於民者可知矣雖有古人之遺在庸得而講諸三山陳侯維嘉始掰舊蠹而一新之休聲善聞日盛月新三年政成乃行鄉飲禮少長雍雍觀者悅服蓋必如陳侯之政而後禮可行焉耳推此也以往所謂王道之易易者其將庶幾矣乎

呂本重脩餘姚縣儒學記畧邑學建于宋元豐初至國初又脩建永樂間以重脩自昔以鉅麗稱其後稍敝旋葺未大壞也夫何近歲暖月昔頹垣敝榭甚至廟宇梁棟傾

壓毋雨澍則　先師神位濯濯宛在水中卽師
生相聚睨不敢入有事茲邑者雖絫謁不廢絓
仕若不知也者而過之邑侯鄧君林喬始至行
學顧瞻徘徊喟然太息曰此吾職也未幾遍閱
於當道諸公逎巡按御史李公叔和適觀風過
予邑教諭程君蒙吉訓導朱君詔李君惠率諸
生備陳學宫圮壞狀李公先已閱侯牒至是侯
言之尤力且引爲已任遂欣然允脩之費則以
鄉士夫所云佃海湖事屬侯裁處侯卽發視湖
田外地五百餘畝價可得若干金已足費乃請
于巡撫都御史谷公中虛報可又請于左布政
使鄒公朝賓右布政使莫公如忠按察使蔡公
文海道副使蔡公結光後分守參議崔公近思
陳公燦分巡僉事宋公繼先提學僉事林公大
春水利僉事李公文續皆曰然哉宜亟圖之知
府岑公用賓聞侯言卽下邑計畫曰必可久是
圖毋惜厥費同知李公澤通判熊公珊李公芝
推官黃公希憲惓惓不置念既而巡按李公邃

自寧波親詣相度而諭矣巨細悉總之監督以縣丞郭君鎔主簿姚君濂巡檢岳致聽委用焉肇工于隆慶二年十二月初三日越明年六月十五日將落成廵按御史同公稽吳公從憲至二公素重學校當事者益加意崇飾自正廟若廡若門若明倫堂若啓聖祠若齋舍若名宦祠若鄉賢祠易蠹朽以堅新加傅石於階垣無弗完且美者而鉅麗視昔有加矣予邑士大夫莫不舉手相慶又相與造侯之庭以謝以賀侯因屬予紀其事且以語肄業于是學者無負當道諸公與侯今日相成之盛心云「翁大立餘姚縣重脩儒學記畧」餘姚學在邑巽隅宋禮書莫叔光狀元莫子純故宅也四明當面如懸榜九曲入懷如秉笏三江滙流如環帶六峯傍峙如建牙客星烏膽二峯特起如簪筆靈秀環奇篤生人物宋元且勿論入　國朝而英賢彙起刑侍劉公季箎忠襄毛公吉文正謝公遷忠烈孫公燧文成王公守仁具載名臣錄五公並學產得

一人巳爲世重况千五人而况簡知　文皇
名應列宿者翰林柴公廣敬簡知　孝廟身
兼將相者宫保吏公琳弘正以來抑又盛矣乃
今稱黌姚上第曰三科兩狀元也二榜四雋中
也鄉會元魁肩相比祖孫父子兄弟進上踵相
接也一科而進士十六或十五也徒以科名言耳
姚士重於海内獨此哉成化甲午巳邵劉公規
蒞學宫圮敝大新之是年謝文正解元明年會
魁及第萬曆辛巳霑化丁侯懋遜來令吾邑視
學宫圮甚而藏無羨金令諸生請于巡按御史
張公文熈檄郡守蕭公良幹發贖鍰千五百金
充費庀規摹纖鉅必躬必親而用邑丞王道行
提領徐倫主簿邵陞庀材鳩役以萬曆癸未十
二月經始明年五月立廟廟制視昔峻偉閎麗
御中第一而廟後明倫堂堂後尊經閣左右兩
廡前戟門爰及啓聖祠博士宅號房射圃鄉賢
名宦祠咸與維新復于學之前門改建文昌閣
山川靈秀總歸蘊蓄明年役始竣於是署教諭

舉人林君一煥訓導謝君思謙率其弟子請予請記予聞學猶殖也國家以是殖才士亦以自殖也脩禮耕之陳義種之講學耨之秀穎始出鹵莽之滅裂之率成蕪穢予諸生無亦體國家興學之意御史造士之心丁矦勤事之志講學脩德方駕前哲哉是舉也先後釋菜相與助成者督撫都御史蕭公廩少司馬温公純巡按御史范公鳴謙王公世揚巡鹽御史孫公旬詹公事講巡海副使馮公時雨葉公夢熊張公孫繩學憲林公偕春蘇公濬分守叅議李公一中分巡僉事周公守愚郡丞季君曆張君延熈別駕楊君莊徐君霽史君著勳節推陳君汝璧而創始落成郡守蕭公良幹之功居多矣

鄧圭文昌閣記

余邑庠首門次靈星之左堪輿家謂龍首宜昂崇其址而升爲閣非舊也巳又謂閣宜位文昌其上先事六七公率傳舍太位文昌自今錢先生始先生雅意飭新文昌直址更爲弍地祠悉捐自齋厨之費以翊所未有登先生門

者輒舉首稱善而以文昌閣委記於余余惟邑之人文至今日否極矣歌鹿鳴而駕公車者昔纍纍今寥寥矣咎不在士則在時夫時極則反否乃昌矣或者士寔有闕多遺執暇者辭乎戰必爲先可勝而後勝文必先爲可昌而後昌挾必昌之具耦方昌之會司文昌者將悲士滋顯士不難駕先輩而軼其上不即日禱於文昌如禳田者然所持者狹而所欲者奢徒爲道旁笑耳余不佞輙引大義與諸君子共勗之夫亦先生徵神籲俊之本意云先生余同年友諱胤選慈谿人齋僚蔣公霑徐州人錢公瑩烏程人並稱明師文之昌也卜之神又卜之師矣

附學田舊存二十畮三分萬曆三年脩理學宮餘銀置田五十二畮三分有奇邑人陳有年學田記餘姚學故有田贍士若增置以儲首學則當新學之後六年李侯視事之四年也而李侯先曰鄧侯寔首議議

日學所頒積地坐貲訓又俾歛會故茲屬有公
地可鬻得耕手而新厥地顧若異日何誠以所
樽縮之羸市常稔田歲儲其入以時視葺羸具
不竭學可永不敝便議既畢協無何鄧侯內
召太公得李侯乃竟成之云國家右文作士窮徼
𠂆邑聲訓旁皇有謂綦隆然而諦觀庠校即俊
國時有敝憾之嘆則何也天下之傳舍其官而
日徵於簿書久矣簿書所不亟見謂闊遠而媮
自恕第令不得已苟畢目前沾沾不啻足矣遑
久長慮哉耕有之蓋不數睹也以其不數睹也
繼者或又從而傳舍之不式於規隨之義不究
宣厥圖公家事往往職是廢學政其尤也吾姚
幸而有二侯又幸此時至不然若而舉也可與
皐皐琑琑者語哉陳有年曰學田何爲者也是
裨教之郛廓也夫古王者立教則固有文實矣
教化陵夷更數百千年大都并文與實而兩失
之者半既其文不既其實者亦半并文與實而
兩失之云論也夫亦已既其文矣而撫時挐化

迄媿於古得非文實之辨洵王者之所重邪詩於王者之所重則雖提空文以爲之郛郭而不足以造士欲舉王者之所重而蔑置其郛郭不之理則所重者將無所寄而能行士生晚近之世其亦難成也已然王教遠矣其實可考見其在身心可內循而著且察也不得謂之終湮而今之曰學曰學田云者良大夫方後先而理之士方儒冠鼓篋游且贍於其間也不得謂無郛郭可寄縣良大夫之舉以敬應國家右文之治而原本於王者之教之所重士不當如是邪吾姚故稱俊國問黨之間被服詩書斷斷如也立德倡道稱天下士者接武而出士生斯地而益交勉爲古人之學不徒以瑰文榮問相矜長是在爲之而已或亦良大夫意也余既嘉與邑士頌二侯之美又大懼士徂世教無以自振於晚近而使後之君子猥與既其文而不既其實者同類而共惜之也故於李侯之問訖而備及之貽諸來者以覽興焉鄧侯名林喬內江人李侯

名朋成蘄水人萬曆二十七年援例納監田一百八十畝夏德英盧道思錢元銘各田六十畝欺隱入官田二畝二分有奇萬曆二十八年巡撫劉公元霖發銀百兩買邵坊田一十九畝二分有奇三十年邑人駱尚志助田四十畝駱以戰功積官至京營副將尚義嚮學若此不可武人目之共新置田二百九十三畝八分有奇學山七十三畝有奇

社學　洪武八年二月奉禮部符文及御史臺劄付凡府州縣每五十家建一社學延秀才教誨軍

民子弟餘姚承　制於附治四隅及鄉之二十五都各建學一所後隅鄉諸戶各延師教其子弟而社學遂廢

義學在今治東北隅宋邑人呂次姚建詳孝義傳

書院

髙節書院在治東北客星山嚴子陵墓左宋咸淳七年沿海制置使劉黻黻字聲伯樂清人初爲太學生以丁大全得貶官至吏部尚書從二王航海死節羅浮山邑人何林請建書院及剛毅木訥四齋書院前爲夫子祠後爲夫子燕居爲義悅堂爲思賢堂而遂髙亭繇風亭髙

風閣並在書院之右高風閣者嘉定十七年紹興郡守汪綱所建慶元二年縣令施宿暨劉黻何林凡載新之元大德三年州守張德珪大新書院別建大成殿兩翼短廡殿後爲夫子祠東西爲夾室祠鄉賢至正八年州守汪文璟又大新之作儀門治大子殿而創懷仁輔義尚道者德凡四齋其事並詳汪綱劉黻虞集胡助碑記及陶安書院紀畧中而綱黻集所譔佚不存矣宋元並置學官一人曰山長領書院事生徒甚

盛其奉祀養士之費詔以係官隙地隸書院收其租入初劉黻歲括慶元府莊米二百石及畝定海縣田一百八十畝充之其後郭文煜金止善並畝新舊之田得八百畝有奇文煜畝雲柯海濱地四百十六畝汝侁湖田四十五畝並歸書院止善事未詳而土人童祥及王太君妙真亦各割產以贍祥捐田二十畝妙真所捐無成數明興罷山長書院如故洪武中有千戶劉巧住者取其廢材營三山所演武廳遂就湮廢天順成化以來監司屢行郡縣興復皆不果胡助重建高節書院

記高節書院者嚴子陵先生之祠也先生釣嚴陵嚴陵祠之矣餘姚其鄉里也而墳墓實在焉顧可反無祠乎謹按史傳先生請光會稽餘姚人少與光武同學既光武即位變姓名隱去遣使徃聘三而後至然不屈徃畊富春山卒而歸窆餘姚之陳山宋咸淳中沿海制置使劉公黻即墓下建書院祠焉表之曰高節益本范文正公記先生祠江祠堂之語國朝元貞大德以來雖吏創治逮至正間已梁傾柱朽矣三衢汪侯文璟來守餘姚既奠謁即欲徹而新之于是首捐俸以倡僚佐士民聞者爭助其費會令下權息土木故遷之越二年乃拓舊址前出數十步因其高下爲儀門夫子殿懷仁輔義尚道著德四齋榜以石級夾以峻廊重脩夫子舊殿以祀先生復義悅堂爲講會之所新清風閣以極遊覽之勝垣墉丹艧之功靡不畢備于是祠廟一新山川亦與有榮焉經始於至正六年八月五日明年七月既望落成董其役者權山長鉛山

州教授楊瑛任簿書出納之計者州司吏胡彦壽也汪侯遺書屬金華胡助曰願記之益助嘗與侯同佐史事于朝而嚴先生之節又所樂道焉者乃不以衰老荒落辭輒復之曰維先生出處太公就世莫能窺鴻飛龍臥隱然爲世道重竊嘗謂其非果於忘世者耳方王莽簒竊之際四海橫流生民塗炭三綱淪九法斁先生以名節自任力挽而恢復之此其用志成功何如邪或者乃以方諸雲臺要非知重輕者謂先生夷齊之流而同其功庶幾近之蓋夷齊不食周粟師百世而未艾先生不屈光武化東都而清風至今猶存雲臺諸人果若是巧乎其繫屬天下後世瞻仰衆矣而於鄉里尤勤勤焉宜汪侯作新其故山之祠也侯起家進士始佐此州有聞入翰苑著名會朝廷舉守令而侯寔再至焉非其尚賢敦化深於長民之道者無能爲是役也助旣爲之記又作詩使并刻諸石祀先生則歌以侑觴云其詩曰姚江泱泱兮釣遊之鄉陳山蒼

蒼兮衣冠之藏先生之風兮齊聖先生之節兮高萬乘神無不在兮水行地中潮生潮落兮道無終窮祠廟新兮肇良牧客星炳兮貫林谷春有芝兮秋有菊荐寒泉兮歌招隱之曲先生歸來兮白雲蒲山繼自今兮立儒而廉頑

陶安高節書院紀畧

高節書院奉子陵嚴先生祀在餘姚州東北十五里重山環谷巒飛嶂躍邃林豐草蒼翠眩目書院乘山腰隨地勢前低後崇葺理嚴潔門屋四楹中建大成殿兩翼短廡殿後爲子陵祠設衣冠像祠東西室列秩鄉賢祠下左右爲四齋講堂四楹居祠後漢書逸民傳稱先生會稽餘姚人耕於富春釣於嚴瀨年八十終於家今其墓在書院右蓋書院因墓而立以祀先生也登墓道上東望山凹處如吻仰張天日晴朗凹外隱隱見海矜余以職在長教奉祠欲即書院齋居訓徒士類咸謂山谷荒寂不可居時老儒趙君璋與圓智長老乘鐵舟善勸掃一室留余有沙性寺住持悦白雲者頴慧能文

章每訪余聽談易未幾浙東西學者踵至僧舍隘不能容遷姚江址官舍每朔望向晨肩輿赴書院率士子拜謁具饍而退春秋上丁前期詣祠下行事余每往書院則出郭循田間小路行十里許有石梁跨溪水溪陰有絲風亭以先生嘗釣遊焉故名循溪緣山有石砌濶三尺而脩曲過三里當路有石基方可八丈莓蘚斑斑昔人建亭摘雲山蒼蒼之歌名蒼雲亭又二里石路盡遂登山由土徑崎嶇盤折抵書院陰雨徑輒泥淖或阻潦水行者告病時新用直學潘國寶者年少好學與其二弟咸來從遊以錢五百緡脩贄余拒不受因諷其甃土徑潘生慨然出錢買石隆壞於徑而甃之下接石路上徹院門環舍茂樹尤多楊梅學產歲利供朔望丁祀教官得祿强半余始視事當癸巳九月二日所與交者前守郭彥達省掾李元中判官程邦民學正劉中可及士人仕者劉彥質鄭學可李文川楊季常暨其弟元度趙維翰宋無逸維翰君璋

子也文士則鄭元秉趙養直帥史王國臣漕史高仲實方外則四明山宫主芽石田餘所識不悉載樓鑰高風閣詩不從文叔作三公歸着羊裘大澤中石瀨釣臺非故地雲山江水自高風煙迷宿草古遺恨烟擁危樓新奏功僊馭飄飄疑不遠翩然獨鶴度寒空

怡偲書院在四明鄉宋脩職郎孫一元建别有文會之所曰爐溪文社今廢

古靈書院在治北屯山之陽有危素記今廢至正二十二年餘姚州作古靈書院成孟春上丁行釋奠禮迺航海來京屬汝南危素爲之記古靈臺者宋樞密直學士知通進銀臺司兼侍讀判尚書都省累贈少師陳公襄所居之里也其地在福之矦官而書院作於餘姚者何盖公嘗出知明州餘姚其隣境也故子孫散處燭湖之上嚮曰

大陳且百餘年矣十二世孫江浙行省左右司員外郎履常遣以王事蹈天台抵餘姚因與大陳族人源卽屯山之陽作家塾以奉先聖先師并祀公爲買田百五十餘畝以贍其費聘名師以教子弟知州董完哲溥化爲之請建書院監察覈其實遂上其事于朝惟公文章功業載在史冊天下後世所共知之亦何俟乎鋪張贊述而後振耀于耳目也公之所以得顯祀于此者其扶持名教表章經術非特立獨行自信不惑能如是乎是時學者沉溺于雕琢之文孟氏之學不傳周程之說未著所謂知天盡性相率指爲迂濶而莫之講同志陳烈周希孟鄭穆始相與倡道於海隅聞者亦咲以驚守之弗變卒從而化號爲四先生云公令僊居守杭州有勸諭之文告其民諄諄然也其在河南留意教化進縣子弟於學或讓於郡守富公弼謂其誘邑子以資過賓客勸罷學以塞謗不聽益講說不少懈富公廉得實益奇之夫善爲政者莫先於教

文翁於蜀常衮於閩稱治道者誦美之不休盖嘗號學校論列詳明於是沒世之久使後之人思其鄉往俎豆而尸祝之有以也夫昔趙文子與叔向觀乎九原曰死者如可作也吾誰與歸我則隨武子乎素於公亦然方公宰倦居我太子太保參知政事章簡公寔守台州故公所銘書具在今獲執筆以從履常之請豈偶然哉履常今居台州其至餘姚也即其族人參稽譜牒七世之上則無不同七世之下各不相聞至是久而復合又豈偶然哉贊其役者今江浙行省左右司都事謝理前湖州路儒學教授鄭大觀攝書院事前鄉貢進士紹興路高節書院山長丁誠經師進士奉議大夫定陽知州汪文璟鄉貢進士徽州路儒學教授胡世佐訓導繁昌縣儒學教諭宋元僖廬陵士龍雲從主祠十二世孫禾賓序餘姚州學正趙埭處士鄭彝是年九月丁巳通奉大夫中書參知政事同知經筵事提調四方獻言詳定使司事危素記

餘姚縣志　卷之十建置志二學校　于　畐四十五

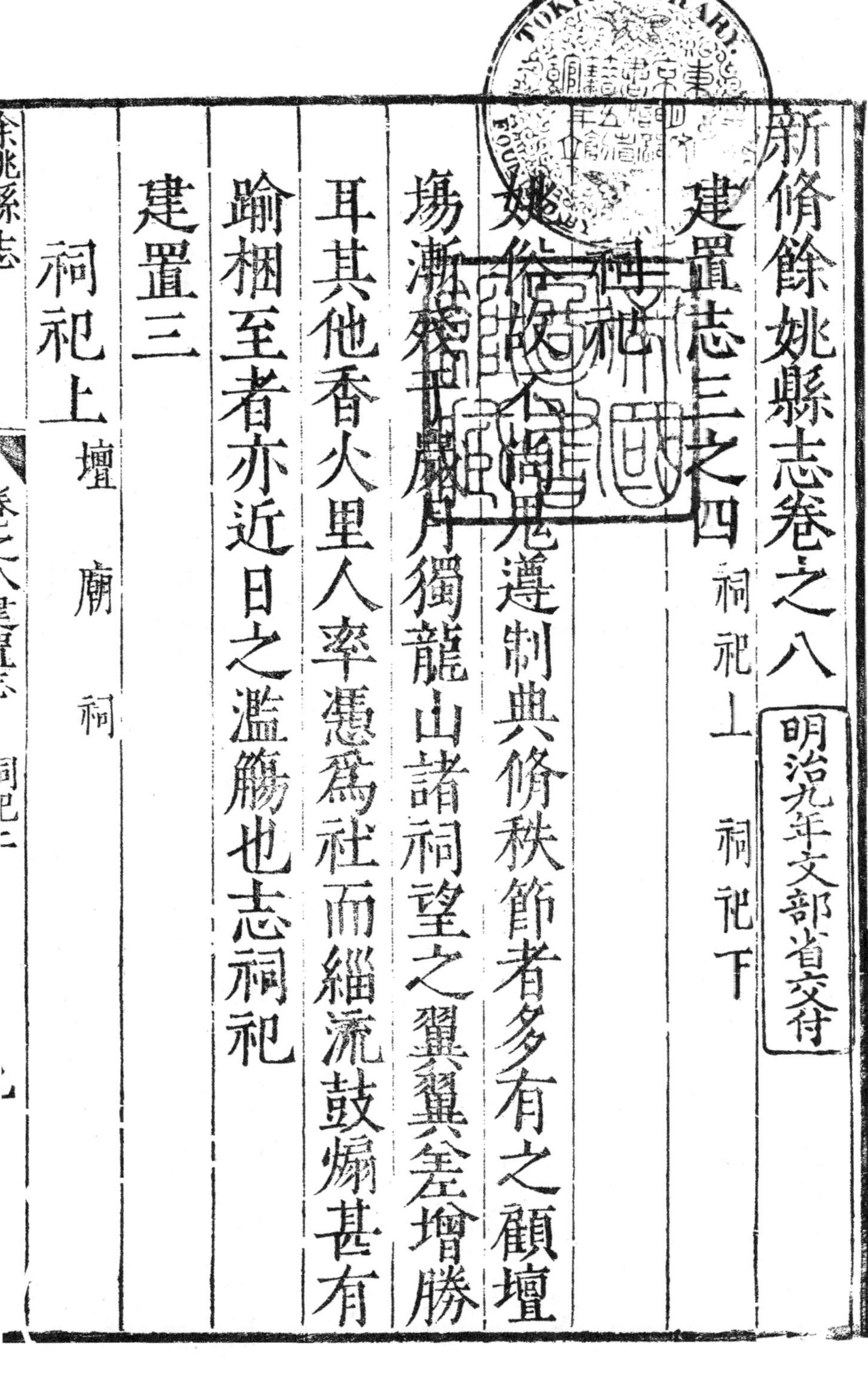

新脩餘姚縣志卷之八

建置志三之四　祠祀上　祠祀下

建置志三之四

祠祀

姚俗故不尚鬼遵制典脩秩節者多有之顧壇場漸廢千巖月獨龍山諸祠望之翼翼翼差增勝耳其他香火里人率憑爲社而緇流鼓煽甚有踰梱至者亦近日之濫觴也志祠祀

建置三

祠祀上　壇　廟　祠

壇社稷壇初在治南一里宋以後徙治西二里西石山之左　本朝洪武元年　制詔天下並祀事壇壝八年縣令陳公達承　制爲壇于治西門外一百五十步今址周圍九十七步八尺其制壇而不屋東西南北並二丈五尺高四尺四出陛各三級北向爲前前九丈五尺東西南各五丈繚以周垣四門丹油北門出入石主一長二尺五寸方一尺埋于壇南正中去壇二尺五寸下陷土中上露圓尖木神牌二丹漆青書高二尺五寸博

四寸五分厚九分趺高四寸五分博八寸五分厚四寸五分一書縣社之神一書縣稷之神壇西爲神厨爲宰牲房東爲庫房俱三間南爲齋宿房五間今竝廢左水池其祭器牲幣祝號咸具仍每里一百戶各立壇祀五土五穀之神曰里社周以土垣而不屋每春秋二社百戶內父老約一人爲會長率錢備物祈報用羊一豕一及果蔬香燭祭畢會飲宣讀誓詞其詞曰凡我同里之人各遵守禮法毋恃力凌弱違者先共制之然後經官或貧無倚贍周給其家婚姻喪葬有之隨力相助如不從衆及犯姦盜詐僞一切非爲

之人並不許入會畢以次就坐盡歡而退務在恭敬神明和睦鄉里以厚風俗顧歲久制壞嘉靖間通判葉金始尋復縣社之制石垣陛級齋舍悉循其舊置夫一人守視之今復廢

風雲雷雨山川城隍壇舊在治南一里西南隅今新城內嘉靖三十四年遷于新城南門外百步先是洪武元年　詔郡縣祀山川明年　詔有司以風雷雨師合爲一壇祭于城南六年　詔以風雲雷雨山川之神合爲一壇以祭尋以城

墬合祭之壇制崇二尺五寸方廣二丈五尺四圍各一十五丈四出陛惟午陛五級子卯酉皆三級燎壇在壇東南餘制竝如社稷壇而不用石主出入以南門神厨宰牲齋宿庫房今竝廢及水池亦皆如之祭器牲幣則加社稷一壇云

邑厲壇在治北武勝門外燭溪鄉洪武八年建壇制周圍四十七丈崇二尺四寸前出陛三級東西廣十丈一尺南北深十五丈二尺繚以周垣南爲壇門壇之南爲宰牲房爲厨房各三間今竝廢祭器品物咸具

鄉厲壇 每里各一周以土垣而不屋里中父老率錢備物與邑厲同日祭其鄉里之厲其會飲讀誓諸儀視里社 今久廢

廟城隍廟 舊在治西二百步許宋末移建治東北二十步元至正二十五年及 本朝正德七年皆新之有汪文璟嚴時泰記嘉靖十九年通判葉金於廟之東南隅建屋五楹爲齋宿之所萬曆十五年知縣周子文改建齋堂於廟後五間幷東西廡各十四間 汪文璟重修城隍廟記畧城隍廟在州東北二十步故老相傳宋淳

熙間封崇德王我朝至正二十二年加封崇德昭應王越三年九月命下而知州王侯璿來蒞是州者二年政簡而役均民安而吏肅水旱疾疫有祈于神無不輒應侯於是樂民之和感神之德而侈上之賜也乃捐俸以率其僚屬父老大脩厥廟易其朽蠹破壞而增其未備者於是門廡殿寢內外一新復於殿左搆龍祠飾觀音像以便祈請從民志也工既訖父老請記於余余嘗承乏是州當是時朝廷以六事責守令勉勵之詔日下恒懼無以稱塞上意以爲政煩而訟作使小民失職其責在巳至于水旱癘疫螟蟊之不時其責在神在巳者不敢不盡其心在神者不敢不告焉以是三年之間幸而無有災害以戕其民蓋嘗列神之功以請于朝未報也至正十九年分行樞密院都事謝侯理以分省之命總制州事留心民隱於是邊圉未寧軍旅擾攘屢禱之神輒告民賴以安連歲夏旱無不應也而雨乃幷前事以請遂有加封之命王侯

能寬易不擾以臨其民承事不怠以奉其神故廟脩而神歆其祀神悅而民受其福比於黷祭謟祀者蓋不侔矣傳曰明則有禮樂幽則有鬼神禮樂者所以治民之本也不知脩其本以治其民而區區焉飾土木陳牲牢以徼鬼神之祐是謂舍本務末非知爲政者也今王侯蒞職既乂政化既孚而後從事是廟以昭上之寵以報神之貺先率民而後致力於神其于爲政可謂得矣詩不云乎嗟爾君子無恒安息靖共是位好是正直神之聽之介爾景福故父老之請爲書其事而竊取古人賦詩之意以終其意焉廟脩于至正二十五年四月十有五日成于十二月一日

嚴時泰城隍廟贍田碑畧　正德間城隍故祠以歲久就頹邑宰張侯瓚謀新之時公帑乏羨冀得緇流之有戒行者丐施而難其人衆咸舉吳山寺僧文顯是爲日彰上人至則首出衣盂長物以倡一時施者響應不踰年而落成侯嘉之遂俾守焉初有司歲必差守祠者一人

自是罷釜矣上人既頻錫因語衆曰吾非田無以安此然不可復望之檀越終當自置耳乃以所携餘貲與其徒德錦戮力一心凡世俗治生計苟無妨于律儀者皆不鄙而爲之亡幾何果克置常稔田三十餘畝有奇計直幾二百金乃列其田之疆畔備縱上于縣請給符牒以禁將來之鬻并邑令顧侯存仁嘉嘆亟命給之復稽舊籍而免其丁役焉於是上人喜振錫詣予請記顛末

舜帝廟在治北雲柯鄉之歷山舊廟正殿重簷周廊有寢有廡有中門外門繚以周垣

詩　宋　林景熙

老斷薰弦萬壑幽三千年事水空流衮衣剝落星辰古野廟淒凉鹿豕秋孝友風微惟古井神明胄今尚荒丘九疑回首孤雲遠老眼斑斑楚竹愁

元　徐天祐詩

袗衣何意起畎漁帝治巍巍在典謨

儀鳳不來千羽遠
斷雲殘照隔蒼梧

禹廟在治西北東山舉舊多洪水立廟鎮之明楊鑑詩

省方曾説狩南州親向塗山會列侯鳳輦已無歸國夢龍顔空有下車憂萬邦黎庶安溝洫千古椒漿奠冕旒遺像豈應空谷裏田翁野蔌薦時羞

東嶽廟在大黄山宋政和四年通直郎顧復幾捨址知縣廖天覺建建炎間燬市舶使史應炎捨今址復建邑迎春於此相傳三月既望爲嶽神誕辰遠近競至燃香羅拜有自數十里外且行且拜望廟門則拜愈數入至神坐前極其虔禮

乃去

漢高帝廟在白山山形類蛇且有白蛇祀以厭之

嚴公廟在雲柯鄉之嚴公山徵士光二十三世孫唐絳州刺史某請于玄宗得立廟專祀今雲柯白雲峯平石可坐數十人有嚴公山三大字刻其上雖苔蘚侵蝕而拔拂可觀後徙祠客星山廟遂廢

關王廟舊在縣西門內洪武二十年千戶孫仁徙置龍泉山嘉靖間邑人參政管見郎中錢德洪

葉選拓而新之而德洪弟鄉賓德周董事勤慈語具廟記中今三公分祀廟側幷祀總督胡公宗憲副使許公東望知縣李公鳳周公鳴埧而德周與見弟完預焉其隨地廟祀者不具述明尚書翁大立記畧靈緒山西故有雲長關公廟江山環抱信神明所都畧歲倭奴犯姚猝爾幾陷禱于公廟卒以卻賊於是當路暨邑父老議恢廟制而鄉先生大參管公見比部錢公德洪水部葉公選自祖父來嚴事公者錢遣弟冠帶鄉賓德周管遣弟侯門教讀完董其役葉則捐負郭田若干畝爲士庶倡經始嘉靖丙辰六月積二十四年規制始閎姚人見倭奴殲遁既如彼管氏錢氏葉氏奕世甲科又如此僉曰神所陰佑率以五月十三日走廟下胙鬱精禋冠蓋塞塗鼓樂震川谷知府葉逢春記吾姚故有關祀甚顯民輒有所祈輒應如響然稍圮隘會有欲毀之

者神即立報以育禍於是先君後阜府君同石峯管公緒山錢公後創新其廟貌先君前後計所助計三百餘金益所捐獨羸矣初大王父友菴府君夜忽夢神云歲無齋主若能主吾齋吾令昔後昌比覺驚異晨起即摳衣往廟所試守者如所夢即齋歲以爲常先君憶神往昔效殫慮奉持不惜喜捨以隆神祠輒當神誕期則先君輒雞鳴具衣冠携家長幼具齋肅拜盡噈始返朔望必謁祠虔如也先君居常語小子輩曰雲長爲漢之心人覩如皎日至扶漢之功則未人莫之白也夫當威震華夏時即以操之用兵如神者亦擬遷都以避焉此其勇略與淮陰定秦下齊張設相伯仲當是時三國一時號稱名將者豈少乎而能若震疊赫鑠希其萬一邪特有幸不幸耳夫淮陰以敵不用左車計而成神以敵聽間吳計而敗然即以孔明之智而不及爲謀豈非天乎世以成敗論人遂以寡謀病之則左矣假令吳不乗間則公且夕指揮中原恢

復舊業力不與淮陰埒哉若其品則又神龍效兔之相雲壤矣此神之功至今未白也或問曰神之神歷數千年而愈顯諸神莫與侶則曷故余應之曰世言剛直爲神仲尼云吾未見剛者謂人之生直神生平大節獨秉天地本來之精故神若此而他未之逮也又曰神與聖異乎余應之曰剛而不廻直而無曲爲神剛而能齊直而能委爲聖故聖之教不磨而神之靈不磨其神之謂哉其神之謂哉員外駱用卿詩漢室山河已夕曛挽戈仗有武安君心懸蜀道青霄日氣射荆門碧海雲鼙鼓夢魂驚百戰鼎鐺形勢惜三分夜深猶秉春秋燭讀到天王不忍聞

張僊廟在南湫

緒山廟舊在龍泉山

宋李淶記畧有祝史黃廷獻來告曰餘姚縣緒山祠祀典於東晉咸康暨本朝崇寧間徽廟一夕夢禁中火有神人撲滅已而致恭曰臣越之餘姚緒山

神也黎明有司不謹燃及內庭得暴雨乃已上
驚異有旨下本道搜求靈跡宛然邑上其事勑
加咸康應夢之號宣和方臘之亂二浙擾動綠
林數千起剡中推效鄰將及境人情洶洶有異
雲截道若不可進衆覩雲中鬼神兵幟可駭皆
褫魄遁去至是安堵乾道三年玉牒趙彥仁緯
與邑耆艾有事祠下視棟宇歲久而像設湮闇
風雨鳥鼠之所穿漏相顧太息發心裒貲爲倡
俾和者成之凡錢貨工財之委應期皆至裒於
春成於夏功不勞而廟貌一新嘉其始於克成
卒相有休光於巖邑之鎮每事必禱頻歲以來
陰霽時若疵癘潛伏生物豐厚而民獲奠居也
自東晉至於本朝歷千百餘禩神之靈既在天
陰覆而顯相者可謂盛矣余嘗祈請屢獲響報
望乎鬱蒼之休嵽嵲之居鞭霆駕雨神職是柄
疇所寅奉罔敢弗從是用揭其威德曜於金石
採諸謠諺語綴成頌歌使巫覡脩祀之次婆娑按
節以歌之則神之休光民之歸鄉盡善盡美承

永無窮其可誣也歌曰山迷茫兮日曛木滃藹兮奔雲牲鮮肥兮酒齊奉玄醒兮靈君【初獻】歲有秋兮多穰物茂遂兮時康民何報兮嘉惠薦時羞兮芬薌【亞獻】坎侯作兮嚶嚶靈宴娛兮將與鳥鳶下兮人散月晶晶兮中庭【終獻】後廢今復建於西門月城內竝玄武祠邑人知縣孫繼有題曰緒山新廟云

【保慶寧邦王廟】在今南門橋之左舊在江南之東宋紹興間知縣陳時舉以今廟所多火乃徙廟厭之廟祀孔大夫莫詳其何據隋大業中有陳杲仁稱將曰孔大夫討東陽賊婁世幹降之唐光化中吳越王上其事累封寧邦保慶王塑其

人耶

傳雷瑞應王廟在雙鴈鄉晉咸寧間建舊在大小雷山溪流漂之徙于今所旁有木特大葉繁具數種人莫能名有竅穴容數人旁有小竅龍神居之熙寧間歲旱知縣林迪具酒與祀對酌禱之有虵見木杪甘澍隨至後歲旱輒禱虵輒見即雨邑人請賜廟額曰孚應

元脩廟記畧至正六年夏五月不雨土田暵乾農夫告病餘姚守汪侯艮良與其監州帖侯士溫同知海君朝宗李君誠齋判官張君彥恭楊君嗣宗以及官屬議於庭曰吾守茲土時值歲旱民用愁苦其咎在吏我不可不爲

民請按州志四明之山有北麓於州爲南山其山曰大雷小雷其神曰南雷之神起晉咸康間得祠祀南有大樹幾百圍空中可容數十人下滙爲徼泉泠然居人或見異蛇緣上天必雨謂爲龍云凡民有災沴妖孽旱蝗水潦之菑禱之無不應宋宣和間群盜方臘寇縣縣民號于神賊且至每蜂檄野賊懼而遁神數爲民禦捍災患連著顯賁宋嘉定初勅賜廟額曰孚應寔爲大神五月丁亥率官屬畢出請禱還及州而雨終日民猶以爲未足丙申守自往禱屏車却蓋叩頭自稱無狀願爲民請祠人爲丁曰神嘉守意令雨且大至是日天無雲赤日赫然頃之雷雨作雨三日而後止既蹇污邪皆生美禾是歲爲有年民甚德守乃曰非守之仁不能以動神非神之明不能以致雨令祠撓弗葺何名報神我將脩樹祠廟刻石於門以昭神功且以彰守之仁衆皆曰然訖成因屬余記余曰夫守任之重也上以事鬼神下以保民事神者不責保民

者不㬥不㬥仁也不瀆敬也敬且仁以禱于神神下報之不終日天遠仁乎哉天遠仁乎哉故余用民之請辭以銘其麗牲之石使覗無極銘曰餘句中間四明最大維址有麓靈如雲會其山雷山其神南雷珍木青偉樹羽翠旗龍來虵蜒雲符雨徵秀含靈嶽陰覆青櫺僊闕敞日雄峯造天躋房蕊茵碧樓嬋媛神君來俟霓裳翩駕夾其雨驂鸞雲上下徒御控搏雨在其橐玉虎流珍滿盈交作雨我百穀薦歲屢豐於皇加錫下報龍工姚有仁侯巫爲民請事神有恪操澤之柄旒行大用美稼如雲首荐粢盛惟以報神

西石頭廟在西石山

永澤廟在今儒學之傍元州判官葉恒築隄捍海民思其功請于朝廟祀之詳在王至廟記至

本朝廟廢謝文正公遷議復之嘗徵費于官而事輒中罷後鄉人私祀恒於開原鄉之龍王堂焉

王至永澤廟記畧至正廿有七年詔封故餘姚州判官葉恒爲仁功侯賜廟額爲永澤侯餘姚字敬常四明人以國子高第釋褐官餘姚餘姚北際大海當潮水之衝齧者六十里有司役其民楗龍竹木而築土石以爲隄風濤不可測或始成而即壞壞則内移以爲隄歲或三四焉民之力日益罷財日益耗而瀕海之地日益削矣侯至治視隄乃曰欲去此患非石隄不可然爲費固鉅但併其數爲土隄之費則石隄可成矣於是請計田出粟擇人以司之而侯則往來相度苦心勞力而督治之越三年爲至元改元之歲而隄始成嘗具其事請國子監丞陳公旅爲之記以刻諸石矣是後侯入官翰林轉職太學卒于鹽城縣令則去州已十年州民皆欲建廟

祀矣而未有卒其事者又越十有五年而浙江分樞密院經歷鄭公珩以分省命來督州事民以廟事告公公遂白諸分省而率其民即州學之傍建屋四楹以祀侯又合民之詞以請于朝故有廟額之命命下則鄭公已去州太守李公樞乃屬州人王至記其事繫以詩曰海於兩間爲物最鉅洪濤奔衝上不能禦倚嗟葉侯官此海陬禦海以石紓民之憂維此弘功曠古未有侯當廟食百世非乂心乎斯民繼有其人民爲報功廟食是勤煌煌封侯奕奕廟額昭我民情自天寵錫民之報侯垂厥子孫斯廟斯祀與隄永存〔元柳貫詩〕范公桑子初成岸坡老湯村自課備爭地誰能驅海若抱薪吾欲訊河宗請求水利收遺策計較民功得上庸屨製區區凌霧雨鞠藭酒熟記頻供〔蔣景武詩〕葉君海上築長隄盡遣湖波作稻畦越嶠天低橫螮蝀謝塘水落走鯨鯢已無漁子垂鈎郤有農人太公把犂歲歲叢祠拜公像秪應遺愛在群黎

余嘗讀海隄集三復之每太息泣下吾姚十五鄉瀕于海者大半自元季至于今瀕海之民得安粒食而不爲魚鱉者皆葉判官作隄之功封侯血食宜百世祀僅僅百有餘年而廟夷其跡豈人情典禮矣哉有司者舉文正之議檢在官之費擇善地建之祠歼謝施二令祀之導民成禮勸功焉三物備矣出舊志

助海廟在治西北二百三十步莫詳其爲何人世傳其有功海上故祀之

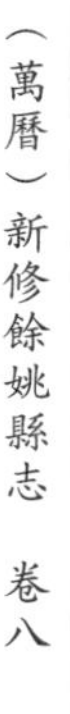

延順忠祐靈濟昭烈王廟在舊緒山廟下宋慶曆四年建今廢

虞翻廟在治西南鳳亭鄉之石龜翻事在人物傳

謝安廟在治西北之東山安嘗棲遲于此後人立廟祀之與上虞東山之祠並稱云

蕭帝廟在竹山

梁武帝廟在上林鄉俱不知始何時

勝歸山廟祀晉劉牢之在勝歸山詳具山川志

越國公廟在四明山公氏汪名華唐乾符間翰林

學士汪亮建以祀之今嘉靖十九年裔孫惇與
其第克章復新之

于將廟在治山鄉

石孝子廟在四明鄉孝子名明三事在本傳元後
至元中建今嘉靖十九年秋浙江提學副使張
鏊行縣脩之

名宦祠在文廟戟門之右嘉靖十四年知縣顧
存仁始建祀吳縣令朱然而下共二十一人

鄉賢祠在名宦祠後正德二年知縣顧綸重建

祀漢徵士嚴光而下共七十三人

按舊志曰吾邑之所祀事於前賢則多遺於近日則已濫躋所遺而汰所濫焉益有待云噫今之濫者殆甚矣

嚴子陵祠唐時在治東北之嚴公山曰嚴公廟後以子陵墓在客星山乃徙祠于墓右靈墕塔院之廡廊宋嘉定十七年紹興郡守汪綱復徙于汝堂之左咸淳七年沿海制置使劉黻邑人何林即墓左建高節書院大營其祠仍請于朝置

山長一人領祠事元因之知州張德珪汪文璟劉輝郭文煜相繼新飭其祠殿亭齋舍甲於州縣之學宫入　國朝祠反不治詳在書院記中弘治中浙江參政周木稍爲立祠于龍泉山顛以便瞻謁正德八年紹興府同知屈銓新之嘉靖三年知縣丘養浩徙于千佛閣左有堂有寢有門有翼室有司春秋祭而客星之祠則自嘉靖以來更巡按御史唐鳳儀提學副使黃芳汪文盛紹興知府南大吉湯紹恩通判葉金推官

李逢知縣丘養浩楚書顧存仁皆决意興[illegible]
各遷代未就

趙考古祠在江南新城内舊建初寺址嘉靖中知
府湯紹恩建祀瓊山教諭趙謙有司春秋祭

忠襄祠在治東汪姥橋之東五十步即舊天妃宮
址爲之祀忠襄毛公吉有司春秋祭倪宗正忠襄毛公祠
堂碑記廣東按察司副使贈按察使毛公弘治
辛亥年　朝廷贈謚忠襄鄉邦像以祀之正德
甲戌年開州劉君守達來尹我邑崇敬忠節奬
勵風化首問公祠秉虔謁奠顧瞻左右尚缺貞
石慨夫過玆祠者欽仰之餘曷由考識于是斷
石爲碑命宗正秉筆以記宗正惟公忠節一時

名公有傳有狀有銘有表耀鈎耳目不可掩覆
兹承劉君命掇而言曰公名吉字宗吉自幼負
氣節舉進士授刑部廣東司主事嚴明廉鯁訊
因多立驗錦衣官校逮至者一懲以法不少假
借爲所銜中其毒幾死尋陞廣東按察司僉事
分巡潮惠二府時劇盜擾陷作亂公預謀制勝
連破龍歸寶龍石坑三峒功奏未報廣西蠻賊
滋蔓高雷廉三府尤苦之衆推公往治道路梗
塞村落爲墟數百里無人煙公纜轡四顧惻然
不忍王恩覆冒之地置諸異域抵部禁誅求解
煩苛出民於豺狼之吻至雷州報賊刼大體村
察知康海縣知縣王麒忠勇可任偕往擊賊敗
走之自是部內稍寧條上方畧上嘉嘆陞
本司副使降勅獎諭委總一方重務公感激
思報惠州河源縣告急即無程進兵救之舖前
又敗之長峰逕口賊遁至清源縣守將遇之戰
北公亟進援之賊見其旗幟呼曰毛家軍至矣
遂奔踰月新會縣告急公提兵至火燈頰擒斬

衆勝追下雷岫山夜號令諸將比明擊之賊乘勢走山上我師從勝突入其營陣亂賊乘之刺殺前驅者百户石哨圍指揮師遂潰公獨勒馬大呼曰劉住劉住潰已不可遏從騎勸公退避公叱曰爾太誓不與賊俱生益奮而前揮刀斫賊力屈被害時成化元年三月一日也是日晝晦烈風雷雨山谷振動七日得屍貌如生舁歸官[illegible]之民吊哭相屬時從車餘犒軍銀或密付公[illegible]隱爲歸資舁日公降於童妻悉索以歸夏[illegible]長曰吾平生王潔肯含垢入地哉闔署駭觀謂其斃無易節事聞贈嘉議大夫本司按察使錄其子科令山東按察司副使爲國子生公以儒起家勇冠三軍將略天授所至成功一挫身死而僨功不就後人遂不竒其功而竒其死也考公未死以前其所爲嫉邪惡摧權貴磊磊落落固足以見其忠節之實行既其死也其英爽之耿耿者爲風雨雷霆不忍以私汚尤不能掩其忠節之寔心然則公其始終皎皎者豈特以

一死爲肯哉廣東人被公之德者祠之水旱疾疫禱之輒應感神之況茲鄉公之所生其山川公英靈所由萃也人之神之也宜哉歌曰龍山龍嵸兮邦人仰止厥潤攸長兮姚江之水挺生公傑兮秉直如矢仗節而死兮爲雷霆風雨有赫其靈兮淮禍善祉護持鄉邦兮佐尹之理

忠烈祠 在龍泉山即舊千佛閣址爲之祀忠烈孫公燧有司春秋祭

黃芳忠烈孫公祠堂碑 皇明正德巳卯六月十有四日寧庶人宸濠反都御史孫公死之越明年今上嗣大統 詔贈公禮部尚書 謚忠烈卹典備至即死所建祠曰旌忠衆心未厭知縣丘養浩請于當道曰昔我 神祖肇造區宇首襃忠節以風勵天下 睿謀宏矣孫公死王事大忠也 明詔又首及之大德也夫名德祀於其鄉自古爲訓唐二顏張許以降鄉有專祀所以廣勸也餘姚公生息地而祠闕焉甚無以妥[illegible]

靈否明覞敢請僉曰諾乃即龍泉山顛刱之額曰忠烈嶺南黄芳稽其寔曰公諱燧字德成别號一川居士先世冨春人十七世祖岳後唐明宗時爲三司使招討將軍卒葬餘姚子孫家焉十世祖應時登淳熙巳未進士倡道學於東南晦庵以遠紹伊洛稱之卒從祀姚庠世以儒顯公由邑庠生弘治壬子魁浙江登癸丑毛澄榜進士授刑部主事累官至河南右布政擢都御史巡撫江西惟茲七擴江上游襟帶鄱輔實惟東南奧區邇者政俗刓弊寇攘頻作逆濠乘間匿逋畜奸睥睨神器斂怨聚賄以結禁近竊權寵而摭毒以張其勢藩臬以正自持者斥逐相踵民茲困憊公既蒞事若負重履危惴惴不遑寧居曰殫我力焉爾餘非所計也迺清政理飭戎備戢梜邏之横弭商船之害申郡邑科擾之禁疏陶冶供上之節戒獄訟刻核不斷之論嚴豪猾盤互無忌之誅於是乎卹孤窮均正賦抑浮費奬廉節稽盈朒實帑藏撤鹺利以廣用簡

卒徒以禦寇脩堤渠以備旱潦時斂貸以賑凶荒博咨詢以達微周巡歷以遍俗又謂非設險無以制變若建昌之安義弋陽之橫峯皆阻而僻盜所憑也則縣之控之進賢南康近而要喉舌地也則皆城之九江扼下流則建議重兵備之權而饒州勢連畿輔議裁兵備則疏留之體

國宣猷靡有遺力及權璫繼鎮江西與逆濠相倚爲奸利加之災沴民胥失業濱湖數郡盜發迭發公雖戡戢稍定而遺孽依憑大爲竄其林墓每兵集計定瞥然無跡偵卒主帥秘目憚之莫敢窮逮時

駕幸西北　口遠公累疏竟遏不報憂悴成疾

會逆濠迹露

朝敕大臣按之濠懼遂反矯詔

主上協衆同亂公面折之濠怒將殺公公與副使許逵奮罵不屈並遇害合省遠近封守牧圉之臣暨民悲號震動環戟而待命巡撫南贛都御史王守仁舉義師於吉安一呼而集者數萬遂入會城宸反亙旬日之間元慝就檻累年稔毒曾不得一逞而成逆

雖
天威烈烈將士用命所致而公慮深備預臨難義烈之氣足以鼓動亦不可誣也噫君臣義通天地後世世義不明學者迷謬於社稷與君輕重之說謂盜賊爲湯武者亦多矣公華守死昭揭大義於名教良有助哉故生也以濟時死也以名節賊之死公乃自促其死也公立志期追古人勤於學不倦於教存仁而動直秉廉而用明借陰如陶侃陰騭如定國故所至士民交戴焉子三堪堣陞皆庠生行素足以成立公初遇害堪間關徒跣從義兵赴難平賊乃改斂公啓柩體魄如生歸葬慈谿龍山之麓仍彙公事行死難曲折覈而詳可謂能子也已祠祀縱若干橫若干門堂各三楹東西廡各五楹經營皆養浩請公帑鳩工市材成之芳敬撮要署勒碑祠下繫之以詩曰於皇我明垂祚罔極曰惟俊良後先贊翼公握奇瑰休聞懋馳才不虛生匡時是資睠茲南土引吳控楚治久蠱滋未殤撐柱孽宗秉釁稔奸哀宄分布螢騰侁我虞

蜮黷貨宣驕豨獒無厭潛構孽倖蔑視彝憲公
膺簡命撫循在茲豺虎爲侶集木其危娴茲
冦戎彌漫山藪依憑鬼蜮跳踉噭吼荐以林濛
重罹厥菑魚驚我民亦孔之哀公赫斯怒整飭
鞠旅鷹飛雷奮芟剃就緒惟是 國命用民弓
依八政食貨終之以師乃勅官守各貞爾度乃
實而儲乃清而伍城是要害益堅乃封擐甲環
齎如羆如熊彼頑匪茹蚍蜉撼樹構賊佳兵逆
亂孰與公憤皆裂正言折之白刃交臨萬死不
回公死其所綱常是繫不煩誓盟義旅騰沸元
兇失圖魚鳥橫逸兩旬幾何漸盡煙熄忠誠所
激億兆同歸惟公[illegible]許死有餘休 帝曰嘉
哉 恩寵誕施昭示有祠貤贈廕謚惟茲龍泉
游息所安廟像載[illegible]式弘厥觀崇嚴臨流俯覽
城邑攜詞勒銘垂示千億 祠右別爲三孝祠祀公三子都督
堪尚寶卿墀尚書[illegible]陞

謝文正祠在龍泉山祀文正謝公遷有司春秋祭

前有褒忠祠祀公玄孫名[illegible]太僕寺丞志望

海日祠在新建祠東祀文成公父尚書王華

新建伯祠在龍泉山祀新建伯王公守仁有司春秋祭近以門人徐愛錢德洪配享

求賴祠在龍泉山祀文安呂公本今司春秋祭侍郎

孫鑛遠覽樓詩　假館容身暫登樓縱目徧亂山秋染露遠水曉迷烟咫尺囂塵避尋常懶性便經旬忘盥櫛隨意友陳編　又　轉信治堪隱方知病得閒藤床從坐臥石磴緩躋攀徧水燈仍出依林鳥盡還禪宮昏色後偃枕潇秋山　又　曉起披衣立當窻小艇三停棹依近岸接綢鑒澄潭

迹豈揚波似心應食力廿此時名利客徒覺羨
魚甦〔又〕壯色城雙峙奔流江九迴開闔接地起
舸艦逐潮來爽氣三秋勝雄觀百里開可憐枯
旱後田野半蒿萊〔又〕據勝山皆拱憑高岸不妨
雨稀深草淺霜後碧梧黃愚事千無得安身寸
有長蕙江秋可泛何必羨蕭湘〔樓在祠左可眺

南山

三錫祠在龍泉山祀總督胡公宗憲宗憲嘗爲餘姚知縣祠在總督時建

貞烈祠在新城内石嵬橋西祀通判姜榮妾竇氏事見列女志〔明倪宗正竇烈婦碑記〕竇烈婦燕人我邑姜仁甫妾也姜判江西瑞州郡正德辛未夏華林賊攻破郡治虜竇以行時姜署印賊至授竇而出以禦賊竇藏印於盜

被虜至中途覬有盛姓者父子在虜語賊盡遣其父報諸官以贖我賊如其言寄語盛以印所在達于姜至花塢鄉紿賊曰我渴欲飲諸井遂投以死賊駭而去公事聞　廷議於時死節婦女所在官司立石旌善亭以記姓氏大尹劉公應徵嘉賓之烈奉行惟謹君子曰女婦罹變以一死潔身其於女婦之道完矣如賓知郡印爲夫生死受天寄不敢忽於一死潔身之際從容保護以還所寄可謂忠於所事者矣嗚呼賢哉

新脩餘姚縣志卷之八終

新脩餘姚縣志卷之九

建置志四

祠祀下　寺　院　庵　觀　宮　殿

寺

龍泉寺　在龍泉山晉咸康二年建唐會昌五年廢大中五年重建咸通二年賜今額宋建炎間燬高宗南狩幸龍山賜金重建元至元十三年燬元貞改元重建有彌陀閣千佛閣蟠龍閣羅漢院上方寺中天院東禪院西禪院鎮國院喚僊亭更好亭龍泉亭　自山麓至絕頂殿閣儼然

背山面水爲一邑佳處寺額三字作歐陽率更體或云即歐書未知然否虞世南王安石輩皆棲遲於此宋天子幸之今漸蕪廢所存者惟山門大雄殿中天院而已大雄殿爲習儀之所殿後近構碧霞行宫

唐虞世南碑 昔軒轅之臺表於大荒之野靈光之殿存乎曲阜之鄉然皆起滅不停苦空無我遺風餘跡尚或可觀況乎佛刹淨居金剎福地百靈之所扶持宜其踰億刼以永存歷三災而彌固者也龍泉寺者晉咸康二年縣民王陽及虞弘實等之所建立二人以宿植之良因脩未來之勝果爰舍淨財興斯福事雖宏壯未極而嚴淨有餘其地勢則憑峻嶺以爲墉縈長江其其如帶乃於形勝之所式建方墳背巘面流亭然孤立譬[illegible]

峰之望坳滓若圓嶠之汎滄溟蔞真之致莫與爲儔道場之建于茲二百年矣值梁室版蕩大盜潛移四海沸騰九夷交亂其壯騎之所憑陵戎馬之所轔轢燎原雉草邑無噍遺玉堂金穴餘構莫存甲第高門尺椽皆盡淛河之左尤鍾其弊于時禹川殷阜轝袂成帷雲棟風檽雕甍綺閣皆夷漫滌蕩萬不一存潤屋爲墟暴骸如莽家靡餘爨路無行跡唯此伽藍巋然不動清梵夜響和鈴旦揚行人宴嘿風塵無警或有履鋒介士彎弧劍客莫不釋戈免胄望崖頂禮豈非慈悲幽贊功德名符能伏熏戎善和慾斂斯固三寶之力不可思議但自剏立以來多歷年所時經理亂道或汙隆冬室夏堂亟多頹毀禪思或擾分衛罕周乃有清信士女咸撒布帛隨時喜捨步影捷槌資待無闕有仁慈焉有淨衆焉籍四部之護持起十方之回向低頭合掌並趣菩提彈指散花皆成妙道然佛法難逢人身易失傳火交謝念念不留闃水成川滔滔莫返

寧可宴安巢幕甘寢積薪沉溺蓋纏不求解脫
實宜共出愛網同護法城脩語不捐至誠必感
大悲汲引義非虛設庶憑願力俱證道場是用
鏤之金石咸題姓氏貽諸不朽乃作銘云正教
既隱像法斯備鹿苑祇林香城金地鳥跂連屬
雞飛相次像設閒安斯爲佛事乃建靈塔儀江
之沭竦宇既脩彫龕斯整負巖面壑棲雲倒景
滄爾智留嶷焉仁靖方丈淨室四柱寶臺運遷
時謝日往月來桂棟或朽蘭橑將摧珠幡掩色
寶網凝埃篤以清信共弘利益或捨衣裘或傾
粟帛造新葺故呈材獻石地擬金繩供同香積
世諦虛假色相非真棲托毒樹廻還苦輪惟我
淨域出要良津勝業可久暉光日新維大周天
授三載壬辰八月壬午虞南撰布衣董尋書嘉
泰志云世南止曰南蓋避太宗諱古禮卒哭乃
諱世南卒於太宗時未嘗單名南此碑蓋書者
追去之也紀元中天地日月字從武氏所製字
紹興更建碑刻字俱從舊獨篆額不存用進上

虞時憲筆實永興公之裔云唐孟浩然疾愈過龍泉寺呈易業二上人詩停午聞山鍾起行散愁寂尋林採芝去谷轉松蘿密旁見精舍開長廊飯僧畢石渠流雪水金子曜霜橋竹房思舊遊過憩終永日入洞窺石髓傍崖採蜂蜜日暝辭遠公虎溪相送出方干詩牛斗正齊群木末鳥行橫截衆山腰路盤砌下燕穿竹井在巖頭亦統潮海岸四更看日出石房三月任花燒未能割得繁華去難向此中甘寂寥施肩吾贈龍泉洞塵上人詩八十山僧眼未昏獨尋流水到窮源自然共得龍神語擬作茅菴住洞門僧圓丘寄自雲師詩自從相約問寒溫吟得詩成欲共論山犬自驚行客過幾迴風雨誤開門又占得荒畦半畝餘一犂春雨自耕鋤偶然吟得梅花句旋折松枝就地書元黃溍贈詞上人詩舜江東下蟻官船幾聽潮聲往復還老去未知重刋日夢中誰識舊遊山秋風飛錫來天外滄海遺珠出世間爲問兒童强健否龍門高絕許誰

攀〔明倪宗正登翠微房詩〕雙鬢凌風亂雪遶白雲深處覓丹梯路經絶巘長松立門掩寒山翠竹低古洞天遥環珮杳清江日落鳳凰棲山僧報我梅花嘯相引壺觴過彌西〔徐渶詩〕龍山播踞幾千年半屬豪家半屬禪再過千年能有幾肯留一榻與僧眠〔又〕青山無主仗誰賒願得覓閒要種茶來此題詩便煎吃到頭依舊與僧家

護聖廣濟禪寺 在西門外燭溪鄉泰定二年建至正二十年毀尋復之今正德二年燬嘉靖四年僧文剛重建〔元曇噩廣濟寺記畧〕佛眼禪師無門開公以要宗的旨鑪鍾一世天下學者風趨景從所至輒屨蒲華雨士大夫或解帶以謝鈍機留衣以志別思天子御便殿聽所舉唱其道德聲聞如此噫偉矣時復齋九生吳承相潛以制置治四明欽渴尤甚亟走疏邀

之衆讙擁以行舳艫啣尾下次舜江舜江之人道涌道安道寶華方居士服習若行鄮州西二里所繕廬杔居井飲以待遊衲檀越道昌王氏捨地就出資力以贊實寶祐丙辰也明年丁巳鄉貴人趙汝漻趙若琇請于朝錫額廣濟而庵焉己未公過之爲説偈定緒住持日茂師之狀曰寺蓋成於道安師而備于茂也地址袤亢垣宇完壯謹香燈時鼓鐘至元甲申道安師始謁枯海源師薙染蓋公大弟子也廢幾得其循序云道安傳道正道正傳如悟敬益淨澄閼四傳而被帝師璽書爲寺額加護聖二字皆公存仁過化之妙萬世之原不忘所自也哉明山人楊珂詩安禪久臥松間榻訪舊還携月下琴人向寂寥參秋易感病兼消渴暑難禁風生梵宇鈴聲入花落香臺露氣深澹泊賴公真性在曇摩想得會渠心近復遷西石山後故址今爲呂太傅衆樂園云

九功教寺在燭溪鄉齊建元中越州刺史榮頴捨宅僧真法師建號休光寺法師有行業唐會昌間廢大中十二年重建周顯德五年吴越武肅王改今額宋宣和二年睦寇犯境火之尋建

廣安教寺在蘭風鄉唐乾寧三年建號報恩寺尋廢漢乾祐二年重建大中祥符元年改賜今額

白雲教寺在四明鄉樓扶圓通殿記畧余在南湖聞姚江之慈聖有世奇者出儒門作殊勝事幽窈而深號泉石嘉處唐闕中高僧獻雲披荆而廬講餘白雲時時入户晋開運間錫是名四山豐茂居民因藉以聚國初義隆又宏茲賁治平二年賜今額嘉定十三年不

戕于火獨法堂及所奉大士像僅存後風雨飄颻堂圮而大士像一架儼然異哉僉議建寶殿十載弗成竒自諸方回慨然作而新之端平三年孟秋告成髙深皆十尋廣七尋瑞相端嚴諸天拱護金碧照爛入如化城塑三佛以爲過去見在未來種子觀音讚嘆歎所未有予雖未登斯山識斯人特知其曾參野雲持身玊雪不肯出世而能作出世間事决知其以財爲法以法爲財運平等慈者也淳祐四年仲冬記

宋王商翁詩幽人何處住古寺白雲髙問路不知遠到山方覺勞半窓看竹石一枕聽松濤我亦清幽者烹茶讀楚騷

樂安教寺在雲樓鄉之樂安湖晉天福六年建號保安院宋大中祥符元年改賜寶積院　國朝洪武三十四年重建

普濟教寺在上林湖山之西麓俗稱西山寺山勢廻抱地師多奇之以爲可亞四明之天童唐大中元年普光浤師建號上林院宋祥符元年改賜普濟院宋陳堯咨詩山遠峯峯碧岑踈葉葉紅凭欄對僧語如在畫圖中明林黼詩每憶蟠龍山上寺白雲深處布袍行長松萬個似人立秋水一湖如鏡平抱子黃猿垂澗飲哺雛蒼隼護巢鳴十年故舊惟公在林下相逢眼倍明

普明教寺在雲柯鄉之從山　本朝洪武間改今額元黃溍記餘姚江支流由州署之西磬折北出二十里所水踰堰而入復支爲兩又北行五里所有山隆然突起兩水間按郡志是曰松山或曰是蓋名從山從山者言衆峯離立水外

東西拱揖其勢如相從山之南麓普明寺在焉僧法炬爲予言山之未有寺也里人陳氏居之有以身爲僧而以家爲寺者是爲文通法師山之礽祖也寺建於唐天祐號報恩逮宋祥符乃錫今額而俾以甲乙次相授黄牒故在可考歲寖遠而繕治弗繼華榱文甍或委爲土梗吾徒懼焉相與殫晝夜之勤日綴而月緝迄今餘二十稔未始資毫末之助於人而什者葺缺者完像座華旛鼓鐘食飲之物纖悉必具凡爲三門而斵石爲楹以棲扁牓於其外者炬之父彝若深及安也爲堂以禮六時者安及炬若觀也爲輪藏寶經其上而屋其中者炬父子也惟吾浮圖氏廟塔在人間廢興相尋如漚起電滅茲山之香火燈灶閱幾成壞而不與劫俱化蓋吾祖之蒙被其胄胤者深且厚也然其言行於僧經佛史一無所登載所度五弟子亦莫之有聞焉獨近代夢菴華禪師爲山陰陸公游方外交又卒隱不耀願有述俾後之人知吾徒所憑藉爲

久遠者皆前人之遺體而吾祖尚託以弗泯也頃予始至其處見其池深而木寒甓摘戶牖隳顯煙際意以爲此僊聖之宅必有化佛靈僧寓跡其間而炬言如此飛鴻印雪爪趾宛然固無俟予擬諸形容也姑叙興復之槩使刻焉

廣教教寺在東山鄉晉天福六年建匡白太師得五石佛於土中奏請賜號瑞明宋大中祥符元年改今額

超果教寺在鳳亭鄉相傳爲郄愔之宅唐天祐元年建號越安院宋治平三年改賜今額嘉靖間呂氏佃之別立半楹于莫湖畔置其佛像

積慶教寺在燭溪湖之梅梁山宋史巖之功德院也清流當門景物頗幽勝寺前石碑宋理宗御書積慶教寺四大字鈐以玉璽上又作行書賜之今殿宇已廢惟正殿在僧房別在溪邊而山十餘頃田三百餘畝僧猶享其利御書碑今折爲兩段半埋草中

巖之碑銘曰惟南大嶽有師思大傳智者師捷得三昧妙灋云何比象蓮華圓頂深入真淨不瑕燕于姚江象教流溢凝對鷲山西遊龍藏聚以成佛合掌入聖一念玄關十方圓境相維燭湖巖壑分秀赤城在東天姥殿右竟肯現前太白東吳三乘八部翕習聖徒梅餘龍根飛躍天禦風雨悲鳴復其本處衢昏本曉陰邀失道慧鑑慈鐙佛

日霄杲神光絢發王璞金精山中夜梵惕然震
驚旃檀之林日惟爾鄰夜夢大士現宰官身爾
昧昌師惟慧惟覺晝契圓常得源極樂矧惟九
峯飛雲相望曉言此山我渭之陽慨兮如存昔
式斯藏相彼越人昔我攸牧梅在于闕梔在于
隩珠瓔效異毫相絢曜璿璣承珮銀黃拂揚夕
鐙晨香祝我睿明皇心載嘉昭回下飾錫爾多
慶徧于萬國瀍卉曇華三千大千臣拜稽首天
子萬年天龍按部以引以翼沙數有盡金
堅無極寶祐四年四月吉日記張卽之書

勝果寺在燭溪湖宋紹興七年右從事郎張昉建

雲頂聖壽寺在雙鳳鄉至元十九年寶業禪師建
菴其地衆尊慕之爲建此寺久廢今僧貭朗偕
里人募工重建尚未就

號保安院宋祥符元年改今額

天華禪寺在開元鄉梁天監元年建號天香院隋大業元年燬周顯德二年改建天華院宋大中祥符元年改覺朗院崇寧元年改賜建福院洪武間改前額

圓智教寺在縣東南隅齊永明元年建號禪房寺唐天寶四年改大濃寺會昌間廢咸通元年重建宋大中祥符元年改賜前額建炎燬紹興末重建洪武間廢永樂元年復建

吴山正覺教寺在雙鴈鄉唐天祐元年建高麗僧永乾遊方請居之天福中吴越文穆王牓曰昭覺院宋治平三年改賜前額

西福昌教寺在梅川鄉之烏山周廣順元年建號烏山資福院宋大中祥符元年改永樂院政和元年改賜前額

東福昌教寺在上林鄉唐長慶四年建會昌間廢大中二年重建宋大中祥符元年改賜前額孫應時記余里舍之東二十里其鄉曰上林其溪塢曰字原有佛氏之居曰福昌院者唐長慶四年建

僧重曜創之而毁於會昌復於大中其始曰永壽院錢武肅王名焉至宋紹興初僧惟岳更其殿而大之法蓮者輪其藏而屋之體脩者募其藏之書皆未就而死其徒中暐等五人相與謀繼其後鄉士寒裔無所貸丐中暐獨苦心强力寸累銖積不弛不亟四十年而畢成今其藏宇囷囷隆隆金碧玲瓏函書滿中殿則翼翼鱗鱗周循重軒像飾一新蓋其縻錢二萬焉里中長者嘉其勞屬余記之噫佛之入中國千載矣其宮室滿天下窮侈人力或百倍于茲儒者病焉欲排而去之莫能也余思之矣嵬嵬之民其心思知慮耳目精神不能自主也而王於習習斯信信斯久久斯化矣古者禮樂達于天下民朝夕習而化之而後世之民不復知禮樂爲何物耳今通都大邑以及窮鄉荒聚必有佛氏之居爲之依歸則猶三代黨庠術序之所也其鍾鼓儀物諷誦講說則猶三代絃歌鄉射之具也儒者不能以道得民而佛氏得之將誰責歟古今

道術之變關乎天地盛衰之運將誰能任之歟然則佛之徒盡心于其法者余方嘆且愧焉奚暇訾也乃不辭而爲之記矧與疇并力者曰從立從本從德宗鑒其佐之者中秀中閏慶元丙辰二月記

地藏尼寺在縣西南一里不詳始建歲月元至元十五年重建

普滿寺在治山鄉之客星山周顯德六年建號靈瑞塔院會稽續志云寺有銅牌刻曰建隆二年建塔并屋舍宋大中祥符元年改賜前額

靜凝教忠寺在蘭風之姜山唐時建號姜山院會

昌間廢晉天福二年重建改報國興福院宋大中祥符元年改淨凝院隆興元年莊簡李光請爲功德院賜前額

應天鎮國禪寺在龍泉鄉唐大中五年建號聖德禪院咸通十五年改賜前額

院禪慧院在上林鄉之白洋湖上晉天福七年建號精進院宋治平三年改賜前額

正法院在龍泉鄉元至正十五年建

久廢法性院在縣東二百三十步晉天福七年建

改號觀音院宋大中祥符元年改賜今額元改爲天妃廟今改爲忠襄祠

羅漢院在縣東一百三十步梁大同元年建號棲閑院唐會昌間廢周顯德四年重建寺有沙門知白古羅漢塔記今亡

極樂院在縣南一里漢乾祐元年建號彌陀院宋治平三年改賜前額

報先院在縣南五里宋紹興三十一年建

清果院在上林鄉晉天福七年建號鹿田院治平

三年改前額

悟法院在四明鄉唐天監元年建會昌元年廢大中元年重建號四明寺天祐八年吳越王改東明禪院宋大中祥符元年改前額

長慶院在梅川鄉唐長慶四年建號柯城道場院會昌間廢大中二年重建天祐六年吳越王改前額

宋玄偆詩古寺歷塵劫空山見清秋木葉日夜落海氣東北浮滌煩憩微迹望遠增隱憂行吟乘礫間盛觀焉可求草露豈常濕巖雲應暫留轉思學僊者脫身事長游在世曷自苦起滅同浮漚

嘉福院在龍泉鄉宋建炎間建紹興間賜額褒忠禪寺

雙林院在縣東南四十里唐天祐元年建號雙洞院宋治平三年改賜前額

隆慶院在上林僊居山梁大同元年建號上林院唐文德元年改僊居院宋大中祥符元年改賜前額俗謂之東山寺宋亡邑之縉紳群至寺中哀麻哭臨元季兵興衣冠避難多所萃止元岑安卿

詩東山景物吾州移蓬宮璀璨浮春輝過湖人騎白雲馬待客僧立青苔磯花邊舉杯酒一斗

石上鮮衣松十圍鼠愛東岡老禪伯夜窓爲我談玄機 宋玄僖詩 湖曲藏深院山空出遠鍾心迷佛場選詩入碧紗籠僧老看孤榻兵餘憶舊松自憐花竹伴獨畏酒杯濃

庵至善庵在四明鄉元至正十五年建

新庵在東門外澄清橋折而北屋止數楹而奔走香火者甚衆

久廢福星庵在大黃山元至元十九年建

玉泉庵在燭溪鄉洪武四年僧自悅建

奉慶庵在雲柯鄉之歷山元至大三年建

崇福庵在龍泉鄉之石堰

妙蓮庵在龍泉鄉元泰定元年建

小正法庵在龍泉鄉元元統二年建

鹿宕庵在四明鄉元至正十八年建

頂峯庵在通得鄉元至大二年建

廢觀

廣福觀舊在秘圖山下相傳第七代天師嘗遊縣遺衣冠于治南五里之杉樹堰久而成觀宋天聖中邑人卽山下建祠祀之號聖祖院熙寧二年用治平德音賜額壽聖建炎二年燬縣以舊弓手營易其址拓治所今在縣治東五十

步紹興二十五年重建三十三年改今額
朝成化間燬尋建今廢
恩真觀在大黃山宋開禧元年建
祠宇觀在四明山本劉樊夫婦飛昇之所葢
始建歲月唐天寶三年以其地險遠移建於
布嶺下遂名白水宮宋政和六年詔建殿宇
其雜賦唐孟郊送蕭鍊師詩聞於獨鶴心大山
椀樹百尺倒掛泉絳雪為我飯白雲為我
不話俗靈跡時步天唐施肩吾寄四明山子
向樓只在千峰裏塵世望君那得知長憶
雨夜向君窗下聽猿時元張翥題茅鍊

厉詩犖确矜開百畝荒四明山麓結丹房王子雙雙白鬢破雲根片片方洞裏有仙莊髓岡頭無客重尋年知師曰誦黃庭罷舐沮泉漱齒香　其肩吾憶四明山人詩見山川志白水之下

宮　天妃宮舊址改忠襄祠近歲移建于東北隅大黃山南里人諸希獻捨址諸炳倡建

行宮在鳳亭羅壁山絕頂俗呼高廟邑士女往祈嗣終歲不輟春月更盛魏都御史有李捨址建祠其後

殿　王皇殿在大黃山絕頂側爲張神廟

新修餘姚縣志卷之九終

新脩餘姚縣志卷之十

食貨志共二卷

戸口　田賦　物産

越人呰窳偷生無積聚而多貧自古記之矧不腆敝邑僻在東海惟是薪蒸塩鹵之利孰操奇贏轉賈四方乃者戸不登而耗矣賦不衰而增矣畝入幾何而強半輸縣官脫遇歲凶立槁耳夫天倡地應一穰一饑此必致之數也顧大農方稱詔以督天下望歲者即有預見之明而誰

能保其蓋藏哉作食貨志

食貨志上　戶口　田賦

戶口

邑生齒日繁占產者日益削皮之不存毛將安附則有轉而之他匪直博糈亦避科耳詩人所爲賦碩鼠乎夫庶而富之道在休養安集其㕓之也志戶口

晉太康志餘姚戶叄千柒百伍十今以千計者昉論論自萬計者始

宋大中祥符四年戶貳萬壹千陸拾有叄丁肆萬

壹千玖百壹拾有叄　嘉泰元年户叄萬捌百捌拾有叄丁叄萬貳千壹百肆拾有伍不成丁壹萬貳百叄拾有肆

元至元二十七年户肆萬叄千捌百肆拾有柒口貳拾肆萬貳千陸百玖拾有壹丁未戊申饑疫耗户貳萬壹千肆百肆拾有柒

皇明洪武二十四年户伍萬壹千壹百捌拾有捌口貳拾萬陸千伍拾有肆　永樂十年户伍萬伍千叄百玖拾有貳口壹拾捌萬貳千叄百肆

拾有玖　弘治五年戶肆萬壹千肆百壹拾有玖口壹拾萬伍千壹百叁拾有貳　弘治十五年戶肆萬壹千捌百叁拾有伍口壹拾伍萬肆千柒百肆拾有柒　正德七年戶肆萬壹千捌百肆拾有壹口壹拾伍萬陸千伍百貳拾有肆舊志曰是年春籍民數其秋海溢民溺死以萬計後十年宜損折矣乃戶口反增於七年之籍其僞妄相加檢覈失真至於此　嘉靖二年戶肆萬壹千捌百肆拾有捌口壹拾伍萬捌千叁百陸拾有肆男子壹拾壹萬貳千伍百捌拾捌口婦女肆萬伍千柒百柒拾陸口　嘉靖四十二

千叁百柒畝叁角肆拾步有奇山肆拾貳萬伍千叁百捌拾肆畝叁角有奇其夏税絹壹萬貳千肆百貳拾貳疋壹丈柒尺有奇紬玖百柒拾疋叁丈伍尺有奇綿伍萬陸千貳百肆拾叁兩柒錢捌分有奇秋糧苗米額管叁萬貳千伍百柒拾伍石伍斗有奇坍江海移捺海塘等米玖百叁石伍斗有奇職田米壹千捌拾伍石肆斗柒升折變帛錢叁萬伍千伍百柒拾陸貫陸百伍文折紬綿伍千柒百玖拾柒兩折税絹麥壹

千陸百肆拾伍石柒斗玖升折苗糯米叁千[illegible]

百叁拾捌石捌升

元至元二十七年田伍拾伍萬玖百貳拾叁畝壹拾捌步有竒地壹拾萬肆千貳百柒畝貳角伍拾壹步有竒山肆拾貳萬伍千叁百捌拾肆畝壹角肆拾步有竒經界圖記周官司徒之職設載師掌任土之法縣師掌邦國都鄙稍甸郊里之地域均人掌力政至於遂人則以土地之圖經田野所以爲其民計者至深且遠自秦壞先王之法阡陌既開而天下不可得而治矣故孟子之論仁政必自經界始國朝之有天下四方之賦各因其舊至於弁野之説有不暇詳延祐初下經理之令而郡縣並緣

以厲民至有弄兵於草間者上下憂之遂不克竟至正二年禮部侍郎泰不華公出守紹興思有以均其賦役謀於同僚亦皆曰然廼以餘姚州田賦未均屬同知州事劉侯顧其事初大德四年是州常覈實田稅繼而籍燬于火執事於鄉里者往往增虧田畝之數變亂賦稅之實於是富而強者享其利而安處貧且弱者罄其家而無告積弊蝟興莫此爲甚侯受檄以來出宿公宇日一還問太夫人起居而已晝夜悉心髓髮爲白田壹區甲署盈尺之紙以與田主謂之烏由凡肆拾陸萬餘枚田後易主有質劑無烏由不信也州民常以其所有田詭戶名至是懼有奪之者乃自陳繼是自陳者萬人或藉無糧今自實多至伍百畝者至於消積久之爭者柒千餘事侯開諭之無不感悟父子兄弟復還其天者蓋多有焉其站戶田迷而復歸者壹萬柒千貳百貳拾餘畝俾得田之家助其役且畫田之形計其多寡以定其賦謂之流水不越之簿

其所畫圖謂之魚鱗挨次之圖其各都田畝則又所謂兜簿者焉至於列其等第以備差役則又所謂鼠尾冊者焉計其凡陸千貳白伍拾餘帙綱目必張如指諸掌侯既受代而上官挽留使竟其事然後去然其號令之行於下如始至官非有以服其心孰能臻此嗚呼侯之於其民可謂能爲之長慮却顧者矣侯名輝字文大汴人嘗仕風紀沉厚而精練蓋其少孤勇於植立故能堅善刻勵以成事功去是州而羽儀於天朝不遠矣屬余以使至耆宿楊仲等請爲文刻之石使來者考諸至正四年六月既望經筵檢討危素記

其夏稅秋糧壹萬伍千玖百柒拾肆石玖升例合官租米叁千貳百肆拾貳石肆合民苗米壹萬貳千柒百叁拾貳石玖升肆合中統鈔肆百伍拾貳錠貳兩柒

錢肆分夏稅鈔肆百叁拾伍錠叁拾壹兩叁錢肆分秋租鈔壹拾陸錠貳拾壹兩叁錢玖分財賦錢糧秋米肆千柒百叁拾肆石穀壹百捌拾石陸斗伍升捌合夏稅麻布貳疋

皇明洪武二十四年原額官民田共伍千捌百貳拾伍頃柒拾柒畝玖分伍厘柒毫叁絲官民地柒百柒拾貳頃柒拾叁畝柒厘柒毫叁絲山壹千玖百肆頃柒拾伍畝壹分捌厘池蕩共壹頃捌拾陸畝玖分叁厘其夏稅麥貳千玖百肆石玖升貳合捌勺

鈔伍千玖百柒拾肆貫伍拾柒文秋糧米伍萬陸千叁百叁拾伍石玖斗壹升肆合貳勺鈔肆千貳百肆拾貫壹百壹拾叁文永樂十年官民田共伍千捌百叁拾貳頃玖拾捌畝柒分叁厘柒毫叁絲官民地共柒百柒拾捌頃陸拾叁畝貳分陸厘柒毫貳絲池蕩共壹頃玖拾畝捌分陸厘陸毫其夏稅麥貳千捌百肆石伍斗柒升貳合鈔陸千壹百柒拾柒貫捌百伍拾貳文秋糧米伍萬柒千伍百伍拾陸石肆斗柒升柒合鈔肆千捌百肆拾貫貳百捌拾玖文

宣德正統景泰天順以來無可考

弘治五年官民田共伍千捌百叁拾陸頃肆拾

均一也壯方門丁事產四者無論每以門銀爲
上產銀鼎下地土猶致拋荒吾邑有職役者始
登版籍無職役者每多隱丁故編役則專重田
產其他海防兵費維辦均輸皆從田出遂致田
日賤而民日貧此患在不均二也輸編甲分優
免者少則差徭稍輕優免者多則差徭愈重在
歲額不可增減而役銀則歲輕歲重此患在不
均三也海防輸委不繼凡弓兵皂隸覇夫之類
掇銀以助軍興而積年攬役者額數雖減役銀
倍索故官司有減之名徭戶受增之害此患在
不均四也舖夫庫子斗級鹽捕向爲重差役銀
實少軍興以來浮冗百出有役銀一兩而支銀
數十兩既破其家矣一經查盤軍徒雜坐復貽
累其子孫此患在不均五也有此五者閭閻日
悴故相公倡議衆庶翕從始一槩徵銀公卿以
至吏承照例免丁不免田產此吾輩捐已利以
惠窮閻相時宜以救弊法豈以厲民乎哉曰若
然民則受惠矣士夫之族免田有差蓋令甲也

令不免無乃非制乎曰否考諸會典隨朝官免雜泛差役此洪武十三年令也在京文武官員家除里甲正役外一應雜泛差役俱免此正統元年令也其云優免蓋專指人丁如曰其人既爲京朝官矣其父兄子弟僕從並得免差初無免田之說是時在方面猶且未及況雜流吏承乎其後優免冒濫以田准丁遂滋詭寄之弊至嘉靖乙巳該科申明始定免田等差與丁均配聊以救弊云爾豈初制哉若生員僅免家丁亡有考據 國初免廩膳宣德三年始免增廣皆云免其家差徭二丁也此方生員僅免供丁可爲印證今之免田及以田准丁者亦豈初制哉曰竈户每 子丁十年免田貳拾畝蓋爲國初竈户日夜辦鹽候商領支如商人後期則鹽舫銷耗復辦賠納最爲劬苦自彭惠安公議徵鹽價而引鹽則令商人自買遂使竈户無煎辦之勞有蕩地之利故其利既數倍於齊民而其丁亦數倍於舊額觀版籍之内軍匠日絀

竈一曰增竈戶田多民戶田少蓋不惟詭田而又詭丁也不免廢絶詭弊况士夫不免竈戶豈得免乎曰士夫不能世官竈戶乃其世業今仍每丁每年免田貳畝積之十年正合原免之數所以處竈戶者善矣曰然則廵鹽應補何可廢也曰國家疏通鹽法專爲濟邊苟國課無虧而民情甚便則善之善者也吾邑三面濱海竝産𪉟鹽一面阻山不通舟楫引鹽不到民間無食淡之理舟楫不通自來無越境之販今若有挑者勿禁而徑於徑銀內徵抵應捕鹽餉銀兩以解運司如戶口食鹽之例於民不甚便乎若曰如此恐廢法則今之竈戶不徵本色而徵折銀法亦廢矣何彭惠安之惠至今存也曰庫子斗級錢穀重寄今令僱役可乎曰予嘗讀律矣庫秤斗級僱役侵欺竝以監守自盜論如其不許僱也律文何以該載况今在京各部在外兩司庫子莫非僱役各省斗級亦多召募彼豈不思錢穀爲重哉曰耳房庫子往歲費銀數百

今周侯廉正僚屬嚮風役可無設矣復議公費數拾金何居曰各省三司孰無公費多者或四五百金猶云未足即今數十金並非浪費可對人言於此而復省之則好名大過所謂贖人而不受金非可繼之道也嗣後倘非周侯將別起事端任情科斂里甲始受病矣況柴薪馬丁舊有贈耗此法行而贈耗革矣非周侯秉廉損惠孰肯任之哉曰斗級之害難以縷舉若沿海軍儲並徵折色則斗級可無設倉官且冗員矣議革何如曰不可軍儲解折則官吏軍旗交通對支貧軍愈餒萬一陷城誘罪詘乏之況南京解折振武營之變殷鑒不遠乎曰然則如松江故事令沿海官旗詣縣領糧何如曰此雖便民於軍不便蓋官旗糧長對支准折金山衛軍亦嘗臨城呼譟矣必也倣京邊直隸事例設立軍斗有司給與僱直稍寬其費或查軍旗置有民田附籍里甲者選募以充亦給其有庶軍民交便而又每石加耗伍升每歲歸盤蓆板之費並付軍

重務不得那移若有羨餘必登循環卷籍歲終查盤仍每年攢丁申報守巡以杜冒濫則縣官縱萌不肖之念者豈得恣所爲哉曰數弊革矣玩愒既久寧免無弊乎害過丁免矣士人不免寧免無怨乎曰天下事有利必有弊若弊少而利多興利爲便有恩必有怨若恩多而怨少任怨何妨今周侯度田均則民務輸糧無不均之賦審戶定籍丁糧相配無不均之里編從徵銀悉從僱募無不均之役孔子所謂均無貧也必傳公倡議衆庶翕從主在恤民民匪云變法旁近賢有司訪求此意劑量贏縮亦使均平陳平所謂宰天下如此肉矣曰通行天下可乎曰未可南北風氣異齊民異俗南方重人丁則貧民日蹙北方重地土則富民日徙貴在有司師其意耳不然王荆公役法非不善而何天下受病也請以釋子之疑

隆慶元年知縣鄧林喬始議行一條鞭法〔申文〕卑職以非材備員劉邑莅任以

來民間投牒大半辯理錢糧不曰多科則曰重徵不曰謀收則曰侵盜流禍孔棘莫能盡狀大畧有五弊焉夏稅秋糧及三辦内織悉名色不下三四十項每項給一示某件壹石抽銀幾錢幾分某件一畝派銀幾厘幾毫在官者或能抄記鄉落小民何由識其要領以致奸猾設計巧弄以小呼大以無揑有倚項數之多逐件科歛贈耗一入手則浪費無存其弊一也及僉審收頭則人人窺伺有利者百計謀收有害者千方規避公庭之請託無休吏胥之賄賂雜進其弊二也厄遇比併錢糧必有收頭數十人各執一簿虎視於邑堂而每里長一人皆俯伏於下一一登答竟數十人而後已一有失錯即以收詐欠以多報少懦弱者銜恨倍償儇利者紛紛告擾其弊三也收頭收銀入手或置產娶妻妾或白身納吏甚或挾妓酣歌爲樂輕用官錢而莫能償竟死刑獄其弊四也若官府不知民隱則任其開數變賣一准其詞即視爲奇貨無産稱

爲有産責過混開重責巧攀譽家硬指愚弱借名還官復半肥巳奸起於一人而殃流於萬衆其弊五也有此五弊則通變宜民之法似不容緩就經倣效直隸等處見行事宜將各色額税併爲一主徵收名曰一條鞭在派徵則攢爲一總在起解則照舊分項盡除贈耗革去收頭各里長領小户自行投入縣櫃惟起解錢糧於糧長中閹選數人逐項領解議行未幾衆皆稱便復恐久後或有窒碍再早夜思之甚有便官利民之益也往歲各折及三辦名色多端額數不等縣官逐項徵之收頭逐項收之日無虚刻煩苦不勝所收銀俱在收頭之手甲固未足其額乙亦未滿其數皆難截解及限期促迫必令收頭賠解收頭無從措辦則哀懇於官以乙抵甲起此厲階秉風滋弊以那移借貸爲常事而半未完者秉機效尤併將巳徵收者悉爲侵欺錢糧之逋負有自來矣今併派類徵則零星科尅之弊固巳頓革而侵欺變賣之禍亦巳潜消且

閭閻一有輸納官府即有此銀司府行文催取即可完解吏不苦於那借之難矣顧革弊之要有當申明者往歲署事之官吏代不一收頭與吏胥交通雙印號簿兩填收數及至吊查即抽換影射由是有公私底簿之名寅緣種種莫可究詰今議於起徵之候預置空白文簿將各糧長挨都里逐名開填人丁田地山蕩總數留空半葉申請本府印鈐發本縣輪撥謹厚吏農管簿看兊知數令各糧長將兊封銀兩於本名下親筆填註以備稽考則府印終爲難得而那侵之弊永絶也隨該槩縣糧長宋橋等呈稱錢糧不能自運解人不應獨苦若量途遠近議定路費幾何一條鞭隨糧徵貯縣櫃臨解給發庶官民兩便卑職酌議切恐類徵在官將來適資貪墨不若起解時立刻追完對手支給自無虧累仍每歲將各項數目於總攢明白之日刊刻木榜樹立縣前復印刷告示須布鄉村使蠢民稚子知悉如續奉派徵則以在官備緩官銀明開

借解下年總派追扺廒不煩瑣更免擾民伏乞
採擇施行具申上官三院下司道司道下紹興
府府申一條鞭之法該縣所議甚便至於額派
解貲一節宋橋等所呈似恊輿情相應俯從申
糧儲清軍兩道看得正項錢糧既以類徵而解
扛路費又復零派似不免又有頭緒多端臨期
催迫之病今該縣覆議良是具呈巡撫都察院批
既經覆詳妥准照行繳　一派徵之法將該徵
夏稅秋糧鹽米等攢爲一總內除本色米麥某
項某價照舊上納外其折色某項某項各若干
每石該折銀若干通計銀若干該縣田地若干
每畝該實徵銀若干共該銀若干其均徭里甲
三辦均平等亦攢爲一總其某項各該銀若干
通計共銀若干然後通查該縣田地山若干人
丁除例該應免外見在若干每丁該銀若干田
地山各若干每畝該徵銀若干共該銀若干二
總應徵銀兩再筭每田地山一畝該銀若干每
丁該銀若干連前項正銀通該若干編派已定

即行照數備細造册一本開寫榜文一道申送分守道查覈明白果無差錯關防印記發回一面將榜文張掛曉諭百姓通知一面查造册籍逐戶填給由帖用印鈐蓋着各該里遞分給各甲人戶照帖承辦依期赴納　一收納之法預先查照由帖造收納文册一本用印鈐蓋置立大木櫃一箇上開一孔可入而不可出者仍酌量縣分大小都鄙多寡縣小者止一簿一櫃大者作二簿二櫃或三四隨宜曲處每櫃即選擇實歷吏中之勤慎者一名糧長中之殷實者一名相兼經收每次印給收票一百張私記小木印一箇木櫃立於縣堂上聽令各該里遞帶領納戶親赴交納先是吏與糧長公同查對簿内及由帖納戶本名下丁糧及折銀數目實該若干相同無差隨即驗銀足色兊銀足數眼同包封上寫某里某甲納戶某人銀若干仍着納戶將簿内本名下填寫某月某日交納足數該下註花字爲照吏同糧長將納完銀數填入收票

內某月某日吏某人糧長某人公同驗納訖方
註花字爲照銀令納戶自行投入櫃中並不許
吏與糧長經手如有加收重稱刁難勒索者許
即時禀告究治每十日掌印官同管糧官及經
收吏役糧長開櫃清查一次照簿對封照封驗
銀如果無差總筭該銀若干拆放一處每百兩
權作一封暫寄官庫以待臨解傾錠另貯一匣
另置印簿一扇登記每次清查銀數又行另選
吏一名糧長一名如前經收十日清查　一起
解之法如遇某項錢糧應解將前庫寄銀兩照
簿內收過日期挨次順支若干應貼路費若干
當堂傾錠封付解人凡銀至伍百兩以上僉佐
貳首領官叁百兩以上差殷實候缺吏壹百兩
以下差殷實糧長仍查照貼解銀數給與使費
解送至府轉文呈司交納責限納獲批收
銷繳俱不許再僉收頭解戶等項名色　萬
曆九年欽行丈量知縣丁懋遜復量得田共

伍拾玖萬玖千柒百柒畝柒分貳毫壹絲壹忽

地共柒萬玖千貳百伍拾玖畝伍厘伍毫肆絲

萬曆十三年台州府周同知奉委臨縣清理田地減豁槩縣虛田陸百捌拾玖畝陸分陸厘叁毫捌絲伍忽又告豁重量錯訛并剗豁汝佽等湖田共壹千捌百捌拾貳畝貳分玖厘肆毫捌絲玖忽共豁田貳千伍百柒拾壹畝玖分伍厘捌毫柒絲肆忽查出陞科地陸畝伍分捌厘玖毫柒絲玖忽

萬曆十四年知縣周子文立

碑於縣儀門下田共伍拾玖萬柒千壹百叁拾叁
伍畝柒分貳厘伍毫肆絲陸忽毎畝科銀叁分壹厘伍毫麥米壹升玖合叁勺地共柒萬玖千貳百陸拾伍畝陸
分肆厘伍毫壹絲玖忽毎畝科銀貳分肆厘貳毫麥米玖合柒勺山共壹拾玖萬壹百肆拾捌畝陸分壹厘貳
絲毎畝科銀壹厘壹毫學山柒拾叁畝陸厘陸毫叁
絲陸忽毎畝科銀壹分叁厘米柒合柒勺蕩叁百柒拾畝玖
分捌厘肆毫毎畝科銀壹分貳厘貳毫米柒合肆勺立碑後復
准告豁牟山等湖田共貳千貳百柒拾畝柒分

柒厘壹毫地共壹百陸拾壹畝陸分叁厘叁毫實存田伍拾玖萬肆千捌百陸拾肆畝玖分柒厘貳毫叁絲柒忽地柒萬玖千壹百肆畝壹厘貳毫壹絲玖忽　萬曆二十五年知縣馬從龍江赵鵬相繼查覈實田伍拾玖萬伍千捌百壹拾柒畝陸分肆厘肆毫肆絲陸忽比前出田玖百伍拾貳畝陸分柒厘貳毫玖忽實地柒萬玖千陸百陸拾捌畝陸分伍厘貳毫壹絲玖忽內呂文安告豁墳地以拾貳畝叁分不派稅糧比前出地肆百柒拾貳畝叁分肆厘山蕩數仍舊

額派糧則

田每畝科本色麥米柒合玖勺貳抄伍撮伍圭陸粟陸粒捌黍貳稗玖糠柒粃

折色銀叁分柒厘捌毫陸絲肆忽肆微柒塵陸渺叁漠叁埃肆纖伍沙

兵餉銀肆厘玖毫壹絲伍忽玖微陸塵柒渺陸漠肆埃柒纖肆沙

馬價銀壹厘柒毫壹絲陸忽貳微貳塵肆渺陸漠柒埃陸纖叁沙

驛傳銀貳厘貳毫伍絲未忽柒微貳渺柒漠玖埃伍纖陸沙

農桑絹折銀貳忽柒微玖渺伍漠捌埃捌纖玖沙

京費銀壹毫伍絲叁忽叁微玖渺壹漠柒埃叁纖伍沙

額坐二辦銀陸厘叁毫肆絲肆忽陸微玖塵伍渺伍漠肆埃貳纖貳沙

雜辦銀伍厘捌毫伍絲玖忽陸微叁塵肆渺柒漠叁埃捌纖叁沙

民壯均徭銀柒厘貳毫貳絲捌忽伍微柒塵柒渺壹漠肆埃肆纖

玖沙巳上除本色共銀陸分陸厘叁毫肆絲叁忽
零凡優免田忩雜辦民壯均徭銀壹分叁叁厘捌
絲捌忽零通計折銀叁萬玖千叁百玖拾玖兩
貳分玖厘肆毫叁絲壹忽零外　孫忠烈毛忠
襄功臣田壹千肆百伍拾肆畝每畝計除麥米納銀肆
分貳厘玖毫共銀陸拾貳兩肆錢貳分玖厘陸毫零
呂文安祭田肆百玖拾柒畝陸分依准　詔
典每畝止納京折銀貳分玖毫共銀壹拾兩肆錢肆
分捌厘零

錢伍分

常豐三倉麥肆百貳拾壹石貳斗陸升壹合本折中半折色內扣倉官俸叁拾貳石每石折銀捌錢餘折伍錢伍分

儒學倉麥壹百石每石折銀捌錢

泰積庫麥租鈔壹千叁百伍拾叁錠肆拾玖文每貫折銀貳釐

秋糧米伍萬玖百柒拾貳石玖斗壹升壹合叁勺內

京庫米壹萬壹千壹拾壹石叁斗伍升折色每石折銀貳錢伍分

南京水兌正米壹百柒石捌斗陸升柒勺每石耗米貳斗伍升連耗折銀柒錢給發糧戶解到附京產米地方買米上納有餘扣追還官作正支銷

各衛倉米捌千玖百陸拾柒石陸斗伍升肆合每石耗米貳斗伍升連耗折銀柒錢

派剩米陸百叁拾肆石肆斗捌升伍合壹勺分為二項

一項貳百柒拾伍石肆斗貳升壹合陸勺零每石折銀柒錢

一

項叄百伍拾玖石陸升叄合肆勺每石
折銀陸錢二項俱交太倉銀庫解納　本府預

備米叄千叄百伍拾貳石每石折銀伍錢　常豐四倉米肆千伍百壹拾叄石

叄斗捌升捌合本折中半內折色每石折銀伍錢伍分　常豐五倉米肆千柒百

伍拾貳石陸斗玖升柒合本折中半內折色每石折銀伍錢伍分　協濟寧波府

廣盈倉米壹萬柒千陸百叄拾叄石肆斗柒升伍合每石折銀伍錢伍分　泰積

庫米租鈔壹千壹拾肆錠壹貫捌百肆拾文每貫折銀貳厘　已上夏

稅秋糧通計本色麥米伍千陸拾捌石陸斗[illegible]

升叄合叄勺伍抄伍粟折色銀貳萬肆千貳

叄拾玖兩叄錢玖厘肆毫柒忽

鹽糧米折銀柒百叁拾捌兩壹錢柒厘貳毫零

內本府顔料米貳百貳拾玖石壹斗柒升每石折銀陸錢儒學倉米貳百伍拾石每石折銀捌錢存留倉米伍百捌拾石內官俸壹百伍拾陸石每石折銀捌錢餘每石折銀伍錢伍分常豐四倉米柒拾柒石肆斗陸升肆合零每石折銀伍錢伍分外本色照額

鹽鈔折銀叁拾貳兩玖錢陸分玖厘捌毫零內

京庫鈔折銀壹拾陸兩叁錢捌分陸厘伍毫每兩外加路費壹分貳厘本府

泰積庫鈔折銀壹拾陸兩叁錢捌分陸厘伍毫零

額辦銀伍百叁拾柒兩捌錢陸厘玖毫內皮張

銀肆兩貳錢　桐油連墊庫加派銀共壹百玖拾伍兩捌錢陸分伍厘叁毫　藥材正料連貼路費銀共伍拾兩伍錢壹分貳厘肆毫　弓箭弦條銀貳百捌拾柒兩貳錢貳分玖厘壹毫玖絲

坐辦銀叁千貳百叁拾兩玖分貳厘壹毫內水牛底皮改年例牲口銀玖拾捌兩伍錢　果品銀肆拾叁兩玖錢

蠟茶銀幷加派共叁百陸拾陸兩陸錢貳分貳厘伍毫　箓笋銀幷加派共壹拾叁兩叁錢叁分叁厘貳毫　曆日銀伍拾貳兩叁錢伍分叁厘叁毫

淺船料銀玖百玖拾陸兩壹錢玖分玖厘肆毫　漆木料銀壹拾兩捌錢柒分貳厘壹毫　四司工料銀陸百叁拾兩　軍器料銀壹百肆拾捌兩

貳錢捌分壹厘叁毫段疋銀捌百柒拾兩叁分貳毫
雜辦銀伍千壹百肆拾叁兩玖錢肆分肆厘捌
毫内本府表箋委官路費銀叁兩柒錢玖分貳厘本縣拜
賀習儀香燭銀肆錢捌分本府諭祭禹陵銀陸兩陸錢陸分
陸厘陸毫本縣祭祀銀壹百玖拾肆兩貳錢伍分鄉飲酒禮銀貳拾
貳兩迎春芒神牲酒諸費銀肆兩司府縣門神桃符
銀壹兩伍錢科舉禮幣進士舉人牌坊銀叁百貳拾叁兩陸錢
捌分伍厘武科供給筵宴等銀壹兩肆錢玖分歲考生員試
卷花紅等項銀府拾肆兩縣壹百兩搭蓋蓬厰銀陸兩季考

銀府拾貳兩縣捌拾兩起送科舉生員酒禮等項銀府陸兩伍錢縣柒拾捌兩迎宴新舉人酒禮等項銀府叁拾兩縣貳拾肆兩起送會試舉人酒禮等項銀府捌兩叁錢捌分肆厘縣叁拾兩陸錢陸分柒厘會試水手銀貳百捌拾兩賀新進士旗匾花紅等項銀府伍兩陸錢縣壹拾壹兩貳錢歲貢生員路費花紅旗匾銀府壹兩伍錢縣陸兩孤老花布木柴銀柒拾捌兩三院司道幷本縣行香講書紙劄銀伍兩守道駐劄油燭柴炭海巡二道巡歷心紅等項銀肆兩貳錢守道交際士夫下程酒席銀肆兩三院查盤官幷吏書

廩米銀玖兩上司幷府縣查盤取用卷箱棕單自牌等項銀伍兩南糧運官水手銀壹兩伍錢省城上司各官到任費用銀壹拾陸兩捌錢柒分捌釐上司及一應公幹官員門廚米菜心紅柴炭等項銀貳拾伍兩心紅紙劄銀府肆拾伍兩縣壹百捌兩本縣新官祭儀門禮物等項銀貳兩捌錢伍分府縣陞遷朝覲給由祭門祭江牲禮等項銀貳兩伍錢軍需路費銀壹拾叁兩玖錢肆分玖釐戰船民六料銀壹百叁拾兩玖錢伍分柒釐雕塡漆匠銀捌兩柒錢玖分壹釐省城募夫工食銀貳拾陸兩伍錢使客下程柴燭等

銀陸拾捌兩陸錢上司經過并使客合用門皂等銀肆百兩本縣人夫貳百陸拾捌名每名工食銀陸兩肆錢捌分理刑廳夫陸名每名銀陸兩本縣燈夫貳拾貳名每名銀貳兩肆錢僱馬銀貳百伍拾兩僱船銀貳百兩脩城民七料銀柒拾貳兩玖錢叄分脩理本縣城垣銀叄拾兩脩理廳堂公廨等屋并新官衙宇府銀貳兩捌錢柒分縣銀貳拾貳兩叄錢叄分叄釐脩理本縣公所衙門銀貳拾伍兩脩理儒學教官衙宇銀府貳兩叄分縣捌兩脩理鄉飲公所新官到任幕次器皿什物等項銀肆兩司道衙門書

手銀捌兩預備雜用銀府陸拾貳兩伍錢縣伍百兩監兌心紅

紙劄并吏書下程等銀壹拾貳兩省城總兵府轎傘

箱夫銀肆兩肆錢總兵門皂工食銀叄兩協濟昌平州

銀肆兩

民壯銀壹千貳百伍拾貳兩捌錢柒分內抽取

民壯銀肆百柒拾伍兩貳錢柒分實役民壯壹百貳拾名每

名工食銀陸兩鹽捕捌名每名銀柒兩貳錢

均徭銀叄千玖百壹拾伍兩壹錢陸分肆釐內

南京直部柴薪皂隷玖名每名銀壹拾貳兩外火耗叄錢

南京直堂把門倉監隸兵肆名每名銀壹拾兩外火耗叁錢解京富戶陸名每名銀貳兩鹽院完字號座船水手銀貳兩伍錢布政司解戶伍名每名銀叁拾兩廣濟庫庫子壹名銀壹拾貳兩杭嘉湖守道皂隸壹名寧紹台守道弓兵壹名甲首壹名巡道弓兵壹名海道皂隸壹名每名銀壹拾兩捌錢鹽運司柴薪皂隸肆名每名銀壹拾貳兩馬丁壹拾捌名每名銀肆兩運同皂隸壹名寧紹分司皂隸四名每名拾兩捌錢本府柴薪皂隸肆名每名銀壹拾貳兩

跟隨皂隸肆名每名銀拾兩甲首柒名每名銀柒兩貳錢泰積庫庫役銀貳拾陸兩陸錢陸分陸釐新官家火銀府玖兩柒錢伍分柒釐縣壹拾陸兩眉山三山廟山三巡檢司弓兵共伍拾伍名每名銀柒兩貳錢另徵鹽課銀拾叁兩貳錢每兩加滴珠壹分看守祠廟門子陸名每名銀叁兩墳夫陸名銀壹拾貳兩本府儒學膳夫貳名銀貳拾兩本府教官家火銀壹拾兩臨山衛首領官柴薪皂隸銀壹拾貳兩本縣柴薪皂隸玖名銀壹百捌兩馬丁肆拾名銀壹百陸拾兩門子貳名銀壹拾肆兩肆錢跟隨皂隸叁拾伍

名每名銀玖兩耳房庫役銀肆拾貳兩獄卒柒名銀柒拾伍兩陸錢捕盜應捕府貳名銀壹拾肆兩肆錢縣壹拾伍名銀壹百捌兩巡捕應捕捌名除給工食外另給賞鹽課銀每名玖兩伍錢柒分陸釐歲貢生員赴京路費銀叁拾兩預備倉倉夫肆名每名銀拾兩常豐三倉倉夫貳名每名銀柒兩伍錢常豐四倉倉夫捌名每名銀拾兩常豐五倉倉夫肆名每名銀玖兩看守分司府館門子叁名每名銀叁兩陸錢稅課司抵課巡攔玖名每名銀伍兩石堰場工脚玖名每名銀陸兩衝要五鋪司兵貳拾

肆名役銀不等共貳百肆兩陸錢偏僻玖舖司兵貳拾柒名每名銀柒兩貳錢壩夫叁拾伍名每名銀拾兩儒學齋夫陸名每名銀壹拾貳兩膳夫捌名每名銀壹拾兩門庫玖名每名銀柒兩貳錢冗役皂隸壹名銀壹拾兩濟邊巡司弓兵陸拾伍名每名銀柒兩貳錢教官家火銀壹拾貳兩加派孫忠烈守祠門子壹名銀叁兩王文成祠夫壹名銀叁兩

隨糧帶徵銀伍千捌百壹兩陸錢貳分陸厘壹毫零內兵餉銀叁千叁百肆拾捌兩柒錢陸分肆厘伍毫馬價銀壹千壹拾

玖兩貳錢柒釐伍毫驛傳銀壹千叁百肆拾兩柒錢柒分貳釐玖毫農桑絹折銀壹兩陸錢壹分叁釐柒絲貳忽解京路費銀玖拾壹兩貳錢陸分捌釐零

右每歲徵銀除優免外通計肆萬肆千捌百玖拾壹兩捌錢玖分柒毫叁絲伍忽零

遇閏加徵稅糧項下銀共伍拾叁兩叁錢叁分伍釐玖毫零槩都偶人壹丁派銀捌毫玖絲零平徭項下銀共伍百肆拾陸兩叁錢叁分肆釐陸毫每額徵銀壹兩派銀壹分伍釐壹毫零

五歲一徵胖襖銀共柒百壹拾叁兩壹錢叁分伍厘係里甲坐派每田壹畝派銀壹厘貳毫捌微零

歲額外賦

沙地壹萬捌千伍百肆拾肆畝玖分捌厘壹毫肆絲貳忽每畝徵銀叁分共銀伍百伍拾陸兩叁錢肆分玖厘肆毫肆絲貳忽陸微

水鄉蕩價每丁徵銀壹錢伍分共銀壹百玖拾兩壹錢貳分肆厘捌毫　已上二項俱解運司竈戶出辦

原派門攤銀無閏柒拾肆兩玖錢伍分貳毫叁絲陸忽有閏捌拾柒兩玖分壹厘伍毫

加派間架銀壹百柒拾壹兩稅府舖戶出辦　已上二項并解

匠班伍百貳名每名納銀肆錢伍分水脚肆厘伍毫共徵銀貳百貳拾捌兩壹錢伍分玖厘解布政司類解京匠戶出辦外存留曆日小錄匠叁名正銀壹兩叁錢伍分水脚壹分叁厘伍毫聽候供役不納班銀

硃蘇銀無閏徵銀貳拾陸兩捌錢壹分伍厘貳毫玖絲肆忽叁微路費銀貳兩陸錢捌分壹厘伍毫貳絲玖忽有閏徵銀貳拾玖兩貳分陸厘肆毫貳絲路費銀貳兩玖錢貳厘陸毫肆絲貳忽解布政司轉解京戶房承辦

漁業課鈔無閏壹拾叁兩伍錢伍分伍厘捌毫捌絲有閏壹拾肆兩叁錢叁分肆厘叁毫陸絲解布政司漁戶出辦

卷之十終

油豆虎斑豆羊角豆豇豆（亦曰裙帶豆）茶豆毛豆刀鞘豆白穭豆赤穭豆

粟秈粟稻粟穤粟狗尾粟木粟穄粟（稷也）

麻之品堪食者曰胡麻芝麻堪績者曰苧麻葛麻黄麻

蔬之品白菜芥菜白芥菜（葉苦不可食子治瘵）油菜（子可打油春月食其心曰菜汞汞水銀也凡草大多汞故曰汞貢而上鉛沿而下）萵苣菠薐莧菜馬齒莧薺菜甜菜芹菜春菜儓人菜（春夏雷雨驟作俄産白水山崖石立採可得移時亡種）苦蕒茼蒿葫荽萊菔（俗呼蘿蔔）

其子入藥胡蘿蔔色黃葉似胡荽蹲鴟俗呼芋艿水陸二種薯蕷即山藥

蔓菁相傳劉綱夫婦植于龍泉山移他所輒不榮列僊傳云綱婦飛昇屬綱以萊熟爲期即龍泉山蔓菁云宋朱昱詩天上住招飛鸞鶩人間春色到蔓菁石耳石芥道產四明山筍詳竹瓠子茄子黃瓜絲瓜菅瓜甜瓜南瓜北瓜冬瓜西瓜產眉山者佳今剡纍如枕者更勝葱韭薤蒜薑

果之品梅施宿云餘姚有古梅老榦奇崛繚蘚封枝苔絲四垂疏花點綴他處所無桃其實特大者曰半斤桃夏白桃夏紅桃鷹嘴桃十月桃毛桃品之最下者杏曰杏梅杏桃李曰粉翠李茄李麻李麥李青甜李黃蠟李瓜李柰亦間

有之櫻桃花紅蒲萄楊梅産燭湖山者最佳其種曰荔枝爲上湖南次之旱酸爲下[明]孫文恪陞詩萬壑楊梅絢紫霞燭湖佳品更堪誇自從名繫金閨籍每歲嘗時不在家柹俗作柿非柹音肺削木片也曰方柹綠柹朱紅柹牛心柹寒柹丁香柹石榴梨棗栗銀杏柑橙香圓橘産東山謝氏園者曰謝橘小而甘金橘金柑柚亦間有之枇杷榧子櫧子梧桐子青櫧子味甘堅不易破産四明山[陸]龜蒙詩山實號青櫧環岡次第生外形堅綠殼中味敵璚英墮石樵兒拾敲林宿鳥驚亦應僊吏守時取薦層城[皮]日休詩山風熟異果應是供真僊味似雪腴美形如玉膽圓銜來多野鶴落處半靈泉必共玄都李花開不記年[史]浩詩羽幰新從帝所迴餘懽未盡玳筵開醉拋青子香泥上

留與僊家取次栽

水實之品蓮子菱芡粳性堪入藥

花之品玉蘭木筆繡毬海棠杜鵑瑞香蠟梅色黃長春剪春羅荼蘼薔薇玫瑰石巖水僊山茶山丹碧桃絳桃牡丹芍藥紫薇紫荊千層榴火榴玉毬金絲映山紅丈紅芙蕖即荷萱葵木槿桂亦名木犀紅黃白三種菊佳種甚多競栽爲玩芙蓉洛陽棠棣玉簪午時紅夜落金錢月季鳳僊鷄冠蝴蝶罌粟紅花作染綿花作絮或紡爲布

草之品芝蘭蕙蕙生深谷中然治南大江乃獨産蕙因名蕙江其西南並江有蒲乃産蘭今其地曰蘭墅長生草一名卷栢産四明山拔之久而枯汏之以水輒榮秠草蓆草心曰燈心鼓槌草車前草旱蓮草馬鞭草馬鬚草魚腥草鴨跖草金線草蘆茅蒲宋縣尉楊襲璋留家于汝湖之東植蒲數里遂名其地曰東蒲有詩云海上寇空千載穴湖東樹老幾行蒲萍藻葛蓼蘋萁苔蕨根可作粉菖蒲亦名蘭蓀芸即七里香上青下白草三葉白草生水濱春夏水足三葉盡白不則止白一葉或二葉占之絕驗

藥之品白朮芎藭茯苓天南星貝母山查子黃精

筋子根亦名根子石燕並產四明山禹餘糧石類青糧香附

茴香蒼耳白棘山茱萸薏苡仁金櫻子益母草

豨薟草谷精草山梔艾金銀花五加皮何首烏

沙參瓜蔞百合苦參香薷薄荷紫蘇紫荷車亦名金線重樓惡實半夏草麻天麻天蕎麥芭蕉紫花地丁女貞實蔓荊實槐實天花粉栢子仁蒼朮金星草葛根桑寄生穿山甲香蛇產臨山歡喜嶺虎脛鹿茸

茶之品杖錫瀑布嶺建隆縣者佳並稱四明茶化安次

之童家嶴又次之雨前摘四明茶芽瀹以山泉綠波微動香風徐來其味淡而永越產首推日鑄未知孰勝孫因賦云若餘姚之瀑布兮尤茶經之所誇嗟陸羽之不逢兮宜鑑味之絕少昔充貢尋罷

竹之品筋竹苦竹淡竹燕竹燕來時筍出故名箭竹毛竹或作猫又作茅簝竹作紙龍鬚竹鳳尾竹斑竹紫竹慈竹筍繞竹母亦名孝竹筀竹亦名[illegible]竹篠竹桃枝竹韌堪作篋又桃枝石竹小而密植為籬筍惟慈苦二竹不可食毛筍未出土曰潭筍味佳又毛筍脯燕筍乾嫩而淡者佳

木之品松栢榛榧櫧橡（似栗而澁）樫（似栢而香）梓樟豫（合歡）木犀（昔龍山朱氏庭中有白木犀忽吐丹花占曰此狀元兆已而王海日華宅其所果然狀元）

梔子楊柳冬青黃楊槐榆桑柘烏桕黃椐楝楓

梧桐又桐（子可為油）樻楮櫸櫟朴檀楷木槿皂莢（四明山祠宇觀有皂莢樹絕大劉樊于此飛昇焉呼為昇僊木［宋孫應時詩］劉樊蟬蛻此登僊老木當年已挿天僊骨半枯猶秀潤蒼皮新長更縈鮮蟠桃待熟三千歲銅狄重摩五百年化鶴未歸山寂寂徘徊誰與問因緣［鐵崖之詩］辟穀昇僊世所奇幾人到此亦成迷齊眉化羽歸何處樹老山空鳥自啼）椶櫚杉檜（松身栢葉）

羽之品鷄鴨鵞鴿燕雉雀鴉又寒鴉（比鴉小）烏（孝烏也與

鵅珠鵲又山鵲鶯即倉庚一名黃鸝詩人謂之黃鳥鶪鴂俗呼鵙舅翡翠練雀鷹鷺鸕鷀戴勝即鳴鳩又名布穀杜鵑一名子規鴟鸛鷄鷹鶻鳩一曰鶻鳩月今稱鳴鳩斑鳩項有繡文善食半夏鶉鳩灰色無繡陰則逐其配晴則呼之語曰天將雨鳩逐婦斲木鸛鴒畫眉鴿鵒俗呼八歌白頭翁黃頭山和尚百舌桑扈鷸紅鴉多雨則鳴鴛鴦鳧野鳥鵓鶘鷗咻咻夜鳴輒大水

毛之品馬驢騾牛羊犬豕猫豺虎貉鹿麂孔曄記云龍泉山有三足白鹿按列僊傳葛僊翁於女几山學道常凭桐几已而僊去几化爲三足白麂今龍泉山有葛僊井遂傳有三足麂焉狐兔獾狗竹狗獾猪豪猪獾狸

玉面貍雪中取者最腴獺田鼠松鼠野豬大者二三百觔山珙野僧饜之不以入市猿山家謂之鞠侯陸龜蒙詩何事鞠侯名先封在四明但爲連臂飲不作斷腸聲野蔓垂纓細寒泉佩玉清潚林遊覓子誰爲作君卿皮日休詩堪羨鞠侯國碧巖千萬重煙蘿爲印綬雲壑是隄封泉遣狙公護果教獼子供爾徒如不虓應得躡玄蹤近獵得異獸如羚羊狀者

鱗介之品石首魚來自定海邑後海亦間得鯔魚其色黑如緇頭微匾杭人謂之鮀頭魚瀕海處多有之緊不如姚產佳桃花時猶勝明謝文正遷詩我家舊住東海濱盤食市遠惟鮮鱗腐儒麤糲自安分筵前不慕羅綺珍千年謬竊黃扉祿堂膳虛叨大官肉太牢滋味違賤腸翻憶魚羹常不足秋風蕭瑟吹旱寒尊鱸野興歸張翰鹽梅調劑愬無效迴思鄉

耳殊汙顏江湖悠悠隔霄漢從今取足魚羹飯食芹知美敢忘　君欲覷無由發長嘆孫文恪陞詩思歸夜夜夢鄉居何事南宮尚曳裾家在慈州東近海鯔魚味美勝鱸魚其子曰鱝子亦道地佳品鱓魚類鯔而小梅魚類石首而小鯧魚鰽腹細鱗麥熟時出俗呼麥鱟鰵魚彈塗善跳亦曰跳魚箬獺狀類鰟郎比目魚鯉分三色自出黃山港至汪姚橋曰姚江其鯉口尾青自橋而西至西石廟曰舜江其鯉口尾赤自廟而西曰蕙江其鯉口尾白而微黃共在一水中而分界不亂明許穀詩江流一派碧波浮分出三江各自流何事潛鱗亦三色揚鬐分界不同游皇甫汸詩三江橫貫兩城中同是潛鱗色不同更道鯽魚燭溪上林芳州多蕙草幾叢花發倚春風二湖產者佳鰣魚名惜鱗魚產臨山後海不多得時魚其大如筯小麥熟時一時有之故名

亦呼小麥魚產積慶寺前溪舊志卽作鱗魚者非銀魚產石巍橋之東傍南岸江水中

四五月間有鮆有江鮆海鮆鱖魚鮎魚烘魚橫扁無鱗黃色

濱海人烘乾食之青魚鰱魚池塘間所畜白條魚鯿魚鱧魚

黑色善食魚俗呼烏鱧魚鰕鱔鰻箭鰻產海壖其大如箭味其美黿龜鼈

蚌螺蟶蜆蛤蜊黃蛤吐鐵狀類蝸而殼薄吐舌銜沙沙黑如鐵至桃

花時鐵始盡吐乃佳醃食之宋厲無咎似詩免冠思脫三塗難吐舌甘從五鼎烹蟛蜞蟹

不可食昔蔡謨誤食蟛蜞君子譏其不熟爾雅謏曰揀蟹得蟛蜞蟛蠘蟹沙蟹

黃甲蟹本蛑蝤其甲黃俗呼黃甲紫蟹紫色苦楝花時挾子而至語曰苦楝開紫

蟹來白蟹稻蟹九月團臍十月雄鼃俗呼田雞蝦蟆子曰科斗

蟲之品蠶（再蠶曰原蠶）蜂（家畜曰蜜蜂）二者民利存焉餘邑不具載

貨之品鹽通商利民海濵上產自梅川之白沙而東者色白質鬆味差澹宜食自開原之道塘而西者色微黑質重其味鹹然醃物不敗（按亭民煎鹽之法海潮每至沃沙日暴沙白用鐵刀刮鹻聚而苫之乃淋鹻取鹵然後試以蓮子每用竹筒一枚長寸許取老硬石蓮三枚納筒中探鹵三蓮橫浮則極鹹謂之足蓮鹵亦謂之頭鹵二蓮橫浮次之若三蓮俱直浮其鹵薄不可用竹盤者編竹爲盤中爲百耳以篾懸之塗以石灰纔足受鹵燃烈焰中鹵不漏而盤不焦灼一盤可煑二十過近亦稍用鐵盤）綿布葛布

苧布絲絹綿紬靛菜油柏油燭炭秘色磁器初出上林湖唐宋時置官監窯尋廢

三年夏金虜寇邑令丞皆奔虜署陳蔣彥知縣事

葉烜四年　蘇忠紹興二年　徐端禮三年

陳時舉四年　趙子潚七年有傳　樓琚十年

朱伯之十四年　高敏信十七年　李碩二十三年

蘇忠覬二十六年　王將之二十九年　趙綱立三十年

王度隆興元年　王涓二年　王冉四年

蔡憲七年　許昌言八年　留觀順一云觀順九年

趙公豫淳熙元年　樓鉢三年　范直質四年

章澐五年　張渭八年　李祺壽十一年

蔣倫十三年　姜處寅十四年　湯宋彥十六年

李申紹熙三年　施宿慶元二年有傳　常褚五年

趙善湘嘉泰二年後至太守　何沆開禧元年　洪褘二年

宋深二年　趙希哲嘉定二年　朱拂五年

俞抗八年　王梴十一年　袁肅十五年

陳忠直十六年　王綸十七年　孟繼華寶慶元年

孟點紹定元年　趙汝熟端平二年　王佖嘉熙二年

劉彝孫四年　陳允平淳祐三年　陳剛翁七年

李庚寶祐二年　趙崇倏景定三年　陳維嘉咸淳七年

趙崇簡八年

縣丞

馮榮叟　晏敦臨　黃仁儉俱紹興中

主簿

李子筠熙寧中有傳　陳宋輔僊居人覺民子也政和初進士召對首論二蔡坐貶姚簿有名　聶應泰　王絪俱紹興中

縣尉紹興初增置武尉一人

葛良嗣嘉祐中麗水人　楊襲璋有傳　史浩有傳

魏杞俱紹興中　沈煥隆興中定海人　趙伯威紹熙中

陳鍾慶元中　史彌迥嘉泰中　范金

趙時鏞俱嘉定中　葉鑄寶慶初　張仕遜景定中

吳化龍咸淳中

學諭

沈希賢咸淳中

山長　主高節書院

徐興隋　岑翔龍俱咸淳中

按唐耿緯及宋梅宛陵范文正蘇文忠集有送

謝夷甫及薛持正劉謝兩寺丞馬謝兩廷評出

宰餘姚詩諸公之言皆金玉不與非人又閱海隄後記有牛秘書嘗知餘姚作石隄捍海而晦翁則記永嘉君治餘姚有古循吏風及餘姚令不肯受朝廷和買足錢已乃民蒙其施惟謝廷評爲師厚氏此其人昰著事在名宦傳餘若此類名湮滅不稱不可得而論列之悲夫耿緯送謝良甫宰餘姚君去方爲宰干戈尚未銷邑中殘老少亂後少官僚廨宇經兵火公田沒海潮到時因變俗新譽藹餘姚梅聖俞送馬廷評知餘姚越鄉知勝蜀君去莫辭遥曉日魚蝦市新霜橘柚橋河流通海道山井應江潮近邑逢鷗鳥先應避晝橈送韓持正知餘姚君家二仲父連爲吳

越宰錢塘與蕭山治迹應無改魚蝦莫厭腥網
罟從人採天晴姚江清縣鼓潮翻海送謝寺丞
知餘姚姚江千里潮汐應山井亦與江潮通秋
來魚蝦不知數日日舉案將無窮高堂有親甘
可養下舍有弟樂可同縣民舊喜諸郎政勿力
莫愧今爲翁送師厚宰餘姚吾從淮上歸君向
海澨太公安知無幾舍邂逅不相遇頗知飛空雲
到月不得附月行旣不留雲亦值風故誠知會
合難豈是忘所赴我雖躡新屐心不舍舊屨誰
謂若世人食氐思棄鄒君南我赴北日見鴻鴈
度茲欲遠寄書鴈行且高攄但謂金石亡於時
儻無忤范仲淹送謝廷評知餘姚世德踐甲科
青紫信可拾故園特榮輝高門復樹立餘姚二
山下東南最名邑烟水萬人家熙熙自翔集又
得賢大夫坐堂恩信敷春風爲君來綠波滿平
湖秉輿訪隱淪今逢賀老無文藻凌雲處定得
江山助未能同僊舟離樽少留住行行道不孤
明月相隨去蘇軾送劉寺丞赴餘姚詩中和堂

後石楠樹與君對牀聽夜雨玉笙哀怨不逢人但見香煙橫碧縷謳吟思歸出無計坐想蟋蟀空房語明朝開鏁放觀潮豪氣正與潮爭怒銀山動地君不看獨愛清香生雪霧別來聚散如宿昔城郭空存鶴飛去我老人間萬事休君亦洗心從佛祖手香新寫添界觀眼淨不覩登伽女餘姚古縣亦何有龍井白泉甘勝乳千金買斷顧渚春似與越人爭日注末四句舊志原載於山川志龍泉之下

朱熹手記　姚江孫明遠來訪歷陽張温夫於翠巖山中具言邑大夫末嘉君之政甚美公年明越饑姚爲甚而民不貴糴官無抑糴之擾吏不得舞手其間民和樂不知爲儉歲真有古循吏之風矣

和買疋錢　宋太平興國七年馬元方建言方春時預給庫錢貸民至秋輸絹於官謂之和買紹聖中請令下戶輸錢故又謂之疋錢科折無度民甚苦之

元

初制縣設尹後陞縣爲州並監以達魯花赤一人郡志削而不錄夷之也然夷狄而中國

則中國之姑次
之以志變云

監縣

馮帖古歹至元中　李札忽兒歹

陳忙古歹　木八剌

縣尹

杜仲仁　岳嵩　翟廷玉

孟之達　龐順　陳鑑　夏杞俱至元中

縣丞

蕭脩巳至元中

主簿　缺

縣尉

馬驥　鉅野人至元中爲姚尉以廉幹聞父老立碑記其聲績

教諭　缺

訓導　缺

山長

張澍　山陰人　卓彌高　俱至元中

監州

脫博歹　元貞二年　寶合丁　大德中　愛也祖丁

木八剌　曲薛的斤　亦璉真

禿禿迭失不花至大三年　帖陌

察罕延祐中　普吝失里　劉隆至治中

脫脫有傳　暗都剌泰定中　拜住天曆二年

曲薛捏至順中　忙兀歹元統元年　阿昔帖不花至正中

哇哇　也里不花　烏伯都剌

奧蘭鐵睦爾

知州

高慶仁元貞二年　張德珪大德中　羅天祿

完顏從忠　焦簡　元貞

張謙　羅坤載 延祐七年　牧薛飛 至治中

羅也速兒 泰定中　宋元佐　蕭元賓

李恭 天曆二年有傳　王惟正 至順三年　劉紹賢 至元元年

何蒙 五年　盧汝霖 至正中　劉明祖

龍霖　朱文瑛　盧夢臣

汪文璟 有傳　郭文煜 字彥達，大梁人，嗣文璟為州，以德治稱。其先有

盧夢臣者，名聲等於

文煜。州人並見思焉。　張祚

董完　哲溥化　汪濬　李樞

州同

擦馬赤　王士志　劉郁

丘鐸　張成　劉榮

八哈兀丁　王玠　趙孟貫

禿干牙里　侍其毅　趙允中

周徵以上年次佚　夏賜孫延祐中　王淵

鐵閭　楊思義　脫因納

徐容　贍思丁以上年次佚　帖木兒不花

賈策天曆中　蠻子　吳仵兀不花

何貞童至順中　徐容　字文公諒有傳

劉煇有傳　江燕呂喜多　陳去失不花

李適祖　那海　宋天祥至正中

觀觀　大都不花　李英

戴翔　海朝宗　斡堅不花

判官　二人

徐温以下年次佚　趙驎　張伯惠

王英　張惟剛　史孝純

李世寧　尹翔　李椿

段好古 張理 尹世敬

和爾嘉珪 蕭政 王思恭

趙增 李讓 鄒潤祖

王伯顏察兒 汪文璟後知本州 方君玉

牛彬天曆中 王察罕章 張志學

唐儁 石抹五十六以下年次佚

亦思哈 虜忽禿帖木兒 楊文傑

李仲良 脫因不花 葉恒至元中有傳

完者都 花判官至正中名佚 楊興祖

皇明

知縣

陳公達洪武四年有傳　徐曾詹南陵人十一年　李清仁化人十七年

唐復三十三年有傳　都昶永樂二年有傳　馮吉上海人三年

王文十一年　薛文清長泰人十七年　劉仲戩廬陵人國子生預脩永樂大典書成授今職有能稱後以言事忤旨謫置景州十八年任

黃維宣德元年有傳　盧昶封丘人四年　李郁山陽人監生正統四年

余凱六年　余克安上饒人九年　蘇宏襄陽人十二年

陳敏巴縣人景泰元年　詹源澤黃州人五年　金綬上海人天順元年

張禧三年有傳 王珩巴縣人五年 張杰上海人八年

黃瑜成化二年 劉覞六年有傳 董安漳浦人十二年

胡瀛十五年有傳 賈宗錫字原善常熟人由進士知姚用廉靜寬和爲治遷監察御史十八年任 王貫順天人弘治元年 張弘宜四年有傳

程王江西人七年 周霖字希說乾州人以進士知姚剛果有爲獄無停繫人服其能擢監察御史九年 董鑄安肅人十五年 顧綸嘉定人十八年

張瓚正德五年有傳 劉守達開州人八年 呂祚真定人十年

朱豹十五年有傳 丘養浩十六年有傳 楚書字國賓寧夏人進士嘉靖四年任廉能有執持蒞縣一年郎以憂去百姓至今思之

楊銓郯州人六年　左傑恩縣人八年　江南濟陽人九年

顧存仁十一年有傳　顧承芳臨淮人十五年　阮朝策麻城人十九年

劉應箕巴縣人二十四年　胡宗憲二十八年有傳　沈晃丹徒人三十年

鄭存仁臨清人三十一年　李鳳番禺人三十三年　李伯生巴縣人三十五年

徐養相睢州人三十六年　周鳴塤四十一年有傳　張道四十三年有傳

鄧林喬四十五年有傳　李時成蘄水人隆慶五年　陳昜萬曆四年有傳

丁懋遜九年有傳　周子文無錫人十四年　葉燁十七年有傳

馬從龍二十年有傳　江起鵬婺源人二十五年　史樹德金壇人二十九年

黃琰晉江人三十一年

縣丞

胡寧 太平人 永樂中 王顴 正統中 蕭瑛 襄陽人

宋貴華 馬高 嘉定人 周貫

羅靖 景泰中 吳忞 劉方 天順中

陳纓 成化中 李寔 廣安人 沈績 弘治中

于英 金幹 王珙 黃曜

魏珊 楊州人 楊昌廷 正德中 蘇霄

謝忞 魏居仁 嘉靖中 廖振纓

宋鎬 陸浙 吳江人 金韶 太倉人 附傳

徐璣武進人　甯守礽　羅鈇有傳

趙鏜　江東鳴　滕瑆

范選　郭鎔隆慶中　姜珙

佘用中銅陵人萬曆中　周寶上海人　賀嘉邦辰州人

王道行長州人　江原岷歙縣　鄒正巳雲夢人

沈惟中山陽人　楊元臣有傳　朱應魁靖江人

余建立滿城人　胡應淅直隸和州含山人萬曆中

主簿

秦猷舒城人永樂中　張祥泗州人　金肴務宣德中

王興　吳成正統中　許文

李顯天順中　陳諒　張勛成化中有傳

方璇　趙奎　陳聰

喬嶽弘治中　梁紹　劉希賢有傳

劉希賢越四年復除　陳瑄　張世忠正德中

彭瓘　任恩　朱鋼

陳泰　彭英　詹鵬歙縣人

李光義清水人　繆鳳　孫相

朱邑　張恩　竇槃

凌東漢　汪肥　方澤

姚濂隆慶中　孫旦　李序
馬元齡吳縣人萬曆中　宗周閩縣人　路汝讓建德
王雲同　顧應乾興化人　張卿莆田人
孫承宣休寧人　傅汝霖漳平人　陳嘉訓江浦人
程尚友休寧人

典史

劉勉正統中　楊茂　高敏天順中
胡庸　張聰成化中　陳瑞
林富　曾瑛　李才昂

郭宏弘治中　唐榮　葉香

徐真正德中　李成　張魁松江人

陳佐　于詢嘉靖中　劉文璁淮安人

歐陽京泰和人　吳富　李鍾

彭達　何順　高克脩

胡大寬隆慶中　胡楦　梅守儉宣城人萬曆中

涂經豐城人　黃佐晉江人　李從秀同安人

張可繼星子人　陳舜綱沅陵人　劉治莆田人

劉銑南昌人　楊如璋漳州衛人

教諭

許泰邑人洪武中有傳　岑文璧邑人　施尊

黃金鉉永樂中　林觀寧德人　陳慶宣德中

程晶　王懋池州人正統中　高敏漳浦人

羅昇泰和人景泰中　胡璺龍溪人成化中　姚倬

陳璘武進人弘治中　李烜浮梁人　蕭夔泰和人

陳汝玉莆田人　易宗化攸縣人　范魯巴縣人

譚璋正德中有傳　吳瑛　梁廉太和人

徐銳嘉靖中　陳珪　王諫新建人

彭漢新會人 李璦臨川人 李時雍宣化人

危麒邵武人 潘時金壇人 劉尚平

王球華亭人 莊天恩有傳 周大章吳江人

梁自新長汀人 隆慶中 程蒙吉常熟人 方齊莆田人

徐進堂馬平人 萬曆中 譚大始南海人 黃墀有傳

何其聰合浦人 林一煥臨海人 馬應龍武進人

周世臣金谿人 霍維城南海人 鮑士龍歸安人

王寅賓慈谿人 錢胤選慈谿人

訓導 二人

趙宜生邑人洪武中有傳　王至邑人有傳　華彥高邑人

岑宗鶚邑人　王挹源　華彥良邑人

王升山陰人　劉叙永樂中　詹項樂平人宣德中

華孟勤邑人正統中　林彌贊莆田人　鄭賢莆田人

童養性德興人景泰中　王鈍金壇人天順中　王拱辰成化中

曹瓚　姚瑄弘治中　林大霖莆田人

俞昂永豐人　王璵上海人　王福長洲人

方準滎澤人　鄭光琬莆田人正德中　張善繼懷安人

蘇子受海陽人　陸懷烏撒衛人　詹拱浦城人

雷世燧清流人　張世宜懷安人嘉靖中　謝賢貴溪人
陳元龍溪人　毛仲麟豐城人　劉邦才慈利人
譚大綱太庚人　諸應朝上海人　李時龍嘉定人
潘詩武進人　汪梓桐城人　張標閩縣人
宋守元華亭人　季允濟常熟人　許滇興化人
李惠廣昌人　朱煦上海人隆慶中　吳憲太倉人
梁榜宣平人　鍾梧萬載人　嚴而泰臨川人萬曆中
張瑚清平人　周邦新丹徒人　王臣僊居人
葛鑾臨安人　閻九經揚州人　謝思謙楚雄人

鄭從善常山人　項邦憲永嘉人　孫正誼西安人
余曁鄞縣人　鄭楫上饒人　李陽溥桂東人
蔣霑徐州人　錢瑩烏程人

官師題名徃代已矣明興以來何可少也茲僅從故牒中索而志之不寧惟佚猶虞其譌嘉靖庚子通判葉金視學始立石題師儒名乃縣官自未有謀始者謀之當在今日

餘姚縣學教官題名記　維皇建極稽古右文自國都以至邦邑咸立學宫聯以師儒吾姚師儒之設舊矣然而未始題名也畀陵葉君以府判鼙握姚符一日率弟子員游學

宮登明倫堂詢人摭跡考昔教故則教然曰茲非有司者之責耶乃按籍自洪武庚戌迄今得教諭許泰而下若干人訓導趙宜主而下若干人礱石刻名虛左以待來者揭之堂壁而屬記於予予聞古先哲王留情教學以德行道藝造士而興賢者能者其柄綜領於師儒先民有言曰師儒不立則天下無正學雖有土地富貴亦利族任何所恃以相繫是必得賢師儒凝範肅槼弘敷典彝之大推明教化之端則士服訓章崇德藝教行而不悖化流而無滯風俗純美邦家奠安其不然者反是矧吾姚髦士名卿肩跡踵接不惟藝文英華溢海內風節忠勳往往爲國禎榦數休無斁咸出學宮則師儒之職關係尤重比來師儒宦迹所及覩聞者炤灼具在其所弗知詢諸閭里長老猶能記憶人品高下學術張弛典廢得失如辨黑白不爽也名勒于石雖止繫書姓氏爵里歲月然如衆之挈領無弗舉者矣後之君子日升斯堂顧斯名鑒觀前人

罔弗悚焉瞿惕焉省勸懲而懲戒之踐畝脩紀爲士作程俾濟濟祁祁出爲世用者皋足以信今而傳後益彰吾姚人才之盛光聯簡册聲馳不朽則是石也寔寓砥礪之道豈細故也哉嫌君名金治吾姚數月愷悌宜民百度釐飭兹舉直其一事云　賜進士及第翰林院編脩文林郎校録　列聖御文五經諸史邑人孫陞撰

新脩餘姚縣志卷之十二終

萬曆 新修餘姚縣志

2

紹興大典 史部

中華書局

新脩餘姚縣志卷之十三

選舉志 共二卷

薦辟　進士　歲貢　武舉

吾姚山[illegible]之氣東距於海西砥於江山廻水滙蔚爲人文無論辟召明經代稱多士自我祖宗獨隆制科之選而斌斌文學應運而起每屆試期月旦之所屈指者若而人十不失一二也士尚本實故名不虛附葢世風之一盛云乃今稍以不繼豈盛衰固有司之者歟抑在人也撫

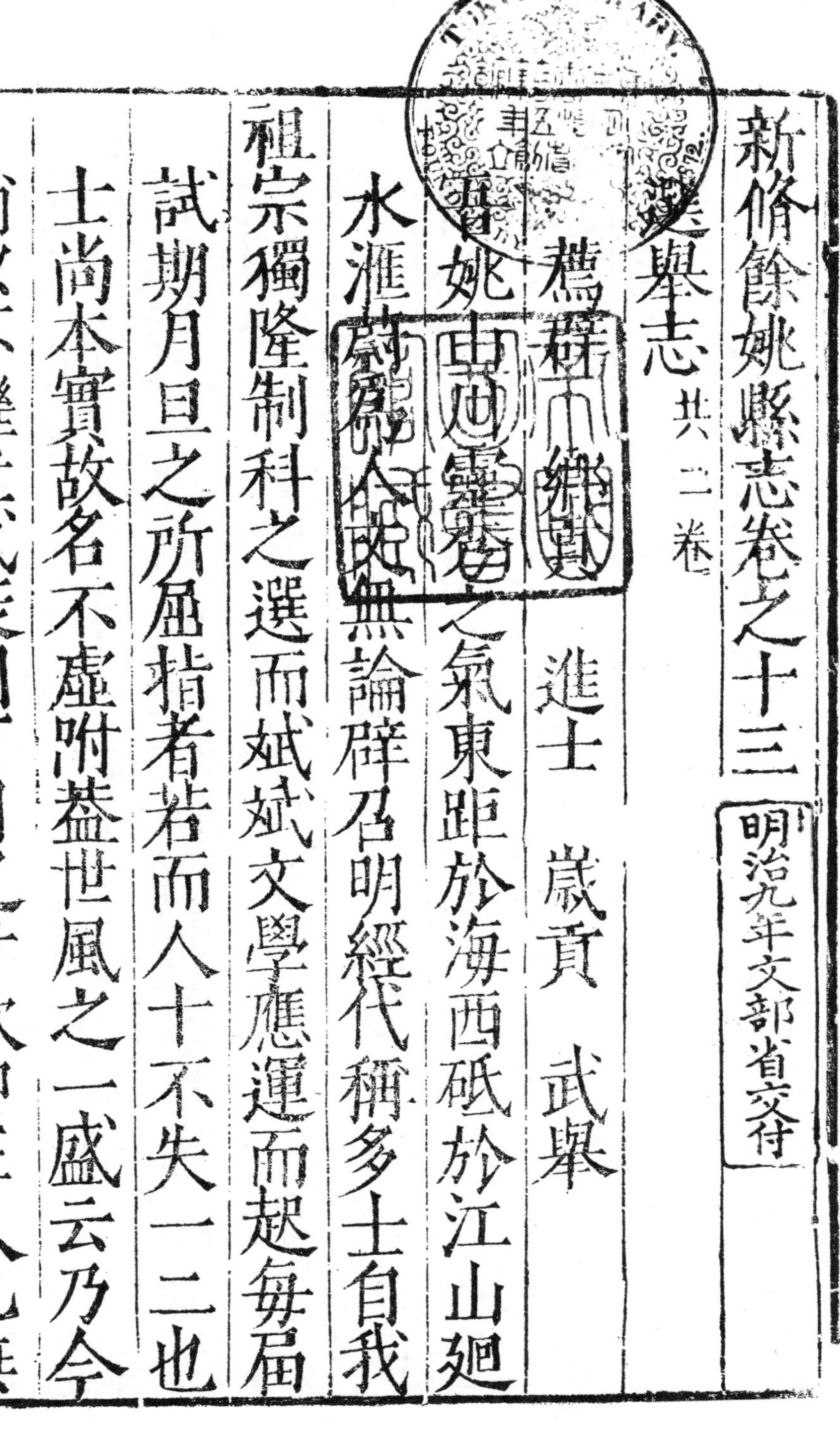

工函粵工鎛非一人之爲工也工與工言工故夫人而爲工也俗工遇之則卻步今士郎不遜奇徃哲然或脩名而不脩實狎於自廣而耻於受規若彼良璧不藉琢磨則其美不完猶將見誚於俗工而乃咎地脉感已試觀倭變以來武科亦頗能自奮則盛衰豈不以人哉作選舉志

選舉志上　薦辟　鄉貢

薦辟

取士薦辟尚矣四岳之舉非耕稼之夫哉壯望

歷山蒼蒼如故也

明興洪武六年詔罷科舉令有司察舉賢才是時方旌之召姚不稱之弘正而還何寥寥也士大夫率由科目起家而山林遺佚之士未有與之伯仲者夫經術誼不足以盡士要以厲世磨鈍則辟召亦胡可少焉志薦辟

吳

虞翻　舉茂才
有傳

晉

虞喜舉孝廉秀才賢良不就有傳

虞潭舉秀才有傳

虞預舉孝廉不就有傳

陳

虞荀舉秀才有傳

元

大德元年丁酉

徐仲达學士院僉書侍郎制置司幹辦公事

燕宗允宋户部侍郎世良子沿海

大德二年戊戌

王文衡　魏貴龍翰林待詔

大德四年庚子

李世昌嘉興路學正　楊國賢市舶提舉

大德七年癸卯

王希賢國子助教　高榮龍紹興路教授

大德十年丙午

孫原彝山陰教諭闡明理學克纘[illegible]湖先生之緒

至大元年戊申

吳復卿溫州路判官　唐與賢浙江提舉司都事

岑賢孫 國子監學録

至大四年辛亥

史其希 昌國教諭　　魏愷 總管同知

徐彥威 崇文監典簿

延祐元年甲寅

楊國用 嵊縣教諭　　李昊 慈谿教諭

延祐二年乙卯

李自强 蕭山教諭　　魏政 建寧路學正

延祐四年丁巳

岑伯玉會稽訓導　　張溥嘉興路總管太守

岑可久河南宣撫使

元統二年甲戌

汪斌鄞縣教諭　　吳鏞象山教諭

王嘉間有傳　　魏銘建昌路學正

汪性本學訓導

至正五年乙酉

方栢夔州路經歷　　胡秉常台州路學録

史叔頡瀚州山長　　聞人煥字致遠清介端嚴鄉黨尊

興之辟爲永嘉尉終

括蒼簿並有治行

史應炎 市舶使

後十五人年佚

胡璉 慈谿訓導　鄒處恭 台州路判官

楊瑀 縉雲教諭　岑華卿 松陽教諭

胡廷獻 象山教諭　楊仕恭 釣臺山長

李文龍 常山教諭　岑俊卿 道一山長

劉文彬 丹陽山長　趙惟翰 永嘉教諭

楊瑛 慶元路學正　徐良玘 西安尹

胡建中　　岑文仲

楊得榮嶺南道刑獄提舉

皇明

洪武元年戊申　詔禮部行所屬選求經明行脩賢良方正材識兼茂及童子之穎

車誠有傳　胡惟彥有傳

洪武二年己酉

錢茂彰陜西按察副使

洪武三年庚戌

岑宗鶚 翰林院典籍　　趙宜生 有傳

洪武四年辛亥

王至 有傳　　許泰 有傳

王綱 有傳

洪武五年壬子　詔科舉暫且停罷令有司察舉賢才

宋玄僖 有傳　　岑襲祖 邵陽知縣奉詔采詩

洪武七年甲寅

朱至善 福州知府　　華彥高 本學訓導學職賜冠帶自彥高始

胡文煥上虞知縣　陳伯瑀

洪武八年乙卯

于子安臨潁主簿

洪武十年丁巳

徐伯庸定遠知縣

洪武十一年戊午

王在會稽訓導　吳延齡清澗教諭

岑文皡　陳弘道北平按察僉事

洪武十二年己未

宋棠有傳　王敬常兵部郎中

華彦良本學訓導　趙謙有傳

岑道安宿松知縣

洪武十三年庚申

陸雍言　陳順説南海主簿

徐士涓有傳

洪武十四年辛酉

徐得名盧州知府　華孟勤知縣

趙志廣吏部郎中福建叅政　周無善崇仁知縣

洪武十五年壬戌

李方　江都縣丞

洪武十六年癸亥

李純卿　臨淄主簿　奉化勸農

洪武十七年甲子

王旭　有傳　　莫如璟　將仕郎

趙鳴讌　河南道御史　　華宗善　長洲教諭

洪武十八年乙丑

楊子秀　麻城知縣　　陳公著

岑黼 遼府紀善

洪武十九年丙寅

許子中 山西道御史　　岑如轅 鄱陽知縣

洪武二十年丁卯

魏廷實 刑科給事中　　虞文達 福建按察司副使

洪武二十二年己巳

趙謙 再被召

洪武二十三年庚午

徐祖厚　　錢友仁 教諭

錢伯英有傳

洪武二十四年辛未

史孟通乾州判官　高性之四川按察司副使

景星有傳

洪武二十五年壬申

宋邦哲玄僖子廣州知府　沈永彩蘄州知州

張壹民有傳

洪武二十六年癸酉

韓自寧南安府經歷

洪武二十七年甲戌

宋邦乂玄儲子梧州知府　岑武治德安府經歷

孫尚禮增城知縣

洪武三十一年戊寅

王景祥應天府推官

永樂元年癸未詔內外諸司文職官於臣民中有沉滯下僚隱居田里者各舉所知

宋虞生　陳叔剛舉賢良科有傳

永樂二年甲申

方達善 石門巡檢

永樂三年乙酉

周宣 順義知縣　　宋緒 有傳

趙膺廸 二人俱永樂大典

永樂四年丙戌

宋孟徽 紀善　　朱德茂

張廷玉　　劉韶 二人俱永樂大典

永樂五年丁亥

莫如璨 再被召　　虞煥 宣城知縣

永樂十三年乙未

周徽 袁州衛經歷

永樂十五年丁酉

項端 金壇訓導

永樂十八年庚子

舒子占

永樂十九年辛丑

夏昂 北通州知州

永樂二十年壬寅

魏廷栢今肥知縣

宣德元年丙午

陳贄太常少卿

正統二年丁巳

潘楷有傳

正統三年戊午

宋楷南昌府教授

正統五年庚申

胡淵雲南左布政使

正統六年辛酉

魏瑄 濬縣丞

正統九年甲子

王深 龍谿教諭

正統十年乙丑

陳蘭 教諭

正統十二年丁卯

方端 莆田訓導

景泰元年庚午

邵昕休寧知縣

郡文學才行之士隱於民間者無聞薦舉

景泰三年壬申

楊文奎　　華采

岑九畹

周思齊崇安知縣

景泰五年甲戌

景泰七年丙子

邵曦虎賁衛經歷

天順元年丁丑

趙顒　岑琬再被召

成化八年壬辰

魏溥雲南籍訓導　陳策蕪湖縣丞

弘治三年庚戌

莊鐸曲周縣丞　楊滚松滋縣丞

正德二年丁卯

許龍龍應　詔銓宰劉璣試以詩論甚奇之首拔以　聞時逆瑾憾謝少傅遷目爲遷黨與同俾者論戍蘄州瑾敗乃赦歸終隱不仕至今稱其高抱云

周禮　徐子元

鄉貢

士鼓篋膠庠一旦登賢書而歌鹿鳴觀光策勲此其嚆矢浙額九十人越率居三之一而姚兩之其以兩都及他籍舉者不與焉然計其名寔炤灼而尚以鄉顯十不一二也

國家限士耶士自限耶志鄉貢

宋鄉舉在元祐間有李尚胡宗伋宣和癸卯有葉汝士杜師皐李膚卿張孝友高選茅宗是時越州解額十二名姚居半焉淳熙間有孫椿年

端平間有岑全方季仁吳自然淳祐間有孫子瑾孫凝景定間有葉仲凱吳應酉李午發方旂方凝方仲達其他軼者至多存者亦莫詳其年次矣

元

延祐元年甲寅

黄溍義烏籍增入

延祐四年丁巳

孫士龍元泰之子常州守岑良卿

延祐七年庚申

虞泰 廉訪使

至治二年壬戌

岑士貴　楊彝 儒學副提舉

至正十年庚寅

宋元僖 繁昌教諭 楊璲 年佚有傳

皇明

洪武三年庚戌　詔開科以今年八月爲始

岑鵬 慈谿籍

洪武五年壬子

翁希順 按舊志稱希順爲是年應詔所貢士不與科名之選乃縣學題名則列其爲六年進士郡志仍次鄉會中姑倣之以俟再攷

洪武十七年甲子 詔頒科舉程式三年一舉

沈志遠　葉原善 刑科給事中　潘存性

魏思敬　翁德延 行人司正　項復

聞人恪

洪武二十年丁卯

朱文會 常州府學教授　朱孟常 有傳　朱宗顯 嘉定知縣

洪武二十六年癸酉

錢古訓　劉季箎　聞人善慶應天榜福建副使

洪武二十九年丙子

馮本清　楊昇錢塘籍徽州府教授卒於官

洪武三十二年己卯

倪懷敏御史終僉事　葉翬蔚州知州　劉壽愻

潘義　馮吉　陳性善吏部郎中

永樂元年癸未

陸孟良　柴廣敬　李貴昌

永樂三年乙酉

徐廷圭　方怀　何晟

李應吉有傳

永樂六年戊子

柴璘豐城教諭　沈彥常教諭　聞人晟經魁

永樂九年辛卯

邵公陽雅州知州　劉辰季子篪應天榜

永樂十二年甲午

柴蘭　鮑玄璵寧德知縣　華陽熙山陽教諭

下等事耶聞諸官且抵罪吾不忍皦皦敗汝名生愧公既撤簾生在第五宴罷生復持前金謝才曰吾不敢冥冥墮行矧白日耶稍作色生又愧公猶持前金上南宮而琳已爲工科給事中往餽之琳曰家大人知君君不知家大人而又不知我耶生伏地頓首卒懷金而去

王佐 開封訓導　楊文琳 文珪弟　胡寬 應天經魁

李瓊 應天榜

景泰元年庚午

俞浩 寧德教諭　陳紀 光澤知縣　陳渤

魏瀚 瑆之子　毛傑　周冏 徽府長史

徐海　汪勉 知縣　陳嘉猷 贄之子

毛裕 順天榜　毛祚 順天榜通判

景泰四年癸酉　自此解額九十人遂爲定制

鄭節　孫燁　陳雲鶚 雲鵬弟

陳雲　莫愚 銅仁知府　孫讚 翰林院檢討

韓恭　夏膺　孫信

孫怡 順天榜靈璧訓導　華誠 應天榜兗州府同知　朱毅 應天榜御史終山西僉事

景泰七年丙子

李居義 經魁貴昌孫附傳　孫珩 國子監博士　楊芸

孫蘭 興化府同知　姜英

天順三年己卯

聞人景暉 經魁　徐瓚　諸正

華𣗥 孟學子吉府審理　陳清　柴璇 宜城教諭

黃韶　胡泰　舒春 順天榜

天順六年壬午

翁遂　黃伯川 建寧教授　楊榮

錢珍　吳智　翁信 順天榜德延孫

成化元年乙酉

石塘 經魁　金石　王濟 邵武知縣

諸觀　許謹 中年知縣　邵有良

張琳 才之子復姓史　潘義

成化四年戊子

陸淵 經魁　馮蘭　王舟

陳雲鳳　諸讓　鄒儒

翁廸　華福　陳倫

邵銓 宏譽子泰州同知　胡贇 順天榜　滑浩 順天榜

陳謨 應天經魁叔剛孫　黄謙 應天榜

成化七年辛卯

黄珣解元　盧滋南寧同知　吴一誠深州知州

宋昉驥子歙縣教諭　金鉉　張森曲阜教諭

陳洵嘉猷子錢塘籍　孫衍順天榜　黄肅應天榜

成化十年甲午

謝遷解元　毛憲傑之子　聞人珇韺之子

韓明　邵禮含山知縣　諸諫光山教諭

徐諫　郝瓛臨山衛人同知　楊憲武岡知州

吴裕順天榜　黄琪順天榜　陳渭順天榜夔州府同知

張玉　廣西榜開封府同知

成化十三年丁酉

孫昇　解元上海教諭　范璋　岑恒　知縣

胡傑　信陽學正　吳叙　張時澤

李時新　毛科　應天榜吉之子　陳筐　應天榜慶陽知府

成化十六年庚子

王華　經魁　蔡鍊　欽之弟　王恩

魏澄　潞州學正　傅錦　瑛之子　嚴謹　蕭[illegible]教諭

俞潭　教諭　高遷

成化十九年癸卯

蔡欽 鍊之兄 經魁　陳雍　傅瑛 錦父 深澤教諭

許濬 南國子監助教　王乾 仁和籍　汪鉉

華璡　胡洪　邵蕡

邵蕃　周仲昕 鹽山教諭　王楷 臨清州學正

胡日章 應天榜 教諭　潘絡 應天榜

成化二十二年丙午

翁健之 廸之子 經魁　毛實 經魁　姜元 澤教諭

楊簡 芸之子　徐守誠　張明遠

汪澤　楊譽昌化籍　葉訓傅野訓導

鄒泰　宋冕

弘治二年己酉

黃瓛經魁　錢鈍廣州府教授　邵坤

舒聰連州知州　金淮　汪集南安通判

陸相淵之子　鄒軒儒之子　馮清順天榜

弘治五年壬子

孫燧經魁　韓廉經魁　姜榮

魏朝端思恩府同知　吳天祐　諸文實清流知縣

楊忻長洲教諭　陸唐　聞人才

朱躍　王守仁華之子　楊祐

方璽順天經魁　諸忠順天經魁知縣　楊梁廣西榜劍州知州

弘治八年乙卯

夏釜知州　沈應經　李時暘順慶通判

倪宗正　杜欽西華知縣　黃鑾開州學正

徐彬宜都知縣　楊天茂　黃堂百川子山東榜

胡諒山西榜安宿教諭

弘治十一年戊午

胡鐸解元　孫清武清籍解元　陸棟淵之子經魁

徐雲鳳江夏知縣　夏㒹靈川知縣　黃嘉愛

謝廸遷之第　鄒選　汪停

史鸞琳之子　牧相　張桓順天榜

嚴敬應天榜

弘治十四年辛酉

謝丕遷之子順天解元　黃嘉會金谿知縣　諸諤廣州府推官

諸絅諫之子　陳叙龍陽知縣　胡軒

胡東皐　陳言直倫之子　張譽州學正

周旋 虞城知縣　徐天澤 順天榜　嚴時泰 湖廣榜

汪克章 山東榜　陳璣 山東榜　駱用卿 陝西榜

[illegible]天

弘治十七年甲子

沈德章 經魁　顧蘭 廬州府同知

陸選　張璿　汪和

陳言正 倫之子通判　陳克宅　徐文元

夏濬 時之孫　陳守卿　俞良貴 廣信通判

正德二年丁卯

陸餘 淵之子經魁　于震 福安知縣有傳　張逢吉

史立模　徐愛　毛紹元憲之孫

孫邦彥　陳文筐雍之子　管溥萊州府判

周坤崇化知縣　王時泰　邵惪容

正德五年庚午

孫繼先輝之子應天解元　胡悅經魁益陽知縣　楊霶茂州知州

胡愷悅之弟河陰知縣　王相荆州府判　韓洪

郭廡蕭縣知縣　徐全順天榜歸化知縣　胡昭順天榜

俞召應天榜　盧元愷河南榜晉府長史

正德八年癸酉

陳煥 經魁　施信 漳平知縣　張瀾

胡玠 初令壽張有惠政遷工部主事董大工廉慎自持不徇權貴終楚雄知府半生丱清苦鹽虀麥飯以爲常學所著有醱醋集百拙子集

胡瑞　朱同芳 同蔡兄長史　陳輔 成都同知

張心　張時啓 鷄澤知縣　徐子貞 順天榜

陳璧 山東榜

正德十一年丙子

張懷 解元　龔輝 經魁　朱同蔡 同芳弟

顧遂 蘭之子　毛文炳 憲之子　張逵 璿之子

聞人銓　毛復　俞瀾仁化知縣

徐子龍諫之子　吳廸盧江知縣　趙塤

張嵩福建榜知縣　汪克思廣西榜

正德十四年己卯

楊撫經魁　史鶴經魁　陳塏經魁

邵燁　邵煉　楊大章

諸演　魏有本　顧明復

吳成禮滄州知州　孫翥禮科給事終僉事　任重工部郎中

陳洪範　孫一清　徐元孝全之子順天榜知縣

張鏜山東榜　陳琰璣之弟山東榜　張宿廣西榜

嘉靖元年壬午

韓柱廉之子經魁福建僉事　徐珊雲鳳子　王喬齡嵩之兄

吳御叙之子　邵良金　錢寬字德洪後以字行有傳

夏璉知縣　王正思　諸陽讓之孫

朱思孟順天榜　黃思齊琪之子順天榜　陳熺筐之子應天榜知州

嘉靖四年乙酉

宋惟元　邵元吉　鄭寅

胡與之知縣　徐存義　俞大本同知

姜聯錦母徐伯母韓並蚤歲孀節韓無出二母共一孤撫教之聯錦等事二母孝謹篤至偕計北上聞韓訃歸制二年人難之子天衢天麒遞登賢科咸謂節孝之報云

黃良材知州

王綸

管見

吳仁

吳惺

孫陞燧之子

吳必孝

胡膏

孫應奎

吳璋雲南榜

嘉靖七年戊子

周如底經魁

俞介瀾之子經魁

錢應揚

許來學經魁三仕爲令俸餘買產甚薄惟父母命析之二弟父性嚴怒輒跪而受

杖無難色晚乃母子白首相依孺慕
彌篤人稱孫許孝子云

李本複姓呂　邵基子煉之　夏淳鑰之子同知

許安同知　鄭邦仰　吳至

徐建主盟經術陶鑄甚多歷福清古田今有能聲歸課其子紹卿成進士

石繼興　胡希周長山知縣　陸芹知縣

徐一鳴　毛夢龍　胡德信後改名崇德

黃齊賢　徐九皋順天經魁　葉洪順天榜

童吉應天榜

嘉靖十年辛卯

吳藏仁和籍經魁　夏惟寧經魁知州　于廷寅震之子經魁

周大有　谷鍾秀　徐方

管州兵部司務有傳　顧廉　楊世芳

宋大勺　丁克卿有傳　邵煜坤之子知縣

徐恒錫知州　韓岳　錢大經

陳紹先　胡汝存

嘉靖十三年甲午

孫汝賢經魁　張元樸之孫　葉選

盧璘　韓應龍　陸美中

邵時敏廣東僉事　鄒珩知縣　諸燮

翁大立　邵惪乂邵武知府附兄惪容傳

鄭烱　王秉敬贛縣知縣爲人朴古絕不知有世俗態解官歸廬舍蕭然日以讀書爲樂孜孜忘老人莫之知亦不求人知也

鄒絢應天榜　羅恩湖廣榜

嘉靖十六年丁酉

徐懷愛　聞人惪行　諸敬之

胡安軒之子　宋大武大夕兄　岑恕

嚴中　胡正蒙　陳采

韓阜岳之弟　蔣坎　周仕佐

王守文華之子順天榜通判　孫坊

陳莵輔之子知府　張建以上俱順天榜

嘉靖十九年庚子

陳陞煥之子經魁　諸應爵絅之子　魏有孚

董夢蘭　何一清　金蕃

楊元吉　張逵　宋岳冕之孫

王嵩喬齡弟　孫佳坊之兄　黃釜順天經魁

周如斗順天榜　汪世安克章子順天榜　陳塤煥之子應天榜

嘉靖三十七年戊午

孫汝資經魁　張岳經魁州澤曾孫　錢應揚改名應[illegible]京府判

邵堪知縣　夏道南　徐廷蘭知縣

陳三省雍之曾孫同知　胡希洛　孫錡知州

張紳　葉逢春選之子　胡維新安之子

顧燮進之子　姜天麒聯錦子知州　陳覲煥之子順天榜

孫鈞陞之子順天榜改名錝　朱應時順天榜

嘉靖四十年辛酉

張葑岳之弟經魁　周思充如斗子經魁　錢立誠知縣

管府男之子長史　徐執策守誠孫　胡旦東皐子

諸察文實孫　蔣勸能坎之子順天榜

嘉靖四十三年甲子

史鈳鵠之孫經魁　史銓鈳之兄　史自上立模子平陽府同知

沈應文譜之子　張堯年墻曾孫　任德正

盧中福州府同知長於春秋簡重有師範會稽陶氏多宗之

鄒墀　黃兆隆　姜子貞子羔弟知州

陸詔　嚴應元順天榜改名昌世汀州府同知

顧奕逵之子知縣　張道明　呂祖望月籍革以上俱順天榜

顧褒遂之子應天榜

隆慶元年丁卯

楊文元山之子經魁改名文煥　管稷

鄒學柱　邵陞惠之子　潘曰仁通判

邵桂楚之子南刑部郎中　陸部改名鎮默　邵一本

周思宸　孫汝滙　趙邦佐

諸大木應爵子順天榜知縣

隆慶四年庚午

李槃經魁　諸大倫讓之曾孫　李乾養推官

胡邦彥 知州　蔣京 通判　史元熙 自上子

陳希伊 南金子蹤子會暘　丁世偉 改名懋建　施俸 知縣

俞嘉言　陳縉 知州　孫鑛 陞之子順天榜

宋可久 岳之子順天榜知州　宋惠 應天榜知縣

萬曆元年癸酉

邵夢弼 蕃之曾孫經甥　史重淵 知縣　胡時麟

鄭道 知縣　邵堉 堪之弟　葉遵

管應鳳 府之子　錢應樂 德洪子　張敬祈 懷之孫

周思文 知縣　黃化龍　鄭昌國 福建榜

萬曆四年丙子

孫如游 堦之孫　張雲鶴 長史　毛秉光

毛鳳鳴 通判　徐震　盧元復 仁和籍

孫如法 鑨之子順天榜　韓子祁 弼之子順天榜　朱士貴 同芳子應天榜通判

萬曆七年己卯

史記勲 銓之子　蔡蒙 知縣　張集義 岳之子

姚文德　聞金和　陳鏌 陛之子順天榜

萬曆十年壬午

姜鏡 子羔子解元　陳治則 三省子　史秉直 嗣元子

吳道光叔之曾孫　葉重光　呂胤昌本之孫順天榜

顧陝夔之子應天榜　沈裕武康籍

萬曆十三年乙酉

陳謨經魁　陳治本十三省　孫繼有

丁履泰　徐應登　孫應龍知縣

朱應龍通州　諸元道文實曾孫　楊宏科九韶孫

陳所志　張釜　陳志科知縣

丁浚歸安籍　張紹魁順天解元　孫鉝錡之弟

周昌憲思充子　葉敬愿洪之孫德州籍　史記純鈳之子

孫埈　楊日章　胡正道以上俱順天榜是科

叅覈冐籍胡正道史記純孫埈楊日章俱革正道原係婺源籍王姓爲胡膏養子戊子還籍復姓更名國昌再舉戊子應天鄉試

萬曆十六年戊子

黄應玄改名球　楊維嶽　朱錦　陳黌生

吕昇改名胤昇知縣　毛可儀　蘇萬傑

沈嵒臣歸安籍　邵欽諭甦之子改名伯棠應天榜

萬曆十九年辛卯

毛鳳起解元秀水籍　魯史　孫如洭鋌之子

童志仁　韓思忠杜之曾孫　戴王言

張約禮岳之子　陳本欽克宅曾孫　張王化

潘陽春　邵圭遠久子順天榜

萬曆二十二年甲午

周汝明　黃楝材仁和籍　呂胤礽本之孫順天榜

葉憲祖逢春子應天榜　朱有光應天榜

萬曆二十五年丁酉

邵炳文稷之孫　蔣一驄坎之孫　趙應貴塤之曾孫

宋德洪大武之孫　諸允脩仁和籍　黃三策驊之孫六合籍

萬曆二十八年庚子

聞人宗望遵行孫　姜一濂鏡之子　邵元凱

俞三暘　鄭之尹臨山衞人　王先鋐宇文曾孫順天榜經魁

毛栢賓玄孫順天榜　邵穎達應天榜　邵于巘仁和籍

史起英海寧籍

萬曆三十一年癸卯

邵喻義漳之孫　馬希曾　史記緒銅之子

朱正　葉大受　趙應標

楊培文煥子　朱一騏海寧籍

新脩餘姚縣志卷之十三終

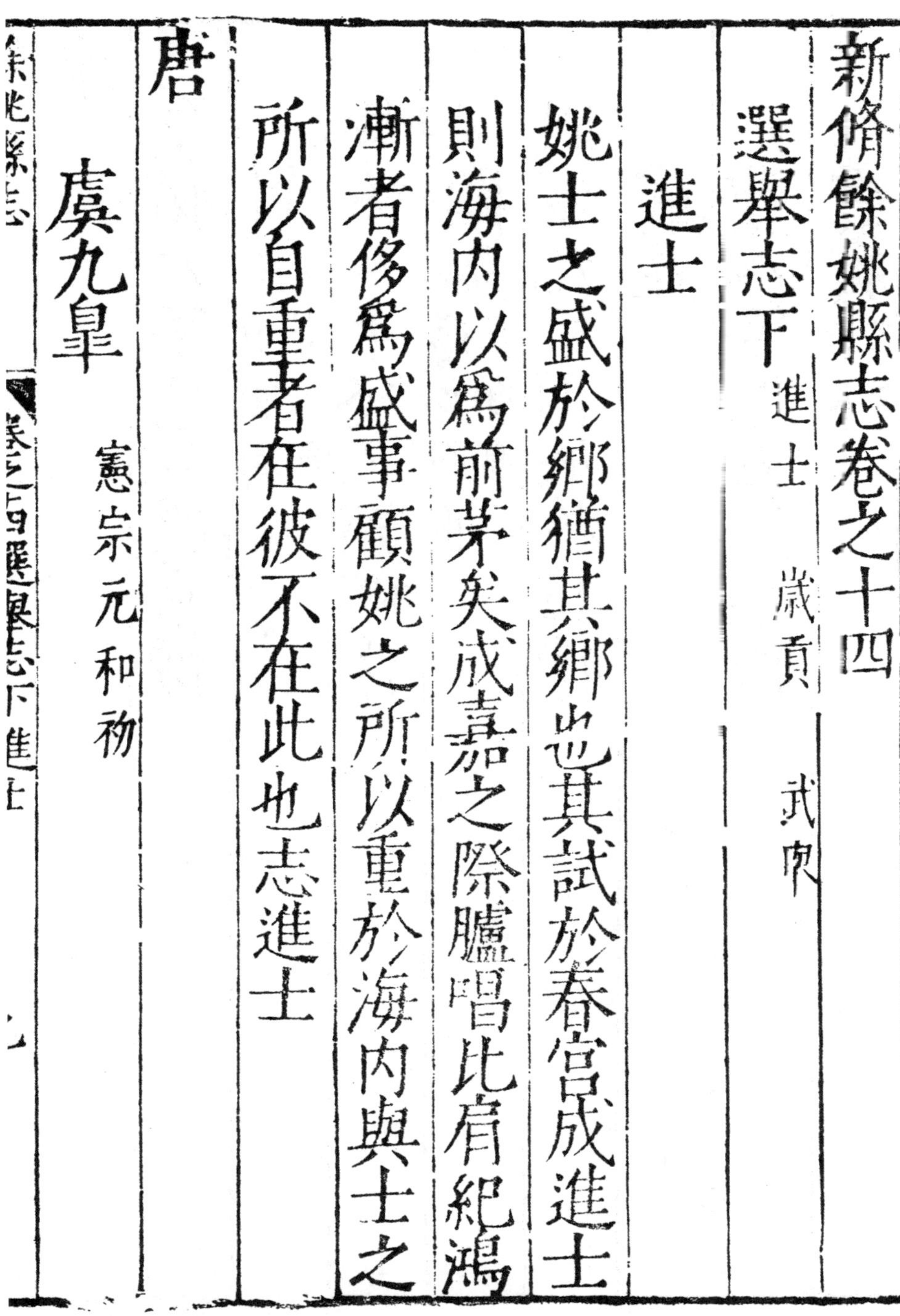

新脩餘姚縣志卷之十四

選舉志下　進士　歲貢　武科

進士

姚士之盛於鄉猶其鄉也其試於春宮成進士則海内以爲前茅矣成嘉之際臚唱比肩紀鴻漸者侈爲盛事顧姚之所以重於海内與士之所以自重者在彼不在此也志進士

唐

虞九皐　憲宗元和初

宋

皇祐元年己丑馮京榜

胡穆　屯田司員外郎

皇祐五年癸巳鄭獬榜

顧臨　賜九經出身有傳

熙寧九年丙辰徐鐸榜

虞昆

元豐八年乙丑焦蹈榜

虞賓　知縣有傳

元祐三年戊辰李常寧榜

陳毅 縉雲令

紹聖四年丁丑何昌言榜

虞大猷 虞賓之弟

元符三年庚辰李釜榜

錢克忠

政和五年乙未何臬榜

葉汝平 通判

政和八年戊戌嘉王榜

陳槖 毅之子刑部侍郎有傳

宣和六年甲辰沈晦榜

胡尚智 會稽籍

紹興五年乙卯汪應辰榜

虞仲琳　虞仲琁 賓之子侍講、 胡沂 吏部尚書有傳

茅宗 松陽令

紹興十二年壬戌陳誠之榜

傅世脩　錢移哲

按紹興二年餘姚刻資治通鑑有校勘進士

葉汝士 杜邦彥 錢移哲 陸宮 顧大治 呂充勳

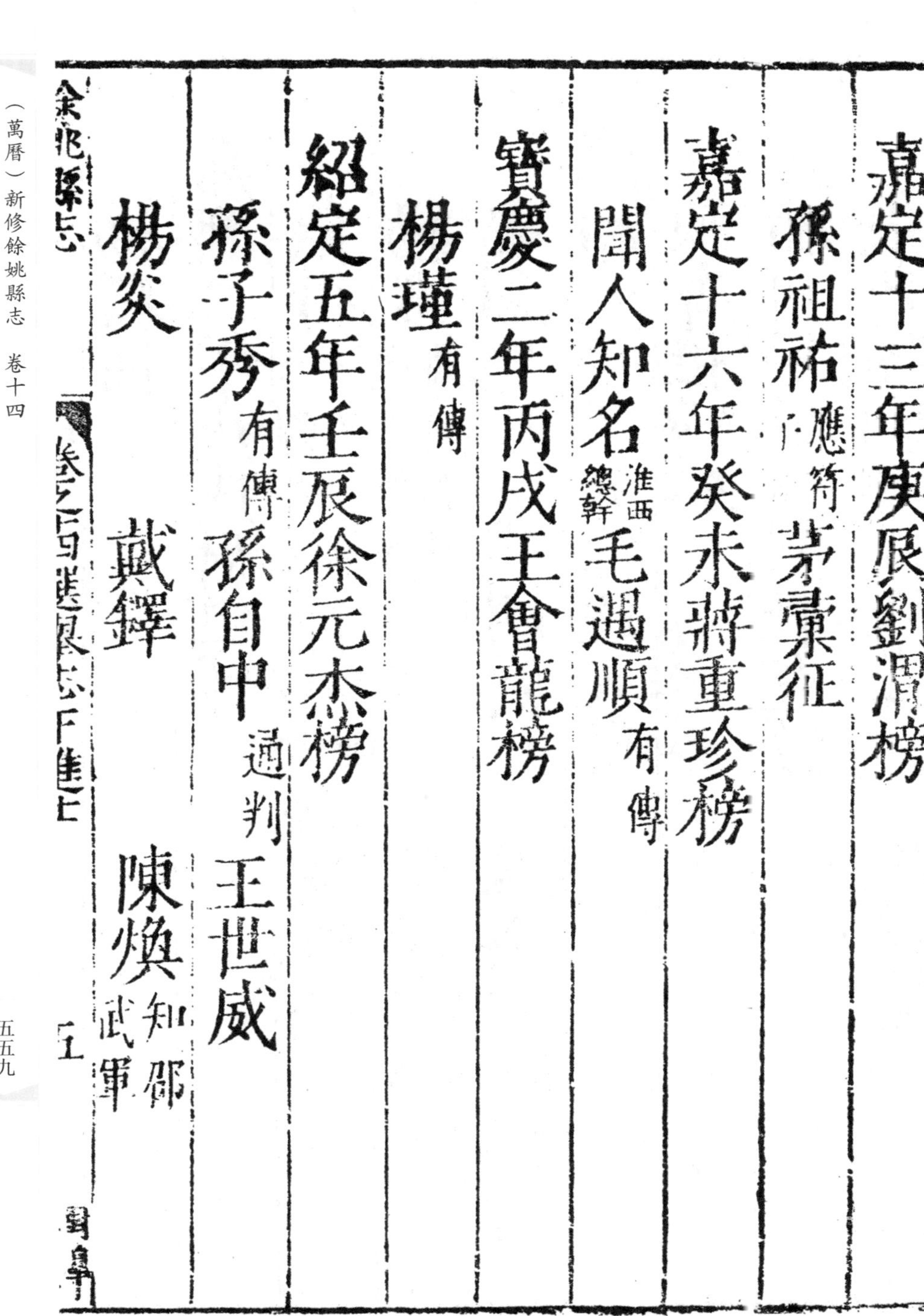

嘉定十三年庚辰劉渭榜

孫祖祐應符[illegible]　茅彙征

嘉定十六年癸未蔣重珍榜

聞人知名淮西總幹　毛遇順有傳

寶慶二年丙戌王會龍榜

楊瑾有傳

紹定五年壬辰徐元杰榜

孫子秀有傳　孫自中通判　王世威

楊炎　戴鐸　陳煥知邵武軍

楊釋回

嘉熙二年戊戌周坦榜

戴得一鐸之兄　錢紳移哲曾孫通判　戴浩得一子

楊瑾瑾之弟浙東安撫司參議　孫嚞子秀姪知常州

袁灝　趙嗣賢　岑全是升詞學科有傳

淳祐元年辛丑徐遠夫榜

陳膺祖褒之玄孫

淳祐四年甲辰劉夢炎榜

張良孫知鄞縣　任酉之　趙若淮

淳祐七年丁未張淵微榜

葉秀發　王公大　馮濟國

孫嶸叟 有傳　趙若秀　趙時嶮 通判

朱元光

淳祐十年庚戌方逢辰榜

胡夢麟 知壽昌軍　孫林 句容知縣　方季仁

孫嶸叟 林之子博學宏詞科

寶祐元年癸丑姚勉榜

趙與縉　孫象先 之宏姪教授　陳夢卓 膺祖姪黃巖尉

孫炳炎有傳　李碩教授　錢愜

唐震有傳

寶祐四年丙辰文天祥榜

姚會之崇仁令　何林　莫子材子紳弟

張順孫良孫弟　趙時泰鄞縣令

開慶元年己未周震炎榜

孟醇教授　朱國英元之孫縣令　趙時堅廣昌縣尉

趙若鐩　晏垚殊六世孫隆興府司法官

景定三年壬戌方山京榜

方山京本慈谿人後居餘姚有傳　黃衆太常博士

黃遇龍江浙提刑　華景山臨川簿　陳開先有傳

咸淳元年乙丑阮登炳榜

王峻世威姪　朱沐

咸淳四年戊辰陳文龍榜

俞廷簡有傳

咸淳七年辛未張鎮榜

厲元吉有傳　楊潭

咸淳十年甲戌王龍澤榜

陳應庚東陽尉 周汝堅溧水尉 宋鑒孫承節郎

元

延祐二年乙卯張起巖榜

黄溍翰林學士祖自餘姚徙義烏遂貫義烏籍宦成復歸餘姚舊志失載

延祐五年戊午霍希賢榜

岑良卿奎章學士

至治三年癸亥林仲節榜

岑士貴廉訪使一云黄巖判官

皇明

洪武四年辛亥吳伯宗榜

岑鵬 太常寺丞

洪武六年癸丑金鑄榜

翁希顒 初授周府伴讀遷御史以奏對忤旨謫臨潼主簿嘗名其軒曰惜陰好學不倦年三十三而卒

洪武十八年乙丑丁顯榜 自六年罷科舉後是年始詔鄉試舉人給公據赴禮部會試

沈志遠 御史 潘存性 兵科給事中 項復

聞人恪 大理寺卿 魏思敬

洪武二十七年甲戌張信榜

錢古訓 有傳 劉季篪 侍郎有傳

洪武三十三年庚辰胡廣榜

劉壽遜 宜章知縣 潘義 上杭縣丞

永樂二年甲申曾棨榜

陸孟良 吏部主事 柴廣敬 庶吉士有傳 馮吉 御史終州同

李貴昌 有傳

永樂四年丙戌林環榜

徐廷圭 郎中 方仄 御史 何晟 御史

永樂七年己丑蕭時中榜

聞人晟 給事中

永樂十六年戊戌李騏榜

許本謙 平定知州　夏大友 御史終僉事　柴蘭 庶吉士參政

永樂十九年辛丑曾鶴齡榜

駱謙 清江知縣　沈圭

永樂二十二年甲辰邢寬榜

邵宏譽 有傳　李貫章 南刑部員外　孫泓 御史

宣德五年庚戌林震榜

許南傑庶吉士有傳　楊寧初刑部主事叅麓川戎務上嘉其公勤陞郎中已再佐王司馬驥討平之敘功超陞本部侍郎歷禮部尚書以足疾出為南刑部尚書致仕

宣德八年癸丑曹鼐榜

舒曈兵科給事中使占城後以按察使知泉州　何瑄庶吉士終布政司使

正統七年壬戌劉儼榜

吳節刑部主事　聞人韺南道御史　潘英御史附孫楷傳

正統十年乙丑商輅榜

陳詠僉事有傳　陳雲鵬布政司使　朱縉知府有傳

正統十三年戊辰彭時榜

楊文林御史終布政　楊宜御史終廣東副使

景泰二年辛未柯潛榜

戚瀾庶吉士有傳　陳嘉猷初拜給事中使朝鮮再使滿剌國皆能不辱君命歷遷通政司通政丁父憂歸葬畢奪情起服卒于官士論少之所著有師硯集皇華集銀臺寓稿

景泰五年甲戌孫賢榜

孫輝成都知府　陳雲鵬袁州知府　陳雲文選司郎中

徐海廣東副使　胡寬御史　毛傑

魏瀚 初授御史歷按雲南福建遼東[illegible]名籍甚方晉僉都以矜負見忌左遷歷知州知府到處用幹局佐民急嘉定有魏公堤雷州有捍海堤終江西布政使所著有嘗齋集江湖唱和集

毛吉 憲副諡忠襄有傳　夏時 庶吉士終湖廣僉事

天順元年丁丑黎淳榜

孫信 吏部主事　陳渤 福建左布政　韓恭 高州知州

天順四年庚辰王一夔榜

諸正 廣東僉事　聞人景暉 禮部員外　徐瓚 汀州知府

天順八年甲申彭教榜

胡恭 河南僉事　翁遂 陝西副使　翁信 廣東參政

成化二年丙戌羅倫榜

陳清 刑部員外會題　張琳 復姓史右都御史贈太子太保有傳

邵有良 歷吉士終潯州知府　諸觀 知府

錢珍 刑部主事

成化五年己丑張昇榜

馮蘭 歷吉士江西提學副使嫻於詩文林居與文正公徃來賡咏惜其集罕有存者

舒春 刑部郎中　鄒儒 太僕少卿　胡瓚 建昌知府

姜英 廣東參政　陳雲鳳 江都知縣　王舟 工部員外

黃韶會魁江西僉事

成化八年壬辰吳寬榜

陸淵彷宰合肥化名宦召拜御史尋督學壯讞歷福建參政卒於官笥無餘橐人相棟幹並舉進上　楊榮工部郎中

陳洵知府　陳謨雲南提學僉事　黃讌南刑部主事

吳智工部郎中

成化十一年乙未謝遷榜

謝遷大學士諡文正有傳　諸讓江西參議　韓明御史終副使

滑浩南昌知府　石塘豐城知縣

成化十四年戊戌曾彦榜

毛科 貴州提學副使　李時新 工部主事　黄肅 湖廣副使

聞人珇 應天府丞

成化十七年辛丑王華榜

王華 南京吏部尚書有傳　黄珣 榜眼南吏部尚書謚文僖有傳

翁迪 少寠甚嘗採薪以自給暮乃歸讀書卒致身青紫歷刑禮二部郎遷貴州參議晋左參政致仕　陳倫 工部員外　毛憲 湖廣副使

徐諫 大理寺副　吴裕 御史　孫衍 御史

黄琪 鹽運使

成化二十年甲辰李旻榜

傅錦刑部員外 陳雍南京工部尚書有傳 吳敘肇慶知府

邵蕃提學御史終副使有傳 華福會魁湖廣參議

潘絡刑部主事

成化二十三年丁未費宏榜

蔡欽鹽運使 毛實刑部郎中 汪鉉御史

翁健之庶吉士貴州布政使 王恩御史終布政使

華璉四川左布政使平生清謹家無餘貲 張時澤潮州知府

弘治三年庚戌錢福榜

汪澤工部主事有傳　范璋吉安同知　邵貫御史終左布政

蔡鍊四川副使

弘治六年癸丑毛澄榜

陸相長沙知府　徐守誠山東參議有傳　馮清兵部侍郎

高遷邵武知縣　吳天祐松溪知縣　楊簡柳州知府

孫燧都御史謚忠烈有傳

弘治九年丙辰朱希周榜

鄒軒會魁刑科給事中先是浙江有解馬之役點解者莫必其身家軒特疏徵馬價便時謝文正在朝贊允之所貽福於全浙者甚大不獨一邑當尸祝之也

胡洪工科給事中　邵坤新淦知縣　黃瓛御史終山西僉事

楊譽御史終江西僉事　鄒泰順天府通判　韓廉御史終山東副使有傳

弘治十二年己未倫文叙榜

王守仁新建伯謚文成有傳　陸棟河間知府　牧相兵科給事中終廣東參議有傳

謝迪廣東左布政　王乾華容知縣

弘治十五年壬戌康海榜

孫清忠烈公子行也少英敏詩文思若川涌獨步一時廷試第二人授編脩以逆瑾之忌中廢再起歷學臬終少參惜享年不永云

徐天澤桂林知府　胡軒兩淮運使　沈應經南京禮部主事

朱冕 副都御史有傳　姜榮 瑞州府通判　陳璣 太僕寺丞

黃瑩 會試中式

弘治十八年乙丑顧鼎臣榜

謝丕 文正公仲子蚤擅文名發解年才十九又三年為會試第四人廷試第三人授翰林院編脩尋以逆瑾脩憾削籍世廟初徵用充日講遷晉吏部左侍郎以艱歸田久之歿贈禮部尚書所著有肥遯齋稿留園集濟美錄

倪宗正 庶吉士南雄知府有傳

胡東皐 僉都御史有傳　諸絢 芒部軍民府通判　胡鐸 順天府尹有傳

江和 河南僉事

正德三年戊辰呂柟榜

汪克章廣東僉事　徐文元　黃嘉愛欽州知州

駱用卿兵部員外　徐愛南京工部郎中有傳

正德六年辛未楊慎榜

汪惇南寧府同知　張璿刑部員外　嚴時泰工部侍郎有傳

正德九年甲戌唐皐榜

陳克宅副都御史有傳　王時泰長史　邵惪容刑部主事有傳

楊天茂長史

正德十二年丁丑舒芬榜

蔣垓 浙江知府　葉選 工部郎中　諸敬之 廣東僉事

宋惟元 主事

嘉靖二十年辛丑沈坤榜

陳陞 會魁庶吉士南禮侍讀文傳有傳　宋大武 參政有傳

徐一鳴 贛州知府　吳必孝 湖廣僉事　陸美中 副使

宋大勺 山西提學副使　陳采　金春 知府有傳

王嵩 知府　周大有 御史　鄭邦佾 知縣

陳墀 湖廣副使　宋岳 按察使　谷鍾秀 山西參議

嘉靖二十三年甲辰秦鳴雷榜

周仕佐 會魁初任太倉知州識拔王公錫爵於髫年王亦娓娓誦其治狀甚善左遷歷南工曹榷蕪湖時調土司兵衛禦倭所過殘掠仕佐爲設方畧戢無擾商民並受其庇肖像祠之晉山東臬僉卒

俞介 知縣

趙錦 太子太保刑部尚書謚端肅有傳

胡安 幼雋異讀書一目數行腹笥甚富居官以儒術飾吏治縉紳多稱之終陝西參政所著有説約篇鈎玄篇趨庭集樂出集

邵漳 陝西參議

孫坊 辛丑中式郎中

邵稷 御史有傳

張逵 初令江都廉得寃獄以疑錮者悉矜釋之遷庭評終辰州知府

嘉靖二十六年丁未李春芳榜

胡正蒙　會元邑人薦南宫第一者自正蒙始

廷對第三人歷翰讀充　裕邸講

官咸以爰立舊學期之先隆慶改元

卒官至祭酒　贈禮侍蔭一子或者

謂其峭急少相度

抑天囿限之也

翁時器　福建參政以與化失守論戍前知開

封有善状其人簡重恂默軌步先民

鄉評甚優之末　汀州

可以一眚掩也　楊世芳　知府

韓彌　提學副使　孫汝賢　知縣　周如斗　副都御史有傳

徐懷愛　知縣

嘉靖二十九年庚戌唐汝楫榜

胡膏　光禄寺丞終徽州府同知翁司馬大立

趙司寇錦並從受易膏意氣豪率無苛

檢然雅重文士緩急應如寄後以追論光祿事被逮籍其家絕口不理舊責至今義之

諸暲 工部主事　楊元吉 行人

孫佳 郎中

嘉靖三十二年癸丑陳謹榜

孫鋌 南京禮部侍郎有傳　楊九韶 南陵知縣　姜子羔 行太僕卿

嘉靖三十五年丙辰諸大綬榜

孫鑨 吏部尚書諡清簡有傳　陳南金 工部主事　胡孝 徽州知府

陸一鵬 兩淮運使以長厚稱於鄉友人有以緩急券者既貧甚惟敝廬數椽相抵慨然曰貧將安徙亦市義已乎其盛德事如此

唐景禹

徐紹卿 興化知府　孫大霖 刑部郎中

嘉靖三十八年己未丁士美榜

毛惇元 會魁榜眼　陳覲 雲南參政　陳成甫 江西僉事

邵畯 行太僕少卿　胡維新 陝西參政　史嗣元 湖廣副使附祖琳傳

夏道南 廣東副使負才不竟所就蕭然環堵其守殆無譏云

張岳 刑部右侍郎有傳

嘉靖四十一年壬戌申時行榜

陳有年 吏部尚書謚恭介有傳　任春元 御史終廣東僉事

諸察 初授工部主事終廣東參議有任事才峭直少容故仕路促然操槩非齷齪者

家居灌園捕魚身親之里中有公憤輒挺袂走白縣庭陳恭介有年引爲知巳

楊世華廣西按察使　朱應時行太僕少卿

周思兌御史終湖廣參議附父如斗傳

嘉靖四十四年乙丑范應期榜

顧褒福建按察使　徐執策初令莆田清執有聲志其持法凛凛居鄉亦好自崖異遷東昌府同知復除臨江云　葉逢春鄖陽知府有傳

蔣勸能湖廣參議著姚邑賦二卷足方私乘

隆慶二年戊辰羅萬化榜

邵陞庶吉士刑部左侍郎有傳　沈應文　鄒學柱

張堯年廣東副使　鄒墀　張對江西按察使

孫如滙長史前員外　邵一本嘉定知縣　張道明庶吉士終廬州知府

孫鍊初授長垣令徵拜御史歷廣東學憲江西河南藩臬長晉太僕卿卒其人質直有家範　孫汝賓太理評事

隆慶五年辛未張元忭榜

史鈳庶吉士編脩　陸夢熊江西副使　俞嘉言高州知府

周思宸提學副使　黃兆隆璧山縣知府　胡時化御史終河南參議

管稷湖廣副使　諸大倫兵部主事

萬曆二年甲戌孫繼皐榜

孫鑛 會元 史元熙 江西僉事 葉遵 工科給事中

丁懋建 澤州知州 孫鍵 雲南軍籍

萬曆五年丁丑沈懋學榜

諸大圭 工部主事 徐震 增城知縣 管應鳳 兵部主事

萬曆八年庚辰張懋脩榜

邵夢弼 福建僉事 李槃 推官 胡旦 岳州知府

萬曆十一年癸未朱國祚榜

胡時麟 庶吉士改授給事中終雲南僉事 史記勳 彰德知府

楊文煥 姜鏡 贛州知府 陸鎮默 刑部郎中

呂胤昌　聞金和　孫如法

姚文德會試中式卒

萬曆十四年丙戌唐文獻榜

吳道光無爲知州有傳　張集義　楊宏科

孫繼有

萬曆十七年己丑焦竑榜

楊維嶽　陳鏌　陳賢生

萬曆二十年壬辰翁正春榜

朱錦　陳治本　陳治則

沈裕　丁浚　葉敬愿知縣

萬曆二十三年乙未朱之蕃榜

孫如游壬辰中式庶吉士　黃化龍行人

萬曆二十六年戊戌趙秉忠榜

戴王言　潘陽春

萬曆二十九年辛丑張以誠榜

蔣一驄　徐應登　諸允脩

歲貢

國家歲貢之制以年資爲序試其文不謬者而

選之或又病衰耄弗堪若今必三人或六人衆選之勿以序然常格廢而倖竇開矣若恩貢選貢非國有大慶弗舉近議縣十年一選本意實賢關而以天下士壅之兩都雖稍增例額不勝收非獨府輸粟亦病貢也志歲貢

洪武年貢　十六年詔府州縣學歲貢生員各一人自明年始

趙學曾　聞人善慶　朱聯庚主簿

許好學刑科都給事　黃均保舊誤王姓　胡季本有傳

孫德滋 教諭　趙玄輝 桃源知縣　陳敏

吳養中　徐安善 長沙通判　吳壽安 衛經歷

馮吉　徐廷圭

永樂年貢

陳用銘 辰州府通判　尤景隆 刑部主事　岑震之 縣丞

胡與賢 兵部郎中　胡思齊 刑部員外　顧立 御史終廣東僉事

方叔彝　段慶善　王壽 邵武府通判

劉魯生　何驛　趙泰康 衛經歷

徐斯彰 工部主事　呂時習 知縣　李志伊 四川

戚熙　韓安遜經歷　毛志倫刑部郎中

任茂卿通判　汪悠久萬載知縣

宣德年貢

宋璘建寧府推官　翁順安　許南木訓導

蔣文昂訓導　宋淏桂陽知州　施敏常訓導

正統年貢

嚴廸江浦知縣有傳　張慶廣信府通判　胡孟達訓導

谷寧　徐政知州　李文昭教諭

潘轅　錢本餘　陳璨教諭

陳謨　姜鍾訓導

景泰年貢

盧憲縣丞　黃繹一作吳傑　錢英訓導

六年詔廩增生員四十五歲以上者俱貢貢樺傑董方甫十四人

天順年貢

潘昜　邵懷端　汪叔昂知縣

程傑訓導　于慶義　孫彬教諭

殷輅教諭　邵琨訓導　許晃程鄉知縣

沈文彬教諭　王傑綱之孫贈禮部侍郎　岑和河南衛經歷

楊文璿訓導　華晃訓導　史鵬縣丞

周王衡訓導　方肅典史　莊肅知縣

錢清縣丞

成化年貢

王鎬訓導　鄭勉孝豐籍教諭　陳渭

華山訓導　吳泓訓導　魏湙經歷

邵驥訓導　錢稷訓導　徐詔衛經歷

朱和訓導　朱棨訓導　胡鑑訓導

徐儀訓導

弘治年貢

陳瑋建寧府同知　陸恒訓導　鄭江訓導
孫士元　陳範訓導　錢祿昌化籍訓導
陳銓訓導　華騏　胡玫
翁穆遂之子通判　鄭世隆孝豐籍訓導　徐鳳教諭
吳潤雲南騰越籍教諭　諸謐

正德年貢

孫繼先輝之子　韓昱昌化籍訓導　楊槃
王志四川越巂衞籍知縣　許岳南傑孫永州府通判　鄭思永孝豐籍訓導
胡瀾　許鶚廣西籍吏目　羅彝永定衞籍縣丞

張漢教諭　魏芝　孫煌教諭

許夔岳之兄訓導　宋文俊德清籍

嘉靖年貢

府學

吳文俊　徐子麟　諸森

諸應相訓導　汪以榮

縣學

陳策　吳應時　景華

胡慎　鄒憲　鄒思溫

諸績　孫墀燧之子尚寶卿附兄堪傳

羅應奎永定衛籍縣丞　黄釜　張建

鄒絢　陳大經　吳必諒

江繼辰　潘秉倫　孫邦直

王子彚　盧義之初任衛幕終廣昌丞是老於文學者乃不稱旨

藉先生而任吏事非其質也嘗自嘆曰吾三十年窺書史戶外一無所聞十年服下僚俸外一無所入吾不負聖賢不負朝廷矣

黄驥孝子有傳　黄文煥　楊鎬

陳文顯　徐瑚　胡瀚有傳

陳梯 通判　徐克純 泰州學正鳳之孫也世稱耆德著禮記心說

王正志　王時敬 訓導　胡完 句容教諭與弟安並有異質好讀書其篤行尤爲鄉黨推重焉　黄汝通 訓導

錢桂 孝豐籍　吳宗周 雲南籍　陳嘉禾 永寧籍長史

隆慶年貢

府學

孫應龍 恩貢博古負奇之士貢試越王棲會稽論爲一時絕唱

縣學

宋惠 恩貢　錢應乾 州判　葉遴 教授

鄒名令武邑具有輿華民尸祝之尋乞身就子學桂封一官稍行其志非苟祿者累贈山西左布政使

萬曆年貢

府學

胡正善縣丞　孫汝亮子應奎　汪以華

呂式訓導　錢應量教授　陳邦奇

楊大亨　鄒登庸訓導　姚程

高廷桂博雅有質行越中爭延爲師束俸半貸之貧宗久且折券不問任寧波府訓卒　韓洵鑾之子選貢　邵頴達選貢

盧夢桂義之子　黃朝選仁和籍　黃瓚堂之子

縣學

毛懋仁　陳宗信阿彌知州　俞楠教諭

童文訓導　胡謇東皋孫訓導　王子佐日照知縣

張應元達之子袁州府授持身謹約不媿人師　王承訪訓導

張讓訓導　胡汝器　徐廷銓訓導

張爕應元子選貢　諸希獻選貢　徐應壬

朱宇道　邵應祺恩貢　舒相山東籍

徐如堯香河籍　韓孟平湖籍　吳震雲南籍

錢誥孝豐籍

祖宗以薦辟科貢羅豪賢已乃罷薦辟專任進士鄉貢歲貢謂之三途其以吏能進者爲異途三途之人輒輕之然亦有富才諝都通顯者正統間陸守政歷郎中天順間周綱歷知州餘多不能盡述而陳叔剛謝瑩在人物傳則尤卓然可紀者也

武舉

品材官者謂越人弓馬詘於燕趙殆不其然文成公以文事兼武備此不得以武目之自日東

不靖韜鈐之士與縫掖生分路揚鑣孫伯子而後詎必以東南竹箭爲西北人用也志武舉

嘉靖丙戌科　正德以前無攷鄉舉置不録

孫堪燧之子錦衣衛正千户會舉第一歷都督僉事有傳

嘉靖壬辰科

毛綰民生歷千户

嘉靖乙未科

胡賢武生校所鎮撫戰殁于倭

嘉靖癸丑科

孫鈺 堪之子錦衣衛左所千戶歷都督同知管衛事

槐武 臨山衛舍人授本衛中所鎮撫

嘉靖丙辰科

周粟 臨山衛百戶歷江防都司

槐寅 臨山衛千戶歷四川參將

嘉靖己未科

毛希遂 民生授所鎮撫歷參將

隆慶戊辰科

汪可大 民生歷參將

孫如津　鈺之子京衛武學應襲歷都督僉事管錦衣衛事

萬曆丁丑科　庚辰科　湯大幹

周書　臨山衛舍人授本所鎮撫

萬曆癸未科

余贊　直隸涿鹿衛籍歷德州守備

萬曆丙戌科

盧元選　民生仁和籍　楊弘吉　錦衣衛籍

林之杞　臨山衛軍生　祝國泰　臨山衛軍生

徐世卿　臨山衛軍生歷守備東征陣亡

萬曆乙未科

楊仲祥

萬曆戊戌科

馬如電臨山衛舍人

邑人不由武科崛起閫帥者曰駱尚志赳勇有絶力人呼之駱千觔歷邉陲數十年北禦虜東擊倭率自當一隊多手所斬獲功遞晋神樞營右副將左軍都督府都督僉事所置田磬贍本學顯以身死綏裹馬革無憾亦義

烈男子也附志之

新脩餘姚縣志卷之十四終

餘姚縣志　卷之十　選舉志下　正舉　三十　二十四

封廕

士一命而上考最或國有大慶類得邀主恩以光先世而卲子無敘則猶賞延之遺不書謂君貺何余邑右族衡比修有封爵璽書具存遡洪永以來得若而人補前乘之闕用章譽命而箕裘已湮譜牒無據則亦有失錄者焉嗟夫即華門圭竇之人而孰知其先賜驛旋之盟者日南之虞皆是已志封廕

封君

錢壽甫　以子茂彰贈副使

錢壽華　以茂彰嗣父贈副使

錢友仁　以孫古訓贈叅政

錢森恭　以子古訓贈叅政

陳訓二　以子叔剛贈吏部郎中

柴廣茂　以子蘭贈吏部員外郎

邵伯亨　以子公陽封知州

邵叔芳　以子宏譽封廣西道御史

孫銳　以子泓封江西道御史

謝恩以子遷贈少傅兼太子太傅禮部尚書武英殿大學士

韓熙以子邦贈四川道御史

陳雷以子筐封府同知又以孫煥加贈左參政

黃瓊以子肅贈工部郎中

聞人猷以子理贈南京工部郎中

王世傑以孫華贈禮部右侍郎又以曾孫守仁加贈新建伯

王天叙以子華贈禮部右侍郎又以孫守仁加贈新建伯

黃康以子珣封左春坊右諭德

翁賜以子廸封刑部主事

陳端以子倫封工部員外郎

毛傑以子愿贈刑部主事

徐端以子諫贈大理寺右評事

黃仕仁以子琪贈工部主事

陳信以孫雍贈工部右侍郎

陳順以子雍贈工部右侍郎

吳用勤以子叙贈南京刑部員外郎

邵驌以子藩封山西道御史

蔡斌以子欽封南京工部員外郎

毛謹　以子實封知州

華麟　以子璭封河南道御史

張廷玉　以子特澤封兵部主事

邵驊　以子賛封知州

徐克誼　以子守誠封刑部主事

孫溥　以孫燧死節贈禮部尚書

孫新　以子燧死節贈禮部尚書又以孫陞吏部右侍郎考滿進階資政大夫又以曾孫鈺都督同知加贈榮祿大夫

韓衡　以子廉封廣東道御史

王華 以子守仁進封新建伯

孫鉞 以子清封翰林院編修

徐雲 以子天澤贈南京工部主事

宋廷芳 以孫冕贈都察院右副都御史

宋璿 以子冕贈都察院右副都御史

姜逵 以子榮封知縣

謝選 以子丕贈吏部左侍郎兼翰林院學士

倪元質 以子宗正贈禮部主事

胡陴 以子東皐贈都察院僉都御史

胡宗傑　以孫鐸贈順天府尹

胡悅　以子鐸贈順天府尹

汪瑚　以子克章贈刑部主事

張偉　以子璿贈刑部主事

嚴傑　以孫時泰贈廣東參政

嚴毅　以子時泰贈廣東參政

朱壡　以子同芳封知縣

陳昂　以孫克宅贈都察院右副都御史

陳理　以子克宅贈都察院右副都御史

陳珏　以子輔贈知縣

邵文達　以子悳容封刑部主事又以子悳文加贈工部員外郎

張貴　以子懷贈參議

毛憲　原任副使以子文炳進階中憲大夫

毛純　以子紹元贈副使

陳廷敬　以子煥贈參政

顧駿　以孫遂贈都察院右副都御史

顧蘭　以子遂贈都察院右副都御史

邵震　以子煒封刑部主事

張璿　以子逵封刑科右給事中

楊鑑　以子撫贈工部主事

史簡　以子鵷贈通判

徐謨　以子子貞封兵部主事

魏璣　以孫有本贈南京大理寺卿

魏鎧　以子有本贈南京大理寺卿

龔璋　以孫輝贈工部左侍郎

龔森　以子輝贈工部左侍郎

楊策　以子大章封刑部主事

孫熄　以子翥贈禮科左給事中

聞人範　以子詮贈山西道御史

管琳　以子見贈吏科給事中

王守禮　以子正思封刑部郎中

孫鑰　以子應奎封知縣

周璧　以子如砥封工部員外郎

徐寅　以子存義封工部員外郎

葉玥　以子洪贈兵科給事中

吳徵　以子至封刑部員外郎

邵穆　以子元吉封工部主事

陳炫　以子墱贈南京吏科給事中

韓棟　以子岳贈雲南道御史

吕公瓊　以曾孫本贈少保兼太子太傅禮部尚書武英殿大學士

吕公珍　以曾孫本本生曾祖特恩贈少保兼太子太傅禮部尚書武英殿大學士

吕懋　以孫本贈少保兼太子太傅禮部尚書武英殿大學士

吕畋　以子本贈少保兼太子太傅禮部尚書武英殿大學士

邵薰　以子時敏贈錦衣衛經歷

孫燧　原任右副都御史死節贈禮部尚書以子陞吏部右侍郎考滿進階資政大夫又以孫鑨

都督同知加
贈榮祿大夫

錢紳 以子應暘封河南道御史

盧斗南 以子璘贈知府

黃仕 以子齊賢贈知縣

鄭文榮 以子寅贈廣西道御史

邵煉 原任江西副使以子基進階中憲大夫

陳輔 以子莞封刑部主事

翁銓 以孫大立贈南京兵部尚書

翁祚 以子大立贈南京兵部尚書

聞人莊以子德行封禮部主事

嚴昂以子中封工部員外

蔣栻以子坎封兵部主事

葉景賢以子選封工部主事

諸巽以子敬之封南京兵部郎中

宋仁以子大武贈知府

徐廣以子一鳴封南京禮部主事

吳律以子必孝封工部主事

金鎮以子蕃封知縣

谷明 以子鍾秀贈叅議

毛邦器 以子子翼封知縣

周訓 以子仕佐贈南京禮部郎中

趙昺 以孫錦贈太子少保都察院左都御史

趙塤 以子錦贈太子少保都察院左都御史

邵時順 以子漳封南京刑部主事

張珊 以子達贈大理寺左評事

孫煉 以子坊贈南京刑部郎中

胡青 以子正蒙封翰林院編修

翁鵷以子時器封知府

楊大綱以子世芳贈刑部主事又以子世華贈南京刑部郎中

韓漢以子翀贈兵部主事

周璟以子如斗贈都察院右僉都御史

諸永貞以子暐贈工部主事

孫陞原任南京禮部尚書以子鋌覃恩進階資政大夫

邵惠聰以子甄贈知縣

姜應期以子子羔贈副使

張嵩以子孔修贈南京刑部主事

陸鐩　以子一鵬贈知府

徐建　以子紹卿封兵部主事

孫友文　以子大霖贈刑部郎中

陳璉　以子成甫封刑部員外郎

邵丕　以子畯贈刑部員外郎

張恒　以子岳封左叅議

夏橋　以子道南封刑部郎中

諸仕　以子察封僉事

任正　以子春元贈江西道御史

[illegible]原任工部郎中以子逢春[illegible]政大[illegible]

錢[illegible]詛　以子應斗贈知縣

[illegible]孟愷　以子三省贈府同知

[illegible]坎　原任知府以子勸能晉階中憲大夫

邵思久　以子陞封都察院右僉都御史

沈堯孚　以孫應文贈南京大理寺卿

沈譜　以子應文封南京大理寺卿

邢彥　以孫學柱贈左布政使

鄒名　以子學柱贈左布政使

鄒鵠 以孫墀贈左叅政

鄒大紀 以子墀贈左叅政

孫應奎 原任副都御史以子汝賓進通議大夫

嚴邦顯 以子世昌封推官

史桂 以子鈳贈翰林院編修

陸一龍 以子夢熊贈南京工部主事

俞天祥 以子嘉言贈南京吏部主事

管奎 以子稷贈兵部郎中

周如漢 以子思宸封工部員外郎

黄允齡　以子兆盛贈刑部主事

胡華　以子時化封江西道御史

[illegible]以子遵[illegible]工科給事中

[illegible]　贈工部郎中

[illegible]圭　贈工部主事

[illegible]

邵淞　以子夢弼贈知州

韓密　以子子栢本生父貤封推官

毛綱　以子鳳鳴贈知縣

毛懋仁　以子秉光贈知縣

史銓　以子記勳贈知府

陸文華　以子鎮默贈知州

孫鎣　以子鉞贈工部員外郎

楊召　以子宏科贈江西道御史

聞詩　以子金和贈知府

孫祖孝　以子繼有贈知縣

楊集　以子維徹贈刑部主事

陳東　以子賢生贈知縣

陳三省　以子台杰贈南京禮部郎中

沈問　以子裕贈廣東道御史

孫鏊　以子如游贈翰林院檢討

戴晟　以子王言封刑部主事

潘諫　以子陽春封工部主事

任子

毛勲　以祖吉死節廕錦衣衛千戸原係世襲後勲絶嗣未及續廕

史伯敏　以祖琳廕歷官州同

謝正　以父遷廕中書舍人歷官禮部員外郎

謝豆　以父遷廕中書舍人歷大理寺右寺副

謝亘以父遷廕歷官左府都事

謝敏行以曾祖遷廕尚寶司司丞歷官太常寺少卿

陳孟愷以祖雍廕恩生授南京詹事府主簿

陳孟熙以祖雍廕官生歷官府同知

孫堪以父燧死節廕錦衣衛千戶歷官都督僉事

孫鈺以祖燧廕錦衣衛千戶歷官都督同知

孫如津以曾祖燧廕錦衣衛千戶歷官都督僉事

孫鎮以祖燧廕官生授光禄署丞

王守儉以父華廕官生歷官運同

王承學　以祖華廕官生

黄裳　以祖珣廕國子生授應天府通判

王正億　以父守仁廕錦衣衛千戶後襲封新建伯

王承恩　以祖守仁廕錦衣衛千戶

宋惟明　以父冕廕官生歷官前軍都督府經歷

謝用栻　以父丕廕恩生授府通判

胡珏　以父繹廕官生歷官府同知終長史加三品服俸

陳有年　以父克宅廕官生登進士

陳啓孫　以祖克宅廕歷官府同知

魏宗皐　以祖有本廕授都察院檢校

龔衍　以祖輝廕授府通判

呂元　以父本廕中書舍人歷官禮部主事

呂允　以父本廕中書舍人

呂兗　以父本廕國子生歷官知府

呂兌　以父本廕中書舍人歷官禮部主事

呂胤基　以祖本廕中書舍人

孫鑛　以父陞廕官生登進士

翁時旦　以父大立廕授南京中軍都督府都事

趙淳卿以父錦廕任刑部郎中

胡承誥以父正蒙廕歷官府同知

孫如洵以父鑨廕恩生

陳啓端以父有年廕國子生

沈之禺以祖應文廕國子生

新修餘姚縣志卷之十四終

會稽縣志　卷之十四選舉志一　[illegible]　四十四

新脩餘姚縣志卷之十五

人物志

帝后　戚畹　勳封　名宦

寓賢　鄉賢　理學　忠節

孝義　隱逸　文苑　烈女　義夫

士必自重然後可以重於世然於世輕乃能自重也故舜有天下而不與孔子賛其巍巍而桐江一絲足繫九鼎則吾姚之重於天下所從來遠矣人生惟出處兩途一聖一賢示我矩則其

蒸蒸景行而興起者葢亦有百世之遺風焉至于　明而踵相接也然稽之舊乘自　英廟而後俱不載其言曰人物必百年而論定人生百歲世猶難之而與之談未生以前事即崇鉅者猶能循聲而和其他冥德秘行鮮所附託以希赫赫之譽者試質之姓名弗識也烏在其論定哉夫士能以一節自表見何可令沒世無稱雖田夫里婦賤可貴而幽可顯何也彼亦各有所重也噫久而稽疑不若近而徵信自樹者使人

無可疑而程人者使人有可信夫亦各有所重也夫夫亦各有所重也夫作人物志

人物志一

帝后　戚畹　勳封　名宦　鄉賢

帝后

邑以重華氏名及南宋諸君自臨安再徙越州姚固其湯沐邑也王氣所鍾豈必秦晉河洛間乎至　今上皇后基祥舜水母儀萬國故老猶能指言厥里職方氏所必稽也志帝后

按治西北有姚丘山舊經云舜母握登感大虹生舜之地舜姚姓或疑其然而史則稱冀州人以冀有姚墟又西北古帝王所自出之地也及考風土記舜東夷之人實生姚丘蓋本孟子云然彼時書傳未罹秦火總之不離古文者近是今邑瀕海有歷山諸所謂舜井象田漁瀨諸馮者可據也或者又云支庶所封子孫思舜故鄉取象而名之猶漢新豐之義然考封建所從來則既稀闊無聞而邑固多高山大谷豈必海瀕一

嶕嶢乃以寓名也王十朋氏曰舜即不生於是則遊於是庶幾得之古者天子巡狩方岳舜南巡既已至蒼梧況會稽東南巨鎮哉今其俗烝烝其民孳孳非有虞氏之遺風能若是耶

梁

文宣阮太后諱令嬴本姓石初齊始安王遥光納焉遥光敗入東昏宫武帝平建康納爲采女幸之有孕嘗夢龍罩其床天監六年八月生元帝於後宫是日大赦尋拜爲脩容賜姓阮氏隨元

帝出藩大同六年六月薨於江州元帝即位追
崇爲文宣太后父石靈寶散騎常侍右衛將軍
封武康侯母康氏武康夫人

宋

太宗懿德符皇后邑開原鄉符彥卿之女初封越
國夫人追冊爲后

皇明

今上皇后姓王氏五世祖蘊居縣之雙鴈鄉洪武
十九年爲抽取民兵隨駕入京充校尉陞錦衣

衛百戶子賢順天府學生應貢歷鎮江府教授
賢子杞中武科除定海衛鎮撫杞子正入鄞縣
學例貢爲國子生正子偉女一　恩選中宮萬
曆六年　大婚禮成賜偉永年伯

會稽縣志

卷之十二人物志二寓居

四

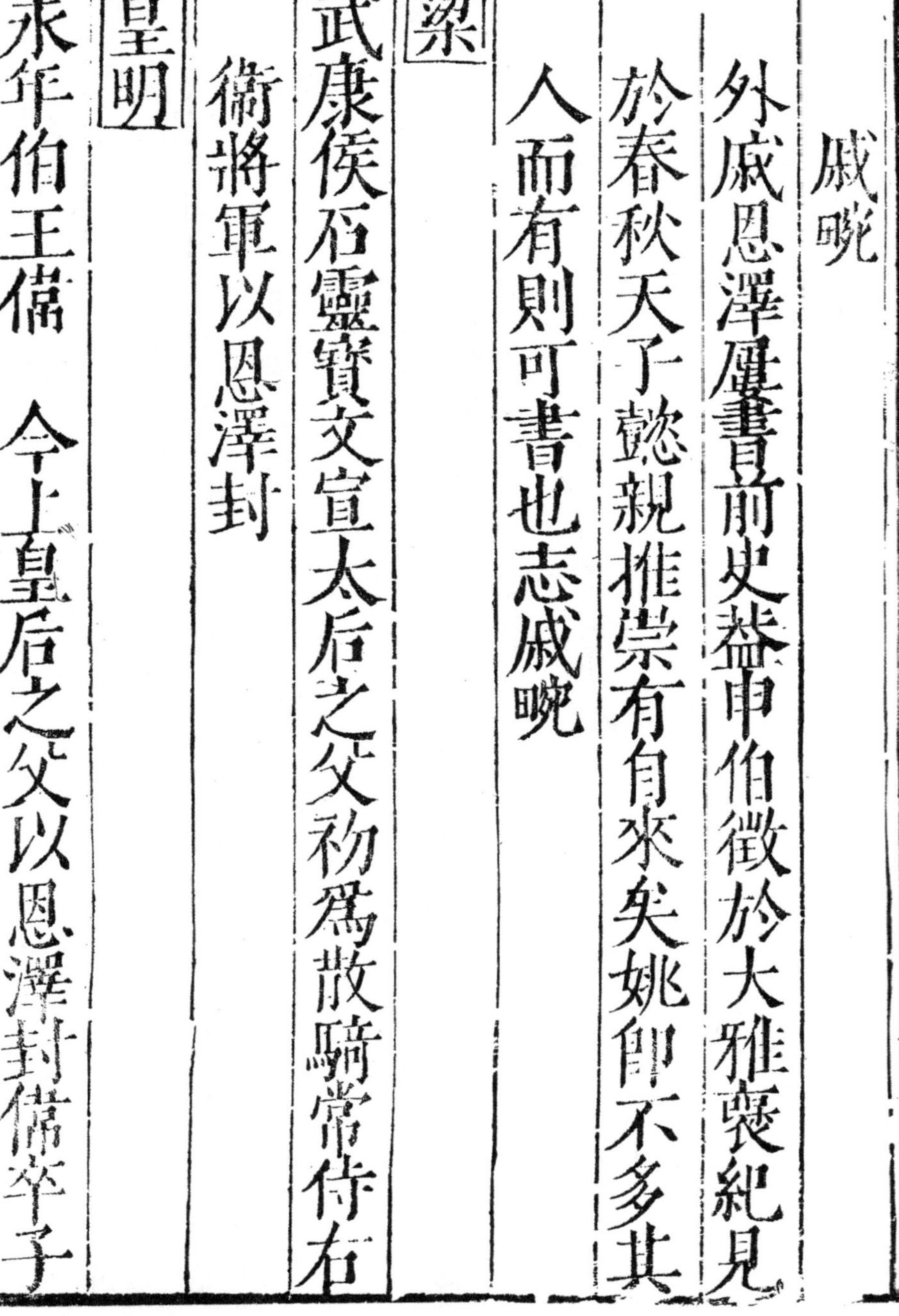

戚畹

外戚恩澤屢書前史蓋申伯徵於大雅襃紀見於春秋天子懿親推崇有自來矣姚邑不多其人而有則可書也志戚畹

梁

武康侯石靈寶文宣太后之父初爲散騎常侍右衛將軍以恩澤封

皇明

永年伯王偉　今上皇后之父以恩澤封偉卒子

棟嗣

勳封

五等之爵所從來遠矣姚僻在海濱而古今封爵者亦復輩出虞氏二公兩侯神明之胄固然王新建以義旅討平大憝道德作用一何偉也彼從龍諸勳乘時遘會者可同日語哉志勳封

吳

餘姚侯虞汜初爲散騎常侍以討扶嚴功拜交趾刺史冠軍將軍進封詳本傳

武昌侯虞潭初除析鄉令徙醴陵張昌反潭起兵
斬其帥遂周旋征討賜爵都亭侯進東鄉侯成
帝即位以勤王進零陵侯尋討蘇峻事平詔轉
潭鎮東將軍吳國內史進爵武昌侯詳本傳
平康侯虞預初平王含以功封西鄉侯後平蘇峻
進封詳本傳

唐

永興縣公虞世南爲秦王記室尋拜弘文館學士
遷秘書監封永興縣子貞觀八年進爵爲公詳

本傳

宋

餘姚縣開國子胡沂　以禮部尚書兩用郊恩進封

詳本傳孫衛封餘　姚縣開國伯

皇明

新建伯王守仁以平逆濠功封詳理學傳隆慶初

子正億嗣正億卒子承勳嗣

餘姚長寬簡有雅量好賢愛士是時會稽賊呂合秦狼等爲亂權以岱爲督軍校尉與將軍蔣欽討平之拜昭信中郎將後累封番禺侯

晋

山遐　孫統

山遐字彦休懷人也爲姚令值江左初基于時法禁弛不振豪族多挾藏戶口遐悉繩以峻法有論死者到縣八旬出口萬餘諸豪莫不切齒然遐輒益造縣舍衆遂以此傾遐矣遐已收坐猶上書會稽內史願更留縣百日窮治逋逃不許

竟坐免官復召爲東陽太守以嚴猛聞庾翼稱之曰遐強官長也顧群驅之不得安席江東事叅繇此其故云

孫統字承公中都人爲餘姚令性誕任不羈居縣務大體不事苛細縣中大治窮覽名勝酣酒賦詩士民喜覩其風采卒於官

南北朝　梁劉杳　陳沈瑀

劉杳字士深平原人令餘姚門無私謁以清潔著稱湘東王繹發教褒美之大通元年爲步兵校

尉兼東宫通事舍人昭明太子謂曰酒非卿所好而爲酒府之職政爲卿不媿古人耳累遷尚書左丞

沈瑀字伯瑜武康人初爲建德改令餘姚大姓虞氏千餘家日請謁縣官如市又縣南豪族數百家子弟縱横栢引庇爲患瑀下令曰敢私謁者繩以法大姓猶玩習縣官如戲輒謁瑀瑀輒坐以法召縣南老豪爲石頭倉監少者補縣傭皆失勢路號又按縣吏敢貴倨僭服用者諸豪多

愁恨瑀然瑀潔廉自保以故無敗先是山陰呂文度有寵於齊武治邸餘姚殊横吴人顧憲之臨郡表除之餘姚諸大豪更此兩人鷹擊毛摯爲治皆屏息重足然細民頗安枕矣

宋

謝景初　汪思温　趙子潚　施宿

李子筠　楊襲璋　史浩

謝景初字師厚陽夏人以甲科爲大理評出知餘姚其治視民如子民所利害相緩急爲設方畧

姚址瀕海歲苦海患景初築隄禦之境内多湖

捐俸購地作射圃創二亭每朔望引諸生習射
其中封表嚴光墓道建客星庵祀之乾道四年
知紹興又置義田給鄉賢之後貧困者詳在學
校志中官至右丞相封會稽郡王加封越王

元

脫脫　李恭　宇文公諒　劉輝　葉恒
汪文璟　傅常　桂德稱　陶安

脫脫字子安燉煌人初判黃巖累遷餘姚州達魯
花赤爲人廉明寬大平居持重人莫能窺其際
臨事迅決神爛氣肅張弛具宜民蒙其施遷陜

西行臺御史老稚涕泣扳送爲立遺愛碑碑燬於火復請史官歐陽玄爲文更置之

李恭字敬甫關隴人知姚州廉平不苛又習文法吏奸不行先是州民役于官者必歲終乃代廢其生作恭爲更定季代之姚所産紅米官令歲市白米充稅恭請于上聽以土産輸又營廟學乞增置師弟子員墾湖田數百畝益其廪創立蒙古學每從學官弟子論難經義士民立碑頌德後避地餘姚及卒州人哀金瘞之元季之亂

州請以其子樞知姚　明興改知奉化稱良牧

宇文公諒字子貞歸安人以甲科任州同晝之所爲必籍記之夜乃焚香告天以明不欺存問耆老孤寡延見儒碩部内愛敬焉夏旱禱雨輒應民頌別駕雨嘗攝會稽申理冤滯所活者甚衆累官廉訪僉事

劉輝字文大汴人爲州同知郡守下輝均田賦是時州籍失火豪猾吏時詭匿甚難踪跡輝手植二栢于庭禱之曰事成栢榮不成則否乃躬履

畮鱗次圖之曰魚鱗之圖置流水簿兇圖之實又爲鼠尾之冊定上中下三戶均其徭役毋田一坵給民印署烏由一紙令按由檢田即無由莫敢業田也於是還其田之匿于民者萬七千二百畝有奇先是輝受府檄出舍于外晝夜隱度鬚髮爲改及是賦役平栢果榮吏民愛之如甘棠樹碑記之

葉恒字敬常鄞人以太學生釋褐判州有幹局堅忍能事善詩畫久遠數延見父老行誼之士詢咨

政理姚有禦海堤潮汐決齧海移內地民漸於魚鱉者當姚之半歲備海脩堤垂四十年而患愈甚恒乃更置石堤堤完無敗姚民自是無患海者皆恒之功會稽楊維禎爲文記之至正間追封仁功侯立廟餘姚

汪文璟字叔良常山人舉進士初判餘姚號爲廉平擢翰林編脩詔擇循良復以文璟知是州任德弛刑細弱安利有豪亭武斷海濱丁入奸出鹽利文璟按治其罪然不爲嚴誅務以長者化導

之脩舉庠序之教誘進諸生身課其業有文翁之風歲旱徒跣禱于山川者凡七日得雨有秋海冦竊發官兵壓境文璟從容應之百姓無擾及𠫭任懷恩不置元末兵亂文璟擇地避之曰不如餘姚其民愛我因家焉代文璟知姚者爲郭文煜名稱等於文璟州人並祠祀之

傳常字仲常鉛山人舉進士調餘姚判官嘗視州符折奸理滯吏民翕然服之至正秋海上有警宣閫檄常偵賊定海而常所受兵素不習戰與

汝耳爲縣數月德化大行田野歌舞之逃亡者復業以尤異擢守杭州父老遮道挽留馬不得前禧下馬謝曰禧何政徒煩父老耳今者已奉朝命不能爲若等留矣幸父老加愛衆皆號泣送至錢塘者餘千人乃兒童則騎竹馬歌青天之謠父老至今能道其事

劉規字應乾巴人也以進士知姚剛毅有惠愛所推行務當群情監司或左其事規持之堅弗爲變監司劾固以規抗卒亦未嘗不賢規然規固

自如不以是置喜戚也時中官暴橫誅求入民骨髓有司不敢抗規獨挺身當之中官聞規素清白無憚卒不敢虐其民成化辛卯海溢大饑疏蠲其租振貸之尋以憂去百姓至今思焉其後有賈宗錫張弘宜者相繼爲縣與規稱三賢今云

胡瀛字孟登羅山人以進士知姚是時日本夷入貢騷動鄞慈間瀛備之堅益市瓦甖實魚菜糗糧至即人與數甖夷得飽殊懽已輒就道歲饑

盡發廩以賑尤弗給則節量溫飽令饑民備食其家多所全活又奏免田租已賜之半復請折所弗免者又許之乃臨儲胥折銀急甚羸罷弗徵坐奪俸又弗徵其明年有秋民爭輸恐後曰勿復累我公也民爭燭湖水利積年不決至集衆逞兵羸乃量其蔭灌丘畝爲塘分其湖爭遂解息均徭務詘豪多右細民細民無弗得其情者以憂去百姓思之爲立碑焉

張弘宜字時措楚亭人初以進士知寧海有聲改

知餘姚弘宜樂易通儻不脩邊幅好賢禮士而獨疾惡異端境內淫祠盡毀之以新公宇禁奸止邪一切可爲儀表自劉規胡瀛賈宗錫及弘宜相繼爲治二十餘年之間更此四令吏治烝烝不至於奸黎民稍乂安云

張瓚字宗器六合人由鄉貢知姚政平易簡靜務爲惠愛正德壬申秋海溢溺民浮屍蔽江瓚涕泣躬督人瘞之是時邑里蕭條民免於溺者皆饑寒不勝瓚力請賑之當路乃猶督租如故瓚

俟其行縣檢荒率饑民路號請貸無異家事富

路尤盛氣加責責應對如響租終獲免民賴全

活然責卒以此迕當路改知他縣

朱豹字子文上海人舉進士知奉化縣聲稱藉甚

選曹謂豹可繁劇乃移知餘姚值姚政積弛豹

裁治綽有餘力先是縣遣人押囚徒聽里正報

名謂之短解里正緣此索財復讐爲患豹但用

里正解遣不以煩細民細民遂以無擾至今守

其法不變後遷監察御史其孫家汯登萬曆壬辰進士

丘養浩字以義晉江人以進士知姚才識閑敏處辦整暇吏黠猾者莫能爲奸遇事視義勇發蹇蹇不移喜勸學課士差等諸生不爽毫髮按戢豪横務在改易亦表識其善良者故時姚賦役多奸欺飛詭影射不可踪跡養浩洞見弊端定爲横總冊釐正之於是稱爲均平擢監察御史太公民至今思之

顧存仁字伯剛太倉人以進士知姚才識敏贍迎事立解姚賦役自丘令釐正豪猾復爲奸欺漏

免三辦銀貧民一丁有出銀九錢以上者多憲甚之存仁乃爲更張右丁而科田每歲畝出銀六釐克三辦於是富者無能寅緣梓爲書戶給之小民罔弗稱平監司推其法於全浙又病姚無邑誌謀纂述之未就尋遷給事中以去

胡宗憲字汝欽績谿人嘉靖戊戌進士初知益都以艱補餘姚爲人魁岸彭碩不瑣屑簿書筐篋之務民間有大利病輒用一籌先之邑負山名勝歸殘於採石者堪輿家謂將不利於邑宗憲

捐直而歸之官後爲制師大有平倭功復蒞姚受反側子降邑人士爲勒功勝歸山上且祠焉龍山則有三錫祠世祀不絕

周鳴塤字思友蘄水人嘉靖間以進士知餘姚邑當軍興之後庶務刓敝鳴塤銳意振飭強毅敢任執法無所撓過初行丈田法爲酌定要束遵畫一以冤成事人莫能欺者至今頌其明覈諸所建置多出其手要歸之便民可謂近世良吏矣擢兵部主事太公官終廣東參議

張道字以中湖口人嘉靖乙丑進士蒞姚廉靜明恕頌聲大作未幾以憂去補秀水徵拜御史秀志娓娓頌之庶幾古循吏云

鄧林喬字子楨内江人嘉靖末以進士知餘姚平恕愛人時邑有水患歲大侵林喬令坊鄉所在作糜飼饑民躬臨視力請當道得穀五千石又多方厝設益之察人有菜色者授赤符于穀全活甚衆其接人寛坦有大度尤加意膠庠以内召行官終左副都御史三邊總督

陳昜字世勉寧德人萬曆甲戌進士貌不及中人卓有吏才游刃盤錯摘發如神邑元惡數輩憑族氏莫敢誰何昜以計剪除殆盡尤精於人倫識鑒品校士高等者率券取科第在邑七年晉南刑部主事歷廣西參政終

丁懋遜字允節崇化人萬曆庚辰進士誠心質行政尚簡肅吏畏而民安之學宮縣治屬其鼎新以憂去復除吏科給事中

葉煒字文光宣城人萬曆丙戌進士以才自上高

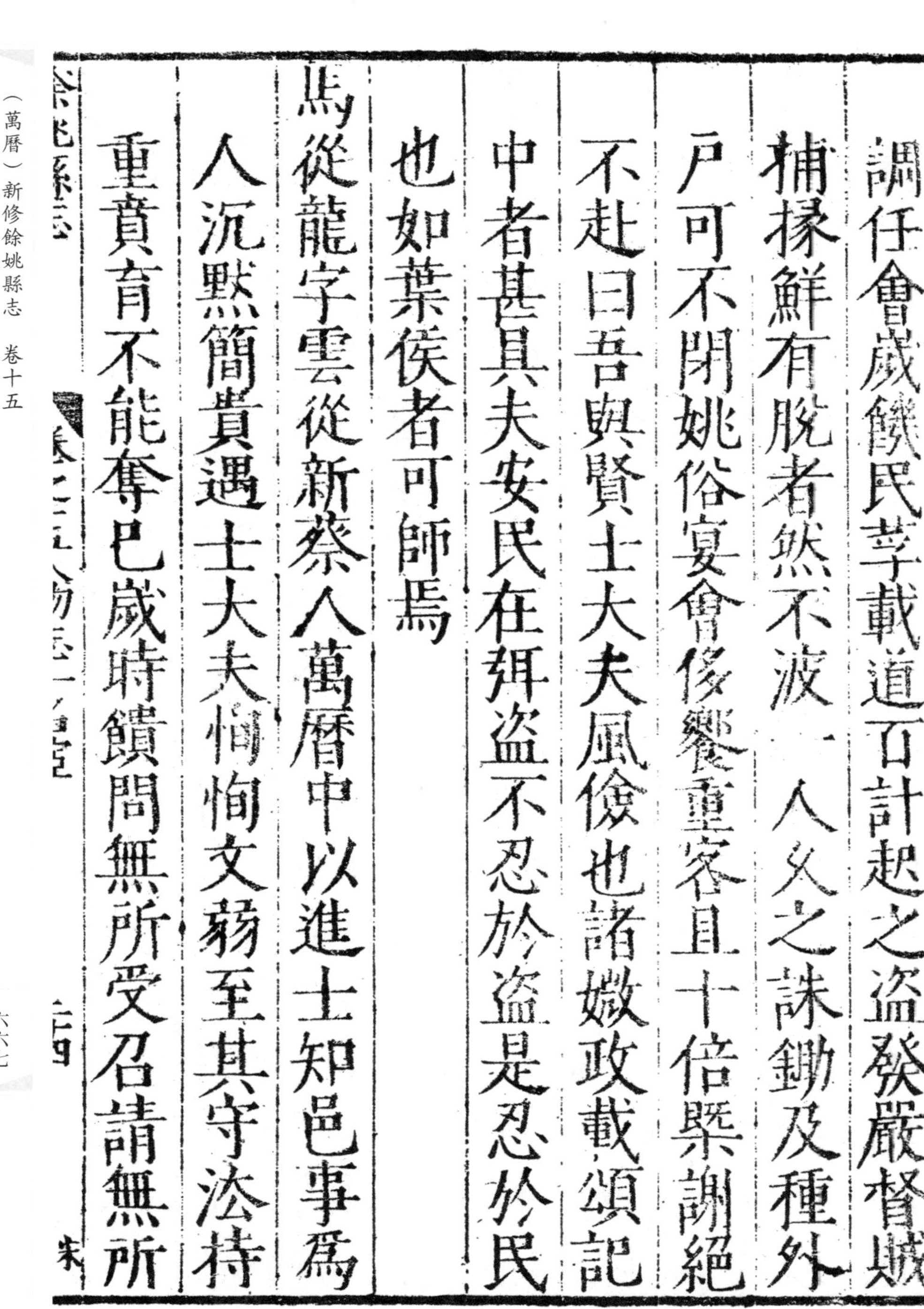

調任會歲饑民孳載道石計起之盜發嚴督賊捕掾鮮有脫者然不波及一人久之誅鋤及種外戶可不閉姚俗宴會侈饗重客且十倍槩謝絕不赴曰吾與賢士大夫風儉也諸嫩政載頌記中者甚具夫安民在弭盜不忍於盜是忍於民也如葉侯者可師焉

馬從龍字雲從新蔡人萬曆中以進士知邑事爲人沉默簡貴遇士大夫悃愊文翁至其守淤持重責育不能奪巳歲時饋問無所受召請無所

赴水蘗之操始終一節凡事嘉與百姓休息乎無爲皆稱便懲里胥之蠹酌爲四議切中肯綮舉事未竣以艱去代令江起鵬踵成之並贍畜具申飭條鞭書中

羅鉄嘉靖間丞才守並優厥有來與邑丞賢者即不數見而貪殘敗類者亦鮮形家歸勝于丞廨云

楊元臣雲南太和人萬曆間由選貢貳邑事勉效材忠距關說弗入而守更無瑕以病卒幾不能

歸邑人多憐而賻之

張勛歸德州人以吏除主簿爲人守廉不取民一錢或諷以罷官家居無資柰何勛曰吾積俸一二年置地數頃子孫耕業其中吾足矣多積錢何爲人皆服其操識事毋至孝處職勤慎海堤壞率衆脩完之多稱其功

劉希賢宣城人由吏員初授餘姚簿遭内艱太任後再補餘姚不以家累自隨性狷介事有執持毋與當道抗至死無悔死之日僚友檢其篋止

存俸餘五錢帕二方而已官爲殮其喪歸之

譚璋臨桂人正德中以貢士署教諭先是有易其者教吾姚其人內深賊外持詭辯虐用諸生璋爲人素長者喜教誨敦師弟之義諸生貧不能存者必曲爲賙助以是益追惡易而心歸譚頌之不勝口譚後以憂去諸生追送之人人泣下復脫其所著冠懸之學宫以誌思焉

莊天恩華亭人嘉靖壬戌教諭吾姚是時姚士率親師友重掌故而天恩以雲間名士喜奬成新

進以故士爭趨其門毋論羔贄不入於寒儁且飲食之矣一時經其品題者多聞人天恩工古文詞尤精於詩與徐文貞階友善當文貞宅揆而天恩猶然老博士也然意不爲沮遷兵部司務卒乃其子不克自振邑人邵侍郎陛故出門下按吳日厚卹其家云

黄墀豐城人隆慶庚午所舉士清標雅飭弟子以文執進者酬對靡倦其以脩脯進而輒亦如不屑受然春秋祀按簿程品单受執事者無乾沒

不問一切穢瑣乃奄焉無祿士論深惜之

馬應龍武進人舉人典教事貌不勝衣恂恂儒雅喜接引門士無苟禮時中許二相在事爲同年友絕口不及之人以此重其品焉

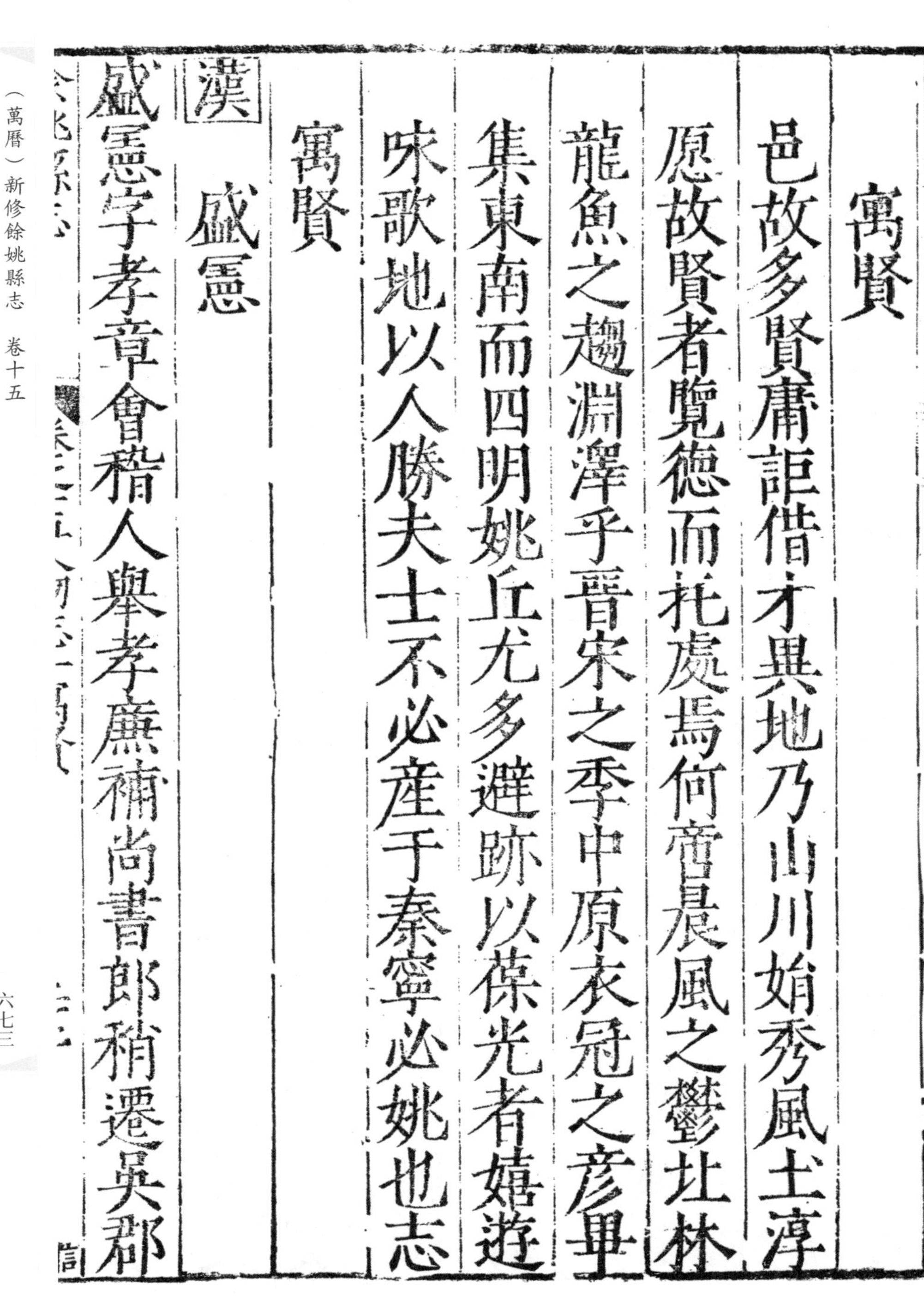

寓賢

邑故多賢肅詎借才異地乃山川娟秀風土淳愿故賢者覽德而托處焉何啻晨風之鬱北林龍魚之趨淵澤乎晉宋之季中原衣冠之彥畢集東南而四明姚丘尤多避跡以葆光者嬉遊味歌地以人勝夫士不必產于秦寧必姚也志寓賢

漢　盛憲

盛憲字孝章會稽人舉孝廉補尚書郎稍遷吳郡

太守以疾去官居餘姚孫策平定吳會誅其英豪不附已者憲素有盛名策深忌之少府孔融憂其不免致書曹操稱孝章實丈夫之雄天下談士依以揚聲宜有以引拔之操徵爲騎都尉制命未至果爲孫權所害子匡奔魏位至征東司馬

吳 高岱 劉綱

高岱字孔文無錫人漢內黄令彪之子也少厲高操不仕太守盛憲以爲上計吏舉孝廉疾歸許

貢領郡讎憲岱將之避難告急於陶謙顚頓泣血水漿不入口謙諾為出軍而貢囚其母岱通書自達推剛為柔貢立出之岱將母隱居餘姚是時孫策欲襲許迎漢帝擇使者莫如岱策虛已以侯為忌者所中策怒衆皆露坐為請策登樓望見數里中填滿惡其收衆心遂遇害

劉綱字伯經下邳人初居四明山及為上虞令政尚清簡比歲豐稔慕漢葉令王喬乃受道於白君飄然有遠舉之意遂家餘姚

晉

賀循　謝安

賀循字彥先其先本慶氏族高祖純爲漢侍中諱慶爲賀父邵事孫皓奉公持正皓賊殺之徙其妻孥于邊吳平循始得還循操行高謹初舉秀才除羨陽令以武康陸機薦召補太子舍人趙王倫篡逆循去位屢徵不就元帝承制拜循軍咨祭酒帝親幸其舟諏咨理道及賜第宅輿馬床帳衣褥表爲侍中俱辭建武初詔爲中書令尋領太子太傅循疾篤帝親幸執手流涕太子

紳先生多寓錢塘迴授經學於崑山王葆嘉禾聞人茂德嚴陵喻樗其說具是矣自潤色之至深邃專門教授學者稱爲沙隨先生尤好言易言易者人人殊然以沙隨爲宗訂書百餘卷舉隆興初進士初尉泰興遷德興丞終進賢令政令明簡能化奸爲良實禮賢士表揚幽隱所至皆著異政然不究其施用朱熹稱其博聞至行追配古人釋經訂史開悟後學子絢以迴致仕恩調巴陵尉攝邑能理冤獄孫仲熊亦有名

陸寘字居安本山陰人游之從祖父也徙居餘姚治西一里許所居濵江一室蕭然數十年几席琴書皆未嘗易閉門力學不妄與人交好樂律考關雎鹿鳴諸詩比合音律時時自歌之欲上書請用於鄉飲會疾不果子洙舉進士爲鹽官尉

新脩餘姚縣志卷之十五終

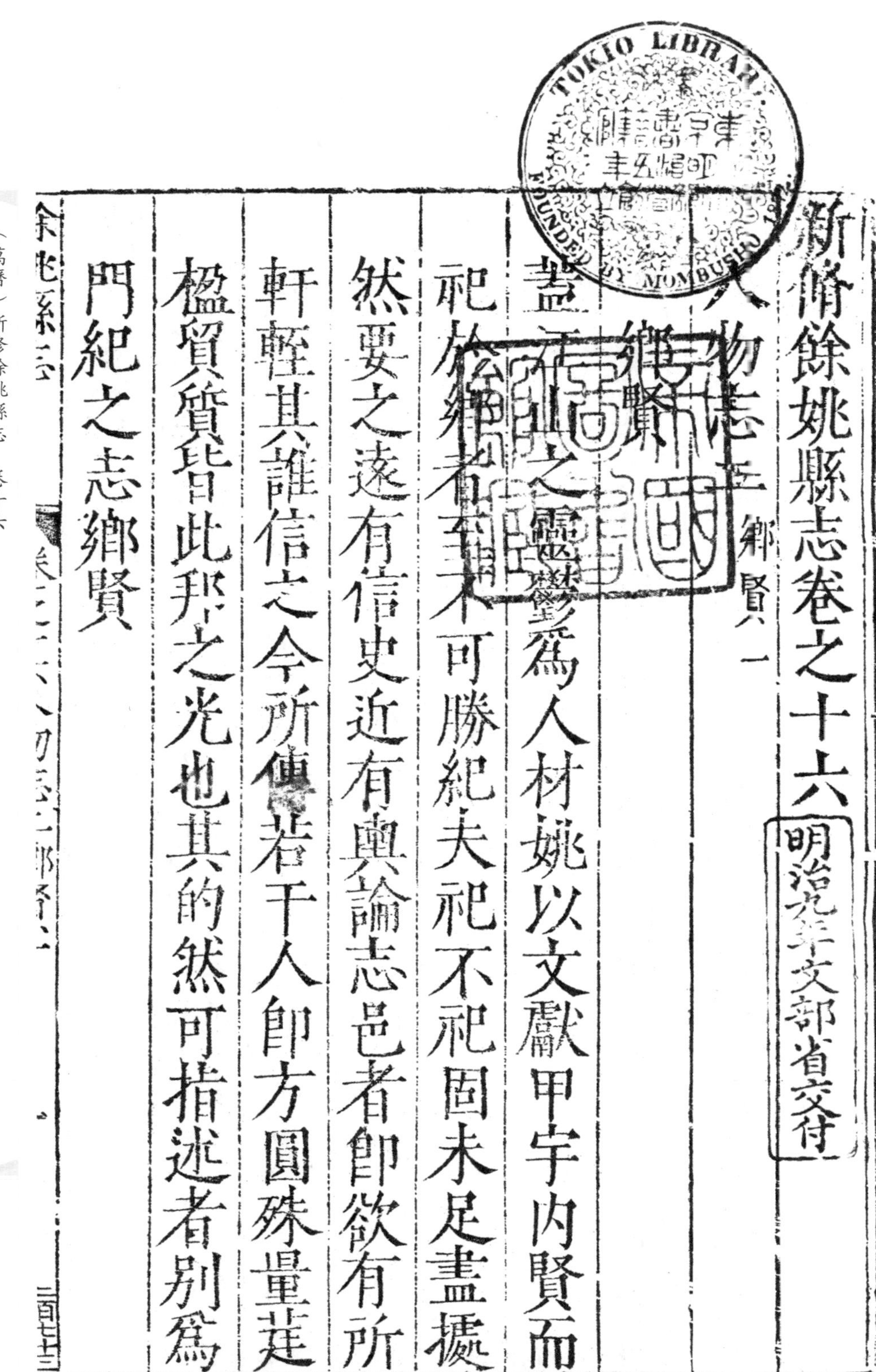

新脩餘姚縣志卷之十六

人物志五 鄉賢一

鄉賢

蓋天山之靈鬱爲人材姚以文獻甲宇內賢而祀於鄉者不可勝紀夫祀不祀固未足盡據然要之遠有信史近有輿論志邑者卽欲有所軒輊其誰信之今所傳若干人卽方圓殊量莛楹質質皆此邦之光也其的然可指述者別爲門紀之志鄉賢

漢 黃昌 虞國

黃昌字聖真居近學宮數見諸生脩庠序之禮因好之遂就經學又曉習文法仕郡爲决曹刺史行部見昌甚奇之辟從事後拜宛令政尚嚴猛好發姦伏皆稱神明遷蜀郡太守先太守李根年老多悖政及昌到吏民訟者七百餘人悉爲斷理莫不得所宿惡大姦皆奔走他境遷陳相歷河内潁川二郡太守徵拜將作大匠進大司農

虞國少有孝行後爲日南太守以治效稱常有雙鴈宿止廳事每出行縣輒飛逐車國卒於官鴈逐喪至姚棲于墓不去至今呼其地曰雙鴈國

有從曾孫歆亦守日南稱小虞

吴　虞汜　虞俊

虞汜字世洪翻第四子與諸弟俱生南海還鄉里時年十六永安初從選曹郎爲散騎中常侍孫琳廢幼主迎立瑯琊王休未至琳欲入宮圖不軌召百官議皆驚怖但唯唯莫敢發言者汜獨

前日明公處將相之位擅廢立之威上安宗廟下惠百姓大小踴躍以爲伊霍復見今迎王未至而欲入宮群下搔動愧惑非所以永終忠孝揚名後世也琳意沮竟立休汜後以討扶嚴功拜交州刺史冠軍將軍封餘姚侯

虞俊晁有識鑒初吳人張溫盛著才華諸葛亮亦異之俊獨歎曰張惠恕才多智少華而不實怨之所聚禍將覆家吾見其兆矣亮聞之未信已而權果忌溫會暨艷事起遂溫并其二弟祇白

虞玩之字茂瑤仕宋爲烏程令以接路太后外親朱仁彌坐免官元徽中爲尚書右丞齊高帝鎮東府玩之爲少府猶躡屐造席帝親取屐視之屐訛黑斜銳蔕斷以芒接之問曰卿此屐已幾載對曰釋褐時置此今三十年矣帝咨嗟賜以新屐不受帝問其故對曰今日之賜恩華無重但著簪弊席復不可遺後遷黄門郎及帝即位玩之表言便宜多見采納已而乞歸許之玩之好臧否人物孔逷王儉恨之至是東歸儉不出

送朝廷無祖餞者中丞劉休曰虞公散髮海隅同古人之美而東都之送殊不靄靄士論愧之

唐

虞世南　虞九皐

虞世南者荔之子爲後於叔父寄故其字曰伯施性沉靜寡欲與兄世基受學于顧野王荔卒世南毀不勝喪陳文帝召爲建安王法曹參軍陳滅與世基入隋方晉二陸煬帝愛重其才然疾其峭正爲郎十年不徙當是時世基日貴盛服用擬王者世南躬貧約無改及唐興秦王引爲

不謂賢乎朱子綱目特書永興公虞世南卒而備載其五絕蓋深與之彼聖德一論稱君父毋寧溢詞而遂詆之也考自漢至元千餘年以鄉賢祀者僅十七人　明興祀至五十六人千里比肩果虛語耶夫君子貴玉而賤珉以玉之少而珉之多也世南黜矣而後進者纍纍玉乎珉乎當必有辨之者

虞九皋字鳴鶴父當以信聞初爲郭子儀從事終洺州刺史九皋世其家舉進士温恭孝友爲先

進所推官未達而卒其友柳宗元哀其行之弗昭追列遺懿謚曰恭甫而誄之語在宗元集

五代

顧全武 鮑君福

顧全武吳越王鏐武勇都指揮使也將兵救嘉興破其三寨還守西陵將圖董昌乃先取餘姚降其令袁邠遂引兵克昌會之越民懽呼動地先是蘇州告急 命全武舍越赴吳全武曰越固賊之根本柰 苟克而棄之至是取越乃航海至嘉興而淮 圍其城甚急全武一鼓破其十

八營虜其將士三千人遂乘勝取蘇州拔淞江拔無錫常熟華亭諸郡縣而秦裴者守崑山不下力屈乃降全武宥之稱長者天復元年楊行密遣李神福攻臨安全武素輕之不爲備乃爲神福所禽鏐請於行密願遣秦裴而還全武行密乃遣歸之

鮑君福性淳厚有膽氣能馬上舞雙劒從錢鏐征討有功奏授衢州刺史清泰初自鎮海將軍節度副使遷右丞相太尉兼侍中卒謚忠壯

宋

顧臨 虞賓 陳橐 胡沂 胡撙

王逨 莫叔光 莫子純 孫介 孫應時

李友直 宋元之 楊瑾 毛遇順 方山

京 孫子秀 孫炳炎 孫嶸叟 趙彥悈

岑全 何林 陳開先 厲元吉

顧臨字子敦通經學中皇祐間說書科爲國子監直講遷館閣校勘同知禮院臨知兵神宗召問對曰兵以仁義爲本因條十事詔編武經要畧命爲都副承旨提舉。上曰臨館職也其改提舉

公陳德應云

胡沂字周伯六歲默誦五經不漏一字稍長補太學選首與陳東伏闕上書對策陳中興艱難者萬言擢甲科調秀州判官差宣州教授改衢州州將嘗與其父同官知沂貧無以養挽之攝事沂謝絕之召對除正字四遷而爲右司遭母喪服除召爲司業遷侍御史論列龍大淵曾覿市權植黨三上章乞復諫議劉度官又列殿帥成閔罪狀天下皆想望風采初朝議用兵沂以爲

未可已而有獻捷者沂乃自劾除直顯謨閣主
管崇道觀召爲起居郎累遷給事中益敢言無
諱除吏部侍郎兼尚書出知處州提舉太平興
國宫召爲太子詹事上方嚮意宫僚而沂與王
十朋陳傅良周操與焉識者謂極天下之選累
遷禮部尚書連章丐歸從之兩用郊恩累封餘
姚縣開國子卒謚獻簡並特恩云沂學行醇篤
不欺暗室對上言無所緣飾即有所啓納未嘗
關白即上有所言沂亦不泄上亦緣此謂沂忠

實君子奬善類一時名士如汪應辰周必大龔茂良葉顒黃皆沂所推轂其待人無防畛得丧辭就人所臲卼沂處之裕如所著書數十萬言行于世奏議八卷世尤傳之子五人知名者兩人曰拱曰撙

胡撙字崇禮兄拱乾道名臣早卒士大夫錄其言行爲洛崇禮悲傷之乞罷官歸塟父沂階未及謚光宗特賜謚曰章簡而崇禮復上言先臣有遺德謚未應也詔易章曰獻初浙士以陸學簡

易懼趨之皆群聚講授依歸崇禮崇禮無間晝夜寒暑資業之不厭士多成名崇禮嘗爲兩浙轉運司幹官條無名賦請盡蠲之湖常水旱疾疫乞多賣僧轉米緣門賑飲之民賴全活子衛衍衛舉進士累官禮部侍郎封餘姚縣開國伯衍知漢陽軍

王逖字致君其先本宛丘人建炎之變逖與其父俱奔餘姚時年十一爲金人所虜能以智自全稍長又以智走還河朔感慨自謀追理舊業教

授汝穎開紹興八年南歸餘姚奏補登仕郎銓試第一復舉進士累官監察御史擢右正言論事忤執政移吏部郎中一日力求外補除知鄂州改湖南轉運判官旋復爲吏部郎終國子司業遂自幼至老無一日忘書文章法先秦詩法三百篇字畫法鍾王然世罕有傳者姪中立得其筆法有名

莫叔光字仲謙舉進士調永豐尉中學官試歷明滁二州教授又中博學宏詞科歷著作郎尋除

起居舍人紹熙二年春雷雪詔條缺失先是歸朝官除節鉞令臺論列不從中司一論樞密使即譴去叔光言此缺失尤大者又言女謁漸行近習與政皆人所諱忌云有布衣俞古上書詔竄之叔光執奏方求言不宜輒罪言者事得寢遷中書舍人兼權吏部侍郎外戚李孝純者數被譴責至是除閤門宣贊舍人帶御器械叔光曰賓贊扈帶豈宜冒用譴罰之人又內侍自正使轉橫行遥郡非故事皆奏罷之入西掖纔三

年論駁至數十事除權吏部侍郎兼秘書監卒

謚文清子子儀舉進士從子子純

莫子純字粹中初以叔光恩補官銓試江東運司俱第一慶元三年禮部奏名復爲第一詔免廷試准禮部序次賜進士子純乃以有官充第二簽書平江軍節度判官廳公事歷秘書省正字中書舍人是時蘇師旦有寵於韓侂胄氣燄薰炙求進者爭趨其門一日與子純邂逅都堂趨前執禮甚恭子純不爲禮師旦媿見左右深恨

之會師曰當遷官子純又持不可侂冑怒出子純知贛州加右文殿脩撰改知江州不赴又改温州提舉太平興國宫子純性質聰悟博問强記立朝之節終始不渝士論歸之

孫介字不朋師事胡宗伋安貧樂道不願仕進有古人之節鄉里尊異之稱爲雪齋先生子應求應符應時應時自有傳兄弟相愛友卉衣草食薄厚必均應符之子祖祐及其昆弟崇緝先志建世友堂合膳同室衣冠以爲儀則事在古蹟

記祖祐官武學博士

孫應時字季和號燭湖居士八歲能屬文師事陸九淵悟心性之學朱熹與爲忘年交舉進士尉黃巖滿太上民欲置田宅留居之辭不受丘崈帥蜀辟之入幕是時興元帥吳挺蓄異謀爲朝廷患會挺有疾乃佯遣應時視之實察其軍情挺盛禮十獻應時辭焉歸告崈曰今挺即死然其子曦必叛宜因其死遣統制權領其軍而檄總領楊輔兼利州安撫節制之別選材帥以代

吳氏可防近患及挺果死宸如應時計朝議從之一方晏然改知常熟縣已代矣郡將以私憾摭應時負欠倉粟三千斛實前令積逋也土民爭擔負代償而應時卒以此貶秩尋判邵武軍未赴而卒其後吳曦果叛伏誅公卿臺諫訟言應時問學深醇行誼脩飭見微慮遠能爲國家弭患於未然乞甄錄其後詔補其子祖開工

州文學

李友直字叔益丞相史浩尉姚時見友直文奇之

娶以女浩既入相而友直在太學即同舍生有不知其爲丞相婿者既登第銓注蕪湖簿未赴而浩再入相孝宗問子婿孰賢浩曰李友直耳乃除敕令所刪定官輪對稱旨上嘉納付其疏中書右言友直驟進乃外補請祠通判婺州改湖州擢知臨江軍易廣德程大昌曰友直澄之不清撓之不濁淵乎佀有道者矣莫叔光謂友直如美玉無瑕可指

朱元之字伯先世居涿郡習武事父始爲儒宣和

末避亂江南因家餘姚元之與其弟元龜同受易於沙隨程迥舉進士光宗初受内禪求直言元之極言官爵冗濫士風不競宰相依阿佛老蠹民武事廢弛御札召赴行在賜對請劃邑自試知弋陽寧宗即位輔臣以臺諫薦元之乃自廬州通判除諸司審計擢監察御史制曰簡知聖父留遺冲人既入臺遇事敢言無所顧忌方是時韓侂胄用蘇師旦爲腹心招權納賄道路側目元之抗章劾之謂師旦刀筆吏濫汙朝紳

依勢假權寖階要近役𢓜佞黠陰險奸貪宜速罷斥以絕姦宄不虞之害不報因力求去竟以中旨歸卒于家

楊瑾字廷潤父睎正篤厚君子刻意教瑾及瑾弟瑆皆擢第瑾初試餘干尉移監華亭稅從嘉興守趙憲主杪撩田園詭匿畢露遂攝華亭罷縣民積逋及胥吏白納錢酒稅無藝之征吏民請于朝願以瑾爲令從之於是脩經界立義役遷朝學前令所不能辦者瑾處之沛然有餘華亭

人謂自有邑以來未之見也遷平江別駕送者塡道有父老棹小舟引二旗俟瑾郭外滂泣爲餞曰農人不會題詩句但稱一味好官人事聞臺省尋徹于上瑾名益重終大理卿直寶謨閣學問操履文章政事當世以第一流推之

毛遇順字鴻甫舉進士召對便殿超拜侍御史首論史嵩之不當起復以壞典常三學諸生朝元氣不宜斥逐以自耗削前後疏凡數十上時所忌言者理宗書其名於御屏寶祐初進兩

淮制置使又嘗論賈似道丁大全必誤國乞早罷斥不報元大弟忽必烈聞之嘆曰安得南朝直臣如毛遇順者乎遇順官終大理卿

方山京字子高世家慈谿其父逵材來贅餘姚四明孫氏因以爲家逵材以明經教授鄉邑晚登甲科官臨安軍教授山京幼孤旅泊外家困窮力學言行脩謹景定三年舉進士第一人或病其制策過簡勉令益數語山京正色曰旣徹上覽矣吾誰欺除簽書平江軍節度判官廳公事

景定甲子秋衞文天府適彗見山京舉以策上極言内帑之私公田之擾及指讁内廷缺失同事者縮頸齰舌請稍諱忌山京披襟當之甫出院被劾即日引歸當此時山京貧如寒士親故爲築室繼廪山京處之恭然無悶也度宗登極詔以前官起山京移建康軍不行尋除秘書省正字乞宫祠進校書郎差主僊都觀得疾遂不起朝野皆惋惜之塟上虞始隆鄉之彭山

孫子秀字元實以進士調吳縣主簿有稱水僊太

倮爲妖者子秀毁其像況其人於太湖受淮東總領檄督宜興縣圍田租還白水災總領恚曰此軍餉所關乃敢爾子秀堅持之是年卒免稅令金壇四年縣中大治通判慶元府主管浙東鹽事奏蠲五釐鹽之困民者衢州寇作擇子秀徃守賊悉就擒奏蠲秋苗萬五千石并除一切負責民賴以全又奏毁廢佛寺爲孔氏家廟于衢如闕里制遷太常丞歴金部郎左司兼右司時丁大全攻厺丞相董槐謀代之三學諸生伏

闕上書十上不得聞子秀促二府就檢院取書徑徹榻前大全怒逐之尋起爲浙西提舉改提刑兼知常州並著異績進大理少卿浙東提刑兼知婺州婺勢家多匿田隱稅子秀擿之急勢家嫉言者劾罷之尋遷湖南轉運副移浙西提刑犴獄爲清復移江東進太常少卿兼右司兼知臨安府以言罷復知婺州卒塟上虞建隆鄉子秀性沉毅遇事慷慨敢爲詆掌劇談神采飛動與人交久而益親死生患難營救不遺餘力

聞一善輒手記之喜獎拔後進有古人之風

孫炳炎字起晦子秀從子也初以進士爲福州教授歷湖南路帥幹官改淮東餉幕皆盡職添倅太平護郡符卻横租四十八萬有奇入爲宗正丞權吏部郎出知饒州按視虧運米二十萬石請得分限補償乞免專吏之擾其新米則按月轉輸詔從之贛寇出没二廣爲患炳炎不折一矢解散之廣帥劉應龍舉炳炎自代會江上師潰嘆曰此國家危急存亡之秋遂勒所部將校

進屯古洪之豐城以拒寇除軍器監以言罷歸遂不復起炳炎爲人光明儁偉愷悌靖恭且爲宗正丞時輪對諸劄子言天下大計切劘君德整齊綱紀凜凜有古諍臣之風

孫嶸叟字仁則句容令林之子第進士復中博學宏詞科擢監察御史論賈似道罪重法輕當斬之以示國法德祐初元兵渡江文天祥起義兵左相王爚趣天祥入衛而右相陳宜中與爚不相能以故深結劉夢炎而黨黃萬石奏使入衛

山毎與遺黎故老相過談時事泣數行下輒日不食至元間訪求前宋故臣欲强以官元吉遯迹湖海至白首始歸有文集十二卷多悲哀忠憤之語

元

岑安卿　王嘉閭

岑安卿字静能學於季父國子學録賢孫性耿介崇大節不欺暗室門庭肅雍衣冠視爲儀表鄉里有爲凌獵之事者惟恐安卿知之至相指以爲言誓宋玄僖謂其直而不疎方而不迂其貌

則澗飲而清木茹而癯世以爲知言詩文若干
卷黃溍宋濂序而傳之
王嘉閭字景善至元間宣政院薦授淞江財賦提
舉先是官吏以逋課不得解筭者項背相望嘉
閭鋤治奸蠹正其賦稅之無歸者居五年無一
人不得滿去擢紹興路同知未赴時鄉縣已隸
方國珍議改嘉閭官嘉閭聞之曰吾爲天子命
吏非天子命誰可改吾官耶遂黃冠野服不起
號竹梅翁

十六卷終

新修餘姚縣志卷之十七

人物志三 鄉賢二

鄉賢

皇明

胡惟彥　車誠　徐士渭　王旭

朱孟常　錢伯英　胡季本　錢古訓

劉季篪　馮本清　陳叔剛　李貴昌

謝瑩　邵宏譽　許南傑　嚴廸

潘楷　陳詠　朱縉　史琳

謝遷　王華　黃珣　陳雍

邵蕃　汪澤　徐守誠　韓廉

牧相　宋冕　胡東皋　胡鐸

嚴時泰

胡惟彥字斯美居鄉以耆德見推元季之亂隱居行義　明興舉遺逸趣見　上上泰平頌上覽而悅之命賦早朝詩十章立就　上益大悅拜湖廣參政懇辭改兖州知府在郡一年政平訟理百姓皆愛戴焉卒於官姪伯顒學篤行爲鄉黨稱爲雲巢先生

申誠字信夫洪武初舉賢良方正知潁上縣奉職廉謹以誠信治民政化大行壽以最遷知光州益著名績

徐士渭字叔遠習聞典故時事洪武初　召拜河南按察副使風威大行按視南陽郡值久旱草木俱槁死士渭戒禱得雨歲輒大穰又嘗視事遂池庭中俄產一竹人皆傳爲士渭之瑞云

王旭字漢章進學力行隱居教授學者多從之游洪武中以茂才徵拜英山知縣縣多虎百姓患

告之旭禱于神虎輒去衆以爲神與學勸農吏民親愛如父母焉

朱孟常字守恒洪武中鄉貢任南平知縣最名有體要縣逋漁課積年不能償孟常奏蠲之江西民兵採木過南平饑餓瀕死孟常出粟振之俱獲全活時遣中官刻期督木至南平期迫甚而木未集榜笞官卒衆駭亂孟常力沮之夜有神見夢于中官曰若第太公木令在何患事不濟中官覺而疑之悉以付孟常孟常從容處之事濟

而民無所擾

錢伯英名仁傑以字行吳越武肅王之後通經術寡言自可　召拜上元知縣是時干戈甫定伯英爲縣能以敦俗興化爲急有彈絃之聲　上賜之袍笏

胡季本字秉誠趙家太學生授建昌府經歷擢知淸江有惠愛改新淦淸江之民與新淦爭乃其命已下卒知新淦新淦號多事官訟之區季本爲之才一年縣庭淸肅時出郊問民所疾苦相

慰勞如家人父子卒於官百姓廟像祀之

錢古訓字古訓武肅王之裔進士調行人是時緬與麓川相搆緬主卜剌浪使使來貢而訴思倫發于我　上擇古訓持　勑往諭而以李思聰副之至則宣　上威德釋二國之忿罷其兵麓川酋長刀于孟者謀攻其主古訓曰吾以天子使臣將事于裔夷會小醜之弗靖不能輯寧之以還雖非專命亦使臣之羞於是入其部責以大義皆稽首凛凛無復異者思倫發以古訓能

休爭已亂爲方物願留爲援古訓卻不受作書示以不可思命發得書駭汗遂歸古訓於是古訓敘次百夷山川風物爲書還見　上幷奏之上悅付在史館賜襲衣古訓後知漳州府以文章飾吏事表著忠孝激勵風俗甚著聲稱尋改湖廣參議名績愈茂

劉季箎名韶以字行洪武甲戌進士授行人使朝鮮得體賜襲衣鏹寶歷官刑部左侍郎數平反大獄河陽逆旅有朱趙二人異室而宿朱怨家

後追至殺之而誤中趙朱實不知天未明行數十里逆旅主人疑朱殺之追執送官鞫訊拷掠朱不勝遂誣服筦獨曰是邂逅相聚非素有負且計其裝非有圖也特緩其獄遣人密察之無幾有司竟得殺趙者而朱以緩獄不死楊州民胡氏夜有賊入其室殺人而遺刀尸傍旦視之柄有鄰家蘇氏私識官捕鞫蘇蘇曰家失此刀久矣不服既備極諸刑竟誣服筦潛使人懷刀往察其鄰一童子識之曰我家物也遂得賊而

釋蘇其祥刑大率類是全活者不可勝紀與脩永樂大典功多討論坐詿誤左遷兩淮運副未行改工部主事篤清素簡重位都顯要泊然自持至貶秩無幾微見顏色長於春秋喜吟詠尤精於律學法家宗之

馮本清洪武中鄉貢授監察御史遇事敢言不避權貴出按蘇松諸郡彈治甚肅有豪猾武斷爲盜主本清逮寘於法籍其家廣東守備王某以失機罪應死自列有斬獲功於例得貸王故饒

於貲者汵家避嫌經歲不決本清謂避嫌以殺人汵與情兩失之矣爲上請王得減罪遷福建按察僉事分巡漳南訟牘山委旬日決遣殆盡漳例納券貸歲計百萬民閒至破產鬻子女償官特奏蠲之興化民盜蘇木事連坐應死者三百人本清止戮首犯餘釋不問建寧大水漂沒廬舍躬督官民船數百隻爲浮梁以濟全活者無筭改任江西卒於官曾孫蘭舉進士累官江西提學副使

陳叔剛字叔剛初爲縣從事永樂初　詔舉賢良起叔剛爲吏部主事歷員外郎中性廉潔在官三十餘年居處服御如寒士　上方意大用之叔剛屢乞休勉從之宣德中再被　召不起有啓蒙故事陳吏部集行於世孫謨舉進士官終提學僉事

李貴昌字用光父純卿舉賢良方正主臨淄簿嘗奉　詔勸課農桑齊魯間貴昌舉進士知伏羌縣羌故無城多寇貴昌爲計度募民城之後改

知江寧是時　上北幸衆務旁午貴昌料理精敏尚書蹇義薦爲吏部主事扈　駕至京卒于官孫居義擢浙魁授劒州學正主雲南鄉試有持金賂關節者居義命左右逐之題詩驛樓云分付夜金休進說老夫端不認顔標有司鏡其詩于滇南棘院

謝瑩字懷玉穎邁喜學剛毅濶達尤多聞識宣德間浙藩辟爲從事敢言無所顧憚藩使以下多折節從之時官織大紅文綺三千疋計直三萬

兩遭歲歉瑩請以夏稅絲充之民以無擾其陞建白多類是滿考授光祿寺珍羞署丞與典寺者不合改福建布政司都事會討劇賊鄧茂七轉餉者徒擾民而餉不給尚書薛希璉以委瑩設方畧輸之民安餉足又承檄說民兵守松溪政和兩縣賊穴官臺山瑩計降其尤黠者數人遂用以爲鄉導擒戮其首惡脅從還所虜掠凡若干人賊遂平又奏置壽寧縣斷賊巢穴以功進二階御史應顯薦瑩可大用未報有怨家

當路欲留瑩遂罷歸徜徉湖山間效仲長統樂志論注寫情說以自况日與親朋陶情詩酒賙䘏貧匱教廸子孫爲鄉邦表率以孫文正公遷貴累贈光祿大夫柱國少傅武英殿大學士

邵宏譽字德昭永樂甲辰進士拜監察御史稱有風裁用薦擢翰林脩撰預脩　宣廟實錄正統壬戌同考會試尋陞福建按察副使時坐閩寇鄧茂七反左遷寇平追錄宏譽功復湖廣按察副使致仕宏譽天性孝友親歿廬墓居官清白

曩無遺資毀譽不形犯而不校寬然長者也子
銓秦州同知孫蕡廣東左布政使
許南傑字俊才宣德庚戌舉進士改庶吉士　上
屢試稱　旨賜襲衣授太常博士擢知南安府
妖賊孫佛羅倡亂　詔籍其黨南傑辨其脅從
釋之調知曲靖曲靖多夷人　朝廷仍其俗置
酋長酋爭立輒相殺南傑多方調停夷人感服
兩郡俱廟祀之語在尚書胡濙誌中子浩桐城
訓導瀚尚寶司丞濬國子助教而浩頗有文學

名有宋元二史闡幽等書行於世

嚴廸字允廸漢徵士子陵四十五世孫也通易春秋二經補邑弟子員貢入太學屢試首六館之士宣德五年出知江浦江浦邇留都號難治廸一以長者化導之比屋欣戴在任九年以最聞時執政者素知廸於成均奏廸可大用已得旨矣會 宣廟升遐部覆遂寢正統初入覲懇疏乞歸竟得以 前旨晋大理少卿致仕廸歸橐惟圖書家仍若茨論者謂不媿高節之裔云

贈太子少保左都御史已又加　贈太子太保父曰張才正統丁卯舉人教諭主福建考暮夜卻金事詳科名下至琳貴復姓史孫嗣元嘉靖己未進士廉於官強項不善諧世終行太僕卿事父毋綦孝處寡嫂務弟周恤篤摯清白孝友代有聞故足長世云

謝遷字于喬成化乙未進士第一人授脩撰簡侍東宮弘治初擢左庶子兼日講官　上在諒闇内侍有請擇妃嬪者遷擾禮諫止以脩憲廟實

錄成陞少詹事兼侍讀學士丁內外艱服除起爲詹事尋簡入內閣加少傅兼太子太傅禮部尚書武英殿大學士遷事　孝皇論思獻替無所忌諱嘗阻本兵議加官田折銀請嚴禁旅疊冗抑制內臣驕橫之漸有遼東守將張天祥貪功起釁坐死　上疑撫巡法司誣之詔起大獄遷犯顏持奏得解主事李夢陽者上疏激怒內廷下詔獄爲營救出之用賛　孝皇泰平之休與劉健李東陽一時號稱賢相　武宗嗣位黜

內侍荒於政遷等固諍欲置璧倖於法逆瑾銜之遂與健皆引身去遷以少傅兼太子太傅歸老東山瑾每偵伺短長竟無所得會鄉人有以賢良應詔者坐以違格中遷落職時弟廸兵部員外郎子丕編脩皆矯詔罷之嘉靖丁亥起戶部尚書謹身殿大學士遷自以年不逮忘力求去從之歸四年而卒壽八十有三贈太傅謚文正遷識度閎博文章爾雅出處進退光明峻潔當再起乞歸猶惓惓以輔德第一義爲 肅皇

封皇

獻　國朝相業如遷不多見云

王華字德輝成化辛丑進士第一人歷官翰林終南京吏部尚書弘治中内侍李廣有寵華爲日講官嘗講大學衍義至唐李輔國結張后表裏用事誦說朗朗左右皆縮頸吐舌　上樂聞之講已遣中官賜尚食正德初逆瑾專政士大夫爭走其門華時爲禮部侍郎獨不往子守仁論瑾瑾益怒出之南京尋傳旨令致仕華坦夷洞直無所蓋覆而立身大節凛凛不渝晚思山陰

爲先世故居文自姚徙越城光相坊居焉世廟
登極録守仁擒濠功華進封新建伯

黄珣字廷璽成化辛卯鄉試第一辛丑廷試第二
歴官翰林國子祭酒終南京吏部尚書時逆瑾
方專擅進退大臣遂傳旨令致仕卒於家嘉靖
十年禮部題珣歴事三朝有清謹名乃追謚文
僖珣平易厚重不務畦畛爲文如其爲人云見實
録

陳雍字希冉成化中進士授工部主事終南京工

部尚書初雍祖信以從事蠡縣客死瘞叢祠旁踰六十年不可指識矣雍舉進士托同年蠡令何琛者訪得之遂兩至蠡躬負骨歸與祖妣合塟士大夫侈爲詠歌有雙玉集焉及憲副山西渾源有孫布政逢吉者逆瑾客戚也子聰怙勢張甚雍獨不爲禮及治具招雍雍亦不㵂幾爲所中會瑾敗雍奉　詔籍其家人心快之時誹建　兩宮有採木之役雍以工部右侍郎往督于楚事竣以勞賜金幣驛召還　世皇在藩邸

稔知其廉至是維乞休降　旨慰留遷南工部
尚書會言官指摘其攝儀時事遂引歸　上憐
其枉詔有司給夫廩宗眷仍賜楮幣為道里費
益異數也歸又十五年守臣以維九十聞　詔
御史即家存問賜賚有加壽考榮名近世罕儷
云

邵蕃字文盛踰齔善屬文事繼母以孝稱成化中
登進士授建平縣令在任九年治行為江南第
一徵拜御史尋視順天學政獲奇雋居多然敦

尚本實纖輔僉翕然向風時瑾奄貴用事有所請輒拒不應銜之歷御史俸十三年乃外轉陝西按察副使仍視學政久之遷四川左參政既得俞　旨瑾復矯批邵蕃著致仕瑾誅臺省交薦可大用而卒不用以老誰爲臧氏子耶益終身不復言其人敝廬蔬食泊焉若將忘之然享年九十又三孫漳曾孫夢弼皆成進士語曰天道其猶酌也信夫祀建平名宦

汪澤字公溥弘治庚戌進士有雋異才　廷試數

對詳雅已擬臚唱首矣尤多者抑置第二甲三名除工部主事分署清江廠勤稱職疾困猶視事竟不起澤初與計偕有同年張明遠者卒於京邸爲鑿裝齋棺斂歸其喪服官依然寒素扁所居曰咬菜謝文正遷貽之詩有淵源家學非綿蕞清苦官箴只菜根之句蓋實錄也所著有西湖賦夢梅集南峰稿藏于家

徐守誠字誠之少刻苦自樹潛心理學弘治中登進士授南兵部主事嚴於稽覈武衛攺觀執父

喪廬墓有馴虎甘露之異鄉人名其山曰慈山服除補刑部日與四方名士相討論學益進嘗陳時政十餘事多見采納出爲湖廣僉事理寃糾墨不避權勢遷山東參議以疾歸逾年而卒誠孝友廉介非其義一介不取歷官二十年室廬僅蔽風雨有慈山雜著數十條爲學者所誦

韓廉字守清弘治丙辰進士爲任縣令值歲饑議捐稅契貲城任饑民獲以傭易餉全活甚衆已被 徵會流賊剽掠旁邑任以城獨完民尸祝

之及爲御史按福建有靖寇功以忤逆瑾謫萬安尋中他事逮繫獄瑾誅累遷山東兵備副使致仕卒年九十有四所司疏　請建完名上壽坊

陸相字時肅少受業於王尚書華與之與文成公同學弘治己未遂同舉進士授南兵科給事中　武宗初政奄瑾竊柄言者禍且不測相遣其室奉母歸偕言官戴銑薄彥徽等疏瑾不法數十事忤旨械繫至京廷杖九十絕而甦下

錦衣獄文成時爲刑部主事上疏申救幷繫獄三月相褫職爲民文成謫龍場相歸而孝養其母課子授徒聞民間有利病則走白有司行罷之非是杜門不出也瑾誅詔復其官尋遷廣西叅議除書至而相已卒二日矣家貧營葬十餘年有李廉使某捐俸檄郡爲營兆始克襄事敝屋數楹至今猶存其舊過者咸式焉

宋冕字孔瞻弘治中進士初官刑部以執法忤逆瑾或危之冕曰君不知當官正色爲吾家廣平

耶得緣此貶死芬芳實多謫金谿知縣瑾誅復召爲禮部主事尋叅議河南會歲饑賙活無筭轉福建叅政永春等縣流賊猖獗分巡其以僨事論罪非晃所轄地也請之鎮廵以偏師往賊殲焉然推功不居以贖前車之覆者擢陝西左布政使保釐大著織造某璫者需緡錢溢額輒不與銜甚百端伺隙終不得已進右副都御史撫治鄖陽至則拊循訓厲三省敉寧會　太廟災引咎乞罷再疏始得請劇賊馬興等乗間騷

動晃不以弛擔故諉之後人督諸路軍討平之事聞有白金文綺之賚所司以贖鍰三千餘解送悉署備賑晃外和而中勁歷官垂三十年被服如寒士乃其不居功不避事尤人所難孫岳舉進士官至按察使

胡東皐字汝登弘治乙丑進士初授南刑部主事時逆瑾第琅爲南京守備張甚諸曹爭往候謁東皐獨弗往中府都督乃倖臣錢寧姪民有訟其家奴不法者按律坐之不少貸數平反大獄

暇則與同曹郎魏校吳昂講德論道烝烝如也
擢守寧國以治行爲天下第一蒙　旨褒賚陞
四川建昌兵備副使丁內艱服除即家拜威茂
兵備討西番耿勺之亂勺遁脅從千餘人釋不
問進按察使仍留茂州縣購得賊親嫟者兩人
斫賊首以獻西人始安尋進都御史巡撫寧夏
該鎮邊虜虜騎數蹂入奏築花馬池賀蘭山邊
牆三百餘里又議撤鹽池戍卒徵班銀以備邊
費至今賴之在西夏一年章凡二十餘上多見

采納聞季第喪乞歸而朝議以老成之臣不宜引去改撫鄖陽未幾召還內臺陳時政十二事言甚切直輔臣某故嘗推引欲以見德者東皐自公謁外未嘗一造遂大忤會 太廟災上疏自劾去公東皐歷任與處苟利於人必身任之歸田饘粥不給孫文恪陞曰吾姚仕宦而清貧如寒畯者三人胡中丞東皐宋中丞晃胡太僕鐸號姚江三廉蓋不誣也東皐子昱以鄉薦守高唐有惠政陞廣東僉事旦舉進士歷岳州知府

新脩餘姚縣志卷之十八

人物志四　鄉賢三

鄉賢

皇明　陳克宅　張懷　邵煉　史立模

魏有本　張逵　龔輝　管見

周如底　丁克卿　呂本　孫陞

翁大立　陳陛　宋大武　金蕃

孫應奎　趙錦　邵稷　周如斗

孫鑨　張岳　陳有年　邵陛

陳克宅字卽卿正德甲戌進士初爲嘉定令吳中賦重豪右多欺詭爲奸克宅履畝清丈宿弊頓革以治行最召拜御史首劾巨閹劉允取佛烏思藏挾邪蠱亂罪當斬又劾武定侯郭勛大不敬直聲震中外歷按貴州河南風裁益著壹資當内轉冢宰某持私憾出爲四川兵備副使鷟酋爲梗勒所部兵盡殲之諸酋自是無敢犯者歷湖廣左布政使楚大侵之後重以採辦民不堪命克宅劑量節縮全楚晏然尋拜副都御史

撫貴州囤賊阿向負險逆命克宅寄令死士乘夜半緣升絕壁以索梯度軍大破之捷聞加俸賜金綺改巡撫應天方太任餘孽復叛言者以罪克宅遂罷歸歸四年而卒已而事白詔復職賜祭葬錄其子克宅敭歷四方有殊績乃其發軔在嘉定至今猶尸祝云

張懷字德珍富有學殖正德丙子以儒士薦第一連第授禮部主事會　武宗南巡伏闕泣諫罰跪門五日杖三十嘉靖初又以議大禮不稱

旨杖三十已陞江西參議歷廣東參政所至有
廉敏聲突以他事波及勒歸公論惜之歸惟布
袍芒屩督耕飯牛過者不識其爲官八閒徒步
款公門以村僕挾敝冠紳爲門者所詬誶樸行
素風足范流俗所著有鷄鳴集茹茶錄藏於家
邵煉字德成正德庚辰進士歷雲南僉事分道臨
沅民夷錯居故號難治煉結以恩信皆悅服會
上官構亂往撫旬日而定尋遷副使備兵南贛
廉靜不擾引疾歸卒年八十有四弟煒子基並

舉進士能世其清白云

史立模字貫宏正德辛巳進士授行人選兵科給事中歷惠州知府初立模與永嘉張公孚敬同年貫溪夏公言則給事時同官也交好最密及議大禮兩公引繩批根衆議立模堅不附以言事謫外兩公相繼居首揆又竟絕書問也浮沉十餘年以知府上計卒於家論者惜之生平重行誼好讀書亦善行草子自上平陽府同知孫元僎弱冠登第能世其官終江西按察司僉

事

魏有本字伯深登正德辛巳進士官御史首劾武定侯郭勛貪恣宜奪其兵柄都督馬永大將材可代勛 世廟怒謫外任吏部尚書廖紀疏留有本且言馬永有將畧名重夷虜御史言是臺省亦交章如紀奏 詔復御史尋按蘇松四郡奸墨褫魄累遷僉都御史撫河南值歲侵疏請蠲賑凡八上是時宗藩祿饟工役皆爲民困而悍宗要挾輒有譟聚所司者有本裁抑劾治并

伏以聽滿三載以督南京糧儲民瘼道攀留省像祀之晉南大理卿及貳刑部文以右都御史出總漕運遂引歸有木倔倔無華平居寡言笑至談當世務切中肯綮遇大事毅然有之卒贈南工部尚書

張逵字懋登正德辛巳進士選庶吉士嘉靖初授刑科給事中倜儻有大節數上封事劾武定侯郭勛及妖賊李福達忤旨謫任復被逮戍邊幾十年毋宛不得以歸衷痛而卒隆慶改元撫臣以

請詔贈光祿寺少卿

龔輝字實卿嘉靖癸未進士授工部郎嘗被命督木川貴州苗民錯居卽有木非殷材疏請得專事川蜀已蜀特十之七奏部檄猶促不置適彗星見詔求直言輝遂上言蜀頻年兵荒財力空匱民不堪命因繪山川險惡及轉運艱難爲十五圖以上世廟嘉納焉蜀人德之至與諸葛武侯並祠也以年勞遷副使督學陝西晉參政著全陝政要書有世多傳之歷副都御史督軍漳

贛平懸繩掛坑諸賊巢踰年復有漕撫之命時河淮二水並注於淮民幾為魚賴以便宜濬築水歸漕費省功鉅兩地俱建祠如蜀語具報功及鎮淮二祠碑記中以南工部侍郎致仕家食十五年絣衣淡食未嘗治垣屋而虔享祀恤嫠孤著宗約鄉閭化之其大者念邑苦賦役自所司丈田平徭觀風者推其法於全浙出處大有裨益可覘其槩矣卒贈都察院右都御史

管見字道夫嘉靖丙戌進士初任常州府推官多

平反 徵拜吏科給事中晉都禮科有疏諫止
大工加派及言邊防大壞咎在政府 朝議偉
之例應內轉力乞外爲廣東叅政旋稱疾歸卽
姻婭利於膴仕視之泊如其視身亦端亮可則
云子府官長史樸愿簡率有長者稱孫應鳳萬
曆丁丑進士終兵部主事
周如底字允直嘉靖己丑進士初知瀏陽改婺源
時汪太宰鋐方柄銓家人橫甚如底一裁以法
汪憾之移判武昌汪太位始擢工部主事歷營

繕司郎中時　九廟　四郊　慈慶慈寧諸大工繼起川湖巨材衡尾至故事至則輓入臺基山西二廠聽內豎取裁繕司唯唯而已如底審召工師索其總冊深若干柱若干長圍若干樣栭椽檻之類畢具乃令輓木者悉以木置長安東西街召諸匠如式裁用然後進兩廠而所餘關頭悉送器皿廠造御器內豎一無所得內外提督若太監高忠武定侯郭勛竝貴寵用事雖屢肆叱辱如底第含忍偵卒日夜伺其起居竟

無隙後以積資擢太僕少卿念親老未嘗携家憂思勞苦被疾請告歸歲餘卒無以爲殮其清譽益彰云

丁克卿字嗣毅嘉靖辛卯舉人屢不第謁選知安州值水儉策賑饑者無算尋以艱去父老人持百錢泣送堅謝不受再補和州又值旱涖任須三日期克卿曰三日無雨則無禾即别署禱北澍立應民呼爲隨車雨遷永寧丞致仕著書數萬言燬於倭存有周禮集要梓行嘗館于桐

川時同邑葉選館不售假克卿宿論文深相器遂中分其徒而館之後選登第沒齒誦其高誼云

呂本字汝立初誤姓李後奏復嘉靖壬辰進士是科選庶吉士卷呈　上糊名不啓命覆選而乃得本本丰姿玉峙人益以公輔期之已授翰林檢討出爲南司業七年而晋宫坊時上方鋭意總攬本主順天丙午試試目禮樂征伐自天子出録文有治以一統爲盛勢以不移爲尊等語

大稱　上意以丹手標其句益嚮用始基云遜
晋兩雍祭酒己酉會卜相廷推六人本次末竟
被　特簡以少詹入閣辦事歷十三年躋少傅
眷遇渥甚丁丙辰充會試總裁復掌銓登斥稱
旨褒擢本身事察主且又介分宜華亭機穽間
負孤誠自若上不疑而下不忮要其識度有過
人者立朝所奏對悉關大體而調停　景裕二
邸以安國儲力居多至其主城江南議爲半壁
保障則龍山有祠血食無忝自辛酉丁太夫人

艱歸吏循林下者二十六年備極人間之樂終其身無疾言遽色所容接靡不醉其盛德焉今上癸未年八十　命所司存問又四年而卒贈太傅謚文安官階恩數畧與謝文正遷等而齒過其二大人夏饒有女德並登大耋當戶子元稱象賢諸孫翩翩文學胤昌胤礽其顯者人謂其生平所遘得天獨侈詳在弇州大函二傳中有期齋集奏謝稿館閣漫錄行於世

孫陞字志高忠烈公燧之季子嘉靖乙未入對大

廷以仁禮之說進稱 上意擢一甲第二人官翰林遷國子祭酒教先行檢懸科條抑浮競雖親貴關說弗聽歷吏禮二部侍郎終南京禮部尚書卒贈太子少保謚文恪陞孝友純篤當忠烈公死難陞時年十九隨二兄誓死赴讐會濠已擒乃扶柩歸廬於墓家窶甚刻苦自樹學冠一時比官侍從歷通顯旦夕痛父絕手不書寧字亦不為人作壽父文母楊夫人年九十陞日候臥起稍不懌輒長跽事伯兄如父事必禀命

坐必侍側終其身不改生平無所嗜好一介之微苟有未安則曰趙清獻必不如是當分宜專政陞其門人輒自吏部乞徙而南益厭薄聲華自其天性以故身益遠家益貧而名益重云居常自讀書考古外絕不與他曹事惟四方水旱盜賊至形之詩歌以風當事者其課諸子不專文藝惟以名節相誡勉爲文宗兩漢詩宗杜氏所著詩文凡若干卷

翁大立字孺參嘉靖戊戌進士授工部主事改刑

部讞獄江西多所平反其奏牘汯家宗之尋擢
按察副使督學河南稱得士歷右副都御史撫
南畿芟薙市俠幾危其身而百姓用安已視河
時齊豫大水疏乞蠲濟　上爲出內府金錢二
萬緡支淮揚商稅萬金留漕糧三萬石以賑之
獻十二圖具民窮運梗之狀疏中有大官之膳
百姓脂膏大倉之儲運軍汗血諸語誦者韙之
仕終南京兵部尚書參贊機務家居簡素出入
恒徒步以讀書種樹爲樂爲文爾雅平飭有

國朝文獻諸書若干卷詳藝文志合邑苦徭役乃講求顧役遺意號條鞭法直指使者上之絜爲令今海内多行之者無不稱便所著徭役或問詳田賦志

陳陛字晋甫嘉靖辛丑進士父煥光禄卿歷外藩具有幹濟爲光禄時例及引年陛與仲弗並登朝籍煥語二子曰乃公倦矣抑人有言飲不盡樽以遺子孫吾其休乎遂乞歸築第開圃日與故舊賓客飲宴陶然適也陛醇謹有父風選

庶吉士授編脩終南禮部侍郎居官不矜崖檢質行自茂　世廟在齋宫用儒臣撰文頗速化陞獨辭避棲遲詞垣者二十年當其時推轂者亦鮮晚乃簡陟禮侍再起留曹而年不待矣寧鈍遲毋巧速不可謂非賢也陳少傅以勤爲陞表墓稱庶幾有道長者而樹立僅僅有此益深惜之季覲子鋃俱成進士議者以煥逹挹滿之數而駁發於其後云陞贈禮部尚書謚文僖

宋大武字文成與弟大勺從子岳同登嘉靖辛丑

進士授刑部主事進郎中持法平恕不爲苛鷙以阿當道時緹騎横甚輒罔無辜巧詆委成西曹以希賞格西曹畏緹帥貴幸無敢枝梧大武輒白其枉釋之已出爲永平守永數中虜爲繕城守備要害永賴以安歷廣東副使治海南四郡時有臨高居林之寇撫定之功爲多擢本省叅政歸大武故善病既家居杜關静攝引年大耋卽里巷不覩其面者幾三十年毋事依于孝弟斯可謂篤行君子矣

金蕃字世章嘉靖辛丑進士初令華亭以艱歸再令順德歷刑部郎出守岳州所至並以廉稱會入　覲藩臬守令有時譽者分宜子世蕃率先餽以招致之被者競以爲榮即賚使十倍於所施而報可知已蕃於使特簡且以二帛報世蕃大恚遂罷歸所居數屢僅蔽風雨角巾布袍棄冠紳如遺杜門無里閈徵逐而於公庭尤屏迹焉自號嘉遯山人真無媿云

孫應奎字文卿嘉靖己丑進士爲禮科給事中歷

劾冢宰汪鋐忤　旨幾斃杖下謫丞華亭鋐亦
尋罷巳移江陰令歷官右副都御史應奎衿舉
于鄉即師事文成授傳習錄一編其爲人剛直
自負能堅持是非不可奪居官聲績矯矯斷獄
雖忤權貴必伸其寃當山東布政時有開膠萊
河之議御史銜　命往應奎按視地勢必不可
河即河無益徒愁勞百姓爭言諸不便狀及
奏上朝議直之役竟寢入覲數與冢宰爭官屬
可否冢宰欲有所曲庇執之愈力竟不得生平

風力任事此其大者居鄉頗自簡貴迄無阿私是時同邑葉洪籍山東應奎同年進士同官給事中亦上疏劾鋐及武定郭勛真人邵元節逮訊并杖謫寧國縣丞後屢薦不起並著直聲焉應奎子汝賓洪孫敬愿先後舉進士

趙錦字元朴祭議塤子塤廉直以古道自持故宦跡齟齬然多惠愛去後常見思歸田所居僅[illegible]風雨錦少嚴整強骨自立超俗巨家子無[illegible][illegible]人必儒服錦獨着田間冠野婦登嘉靖甲辰進

士授江陰令課最　徵拜御史累疏言　國家
大事皆稱　旨大學士嚴嵩父子專擅爲奸利
錦因日食上疏極詆其惡娓娓萬餘言嵩恚甚
時錦奉　詔雲南清軍政緹騎萬里往逮備諸
艱楚不爲動至下錦衣獄榜訊幾絕除籍歸家
赤貧父子布袍蔬飱自適　莊皇帝即位録諸
諫臣起錦復爲御史累遷南京吏部尚書侃直
如故與江陵相不合復引歸江陵敗起故官尋
改左都御史時衆攻江陵　上震怒籍其家錦

獨上書申救無阻將來大臣任事之心議者稱其得體遇艱歸再起刑部尚書未至卒謚端肅

邵稷字伯嘉嘉靖甲辰進士授蕪湖令蕪湖故有榷署商船至上其數令與主榷者同主榷者向令彀之共分其羨沿爲故事稷盡卻弗取其廉皆此類邑有山阜學宮之前樵者甚衆形家以爲不利即捐俸購之歸學宮諸生迄今感誦召拜御史旋病卒不盡厥施士論惜之

周如斗字允文嘉靖丁未進士授貴溪令以見徵

拜御史按三吳會倭內訌兼奉　勑監軍躬厲
將士捷書狎至歲且侵疏請蠲稅瘡痍用起吳
民德之不期也　闔乞留　特賜允明年倭再
訌於松城守戒嚴奔命者守帥拒弗納適如斗
行部至厲聲曰卽弗納是驅之死也脫有不虞
吾任之扶携而入者頌載道倭亦旋靖居中謂
度獨多焉爲倖帥所忌僅賚金綺加俸一級自
是爲南督學南督撫寔鄉大夫所推轂云故時
三吳賦重而軍興加派更疲甚如斗蠲汰喣摩

倍殫心力巳從撫江右瘑卒至今吳人有周邵之稱邵名陛後二紀而樓吳者也子思充壬戌進士始巢令終湖廣參議所至廉毅有聲惜年未竟厥施江口壩兩父子進士庚戌不媿坊表云

孫鑨字文中登嘉靖丙辰進士授兵部主事歷員外郎中操裁廩廩華亭相階嚴重之時　肅皇帝居齋宫群小多不悆鑨抗疏極諫詞甚峻華亭大駭曰禍不獨在一人從中容格之不得入

遂憤憤移疾歸隆慶丁卯復召爲南京吏部郎
中歷陞光祿寺卿相居正柄國恣所欲爲以鼎
甲私其子父死且不奔喪鑛投袂而起曰無君
于上無父于下豈能靦顔與若等共立殿陛爭
是非乎力　請乃得歸居正死萬曆丙戌復以
原官召用歷晋南京吏部尚書壬辰銓部缺冢
宰　廷推再上始及鑛名　上曰得人矣鑛方
拜南京兵部尚書不數日更有新　命中外咸
頌　主上英明而慶鑛之殊遇也癸巳當内計

鐫與諸司郎矣既厭心謝絕請謁私人發孽少無所容正類莫不吐氣有稱其弊吏公明二百年來僅見者然守正實難大致柄鑿遂堅意乞休疏累十上　上眷留不置　遣中官　賜養羊　上尊請益力移咨戶部住支俸薪以示決去久之乃得　旨賜乘傳歸歸踰年而卒訃聞

詔與祭二壇　遣官敦葬事贈太子太保謚清簡儉一子入太學雖世胄蚤貴絕無驕吝情色卽之温然長者然守義若石視不義若浼觀

其三畨太國輕於脫屣彼誠得其所重耳語有之木有根而水有源其根源所從來則亦已遠矣

明興餘姚舊無北部尚書滿[illegible]與家謊者若以爲限於地云　今上辛卯趙端肅起爲北刑部尚書至姑蘇而卒人益以爲驗未幾孫清簡陳恭介遞登冢宰及考兩公出處行事若一人而兩分之亦奇矣其世閥同其三公國同其以南吏部尚書轉北部同爲所推援特爲　上所簡拔同寧正而退毋寧曲而留同退之日正人豸士無不扼腕顰蹙而不可得同自兩公相繼出都門都人士睨曰此姚人也曰此又姚人也則地豈不以人重耶或顛兩公何不詘身以濟世然詘身何以爲兩公即兩公而詘身又何所用以濟世故自兩

公之不屈身也士類生色懦夫增氣天下聳然太邪而崇正濟世之功身退而益顯豈僅僅要筴於比部已也嗚呼此果足以限人也歟哉

張岳字汝宗登嘉靖己未進士授行人以高等給事禮科進刑科右而閹豎盛者故 肅皇帝興國與俱來者也憑寵盜香資巨萬岳廉實劾之 上大怒杖殺其黨豎戍留都又上六事語侵元相大司馬而二憾成矣遂出爲雲南參議歷官參政時江陵號知人迺三遷晉南京都察院右僉都御史適江陵父死欲奪情南中緇衲聞

然乞留疏具岳不署而獨上疏謂奪情爲權奔喪爲經兩者並行不悖庶萬古之綱常不墜云不省是時凡言奪情者盡重譴而岳由是外補至閑住矣江陵死臺省交薦起四川參議又三遷而復爲都察院左僉都御史　陛見卽條政要四事已進左副都御史有壽宮之疏已進刑部右侍郎有直陳國是之疏詞多忿激譏刺若一國爲之訟而竟以是歸矣岳刻於潔已嚴於繩物務明黑白雖權貴不避江陵一疏一時稱

爲南中孤鳳不誣也或謂既巳身爲大臣而猶泛陳庶政指摘滿朝不無過訐然直道事人焉往而不三黜蓋自古嘆之矣家居篤於教子授經課藝諄諄不啻嚴師仲子集義成進士叔子約禮巳舉於鄉伯季亦並有才名視世之以美田宅遺子孫者果孰優哉所著有性學解問易辨疑大極通書等釋行于世

陳有年字登之故都御史克宅季子幼有竒負嘉靖壬戌登進士授刑部主事移疾侍母淑人久

之至隆慶丁卯改除吏部遞晋驗封郎會戚國
公朱希忠贈王事執奏不可忤楚相居正意再
移疾歸淹十年爲萬曆甲申起稽勲郎尋掌選
一切賄乞勢囑悉謝絶選法大清晋太常少卿
已推右僉都御史撫江右務清凈爲理時大侵
奉
詔弛遏糴禁徽商挾巨貲牟射者獨多穀
旋價有年爲部民計奏自今且止外販徽商族
其鄉之殫事者論遣詔罷歸庚寅起南操江右
僉事遷協院左副歷刑兵吏侍晋南掌院轉南

吏部尚書癸巳同邑孫冢宰鑨 予告竟以有
年代益特簡也在事謝絕一切視爲郎更嚴有
詔會推閣臣該部首山陰公相及部院兩賢
者忤 上意 詔下切責謫及司屬遂堅以疾

去去之日挾兩蒼頭襆被以行觀者莫不嘆異
抵家足跡不入城市所居再被燬構葺力不能
完日飯脫粟敝冠澣衣雜處耕樵間未幾病歿
年六十有八囊無羨金幾不克襄大事歿乃報
起南掌院不以原官領或居中有舊嗛未釋者

故抑之也後　邺典悉用冢宰例贈太子太保
謚恭介膾一子敬端見署正有勳通判有孚並
以清節相砥豎而季於出處大節尤皭然表世
所著古文詞甚工惜爲祝融氏所忌蕩僅有存
者
邵陛字世忠隆慶戊辰進士選庶吉士授御史凡
三出按所至開敏有聲要于凱第得民和按吳
疏寬積逋無筭次江北創議築泗堤濬海口以
捍水患次江右江右素苦機杼荞𪗋之賦並爲

疏　請裁減而監臨棘事尤稱公慤録文甲於
一時歷湖廣巡撫盜踞大宿蘄黄間勢張甚分
地協勦厥功居多初　潞王之國有以　景邸
莊田啖之者　王請之溢於故額陛列見田以
聞無濫及民產官至刑部左侍郎陛侃辭有
度喜扶植士類至指陳中外闕失忠悃切至以
故　上多嘉納其人所罕知而已亦未嘗語人
者則掌道時陰持敦促故相疏不上覓爲孤騫
孫司馬鑛能詳之亦足槩其生平矣有兩臺奏

議若干卷皆其棻餘時俱重之

新脩餘姚縣志卷之十八終

以居日夜端居澄默久之忽悟以致良知爲聖門秘旨安宣慰頗抗朝命移書折之隨戢庚午起令廬陵遷吏部郎歷南京鴻臚卿南贛賊起尚書王瓊力薦之拜僉都御史往撫當是時宸濠久蓄異謀守仁至贛大集兵力名討洞賊實以備濠且請便宜行事橫水桶岡浰頭諸賊猖獗悉平之巳卯六月聞濠反遂與知府伍文定倡義討逆濠出攻南康九江圍安慶不下我師徑薄省城克之濠解圍來援逆戰於樵舍賊大

潰濠擒是時守仁疏捷必歸功瓊大忤執政
世廟登極特降璽書召赴闕執政嗾言官論止
守仁遂力求歸省許之是年冬始議加尚書封
新建伯會廣西岑猛之亂起守仁總制懇辭不
允至則休兵釋甲開示恩信賊黨盧蘇等來降
思田平又用其衆破八寨克斷藤峽設縣治善
後事竣乞歸至南安而卒時執政憾未已疏詆
致停卹典并革封爵隆慶改元乃追贈新建侯
謚文成給券世襲 今上甲申允廷臣議從祀

孔廟守仁天資超絶少喜任俠長好詞章僊釋
既而以斯道爲已任以聖人爲必可至四方學
者肩摩踵接雖軍旅劻勷不廢談麈國朝理學
諸臣無出其右以築室陽明洞學者又稱陽明
先生所著有居夷集五經臆説大學古本旁註
及門人傳習錄行於世
徐愛字曰仁正德戊辰進士出知祁州遷南京工
部員外歷郎中愛娶於王莁文成之妹婿也弱
冠領鄉薦遶文成謫龍場歸論學於稽山愛深

契之遂北面執弟子禮後數年文成自考功還南太僕愛亦自祁遷南工部同舟歸越論大學宗旨聞之踴躍痛快如狂如醒者數日傳習錄卽是時所編也從遊四明觀白水登杖錫至雪竇上千丈巖以望天姥華頂語下會心隨地有得文成在南四方同志日親疲於酬應愛每分接之咸尋所欲而去及文成有南贛之命愛亦請告歸門人耕雪上之田以待其師忽嬰疾不起年纔三十有一訃聞文成哭之慟愛

在祁值劉六劉七之亂有保障功疏陳十事多見採納居南工廉勤克舉其職而惜未究嘗遊南岳夢一瞿曇撫其背曰爾德同顏子壽亦與埒文成每語輒傷之今墓在山陰之大峯山

錢德洪初名寬德洪其字也避先世諱以字行更字洪甫正德間陽明先生倡道東南德洪實首師事之嘉靖丙戌舉禮部遂引疾歸與以卒業戊子赴上聞師訃而返保孤寧家不遺餘力至壬辰始應　廷試又以親老乞恩便養得教

授姑蘇士幸博一第恨不能立致通顯而六年

寂寞共受冷衙要其中必有以勝之至以司寇

郎訊郭勛一事尤慷慨可異焉夫翊國公郭勛

者固 上所寵怙即 召不往豈滿意欲殺之

乎巧爲逢而附輕可也而必不敢輕及言事諸

臣滿意欲殺之從衆而附重可也而必不敢重

上怒尚書以署事爲解罪一可分也而必不敢

分寧身嬰三木日與楊御史趙都督講易不輟

勛死乃得釋隆慶初臺省交薦議 召用時年

已七十矣　詔復原職進階朝列大夫其平生自言曰學貴有得遇物而反非真得也今觀其退可遺榮進不避難其殆有真得者歟世徒見藉剩語爲神君借餘明若處女者以爲道學疵訢然蓄滙之水又豈無嘗而知之者哉子應樂舉于鄉三爲縣令而居業蕭然亦可謂無忝家學矣

管州字子行諸生時從新建學嘉靖辛卯薦於鄉官兵部司務入署輒吟誦自如本兵已心嫌之

時邊警屢至州議本兵奉職無狀應舉能者自代本兵謾爲好語謝而陰下石焉其不諧世若此罷歸貧甚彈琴雅歌有以自遣益狀似迂而志行不苟云

胡瀚字川甫七歲端重如成人一日問塾師曰學孔孟以何爲入門塾師大異之其從父支湖公召語之曰孺子願學乎學在心心以不欺爲主瀚唯唯著心箴圖就質於王文成公文成公曰吾小友也時王公畿錢公德洪皆與爲忘年之

交會講學天真書院主朱學者疑陽明宗王學者論考亭瀚日考亭當註疏附會之時不得不擷精姤粹以發蒙陽明當支離割裂之後不得不指點頭顱以證世俱正沿藏雖異而同學者服之瀚於博士家語若不經意而語必驚人嘗謂於一第承嗣易耳然數奇毋蹶晩乃以貢得華亭訓導尋教諭崇明歸至今吳門稱瀚者以爲安定遺裔云築室令山署日松篁小塢歸臥其中觀喜怒哀樂未發氣象爽焉自得病革爲

詩示兒孫神色恬正庶幾太來倏然者有今

文集一百卷行於世

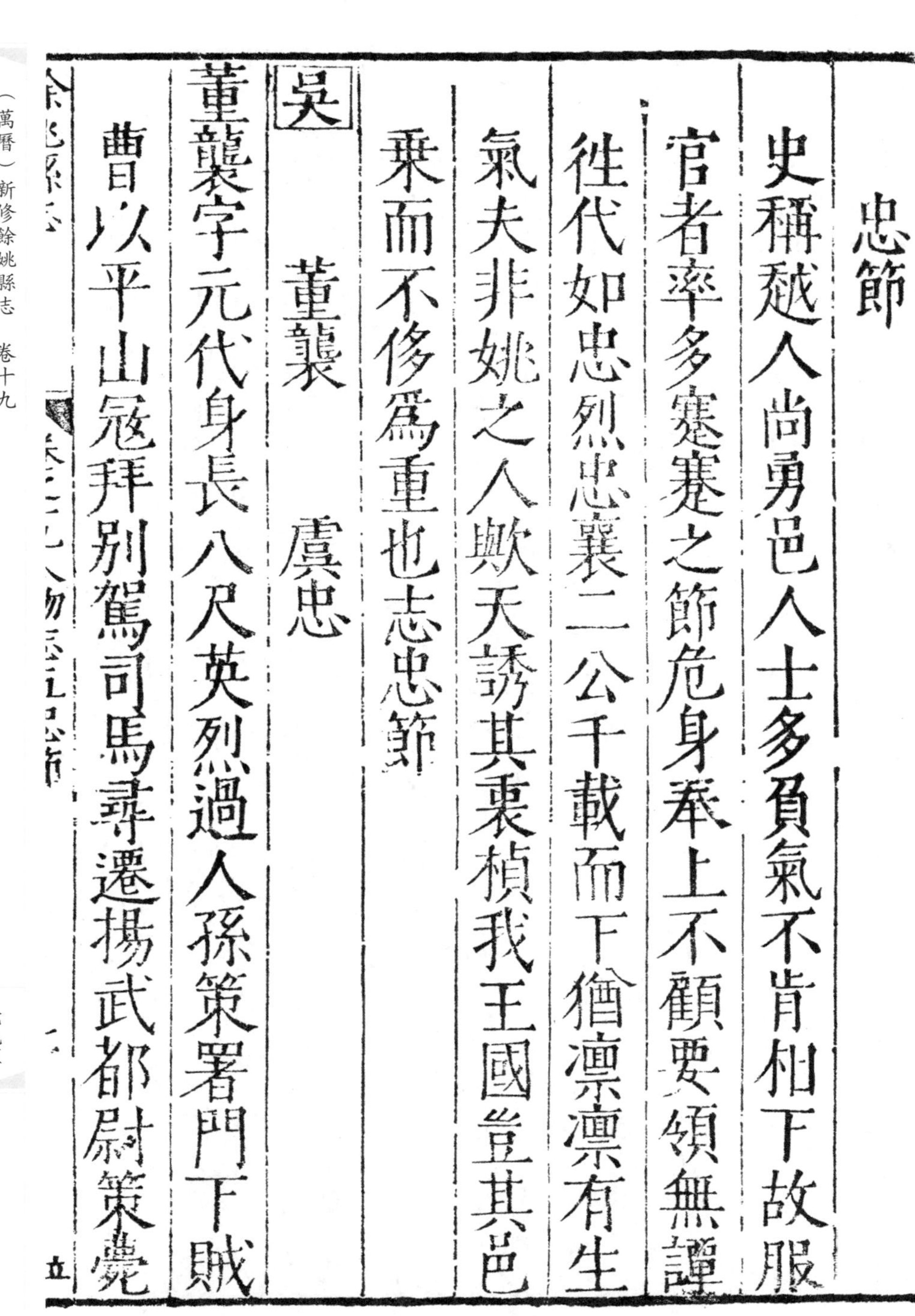

忠節

史稱越人尚勇邑人士多負氣不肯相下故服官者率多蹇蹇之節危身奉上不顧要領無譚往代如忠烈忠襄二公千載而下猶凜凜有生氣夫非姚之人歟天誘其衷楨我王國豈其邑乘而不侈爲重也志忠節

吴　董襲　虞忠

董襲字元代身長八尺英烈過人孫策署門下賊曹以平山寇拜別駕司馬尋遷揚武都尉策薨

事權以平彭虎功拜威越校尉遷偏將軍從討黃祖祖橫兩艨衝夾守沔口以栟櫚大紲繫石爲矴上屯千人强弩交發矢雨下襲與凌統各將死十百人人披兩鎧乘大舸突入艨衝間襲手斷其兩紲大軍繼之遂斬黃祖曹操出濡須口襲從權逆之其夜暴風襲所督五樓船俱傾衆驚潰乞襲亟出襲怒曰將軍令備賊可委去邪敢復言者斬於是莫敢言者船敗襲死權哀慟改服臨殯陸機曰吳大帝之能割據山川跨

制荆吴與天下争衡者襲有殺身衛主之功云

虞忠字世方翻第五子爲宜都太守晉伐吴忠與夷道監陸晏晏弟中夏督景堅守不下城潰忠死之忠好識人物初吴郡陸機上虞魏還方童亂忠推奬之後皆遂致同縣王岐者讀書潔行乃其家孤寒寡援忠賢岐交騅之岐後果積功勞自見先忠爲宜都守忠子潭事晉封武昌侯

南北朝　虞悰

虞悰字景豫少事父秀以孝聞仕宋爲黄門郎明

帝誅山陽王休祐比至隆寒雪厚三尺故人無至者惟悰一人赴喪初齊武帝貧薄悰數相分遺出必呼與同載及即位以爲太子中庶子遷祠部尚書領右軍明帝纂立稱疾不陪位帝以悰舊人使尚書令王晏示以廢立事欲引參佐命悰謂晏曰主上明聖公卿戮力寧假朽老以贊維新因慟不勝朝議欲糾之僕射徐孝嗣曰此古之遺直也不可乃止

宋

唐震　余廷簡

唐震字景實第進士有權貴擬牒薦之以示震震納之篋中乃權貴者干震以事震手還其牒封題如故其人大媿葉夢鼎在政府薦震咸淳間由大理司直判臨安府是時潛說友尹京倚賈似道驕蹇亂政震每矯正之信州旱饑擇震往撫以活人多擢浙西提刑陛辭過闕似道以事屬震比到部復致書囑之震不借分毫似道嗾侍御史陳堅劾去之咸淳十年起知饒州元兵已盡取南康諸郡縣乘勝略饒饒兵可千八百

人震發州民城守上書求援不報元遣使取降欵通判萬道同陰許之諷震使降震叱曰我忍偷生負國耶斬其使者堅守不下明年春元軍大至城中食且盡都提舉鄧益宵遁震益出府中金錢募戰士莫有應者城潰元軍入操牘令震署降震奮罵曰我恨力寡不能盡殺爾賊乃降爾耶遂與其兄椿及家人俱死之張世傑復饒州判官鄒宗節求震屍以葬贈華文閣待制謚忠介立廟賜額褒忠官其二子有馮驥何新

亡者賓客也顒後守獨松關新之守閩之新昌皆以戰死

余廷簡咸淳間進士任溧水丞元兵至不屈死之

皇明　王綱　毛吉　孫燧　杜文明

謝志望

王綱字性常洪武初以文學徵見　上親策治道拜兵部郎中未幾潮民叛靖推綱廣東叅議往督兵餉綱致書與家人訣携其子彥達與俱單舸往諭降之還至增城爲海寇曹眞所得日爲

壇坐綱上羅拜脅爲謀主綱唾罵不絶口遂遇害彦達哀號請代不得且哭且罵曰賊并殺我其酋長曰父忠而子孝殺之不祥與之食不顧賊憫其誠孝釋之乃綴羊革裹綱尸以歸後有

詔立廟死所彦達子與准閉門力學不求聞達有司以遺逸薦遁匿山中終身不仕

氏 呂守宗吉舉進士授刑部主事是時錦衣衛卒鉛[illegible]百司公卿皆重足自保即其黨有犯有司甚敢問獨吉能懲其犯者如他犯指揮門達陸

亂者怙寵擅威立能生死人百官道遇皆跪路避公恐後吉獨揚鞭與抗於是其黨交銜之吉偶以失　朝下詔獄乃群嗾徤卒挺之幾死轉廣東按察司僉事分巡潮惠劇賊楊輝據程鄉之寶龍石坑龍歸三峒攻掠城邑吉督七百餘騎破賊三千衆擒其黨曾玉謝瑩而寶龍之賊伏山上發毒弩我軍不利吉選死士百人掩擊之楊輝殘衆遂驚潰凡破三峒斬首五百級俘六千人又擊破雷州巨寇部内悉平捷聞降

勑獎諭陞副使仍理軍務賊又攻河源縣吉屢敗之餘衆遯于陽江之雲岫山我師狃勝突入賊營陣亂賊合乘之師潰從騎勸吉避不聽死之事聞贈嘉議大夫廣東按察使謚忠襄遣官諭祭賜米帛錄其子科入太學廣東及吾姚皆廟祀之初吉之遇害也官無餘貲或以吉犒軍餘銀寄付其家僮爲道路費吉神降于僮妻亟呼曰夏憲長吾生平玉潔肯含垢入地哉悉索還之閫署駭觀謂其死無易節如此科後亦舉

進士有名聲官終提學副使

孫燧字德成舉弘治癸丑進士授刑部主事歷員外郎中錄囚江西平反冤獄無算嘗著恤刑錄爲法家典刑遷福建布政司右叅政歷貴州按察使改山東尋爲河南布政右使並著異績屬江西巡撫員缺是時宸濠謀不軌朝議選才節大臣銷其逆萌擢燧右副都御史往巡撫燧聞命悉歸其家累將一僕以行至則爲牽制之計飭吏訓兵勤民實廩廉得濠爪牙爲百姓害

者稍剪伐之見濠時時陳說大義冀警悟濠濠不悛燧益爲備請城進賢南康瑞州又請復饒州諸路兵備及出兵器於外府防其收掠當是時武皇西狩燧七疏皆不報憂危愈深鬚髮頓白會御史蕭淮暴濠反狀 朝廷始遣重臣卽訊濠怒將舉兵適其生辰享官屬明日入謝濠遽令左右闔門宣言奉 密旨舉兵北向都御史燧等從否何如燧獨昂首揚言請 密旨看濠大怒燧厲聲曰天無二日民無二王北向何

爲濠益怒副使許逵盛氣爭之俱被執刑於惠民門外陳其尸天晝雲覆之濠駭乃具棺歛及都御史王守仁義兵入南昌士民奔臨哭奠者相屬嘉靖元年追錄死事贈禮部尚書謚忠烈諭祭營塋立廟死所賜額旌忠有司復爲立祠于龍泉山長子堪以廕爲錦衣千戶中武舉第一歷都督僉事贈都督同知仲子墀尚寶司卿季子陞南京禮部尚書堪陞自有傳

杜文明以膽力聞里中推爲豪長嘉靖乙卯倭賊

犯境文明與子杜槐練鄉兵爲守屢立戰功一日賊突至槐斬酋一人從賊三十二人力竭而死賊亦敗去是年賊復寇寧波文明從主簿畢清率鄉兵赴之遇賊於奉化之楓樹嶺並戰歿文明父子俱死王事義甚偉同時乃有謝生軍者自杜倡義並起云

謝志望國子生文正公之玄孫也嘉靖乙卯倭寇猖獗志望散家貲招募勇敢得五百人部勒甚整人號曰謝生軍兵備副使許東望義之給以

餽糧不受是年十一月賊由溫州登陸縱掠黃巖奉化入四明山志望與同庠生胡夢雷等率鄉兵分道禦之至巾嶺與賊遇指揮張佑援兵不至志望等手自搏戰殺賊九人以矢盡力竭並遇害事聞　詔贈志望太僕寺丞蔭一子入監胡夢雷州同知給其子冠帶建祠於郡城額曰褒忠志望妻陶氏者亦曉大義其時不難以一死殉夫而植孤存祀隱忍二十餘年竟以哀死論者以忠節雙成不讓文正家聲焉

昔棄繻生以無横草之功願請長纓羈南粤王致之闕下其志誠壯然竟死南粤謝生得無類是耶烈士徇名何古今之一轍也陶艱難保孤不爲一時匹婦之諒需之二十年以下報其夫此與後死下宫之難者何殊焉死非難處死則難陶亦笄禕之傑也夫

孝義

姚俗近樸於膝下無呴俞孳曲之態以塗耳目乃盎然一本因心則盡實繁有人其克詒遺烈耶近有斷膚掩疵而希不朽者列選純孝未之前聞載筆者所亟爲勸焉者也義列五常與先百行者埒是足以輝簡策志孝義

元

石明三　胡忠　黄義貞

石明三四明山農夫也早喪父獨與母居一日明三以事出爲其母暫往依女弟母諸之後二日

明三歸過女弟所問母未嘗至也明三心驚馳歸見所居壁間有巨竇覘之則三虎子據其榻知母已[illegible]所害大慟盡殺虎子復操斧立竇間頭之[illegible][illegible]循竇入即斫其首碎之取肝腦祭諸庭復上[illegible]指天日不并殺壯虎不生也乃更礪斧循[illegible][illegible]避阻厓不俟之壯虎果咆哮至明三奮而前進斫虎首虎斃明三亦死僵立不仆張兩目如生手所操斧牢不可拔鄉里拜祭而神之號曰孝子立祠祀焉

胡忠字景莊宋尚書沂六世孫弱冠哭父耳鼻出血事母至孝與庶弟景新同居共産有瑜揄之徵時州郡新附多盜賊忠出貲募鄉夫掩捕之又與同郡岑吉助脩紹興偕山門之城千餘尺元貞間饑疫忠乞有司賑濟閭里疫死不能瘞者忠為瘞之明年大穰鄉人有貸於忠者齎錢穀酬約忠嘆曰饑民僅得一飽吾忍取其宿逋耶悉取券對衆焚之有范某者怨家誣其殺子獄已成忠挺身白其無罪范卒得釋鄉里視忠

爲藩屏云子秉義字達道隱居行誼與楊元度宋無逸岑鑄輩遊稱爲白石樵者

黄義貞字孟應篤學好修事親以孝聞一時賢士大夫皆折行輩與交大德間有司以賢良薦徵拜博士表辭不就隱居鳳亭壽一百五歲其六世孫濟之能修義貞之孝失慈於繼母搆于父而出之益承順無違及父母歿復廬於墓弘治中詔表其閭

皇明　孫堪　邵德容　黄驥　夏子明

楊山　鄒大績　胡標

孫堪字志健忠烈公燧之伯子升其仲陞其季也正德己卯忠烈公死濠難堪兄弟自籍聞變哭幾絶挾刃將赴讎死會濠已擒乃扶柩歸廬墓者三年有瑞芝産塚上堪以蔭授錦衣千戸中武舉第一歷都督僉事當是時升官尚寶陞以侍從歷少宰奉母楊夫人就養邸中堪日率二弟伺顔色拜跽起居其退處輒憶忠烈公淚涔涔下也及楊夫人考終已九十餘堪亦踰七十

矣竟以哀毀骨立卒于途疏聞　詔贈都督同知堪奇節偉行乃其天賦而才亦過人工古文詞書學顔魯公邊防兵制及天文地理律曆醫卜諸家靡不通曉又善繪事畫菊入神品然以抒憤寄情非其志也尚寶卿亦以諸生異等選入史局預修會典玉牒諸書楊夫人之喪與季廬墓如喪忠烈公時服闋尋卒姚人重閥閲如孫氏文武忠孝萃于一門者指不多屈云

邵德容字原廣正德甲戌進士起廬陵令擢刑部

主事理滑刑以裁革關符忤權貴左遷歸周旋予舍彌篤孺慕晚乃以龐碩爲鄉邦典刑邑大夫時造而請焉弟惪夂字原可嘉靖甲午薦於鄉仕終知府所至有惠政六安邵武皆祀之以子陛貴封右僉都御史德容見貴贈其弟姪學共㸑幾五十年惪夂嚴事兄如其父茲以遐壽王泉石盟甚歡兄弟孝友近世罕及至其介直雅操亦相似云

黄驥字德良廩生按察副使肅之子七歲喪母即

繪像以祀遇物必泣薦鄉人哀之無不稱黃孺子孝也其事繼母委曲承順而繼母亦若其巳出者蕭病驟傍惶醫禱奉溲以嘗及歿晝夜號哭繼以血羸然瘠矣躬負土石爲營壟時久晦壟日天忽朗霽野犬衛廬雖鷂巢樓一夕虎嘯冢置於庭而太公尤足異也嘉靖十七年　詔表其閭

夏子明鳳亭鄉農夫也事父母甚孝母死茇舍墓側朝夕往伴且歸膳父畢則兼耒田間矣往返

必稱名以告哀至即哭悲動路人父死竟終身廬焉有朱孔禮者爲人賃舂養父日傭市鮮而暱就進之及喪父毁瘠亦卒彼傭乃有至性今村甿訓戒子弟多稱引兩人

楊山字伯鎮幼讀書至論語入則孝出則弟問其父隱君曰孝弟云何隱君爲開釋之欣然曰兒知孝弟矣温凊唯諾恂恂若成人見者咸異之未冠補博士弟子有聲然家益貧時時與頓谷嗚咽曰何可使兩尊人食谷臭也力求甘脆必躬

調以奉朝夕覘意所嗜務厭適乃已時有內宴谷先以巳之飾飾二姊然後自飾穿尼之曰非此則姑絫心其安乎山舅外出歸陳其簏於庭一一指數先所欲而敬進之小物三分之以其二及二姊聞者咸以爲難隱君病脅瘌大如斗生且不測夫婦號泣籲天懇代竟得國醫而愈嘉靖丙午舉於鄉七上春官不第翻然曰吾道以一第易吾一日之養哉遂授泰安州知州所俸入一如居約將陳篋而三分之也夫有妻子

則慕妻子而愛衰於父母昆弟者豈少哉然勃
徯在室卽欲勉效充諧曾閔所不能者泰安孝
友得內助而益有聞矣
鄒大績國子生宋寶文閣待制忠公浩之裔也父
鵠泰安州同大績少有操行以孝聞父歿毀幾
滅性結廬墓側朝夕享獻屬屬如在也有馴鳩
瑞芝之異事聞豎坊表之子木亦有父行有司
扁其門曰雙孝鵠以孫塤貴贈福建參政
胡頎余支里人父宗廣蚤歲有羸疾娶於何嘗遊

東丘猜謂何曰樂哉斯丘死必瘞焉安得與而
共之及疾革何泣語曰樂丘之共矢不食言宗
廣頷之遂歿是時樉生甫二十七月何年二十
三耳戒營壙者虛左扃以待或謂禮不豫死何
曰未亡人奚諱焉茹荼力作以保樉災疢中飲
泣不輟也樉自幼有至性毋與群兒戲輒不勝
齧指之感棄太公歸及長娶徐夭已乃續毛卒婦
伺何臥起奉盥進餉旦暮以爲常時且抑搔之
娛以劇語間欵客及宗人召飲必數起視席有

甘毳必持以獻視母品嘗之而喜喜樂焉人或讓樑數起似慢客懷物疑饞親豈君家待餕爲具耶樑曰余齒雖長心尚孩自不能晷刻太公母也潁考叔嘗君之羮尚以遺母而矧主客間乎比何年耄性不恒婦毛進餉恚而捽之樑白外入皇遽請罪願逐婦自贖毛奉盂跪床下徹夜弗敢起諸子婦慰解之始釋無何樑亦耄且病每語從子太僕鐸恐溘死母前不獲視含斂淚涔涔下然卒後母死爲孺子泣而畢東丘之荃

也胡氏母貞子孝至於殁齒天性固然若毛之受過不辯雖勞不怨非刑于昌克有此古稱大孝終身慕父母如胡檦者可幾焉

余所列孝行宋以前無可考見自元石亮而後僅若干人其用孝人殊然皆極乎情而止乎則于稽獨行庶幾曾閔之儔矣議者曰自循陔聲遠而錫類風微孔子不得中行致思狂猾彼刲股誠非中道而姑取一節以媿夫分羨誓泉者庸何傷余故並著之畧其行事

禪後之君子折衷焉

以父病刲股者葉達、徐子時（皆庠生，子時時年十三，尤有至性）、張橋、朱宗爾、朱日旭、沈應鳳、管浩、鄒譽、鄒坦

以母病刲股者嚴序（侍郎時眷之子）、岑之英、徐孔文（皆庠生）、毛邦榮、管文榮（浩之曾孫）、管國祚（浩之玄孫）、邵應琦

至以婦而爲翁姑刲股以考稱者，則有諸參議察子元僖妻孫氏、庠生孫應寀妻蔣氏、岑大璋妻沈氏，亦附見之。（以上孝行）

宋

吳自然　呂次姚　孫椿年

吳自然字誼甫以兩浙漕貢進士起家授登仕郎子垓承信郎監呂城鎮垓子鏞象山教諭世積善饒貲能赴人之急至登仕父子皆益饒以宜顯聞凡寓公羈宦单素貧薄之士遇登仕父子以振者滿海內德祐巳亥大饑出粟賑其鄉里全活者數千百人其後輒饑輒賑詔表其所居之坊曰高誼號曰義門鏞孫時中仕元爲宣武將軍海道防禦運糧萬戸死事天台贈騎都尉追封渤海郡伯

予按五雲漫藁記吳氏居雙鴈鄉者數百年隱居行義鄉人受其賜有司名其里曰高誼有諱季璋者其祖父三世埋銘盡鉅公筆叙述其惠利之實然不云世有爵位及朝廷表揚事今所記則本宋玄僖所譔吳養源墓銘云養源名洧鏞之子知問學始有膏腴田四十頃宅產無筭兄弟三人以急義喪其貲遇人困匱又輒推濟晚至僦屋以居鬻餘田以食猶施予不已人皆服其醇德要其家法本

爾傳曰心苟無瑕何恤乎無家洧之謂矣季璋祖父埋名不傳無以攷見其義事爲之嘆息見舊志

呂次姚建義學於邑東北隅禮致名儒湛若爲師遠近就學者嘗數百人次姚曰鐥之紹興乙亥次姚之裔仲應重建爲屋五十間贍學之田五百畝有奇上虞李孝先記之碑刻剥不可讀仲應則爲鹽運使云

孫椿年字永叔剛特博達於義理淺深古今事變

采章錯綜機神融液稠儒廣士爭傾下椿作然終不獲第以先陸游謂其學能抽先民之微智能發當世之慮而其身恨不及見於用而成功名也居鄉以孝友見推置義庄食其親族之貧者歲饑輒出粟以賑親故鄉里賴以不凍餒露居者甚衆又嘗助資築堤捍海及卒無親疎賢不肖皆痛惜之子之宏孫林象先曾孫嶸叟皆相繼舉進士

皇明　孫鈳　趙元明　沈克孚　張槐

孫鉶字文濟鴻臚序班終晉州判官孫氏蟬聯簪組於孝友文學其天性也鉶好稱詩自謂不減羣從以赤墀宣贊得交於當世諸詞人多獎許之語具其自傳中父尚寶墀母鄒嘗遘奇疾鉶數於倉皇間得禁方以瘳幸不死一官垂橐歸宗黨有緩急悉力應之貧者焚券棄責族故繁爭鬬率就折卽其人頑梗不類者亦廢然返矣晚號聵聵叟若托之聵以逃名者乃所稱述則又不居於聵大蓬麻不扶自直詎慮殁世無稱

而以諸詞人重歟

趙元明字思旦古則七世孫也工博士家言尤精於易四方學者爭延之家貧重行誼聚廬而炊者三世矣歲時輙講肄群從子弟有緩急若取諸寄元明率解橐中裝應之鰥者爲授室乃其妻子則蕭然無營也嘗有意復考古之臺訓誨鄉里惜未竟其志而卒

沈堯字子賢生而警敏頗涉群書然明法習吏事遂以貲爲睢司土吏掾居常嘆曰吾豈韜刀

筆齷齪自污爲耶蓋欲有所表見以明吾志耳
夫何都運以壘敗而掾果以無顧督醴直指及
諸上官莫不悚然異之繼轉運爲閩楊公至今
不用常掾禮見也其取重如此同舍某被逮甚
棘竟乎既已百計脫之某自分無可報而陰使
其妻夕焉竟乎驚起趣户外叱曰吾以義脫若
而若以不義污我何也若視竟乎爲何等耶遽
引避泰然終身未嘗洩其事人益以此多竟乎
長者父之謂選高等授溧陽丞潔已奉公一如

其掾時而興利去害綽有餘能亦足以少明其志矣天性孝友昆季五人當析箸謬爲不觧而一取其瘠者乃諸昆季中益衰落無不振廩同食群從子弟悉授室成立之里有緩急各厭其意而去或生平微惠少不慊輒凌轢詬誶則若弗聞也者葢勇於爲義寬於讓人即勉爲善者猶或難之至財不能涗色不能淫雖古所稱烈丈夫不過也後以孫應文貴累贈南京大理寺卿嗚呼天之施報善人固不爽哉固不爽哉

張槐字茂甫偉容儀倜儻有識度爲張氏祭酒少業儒比乃棄去以布衣翹然里中季弟其未舉子有相椽者私過槐所謂君如埜父法如此子孫其昌獨不利季耳槐曰季猶我也而君岐之乎謝罷之呂少傅本方總角槐指謂人曰是年少謝文正倫輩也肅之而厚致廩焉少傅既貴逮歸老槐不欲以故知見德乃緣埜之招揮麈觴盃懽然如平生也少傅嘗曰張茂甫高士吾少也服其鑒貴也服其介老也服其忘類有道

者矣諗之吕中翰采果然中翰少傅弟醇德與槐並而罄析樂施亦忘乎貴介者要其言有足信也今二氏之裔詵詵方熾云

語曰人富而仁義附焉吴吕之輕財好施世載其德至今誦義不衰有以也若乃捐貲雉堞用效子來元至正十九年義士魯允恭俞誠岑吉徐魯助築城垣三十有丈一畢力津梁屹成通濟宋崇寧間邑人莫若時捐修通濟橋淳熈咸淳間司業王速及裔孫重建或市爽塏之地以崇廟貌宋慶歷間廟學制隘弗稱邑人莫當出貲市地拓而新之元豐初遷廟建學莫當仍闢四衢於

左右前後元至正二十三年邑儒黃籲亦出貲重脩或置常稔之田以贍生徒元至正中史浩之後華甫捐田五十二畝贍學輸義倉者倒廩以相先正統六年各鄉并治内奉部建義倉凡五儲穀備饑邑人魏資善善美伯延各出穀一千石分貯五倉慕高節者斥產而益餼高節書院宋元並領以山長生徒甚盛邑人童祥及王太君妙真亦各割產贍之皆所謂富好行其德者也其人雖多載建置諸記中而雜見似無貫序分傳或窘單辭余故於義行之後特表著之以致其嘉與之思爲世風之衰務積聚而寡施于甚者取倍稱之息又

甚則鬪奪以爲姦利閒有施金錢以居功德者不過因果福利之說爲惑而已矣嗟乎常平廢而囷庾爲墟請射繁而堰瀦非故客星殘墓何如釣磯靈緒名區幾爲僧棲余不覺廢書而嘆也迺薄歸淳竊於司風教者厚望焉以上義行

新脩餘姚縣志卷之十九終

人者乃皆太歸其鄉而子祥歸姚杜門著書踰
二十年而卒
葉仲凱博涉經史善屬文咸淳甲戌禮部正奏名
爲祐國者所忌罷歸會代易終身不仕或勸之
曰君前未食宋禄今委質大元何所不可而甘
貧賤仲凱對曰吾聞周德雖興夷齊不厭薇蕨
漢道方盛黄綺無悶山林人各有志柰何違之
勸者乃止仲凱教授鄉里敦篤之風藹然爲詩
歌寓廢興存亡之感故老往往置不忍讀金華

黄溍序之

元　楊氏三隱

楊氏三隱者伯瑛叔璲季瑀也兄弟有盛名於時以元季之亂志在棲遁一隱於農一隱於圃一隱於漁三人居不同所瑛居陳山甚客星之墟茅屋數楹榆柳交蔭狎處田父襏襫春雨中暇則掩扉枕書卧也匡山有圃則璲所築焉抱甕灌畦木奴千章可以卒歲瑀居邑之北郭結廬枕江扁曰漁舍三人者歲時相過剪韭炊魚傾

酣移日歌纂纂而唱嗚嗚泣人徒知避地梅川終老註述爲璲之高蹈而不知伯季之間塤箎相應有如斯矣今郊原不殊江皋如故而大隱不作陳迹空存余於三先生重有感焉璲見文苑傳

皇明　楊珂　馬文俊附

楊珂字汝鳴以居近秘圖山又稱秘圖居士丰度散朗神宇道勝望而知爲物外人也少工舉子業試輒高等已乃棄去從王文成學籜冠芒屨

縱宕巖流遊四明山訪鹿亭樊榭之遺彌月忘返家故貧其事母極孝環堵之室茶鐺酒臼夷猶其中甚適也爲詩瀟洒不群書法宗右軍而雅自負監司郡縣吏數式其廬然珂則未嘗懷刺一詣矣晚歲尤陡健浮白舒嘯終日不亂遠近咸愛敬之同時有馬文俊者珂所善也高勝之韻每不相下而貧亦相類傲居歲數徙後與妻邵入山偕隱有鹿門之風文俊詞翰雖不及珂要之此兩人者可以累心處都盡俱姚江高士云

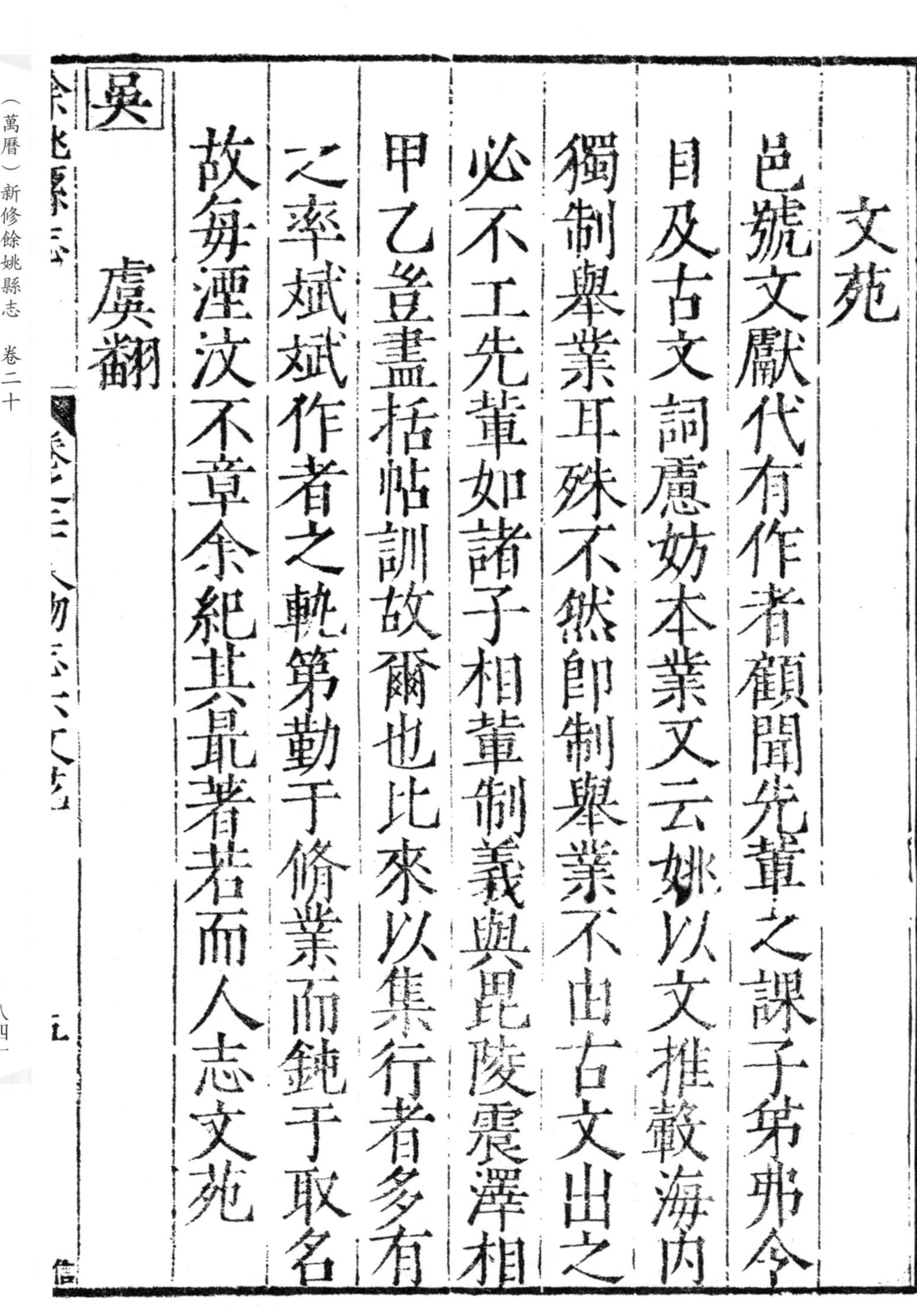

文苑

邑號文獻代有作者顧聞先輩之課子弟弗令目及古文詞慮妨本業又云姚以文推轂海內獨制舉業耳殊不然即制舉業不由古文出之必不工先輩如諸子相輩制義與毘陵震澤相甲乙㒒盡括帖訓故爾也比來以集行者多有之率斌斌作者之軌第勤于脩業而鈍于取名故舜湮汶不章余紀其㝡著若而人志文苑

吳

虞翻

虞翻字仲翔初爲太守王朗功曹孫策取會稽翻歸策亦以爲功曹然禮之如友翻好諫策多用之已乃出翻爲富春長策薨州舉翻茂才漢召爲侍御史不行曹操爲司空辟之罵曰盜賊乃欲以餘財汙良家邪孫權統會稽拜翻騎都尉數直諫權不能用坐徙丹陽涇縣賴呂蒙釋還拜侍御史權既稱王歡宴酣以往自起行酒至翻翻佯醉伏地不持權大怒呼劍擊翻劉基抱持權獲免權後與張昭論神僊翻指昭曰彼

人耳乃作神僊語耶於是權已積怒翻矣徙之交州又草表諫權求馬遼東未上忌者得其草上之益徙之蒼梧而求馬將士多没入海中權乃下令褒翻忠直促下交州給人船發遣而翻已卒乃以其喪歸翻在交州十餘年講學不廢注書傳世而翻高祖零陵太守光曾祖平輿令成祖鳳父日南太守歆及翻五世傳易翻所著書於易尤精孔融見而嘆曰覩仲翔之易則東南之美豈徒會稽之竹箭耶翻十一子汜忠各

有傳聳第六子清虛無欲進退以禮抽引人物務在幽隱孤陋之中疾俗喪祭無度爲之撙節族黨並遵行之累官廷尉湘東河間太守聳第九子矜仕吳後乃歸晉爲濟陰太守抑强扶弱甚著威風

晉 虞喜 虞預

虞喜字仲寧父察吳征虜將軍喜少立操行博學好古郡辟爲功曹舉孝廉秀才司徒辟公車徵拜博士皆不就同邑賀循者先達貴顯每詣喜

信宿志歸自云不能測也太寧中以博士徵復下詔徵皆辭疾太常華歆舉賢良會國有軍事不行咸康初何充上疏曰前賢良喜天挺貞素高尚邈世束脩之德皓首不倦加以傍綜廣深博聞强識高枕柴門怡然自足宜遣蒲輪紆衡以旌殊操乃下詔褒揚徵爲散騎常侍又不起永和初有司議祧廟不能決朝廷遣使就咨之喜專心經術兼覽讖緯所著述數十萬言行於世卒葬慈谿寶州山弟預

虞預字叔寧少孤好學太守庾琛紀瞻以爲主簿轉功曹史察孝廉不行諸葛恢庾亮交薦召爲著作佐郎應詔上書嘉納又論防寇之術宜得良將因言壽春無鎭祖逖孤立前有勁虜後無繫援宜加奬勵使不顧命從平王含功賜爵西鄉侯蘇峻反太守王舒請爲諮議參軍峻平進爵平康侯累遷散騎常侍領著作乃老預雅好經史憎疾玄虛其論阮籍裸袒比之伊川被髮以故胡虜遍中國過於衰周之世著晉書會稽

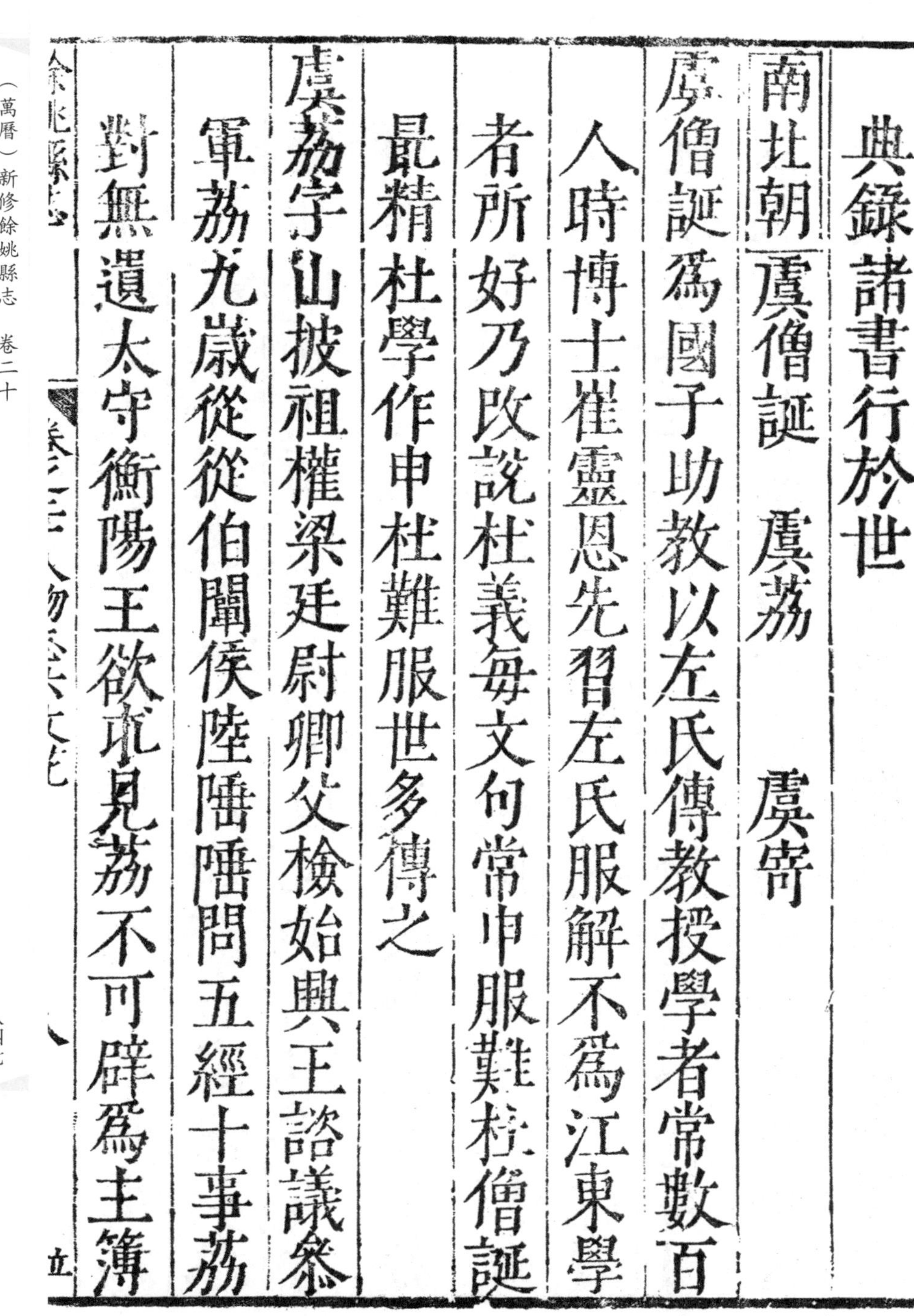

典錄諸書行於世

南北朝　虞僧誕　虞荔　虞寄

虞僧誕爲國子助教以左氏傳教授學者常數百人時博士崔靈恩先習左氏服解不爲江東學者所好乃改說杜義每文句常申服難杜僧誕最精杜學作申杜難服世多傳之

虞荔字山披祖權梁廷尉卿父檢始興王諮議參軍荔九歲從從伯闡候陸倕倕問五經十事荔對無遺太守衡陽王欲亢見荔不可辟爲主簿

以年小辭及長美丰儀博覽善文梁武帝用爲士林館學士累遷中書舍人時左右之任多參權軸惟荔與顧協靖退但以文史見知號爲清白侯景之亂荔率親屬入臺母與荔俱而卒於臺以故終身蔬布不聽音樂陳文帝器之以爲中庶子引備顧訪多所獻替荔弟寄時在陳寶應所每思之流涕帝爲求寄而寶應不遣荔因致疾帝令臥禁中以便臨視荔持不可乃令停蘭臺數幸視之荔久斷葷體羸勑賜魚肉強之

食不從尋卒贈侍中謚曰德喪還帝出臨送遣
使護視其家而召其子世基世南皆官之世基
長子肅好學多才藝次熙符璽郎次柔次晦並
宣義郎宇文化及將亂宗人虞伋告熙使出走
熙曰棄父背君求生何地及難作兄弟競請先
死世南自有傳荔墓在慈谿縣鳴鶴山
虞寄字次安對策高第起家梁宜城王國左常侍
武帝覽寄瑞雨頌謂其兄荔曰此卿之士龍也
將安擢用寄曰登以此買名求仕乎乃閉門稱

疾陳寶應據閩寄爲所得武帝召寄寶應托故不遣寄知其有逆謀每陳順逆之理寶應輒引他事拒之又嘗令左右讀蒯通說韓信傳蹶然起曰智士智士寄正色曰覆酈驕韓未足稱智豈若班彪王命論識所歸乎乃著居士服自稱東山虞寄託疾不起寶應使人焚其廬卧不動乃縱火者旋自救之寶應既禽文帝勑寄還朝執手慰勞衡陽王出閤用爲掌書記帝曰非敢以文翰屈卿乃令以師表相事也後除東中郎

建安王諮議今罷公事有疑議但就决之寄造次必於仁厚臨危執節刃鋸不避毎諸王造門致禮命釋鞭版授以几杖侍坐論道出遊閭里老幼羅列望拜道左有誓約者揩胥便不忍欺

隋

虞綽

虞綽字士祐博學有俊才尤工草隸陳大學博士隋大業初爲秘書學士奉詔譔長洲玉鏡等書綽所筆削帝未嘗不稱善遷著作佐郎與弟世南居禁中以文翰待詔從征遼東帝見大鳥命

緯銘之勤於海上其詞賦世多傳焉

宋　湛若　孫因　胡宗伋　高國佐

湛若其先福州人也其父來婿餘姚聞人氏遂卜家焉時舉子各占一經或詞賦便足若於六經詞賦靡不工曉同邑有呂次姚建義學聘若爲師諸生嘗數百人若後爲太常博士時有錢豈及其子演亦相繼教授學徒與若等焉

孫因晉餘姚令統之後世家慈谿與兄囦從弟夢觀自相師友安貧樂道博綜今古隱于四明山

逍遥鹿亭樊榭間嘗采會稽遺事作越問以補王十朋風俗賦之缺騷林多傳之

胡宗伋字浚明童時便如成人其父呼曰老子及長刻意于學元符間試禮部下第歸益市書築室教授鄉里學者多從之遊宗伋性至孝跬步未嘗忘親振人之急必竭其力建炎之亂士人避地明越者多歸宗伋宗伋皆爲之所卒無顛隮宗伋雖窮老爲學不倦會孝宗御極恩宗伋伍上禮部矣例授房州文學調瀏陽丞用薦監

嚴州比較務晁進一官丐祠監南嶽廟轉饒之德興丞仍丐嶽祠宗伋操行方軌篤於道德性命之旨其交遊子弟非是莫取史稱宗伋醇儒良然子沂孫撙各有傳

高國佐少從尹焞遊篤學力行窮老不衰子公亮從淳熙諸先生遊皆推其篤志其族有諱九萬者美文行稱高髯又號菊磵尚志不仕工詩書與劉後村韋賡唱名重公卿間嘉定以後學者多傳其詩

元

鄭彛　楊璲

鄭彛字元秉清逸夷曠傲視貴倨有赫將軍者求見彛不爲禮郝退語人曰鄭先生視我若無有其中眞不凡也彛於父母昆弟姻友慈孝忠厚人無閒言以文學教授稱有師法有同里倪叔悍者與彛莫逆亦以孝友見稱於時私謚曰孝莊然文采稍不及彛彛又善作蘭蕙人争購之

楊璲字元度父仲恂恂儒者爲小官不忌權貴璲喜學問師事柳待制貫與海内博洽者辯説數

國之注詩傳名物類考侍御史姚巖刻又上之下集賢翰林雜議乞須降與一官忌者寢其事後以鄉貢補寧海縉雲及本州學官值南北盜起乃避地邑之梅川以註述終兄瑛弟瑀孫軾同皆有名而軾同尤以詩顯于景泰天順間

皇明

黃珏 宋玄僖 趙宜生 趙古則

許泰 王至 宋棠 張員

景星 柴廣敬 李應吉 宋緒

夏廷器 楊榮 倪宗正 于震

其出於謙也謙學以聖賢爲的脩巳誨人勤勤懇懇至於六書之學則尤精義入神得於圖象言意之外謙既沒門人柴廣敬以聲音文字通進字學者心好之莫得而見也謙於世利聲華澹然無所罣礙直義所在目無王公然終以此厄窮無悔卒于番禺年四十五

許泰字仲亨家貧好學尤深於春秋爲有司推重泰爲人嚴憚有師模洪武初郡縣察舉授本縣教諭造士有方遷知夏邑縣政教大行

王至字孟暘博聞强記明春秋三禮之學爲文章比物連類下筆沛然後生經其指授多爲名儒平居恭儉慎默遇事論議援經質史英氣絕識凜如也　國初爲本縣訓導終於潛教諭

宋棠字思賢忠嘉公師禹之後明易學士多從棠講説益討論不休精識卓詣爲時領袖元舉爲新城簿不赴洪武初以明經　召備　顧問尋引疾歸自號退翁有文集及編次唐人絕句精華行於世子洵亦有文名

張貞字壹民號雲航喜讀書又善爲詩工字畫貴勢人乞之漫不爲作一字家居常戴笠著高齒屐笑歌自傲即無衣食不爲計衆詬貞狂生其妻竊獨歎曰壹民抱奇器備節濩落而横發如此洪武中有司薦爲開化教諭貞因陳師表之儀衿珮敬肅衆乃知貞不狂也貞左目無瞳子自稱左瞽至今老師宿儒皆以貞爲高上慕其聲引重之貞妻徐氏在列女傳貞無男有二女嘗目長女曰當有顯子乃以妻慈谿王某爲金

溪令生子騄爲工部尚書

景星字德輝遂於理學開門授徒晚爲仁和教諭

以著述爲任國朝纂脩四書大全采用其説

柴廣敬字□幼孤母陶守節教之從趙謙學刻

苦清勵無謾辭戲色舉進士擢庶吉士應二十

八宿之選預脩禮樂聲韻諸書心苦貌瘁未嘗

一息少懈京師儒者稱篤志忠信必歸焉尋卒

李應吉字惟禎舉于鄉補雞澤教諭乞便養改定

海遭喪改蕭縣又改欒城坐子姪冒籍取應論

靈丘訓導尚書劉中敷侍郎魏驥薦應吉文行可顯用不報終金壇教諭應吉在欒城上言科舉取士毋用箋註著爲令在金壇又上書乞增各省鄉試解額及附學生員選汰廩膳生員賢不肖者覈實里甲收籍流民蠲除無捱田土之稅凡十餘事多施行之先是兩浙有搭材黑窰匠者遇民間有喪往爲舁柩索錢食即不厭雖尸腐棺敗終不克葬至是應吉請禁絕之多道其功德姚故有千戶所亦應吉所論革云所著

有先天圖說等書

宋緒字公傳篤學有志操雅不近名永樂初與其仲父孟徽及同邑趙膺廷朱德茂張廷玉俱被召預脩大典書成皆授以官而緒獨辭曰願賜歸教授鄉里不願得官也　上嘉其恬退許之

夏廷器以鄉舉補山西平定州學正平定僻陋無文學廷器思易其俗乃作石樓書院集諸生其中躬自飭勵誘進之諸生多從其教科貢之士後乃與大州等平定之人思廷器不忘祀之學

官

楊榮字時秀成化壬辰進士初授南工部主事丁母憂服闋補北水部巳出視河壽寧侯家人挾勢干禁立寘於法卒爲蜚語所中逮詔獄釋歸尋卒榮襟度夷曠長於詩嘗會試還舟中取唐音和之旬月成帙被罪雖南冠而縶不廢吟咏其履常蹈危所養有過人者書學懷素尤善爲竹清風爽籟如其爲人孫大章嘉靖癸未進士終刑部右侍郎先備兵三輔討縛都市大盜守

荆南時遼王佚蕩無檢大革以　祖訓惕之終其任王不敢逞自叅藩郎晉南鴻臚尋貳刑部亦其聲實茂也榮雖宦不竟志卒顯厥後而要之著述垂世固自有不朽者焉

倪宗正字本端有夙慧精於易學弘治乙丑登進士選庶吉士以逆瑾目爲劉謝黨出知太倉州時水災條上封事　天子報可所全活甚多隨入副武選郎　武宗欲南巡抗疏遮留幾斃于杖猶以詩諫　上尋悔賜獸錦已出知南雄府

鄒員外紳遊文安蔣時言邑中有張元者變一見遂爲知己程功校藝殆無虛日時髦彙集兩人建旗鼓左提而右挈之然變高曠豪舉賈勇玩世而時欲衒己之所長元果毅敢爲矜己亢俗而時欲繩人之所短賦性各異文亦如之後檇李袁儀部黃評之曰諸變文如琴操學佛刮垢入淨而輕揚之態時寓於雅淡之中張元文如偏師入陣直擣中軍而乏堂堂正正之氣時咸以爲知言嘉靖甲午同舉於鄉乙未俱成進

士爕授兵部主事以憂歸客嚴陵大醉恃勇力遊於桐江之淵竟以溺死元理刑泉州務在絕知友賓客之請直行一意卽豪貴益深文恣治人以此多詆之官至府同知而罷嗚呼善遊者溺凌高者墮因其所恃反自爲禍惜哉時有遊藝錄盛行於世若錢應揚陸片邵元吉鄭寅葉選張宸吳仁皆逝孰辟耳者嗣是更僕未易數也

孫鋌字文和文恪公陞仲子舉嘉靖己酉鄉試第

一癸丑成進士選庶吉士授編脩以左中允典
試應天所拔多名士嘗直　經筵講虞書弼違
之義剴切詳至時傳　上旨購珍異計部援以上
疏竟得罷已爲國子祭酒會　穆廟登極覃恩
詔天下郡邑自歲額貢生外復拔所廩異等升
之國學曰恩貢庚午多士沛集乃疏請廣科額
語甚具　上從之益是秋兩京各增額十五人
遷南禮部右侍郎鋌生有異質爲文自出體裁
絕不襲時製一語尤精易義一時學者宗之既

讀書中秘益肆力攻古爲古文詞詩俱有詰有

集若干卷早卒未行

葉逢春字叔仁少有膺資讀書下帷連數旬不出寡交與矜亢自如其天性也登嘉靖乙丑進士官至鄖陽太守終其身雖紛拏疊至側弁而咿哦不休也下筆頃刻數千言不斤斤襲前人口吻獨匠意成一家言萬安朱尚書衡特器之然不能摧亢爲和以偶儕儔必不當輒凌厲使無所容是以毒螫趑趄於交衽而所在齟齬也先逢

春官冬官同舍郎陽存意屈下之私曰棄然仁
號能文而素負氣往往取戾於筆札間嘗謂茂
此贖奚迄其言果驗逢春雖官僅二千石乃其
守郡數擊强宗家居簡貴絕請寄孤立行一意
亦可重也有工部集十六卷行於世父選嘉靖
戊戌進士子憲祖舉甲午鄉薦

吳道光字孚伯萬曆丙戌進士弱冠治博士家言
耻拾嚙餘好讀先秦兩漢魏晋書竪義綴文每
出意表然試於有司輒弗利家貧館於檇李陸

太宰光祖奬許之壬午郡試復不錄時趙端肅
錦里居太宰爲書幷函文一首以屬端肅端肅
一見驚曰吾邑中有此佳士不能甄其英秀乃
從他邑紹介耶亟白之吳司理獻台引入試得
齒於諸生是秋領鄉薦丙戌魁會試第七道光
兼工古文詞詩亦有奇致獨不習爲吏嘗與葉
工部逢春論文上下千年縱橫萬里鮮所當意
工部亦有嗜古之癖更相引重焉道光終灤州
州同有日鑄文集若干卷

夫姚不修家弦戶誦哉而文盡是乎仲尼之門惟游夏以文學稱則此不爲少自仲翔生易開美東南則此不爲多縫掖中腹笥五經終老圭篳者何限而不得與薦辟科目之士聲施後世余甚悲之因咨掌故得鄭伯乾氏數輩并著於篇

鄭伯乾字伯健生而敏慧讀書過目成誦數應舉不售橫經授徒出其門者多爲名搢紳伯乾幼失怙恃木刻二親像歲時虔拜舌耕拓業與弟

仲乾共之要其學有根本非徒博聞強記者所著有涉史謬論河圖易象解等書伯乾之後有盧望者都運璘之兄也伯仲文譽並起而望數奇亦竟老諸生間嘗著信心錄獨出見解類非學究語楚黃彭好古氏選入類鐫行於世

葉鳴字文叙少受業於文成之門讀書自綱目性理及五經箋註首尾成誦嘗著大學古本中庸註五經一貫臆説諸書其授經諸弟子諄諄勸誦書不虛美弟子相顧而化生平醇謹見者如

坐春風中享年九十不忘抑傲以子遵貴封工
科給事遵守職端崇建白具中體要文成從祀
亦有疏請以蚤卒未畢厥施大抵庭訓有自矣

新修餘姚縣志卷之二十終

餘姚縣志　卷[illegible]

新修餘姚縣志卷之二十一

人物志七　列女　義夫

列婦

詩著女德許不以柏舟先關雎而後世獨以節列稱何也結褵無二婦之常也不幸遭時不造務完其貞而截鼻摩笄之事乃見若區區從一庸足多耶岑處士志姚而以節婦濫入致短士論欲稍裒之似也顧婦行不踰閫彼或無據入之後人可無據出之乎第姑存之而矢慎其

後耳至若文安夏夫人寔有樛木之德振振公子此其難不下共姜而拘于舊聞不能破例傳之聊識于此志列女

晉

定夫人孫氏　孫晷妻虞氏

定夫人孫氏者吳大帝族孫女也適虞忠忠死國事孫尚少誓不改節子潭自幼童便訓以忠義永嘉末潭爲南康太守杜弢叛孫以死義勉潭又傾貲佐其軍潭守吳興假節討蘇峻孫又盡發其家僮隨潭助戰貿所服環佩以爲軍資是

時會稽内史王舒遣其子允之爲督護孫謂濬曰王府君遣其兒矣汝何獨否於是濬亦以子楚爲督護濬累功封武昌侯立養堂事母王遼以下皆就拜謁卒年九十五成帝遣使吊祭謚曰定

孫旹妻虞預之女預與兄喜並有高名世家多求預女預擇婿未有許者旹富春人字文度年少孝友世家亦多願妻旹皆無所許而獨心慕喜兄弟行誼於是聘預女女家奕世富貴裝遣甚

盛碧侯家子而常布衣蔬食躬耕壠畝女之歸也其父叔戒之曰棄華從質以諧夫子於是女乃奉父之教察碧之心甘淡薄躬辛苦亡富貴之態而樂儉素如固然碧甚安之相與耕織以給衣食事親讀書怡然自適君子以此梁鴻夫婦

宋

胡宗伋妻莫氏　莫子純母虞氏

岑斌妻王氏

胡宗伋妻莫氏通經學曉音律女紅之事不習而

能年逾三十擇配未嫁聞宗伋賢許嫁之其姑
宣屬疾莫籲天焚香爇臂祈代鄉人憐之爲作
孝婦詞宗伋嘗開義學教訓鄉族子弟館穀之
莫脫簪珥治具無吝及携莫就南宮試客久甚
困親故勸之歸莫恃不可日助宗伋訓學徒給
衣糧必成名乃歸遭金兵犯闕倉卒南奔宗伋
感疾良苦莫勉之曰丈夫當如是强志報其弟
姪書謂定翁父子自恨儒生無可報國死生非
所與論其顛沛引義慷慨如此門人孫介緝其

書以比曹氏女誡宗伋及子沂俱有傳

莫子純母虞氏父事北辰求九天女而生詩書若素習既歸莫力任麄作晝夜辛苦無所厭而高筆雅韻常在事外夫死焚約棄責趣其子子純學子純發解南宮及廷試俱第一虞無喜色已而子純連外補亦無慍容常曰吾憂吾兒不及古人他尚何覬其後子純卒能以節義自持爲時名臣見鄉賢傳

岑斌妻王氏早寡誓不再行或利其資粧欲强委

姑王曰留資以貿禍也盡散以周宗黨勤苦織紝朝夕訓其遺孤及孫孫全登科王泣語之曰汝不及事父幸今得事君無苟祿位愧旣死之父辱未亡之身君子以爲節婦賢毋欲上其事于朝又令全謝止之謂常事無煩官府卒年八十有二子全見鄉賢傳

元

王文榮妻張氏　義婦髙氏

孝女姚氏　韓孚妻黃氏

楊彥廣妻董氏

王文榮妻張氏名妙真性至孝事舅姑先意承志姑壽考且死祝曰願新婦如我壽且後多賢後生嘉閭兄弟五人妙真延良師教之趣令從諸薦紳先生游昆弟才望立起妙真初以高年淑德被殊旌至嘉閭貴封太原郡君壽百有四歲子孫曾玄幾百人如其姑之祝云文榮有冢孫伯純亦娶張氏張年二十一而寡即自誓曰所不鞠吾孤奉吾舅姑毀節負吾夫吾無以出吾閭王氏族戚衆張爲宗婦有志節閨門以爲儀

則州里上其事與婺貞同曰被旌世傳異之

義婦高氏燭湖居民之女初許嫁里人張氏子已而張瞽張父母介媒者曰吾子不幸瞽高氏女惟其改卜所歸父母將諾之婦涕泣曰男女通名禍福無改命之所遭義無離貳今夫不幸瞽我遂棄之而彼卒以瞽受凍餒我何面目立人世耶父母悟卒歸于張鄉閭高其行號曰義婦

孝女姚氏通得鄉吳氏婦父蚤世母何無子養於女家泰定甲子冬鄉多虎一日女執爨而母汲

綆俄聞覆水聲女亟出視則虎銜其母女乃追掣虎尾頡脫不可執因握拳毆虎虎驚舍其母傷而未絕藥之獲愈奉母踰二十年而卒事與石孝子相埒孝女母子特幸而不死云

韓孚妻黃氏名妙權歸韓五月而寡未有子以夫兄子賫爲後誓不再嫁至正初守上塘千戶曳刺者知其有殊色欲娶之媒者以權貴動妙權妙權叱之曰千戶受朝命鎮撫民者乃欲奪寡婦志曳刺止不敢復强旣而方國珍有驍將葉

其後欲脅娶之妙權操刃劃檻曰敢越此戸議婚者吾以頸血濺之葉將聞而嘆曰吾爲男子受大將付託臨陳顧不能死彼婦人乃獨肯輕生誠釜之自是無敢復言娶者妙權卒全其節云

楊彦廣妻董氏名淑貞董仲安女以孝聞適彦廣生子鎮甫歲餘彦廣死淑貞時年十八姑老子幼其母憫其年盛欲奪而嫁之淑貞以死自誓屏膏沐躬紡績樹藝以業其家而養姑姑甚安

之姑病劇淑貞焚香禱天刲股肉雜糜食之姑遂獲愈已而姑卒淑貞哀毀幾不能生州里以聞表其閭

皇明

張員妻徐氏　孫原吉妻陳氏

魏仲遜妻霍氏　邵宏學妻汪氏

王氏二節范氏 鄒氏　史錦妻楊氏

顧氏二節高氏 黄氏　徐遜妻祝氏

潘秉蕤妻徐氏　胡鎧妻謝氏

黄忠妻周氏　吳天祚妻馮氏

毛暕妻潘氏　胡悅妻黃氏

湑志能妻汪氏　楊芸妻薛氏

姜榮妾竇氏　謝選妻陸氏

徐文元妻章氏　王氏二節 陸氏 陳氏

聞人才妻黃氏　諸永言續鄭氏

諸仕俊妻舒氏　吳江妻李氏

滑鳳妻陳氏　莫潤妻沈氏

韓塤妻項氏　史鸞妻陳氏

周如登妻沈氏　史立模妾馮氏

貞女呂氏　史立恒妻潘氏

唐景禹妻徐氏　陳孟愷妻傅氏

諸璿妻蔡氏　邵岱妻陳氏

翁璧妻錢氏　陳克華妻楊氏

諸璧妻李氏　陳氏二節李氏 姚氏

任正妻潘氏　楊山繼室徐氏

聞詩繼室李氏　嚴金妻翁氏

張椿十七妻陳氏　楊九部繼室羅氏

張員妻徐氏番陽徐進士勉之之女能讀書鼓琴

爲詩歌父母難其配見貞有奇節許歸之貞家素豐饒至貞愛義好施後乃不自給婦入門未嘗以貧苦少嬰其情時遇食飲不繼與貞終日清坐援琴而彈有遺世之心其姑年老被疾婦扶持保抱動旬浹簇櫛沐菽水之薄務得其歡心姑每嘆曰傷哉吾貧久矣然吾得至今日吾子日煕煕而亡憂者抑吾子婦之力云

孫原吉妻陳氏名妙善年十九而寡有子曰汝宗纔一歲父母憫其年少欲嫁之妙善抱原吉主

泣曰所未從汝於地下以姑老子幼耳今必欲
奪吾志吾且暮相從也輒慟絶父母不復敢言
妙善守志四十餘年里鄰白其事有司覈實將
疏上矣汝宗有怨家訟言妙善非節也因囚訊
汝宗汝宗不勝箠楚仰天嘆曰嗟乎吾將誣吾
母氏之寃於上帝廼嚙指書衣間曰母氏志節
蔑毁讎人有天有日有碣有仲生不能白死告
鬼神書畢遂縊而死有司乃亟上妙善事表其
閭然汝宗殺身之孝碩諦言之于質諸父老無

釆故牒詳記其事俾母子並稱焉

魏仲遜妻霍氏名淑清歸仲遜以孝順著聞産一女而仲遜死淑清年方盛禿髮毀形自明其志以終身焉正統間　詔顯其門

邵宏學妻汪氏少有至性年少夫亡有謀奪其志者汪拊膺慟絶良乂得甦復欲自經謹守之乃免育孤自完其身　詔表揚之

王氏二節王紳之妻范氏紳弟綺之妻鄒氏也范二十而寡鄒之寡加范一年遺孤俱藐爾父母

舅姑恐其志不堅皆勸之嫁范乃斷髮自誓而鄒恒佩刀衣間約曰有欲趣我嫁者願以此刀加頸衆遂莫敢强二氏相依勤苦織絍撫孤養老終其身　詔俱旌之

史錦妻楊氏楊林之女也年二十一而寡親屬憫其年少無子强速之嫁楊仰天大慟曰妾聞婦人從夫死生無二今妾雖無子幸吾夫有弟在安知其無子無爲吾夫後者失節之婦行同狗彘寧死不爲乃斷髮自誓躬紡績養姑凡十餘

年而夫之弟生次子曰鵾楊育之爲後又十年姑死而楊巳老縣簿劉希賢具以聞　詔旌表之

顧氏二節蕙妻高第女萓妻黄源女也蕙萓兄弟皆少亡而高與黄少而嫠雖各有男一人然俱襁褓娣姒相依終無他志初高歿築蕙墓有烏飛集悲鳴墓成乃去萓之喪貧未克葬鄰舍被火將及萓棺黄伏棺號慟願與俱焚天忽大雨反風火滅鄉里俱稱異之事聞被旌

徐逯妻祝氏祝澤女也年二十三而逯死有女一人而無男乃撫逯之幼姪爲後秉志不貳卒以節顯 詔表其門

潘秉彝妻徐氏徐燦之女年十九而夫亡斷髮毀容以自明志其奉姑甚孝家貧值歲凶輒輟從機杼間取贍也鄰火將災柩潘以身翼蔽之隨滅年一百三歲被旌

胡鏜妻謝氏贈太傅瑩之女歸鏜生子三週而鏜死謝年二十餘舅姑亡單子無倚或諷之嫁

罵絶之鞠遺孤躬力作業其家閨門推婦師焉

詔旌表之

黄忠妻周氏年十七歸忠甫七月而忠歿周有娠矣更七月而産一男朝夕祝曰願天鑒此血誠俾吾兒成育使夫有後吾志酬矣有欲奪其志者周當其入伸手引刀將斷之左右褫救得無斷自是乃莫敢有言更遭耄衣食单鈌未嘗嬰情撫教遺孤日夜紡績資給之白首不懈事聞

被旌

吳天祚妻馮氏馮顯女也其夫病羸自以必死語馮曰慎勿辱我馮涕泣曰敢有二心鬼神殛之夫卒號慟屢絕勺飲不入口日抱其孤撫棺泣曰我之不即從若者爲此肉在耳其母家欲强使改節馮曰是欲死我以禽獸之行遂終身絕之事聞表識其廬

毛睞妻潘氏侍御史楷之女楷在鄉賢傳潘年二十二而寡舅姑恐其未能從一也止營一壙瘞其夫潘哭曰安有生同室死不同穴者耶棄饔

理嘗二壙一穴發居甚貞家惟大疫衆逃匿潘曰我寡婦可出毛氏尸耶且爲未亡人與死鄰耳死即無畏其後匿者皆疫於外而潘獨無恙語曰彊直自遂欺傲鬼魅潘氏貞正矣疫安能侵有司上其節　詔旌之

胡悦妻黃氏名金蘭黃元理之女年二十五而發雖有子然在懷抱間舅姑恐其有他志也嘗之曰惟汝所欲之金蘭慟不勝塟其夫傍置一榻明不更適去粧蓬頭突鬢勤苦業家教其子鐸

癸解舉進士歷顯秩累贈爲太宜人

滑志能妻汪氏汪永言之女名德清有女行歸滑始五月而滑死德清時年二十家貧寒無子舍哀茹荼防檢甚固晝夜紡績業家以節自全事聞被旌

楊芸妻薛氏天順癸未芸以鄉貢試禮闈是年禮闈災芸焚死薛時尚豐少誓無他志成化壬申大風雨水暴溢漂沒廬舍居薛獨處一小樓樓不堅妯娌具趣使下同徙薛徐曰吾義不出此户

卒亦無恙志操人無間言　詔旌之後以子簡

貴贈太孺人

竇烈婦京師人瑞州通判姜榮妾也榮爲主事時

内之及判瑞州携竇與俱時華林賊起攻瑞急

榮時護郡符提符與竇出拒賊城破賊突入榮

舍竇匿符被虜以行心憂榮未知符所在郡民

盛豹一父子者亦在賊中求還其一人竇爲請

賊許焉乃寄語還者以符所且曰吾必死矣歸

報官府毋我念行至花塢村見道傍有井佯渴

求飲賊縱之遂投井以死事聞　詔表其門立
祠祀之具祠祀志

謝選妻陸氏陸蘭墅之女歸選三年而寡陸年二
十二無子止一女誓不更適後數歲選兄文正
公遷生次子丕陸遂抱以爲子撫教之甚恩丕
後發解及第爲吏部侍郎累封太淑人　詔表
其廬年八十六而卒賜祭葬又以節壽加賜寶
鈔當世榮之

徐文元妻章氏生員章瓶之女文元舉進士而死

其時章年二十八斷髮矢節家貧不能塟夫遺鄰家火作風張而夫柩在室章望火泣拜顛天反風已而果然正德壬申秋海溢水暴至柩已漂矣章伏柩號頻柩輒定得不漂躬織紝爲衣食撫養其孤其後孤亦死章卒無二志　詔旌之

王氏二節爲爚妻陸氏炷妻陳氏爚與炷兄弟皆蚤死而二節者少寡陳未有子陸蓋始姙云爚病革謂陸曰汝年纔十八歸我但數月勿自誤

陸揮涕曰即君言誤耳君苟死吾所娠子耶存以撫之否者與君偕死矣語畢而熗死陸刑面毀容哀不勝喪七月而產一子撫之如初言陳亦守志無違其父母諭之曰姆氏幸抱子汝乃何依空自苦陳泣曰吾知身焉知子因斷髮誓其父母立灯弟之子爲嗣嗣復殀於是二節乃合資併食攻苦茹淡身不踰閾遇薦祭感愴相對涕泣終日嘉辰令節有見之罷懽笑者有司上其事並表之

聞人才妻黄氏黄愷之女爲才繼室才以鄉貢病
殁黄年方十八無子家至貧或諷之嫁黄曰婦
人之節固不係於貧與無子也且吾夫前妻之
子在雖貧吾能攻針線紡績爲衣食計守志無
變　詔表其閭
諸來言妻鄭氏年二十一而寡家徒壁立孤巽才
二週鄭忍痛自勵拮据育孤夫兄某逼鄰嫗百
計誘其改適鄭駡絶之竟不能奪以節壽終有
司上其事未報　孫敬之中嘉靖戊戌進士疏請

得稚君子謂鄭能保如綫之緒稱未亡人六十年卒癸於孫而下報其夫天之於苦節益不負云

諸仕俊妻舒氏舒慶之女名貞年十八歸仕俊數月仕俊將客授焉謂貞曰或謂我今年歲行不利客授柰何貞曰盍行也家所恃焉不行人將謂我何於是晝夜趣之就道客未兩月而訃聞貞哀慟輒絕爲位朝夕泣而奠曰嘗也奉湯曰頮也奉梳曰櫛也奉其故所衣服曰服也輒慟

不自持聞者無不下涕如是者三月及仕俊骨歸貞親營墳壙之時往展墓悲哀延竚不忍去每哭曰所未同穴者爲姑在也乃其姑念身已老家貧恐後無依謀嫁之貞曰其績紡奉姑終身若嫁但有死耳慕貞者乃重賂貞父母貞知其不免也紿父曰俟吾薦夫畢惟父所欲適於是賣其衣裝擇日治齋供供畢漏下巳四十刻矣速其母與姑俱就寢乃沐浴衣麻衣被以長衰牢結之而截其餘帶用素帛裹其足取夫婦

故所服御實一篋內以火乃自經焉俄而火熾衆驚赴之則貞已絕矣時弘治己酉十月三日云

吳江妻李氏蘭風鄉李四之女舅姑與夫俱疫李周旋湯藥晝夜不息者旬月夫與舅俱死李哀毀殮葬之家故貧更此兩喪愈益貧含哀紡績養姑及其幼子而身恒凍餒是時李年纔二十其明年有澄水黃其者謀娶焉其夫族吳琰者貪賄無恥人也黃厚賂琰使嘗其姑而以尊劫

之李誓死不從琰又百計令其親屬相勸更說卒無變志琰乃陰與黃氏及父家約稱其母暴病遣輿逆李李不疑其詐倉卒升輿然非故道心疑之數問肩輿肩輿者亦詐對已而及門非母家也其姑亦尋至布几席速李出輿成禮李度不可脫佯諾曰妾所以不欲嫁者爲姑老無倚今姑旣許之妾復何言然妾自夫沒後未嘗解帶濯身必湯沐乃成禮又問其姑聘禮幾許姑答曰幾許曰謹藏之衆以爲誠喜具湯湯至

求如厠久之不出闢戶視之則巳經矣

滑鳳妻陳氏歸滑未期而滑賈荆湘間十一年不歸衆皆謂滑巳死婦獨無二心舅姑輒欲奪其志婦涕泣曰使鳳果死婦當以死事舅姑鳳苟生還而媳婦巳嫁婦固置不論在舅姑亦何以解其子乃斷髮誓守巳而鳳果還不失夫婦之愛既數月而鳳復去無歸期方是時婦巳誕一子舅姑就衰家業益凋謝婦饑寒辛苦未嘗幾微怨恨正德辛巳秋邑内大疫其姑疫且死婦

焚香籲天曰吾夫客于外吾姑遘危病將死聞人肉可療願刲以進惟天地祖宗默祐俾姑更生得復與其子一面妾死無恨遂刲其左股和羹進之姑病獲愈世言割股廬墓非中道君子不以爲孝其坊民則然若陳氏婦者本誠心天性良爾可責以降心從禮也哉且能制情不忘其夫其籲天刲肉之語哀而不怨雖中庸之道何以加諸

莫潤妻沈氏美儀容歸莫貧甚而莫暴悍不能治

生沈勤苦紡績善事之養其姑甚孝而身恒凍餒既生子口食益不給莫晝夜促其妻爲不義沈曰但有丐乞爾莫嗔語是豈能飽我沈潸然泣數行下曰除此但有一死莫知不從乃陰與富者約攺嫁之沈遂經死

韓塡妻項氏名昭少閑書史能操翰製詞伎巧絕倫又能不挾所有敏脩婦事年二十三塡遘疾不起昭痛絕欲與俱死念母早寡恐傷其心乃隱忍自節鄉之少年慕昭者爭賂伯氏求爲姻

伯氏蠱於賄百端勸誘昭皆峻拒之居恒備刀自衛一日邑有豪姓者與伯氏謀將侯其展墓刼諸塗母兄輔行不獲逞則爲流言詬辱於道鄉族見者憤恚乃昭則擲刀吹曰吾今可無防矣謀者智計俱困故辱我以自退耳心苟無他何畏乎人言求者果息後立伯少子銀生爲塡後親授書課拓復舊業其始終爲韓益有丈夫之操云邑人錢德洪爲作釋刀傳以表之

史鸞妻陳氏知府陳雲鶚女鸞都御史琳之子中

弘治戊午舉人壽卒陳年方二十有六雖宦家婦蕭然四壁耳且無子矢節不二一夕鄰火爇柩猶在室殃且及陳抱棺號慟願與俱焚火隨滅里嫗或勸之他適斷髮自誓久之復有微覘者陳曰以吾須臾無死而不能杜囁嚅語耶縊垂絕幸救而甦嘉靖二十年旌

周如登妻沈氏年二十四而寡時舅姑俱耄伯氏太僕卿如底廉而貧沈辱然發婦耳恐死操作贍兩尊人如代夫而爲之子也植遺孤及撫育

孫又爲周父也者六十年屏居一室即群從子姪罕見其面女家或迎之亦勑戒毋溷愛女勝男婦人大抵然乎況以未亡人稱老矣而家又貧即往依胡不可者乃守禮不移終其身足不踰閫其周之婦師哉

史立模妾馮氏京都人初立模娶於蘇生子天巳乃置馮久之無子則又增置維揚李夫何李病瘵而故嫺於色可當夕者時立模以言事謫外稍遷吳郡別駕受檄之他郡馮雖諸御之列獨

史衛是急夜抱持李置主君臥內太公李遂孕生子自上馮鞠之如巳子後五年立模自惠州知府考績歸卒先是李巳卒後二年蘇亦卒焉以一婦人當戶內課臧獲外制強宗備歷艱苦自上從群兒嬉則召撻之語之故泣與杖俱下是時邵主事惠容方重於鄉爲自上聘其女諸宗睥睨者稍戢焉自上領嘉靖甲子鄉薦任平陽府同知馮歿爲服三年喪子孫衆多而賢次子元熙按察司僉事

喪嫡妻徐氏徐有淑問難其繼周卜而傳歸焉

會考滿　勑封孺人未久孟愷卒傳年才十九

悲創欲殉念已有身五月稱未亡人比免身得

女獨處一室與女相依爲命約勑凛有戒律言

咲聲未嘗逾閫遇子婦長者以禮幼者以恩門

内雝肅宛然敬姜風範焉以子三省貴　封太

宜人女適舉人邵圭

諸暲妻蔡氏湖州人暲嘉靖庚戌進士喪嫡妻湖

州同年嚴其者稱蔡女甚淑遂卜繼焉歸數年

瘖卒蔡年二十痛甚燬衣飾於庭潛縊柩側賴救甦然猶屏公水漿家人勉以植孤乃强起持齋衣縞爲終身喪家貧紡績度日至不能舉火誓不向人匄貸病飲之藥則辭曰未亡人以相從地下爲幸何藥爲年踰五十所司廉其苦節月贍穀二石未 旌

邵岱妻陳氏通判陳有孚女岱父惪久爲京朝郎遣子贅伉儷可一月以病歸再踰月而故陳聞訃亟卸容同母過門撫尸大慟絕而蘇及葬母

勸且歸陳曰我安歸生死歸邵而已舅姑即宦
遊有妯娌足依也時年才十六已而舅出守遂
獲侍姑朝夕意孜孜多所不可茹荼飲蘗甘如
飴痛嗣子無似賴其孫而課之夜篝燈紡績孫
即就燈讀足當女師氏其身所服禮法斬如也
萬曆辛卯奉　旨旌
翁璧妻錢氏適璧方二年璧病錢刲股以進竟不
療誓以死殉屏飧凡七日既復念祖姑及姑在
宗姻俱無可倚者室既罄懸身且乏餐日夕紡

績織紝以贍兩姑姑嚴猶時誰呵之其夫之女弟及甥女皆幼孤鞠而長之四時享薦必腆不以貧故缺也矢節垂六十年備歷艱苦先是知縣鄧林喬白學憲給湖田四十畝後爲勢家所奪近部使者檄縣月贍之粟未　旌

陳克華妻楊氏武康州守憲孫女歸陳三月而克華卒時纔年十九耳歛甫一昔鄰失火殆及楊憑棺大慟姑力挽之不起哭曰願同燬烈焰中以畢吾事誓不令死者獨受慘也哀聲徹大項

旌而潘葢無之誠異數云

徐氏泰安州守楊山繼室也年二十一而寡泰安故多媵徐有樛木之德而諸媵反有妬心每持其短長於姑所及諸媵有過徐乃曲覆之如由是賢徐而斥諸媵媵有子即抱哺之如已子宗女孩而失母即抱哺之如已女女歸同邑毛生栢以孝稱姻黨無不誦姆訓云毛生已舉萬曆庚子鄉試其平居非梱内事不言非門内親不見煢然一室貞静自如自髫而艾安之猶一日

也伯子文煥嘗語人曰吾母安而一家之人舉安矣夫安者節之最難者也以伯子貴　誥封太宜人從夫爵也

庠生閩詩先娶於張生四子而張卒遊學姑蘇之崇明遂卜繼於崇明李氏云何詩卒李年二十有四也閭里稔其賢爭願得之李扶棺大慟絶復蘇語四子曰而父彌留不能言以目視我而指若意以若屬我我心許之矣孰是主者而奪吾志乃損頮自毀苦身力紝佐叔子讀鷄[illegible][illegible]

不休常嘆曰吾所藉以報吾夫在叔子耳叔子名金和成萬曆癸未進士爲延平守考最贈父詩如其官而得封李爲太淑人時子若婦進褕翟前爲壽泣數行下曰恨無繇令而父見之然吾亦可還報地下矣自是謝家政居一室茹齋而誦佛書精意脩西方之業

庠生嚴金妻翁氏者慈谿憲副素女孫也金爲少司空時泰孫美文才以咯血死翁年二十有無嗣且貧無家再遭姑及祖姑喪而舅又喪明

隻身支吾至簪珥無可脫率取辦十指間至若矣即不難一死以塞責孰與衍生孰與哀死孰與立孤而少延嚴氏如綫之脉翁之節以生全難於死全者也

張椿十七妻陳氏性端嚴不苟言笑家貧勤苦佐夫居無何椿十七故止一女陳自誓靡它撫女長于歸一日鄰嫗有詈失鷄者稍侵陳陳哭曰吾以息女故忍死以至今日今女已有家乃不能死而受辱彼婦之口耶登樓閉戶絶粒其家

人涕泣饋飲食陳自戶隙接而置之終不食如是者凡十日不死已自斂其手足形縊而絕一時里巷稱爲烈婦云

羅氏者進士楊九韶繼室也年二十三而寡原有三子然皆非羅出九韶雖兩令鉅邑而家徒四壁羅一慟而絕少蘇視諸孫獨冢孫宏科異乃抱而撫之泣曰吾所以不卽死者葢欲成此兒以竟逝者所未盡耳於是苦身力作間關百折而益勵者葢三十年萬曆丙戌冢孫成進士及

爲御史羅年已六十餘矣閭里無不賢之圖上

其事有司將請於　朝而旌焉

其他以節聞者余乾妻施氏嘉靖二十九年旌

邵潮妻鄒氏子一本進士隆慶間旌

楊煜妻諸氏孫聽選官楊鑑題旌

張一致妻蘇氏旌　王忠妻陳氏旌

邵童妻陸氏旌　徐選妻張氏旌

魏朝龍妻孫氏　朱瑛妻李氏

汪信一妻黃氏　汪忱妻趙氏

周智妻毛氏　岑越咎妻翁氏

岑桂妻張氏　景儁妻張氏

孫紀妻嚴氏其婦楊氏　許璧妻陳氏

石模妻盧氏　石校妻董氏

徐麟妻陸氏　徐珪妻邵氏

徐謐妻谷氏　王守中妻朱氏

陳守卿妻錢氏　楊熠妻謝氏

孫暹妻毛氏　邵方母陳氏

岑坦妻何氏　岑祿妻張氏

楊堯臣妻周氏
楊大登妻謝氏
楊文崋妻俞氏
王錦妻胡氏
陳珖妻符氏
黃綺妻范氏
曾魁顧廡妻邵氏
陳孟廡妻徐氏
呂柱妻沈氏
黃一禮妻周氏
夏道鎣妻鄒氏
毛世鳳妻楊氏
趙子卿妻胡氏
張思立妻鄭氏
徐整妻諸氏
夏思新妻陳氏
毛岐鳳妻顧氏
諸倫妻沈氏

周子恭妻胡氏　鄭欽妻邵氏

夫亡以死殉者徐上觀妻孫氏夫喪畢不食死

胡東昇妾魏氏昇死縊以殉

任鵬妻某氏鵬死覩屬欲奪其志自沉於江

一門三節者翁守成妻歸氏守成子宗寔妻袁氏

宗寔子煇妻周氏三世婦姑同節以保宗祊鄉

邦賢之

一門五節者汪錦妻大符氏　汪恒妻宣氏

汪材妻小符氏女吉媛　汪季妻夏氏嘉靖三

十二年遇海寇俱不屈赴水死

余他日取舊志列女篇讀之若虞母訓忠孫妻從約莫氏勉夫于遊旅張婦忘困于援琴既擅母儀且昭婦則視范史之撥次才行不專一操者近似之其餘則皆以殺節著者也元以前寥寥不十人而　明則若不勝收矣豈以叔世陵夷罕植風檢而怨乖之以匡王教乎夫稱節非難稱而必殺爲難埋瑜名閨徽美易章幽谷貞貅草木同腐信耳遺目誰

從質之夠載筆者不皆董史郡志獨致嚴于斯有以也盍存者十一而刪者十九稽本四行激揚千載不當如是耶今所列胡以仍舊焉噫前固言之矣彼無據入之此可無據出之乎郡挈其綱病在濫邑舉其繁病在畧亦惟是並存之以示勸耳且自　嘉靖庚子距今已六十餘年而今所增入者僅三十七人又強半被旌及郡志已見者也余所論者詎律以一切必蕙折蘭摧如舒賓二婦然者要

以端壼範而樹風聲誠不容耳視哉

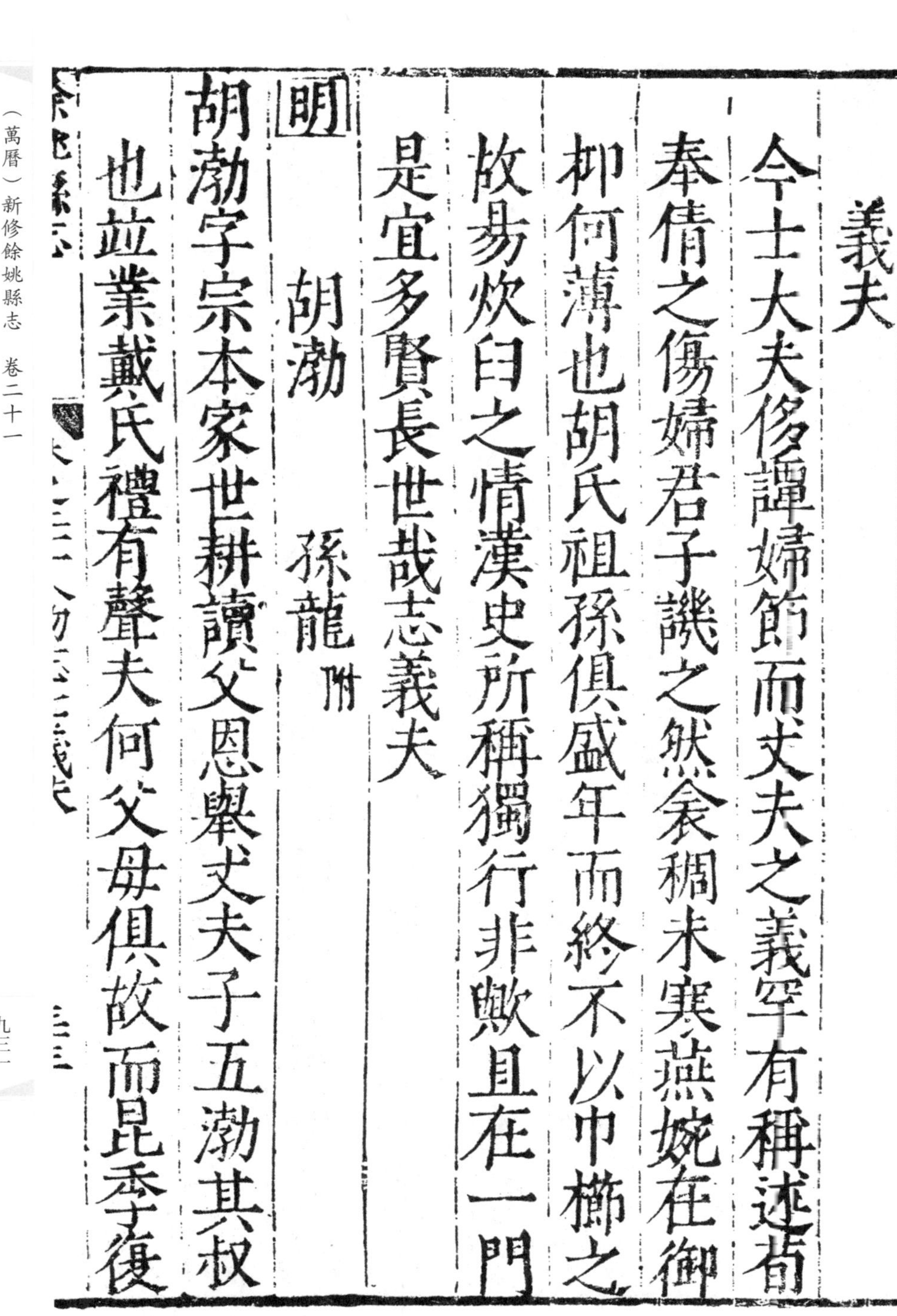

義夫

今士大夫侈譚婦節而丈夫之義罕有稱述者奉倩之傷婦君子譏之然衾裯未寒燕婉在御抑何薄也胡氏祖孫俱盛年而終不以巾櫛之故易炊臼之情漢史所稱獨行非歟且在一門是宜多賢長世哉志義夫

明

胡渤　孫龍附

胡渤字宗本家世耕讀父恩舉丈夫子五渤其叔也竝業戴氏禮有聲夫何父母俱故而昆季復

丞世渤子身當户棄太傅士業而與宗黄甘鹿門之隱黄稚布操作相敬如賓渤所舉子分嗣諸昆季夫何黄亦故渤甫逾壯遂不再娶且勑斷賸侍所居一床一几之外寥寥焉生平無他嗜好見里中豪貴如厭熏灼獨孝友恭儉懍刑法凛凛如也孫龍以儒名娶婦徐徐卒鰥居者垂四十年亦能脩祖父之行

新脩餘姚縣志卷之二十一終

新脩餘姚縣志卷之二十二

典籍志　碑刻附

史稱立言不朽至古所云丘索等書今其言安在然歷世固已悠遠矣若吾姚作者如林雖其才術淺深學綜廣狹言以人殊所以嘔肝劌裏宣其藴積與畨之後世而往往湮滅者十之八九豈獨杞宋無徵已哉余聞之先正云趙古則先生所著聲音文字通一百卷獻之天府丘文莊校書中秘見其殘缺慎惜者久之夫字學失

傳自蒼頡之遺迄小辨之旨聲音文字鮮能相
無而古則此書得於神解余遍訪其子孫求之
不能得豈造物者固閟之而不欲泄於人間耶
不然何金匱石室之藏亦或負之而走也世傳
方丈山有石如匱神禹圖書在焉或曰待其人
而後見然歟否歟儻所謂不朽者非耶作典籍
志

大誥三編減繁行移體式大明律禮儀定式到任
須知韻會定式科舉程式行移體式進呈表箋

體式六部職掌勸善書爲善陰騭孝順事實五倫書孟子節文五經大全四書大全性理大全右本朝頒降書籍凡二十二部易經二部詩經一部書經二部春秋一部禮記二部孝經一部爾雅一部論語一部孟子一部春秋公羊傳一部穀梁傳一部左傳一部周禮一部性理一部西漢書一部東漢書一部隋書一部唐書一部佛曲一部右儒學官置書籍凡二十二部

周易註九卷日月變例六卷吳虞翻譔古周易章句十卷周易古占法一卷古易攷一卷

易傳外編一卷宋程迥撰讀易管見五卷繫辭舉易
一卷宋孫鑠叟撰古易集傳十二卷宋楊子祥撰易學提
綱四卷周易圖釋十二卷明趙謙撰周易說四卷明王
傑撰觀易缺疑十二卷明毛吉撰尚書釋問一卷晉虞喜撰
尚書集解十卷宋顧臨撰毛詩釋十八卷晉虞喜撰毛詩
名物類攷二十卷元楊璲撰春秋傳顯微例目五卷
宋程迥撰春秋外傳國語注解二十一卷吳虞翻撰春秋
說五卷明王傑撰孝經注三卷周官駁難五卷晉虞喜撰
君臣諡議一卷唐虞世南撰周禮考正六卷明王傑撰五

經論撰十卷晉虞愿撰經說五卷宋胡沂撰經傳考疑八卷宋岑全撰五經臆說四十六卷明王守仁撰論語註十卷吳虞翻撰贊鄭玄論語注九卷論語新書對張論十卷晉虞喜撰論語傳二十卷孟子章句七卷宋程迥撰四書啓蒙十二卷明景星撰四書便覽十四卷明夏良輔撰

右經傳說類二十五家三十四部

大唐書儀十卷唐虞世南撰校壺經一卷校壺變一卷晉虞潭撰

右儀注類二家三部

王泉講學一卷宋程迥撰傳習錄四卷文錄六卷明王守仁撰

右道學類二家三部

法書目錄二卷上法書表一卷齊虞龢撰

筆體論一卷唐虞世南撰四聲韻一卷宋程迥撰聲音文字通一百卷正韻七十二卷六書本義十二卷正轉音畧一卷字學源流一卷六書指南六卷童蒙習句一卷明趙撝謙撰右字學類四家十部

史記注二十八卷吳虞翻撰晉書五十八卷晉虞預撰帝王世紀音四卷隋虞綽撰帝王畧論五卷唐虞世南撰史說五卷宋胡沂撰歷代帝王纂要譜括二卷宋孫應符撰通鑑提要十八卷宋莫叔光撰南宮續史斷二卷歷代譜系讚辨畧二十六卷明趙撝謙撰通鑑編年六十卷明余誠撰右史學

類六家十部

安天論一卷晉虞喜撰周易集林律歷一卷吳虞翻撰京氏參同契律歷志注一卷太玄經注十四卷太玄經補贊四卷宋程迥撰驛馬四位洽一卷隋虞綽撰右陰陽讖緯類四家五部

經武要略十卷宋顧臨撰武錄卷撫夷節畧二卷明王守仁撰右武畧類二家三部

虞谷奏事六卷胡沂奏議八卷臺評三卷詞垣草十卷進講餘抄五卷宋胡沂撰孫忠烈奏議四卷明孫燧撰陽明奏議八卷明王守仁撰右疏議類三家六部

虞翻集三卷虞預集十卷虞喜集十一卷虞羲集九卷虞通之

集二十卷虞世南集三十卷虞炎集七卷遵拙齋雜藁二十卷宋胡沂撰 王逨集二十卷南齋小集十卷宋程迥撰 燭湖集十卷宋孫應時撰 平庵集四十卷宋趙彥械撰 菊磵集十二卷宋高九萬撰 半村集十卷宋厲元吉撰 魯山集四十卷宋陳開先撰 見山集八卷宋葉仲凱撰 栲栳集四卷元岑安卿撰 野舟集四卷元徐良杞撰 西園集十二卷元楊璲撰 山輝集十卷元鄭爇撰 肅庵藁三十卷明宋玄僖撰 錦囊清事集二卷明岑宗鶚撰 菊東集八卷明黃珏撰 南游紀詠集五卷考古餘事一千篇

雲航集八卷明趙謙撰　指南集四卷明張壹民撰　過齋集十二卷明岑妙轅撰　好音生集二卷明朱棠撰　餘菴藁五卷明岑黼撰　和順英華錄五卷明邵宏譽撰　雪崖集十八卷明李應吉撰　愼節藁十二卷　竹齋藁八卷明岑瓏撰　野航集十卷明王倫撰　愛竹藁八卷明周熙撰　炙轂集十卷明楊軾同撰　蘭室遺藁四卷明岑拱辰撰　雪湖詠史錄四卷明胡恭撰　嘗齋集二十卷明馮蘭撰　靜菴遺藁五卷明魏瀚撰　謝文正公集四十卷明陳謨撰　龍山藁十五卷明謝遷撰　垣南草堂藁十卷明王華撰　陽明文錄二十四卷

明王守仁撰易窩雜言一卷明余誠撰慈山雜著一卷明徐守誠撰秋泉遺藁四卷明楊鑑撰古訥子一卷開元日訓錄三卷學鳴集二卷明楊祐撰小野集四卷明倪宗正撰

右詩文類四十八家

會稽典錄二十四卷晉虞預撰會稽記二卷宋虞愿撰越問一卷宋孫因撰虞氏家記五卷虞氏家譜一卷宋虞賢撰虞氏家傳十二篇晉虞預撰后妃記四卷妬記二卷齊虞通之撰賢訓編一卷宋胡宗伋妻莫氏撰志林新書二十卷後林新書十卷晉虞喜撰古今畧錄一卷立代論三卷陳虞荔撰兎園策十卷唐虞世南撰

經筵東宮故事四卷宋胡沂撰戶口用制貢賦書四卷乾道振濟錄二卷淳熙雜志四卷宋程迥撰幼學須知五卷宋孫應符撰秘書錄十三卷宋岑全撰山水游記二卷家範五卷宋楊子祥撰百夷傳一卷明錢古訓撰啓蒙故事八卷明陳叔剛撰　右傳記類十五家二十四部

長洲玉鑑二百三十八卷類集一百十三卷隋虞綽撰北堂書鈔一百七十三卷唐虞世南撰絕句精華十卷明宋棠撰諸書雜錄二十卷明王韋撰　右類集五家五部

本草單方三十五卷宋王俣撰醫經正本書八卷宋程迥撰備急救

人方八卷元苗仲通撰素問鈔十二卷十四經發揮三卷難經本草二卷傷寒論鈔二卷診家樞要一卷醫韻四卷本草發揮四卷本草韻四卷醫學引彀四卷醫學蠡子書五卷元滑壽撰脾胃後論一卷元項昕撰難素箋釋八卷本草攷証二卷針經訂驗一卷明黃淵撰本草權度三卷明黃濟之撰右醫學類七家

十九部

續入宋元二史闡幽明許元傑撰簡庵文集詩集各四卷三省經營集二卷陳雍撰師硯集皇華集俱[illegible]

寓稿陳嘉猷撰　肥遯齋稿　習園集　濟美錄謝丕撰　求
類稿于震撰　專城稿　牢盆集　木山集嚴時泰撰　鷄鳴集
茹茶錄張懷撰　西槎集楊撫撰　允菴詩集　青瑣疏畧
張逵撰　期齋集　奏謝稿　館閣漫錄呂本撰　緒山文集
錢德洪撰　文恪集孫陞撰　國朝文獻翁大立撰　一齋存稿　和
唐音一部楊榮撰　餘力錄疑盧璘撰　載記存疑　受欺
稿陳墱撰　易經心說諸爕撰　醯醋集　百拙子集胡价撰
說約篇　鈎玄篇　趨庭集胡安撰　今山集一百卷胡瀚
撰　姚邑賦二卷蔣勸能撰　工部集十六卷葉逢春撰　性善

解周易辨疑太極通書釋張岳撰涉史謬論大學絜矩解河圖說易象解鄭伯乾撰信心錄盧望撰兩臺奏議十卷邵陞撰

碑刻

設科分敎格式碑臥碑敬一碑五箴解碑右碑竝本朝頒降鐫在儒學休光寺眞淤師行業讚唐王文燧洪元昚集王羲之行書羅漢塔記沙門知白述王辭正書尊聖經小字碑奚撰書龍泉寺碑虞世南撰弁書常住田碑范的書上四碑舊在龍泉寺巖子陵墓道客星菴碑史浩撰虞仲良書蘇東坡墨刻縣[illegible]

旆宿鐫于治内芙蓉亭

已上碑刻今俱不存朱熹葦與孫應時手簡

碑孫祖開刻石家塾今在石堰南謝家賜史巖

山下近上人孫姓者墾地獲而秘之

之梅梁山積慶教寺十一字石刻宋理宗書梅梁山

功德院記史巖之譔張即之書

二碑今竝在梅梁山

新脩餘姚縣志卷之二十二終

餘姚縣志　卷[illegible]　金石志　石刻門　八

之保章氏志禨祥

晉太康四年夏邑境蝌化鼠食稼建興元年冬十一月戊午巳巳庚午大雨雷電民多震死大興四年秋七月大雨饑太寧二年盧潭起義兵邑内衆以萬數咸康元年夏六月天下普旱餘姚特甚大饑米斗直五百文人相鬻隆安三年孫恩寇邑謝琰劉牢之討之四年夏恩復寇冬高雅之擊之敗績劉牢之擊之入海

唐乾寧三年春三月錢鏐攻邑降之

宋明道二年秋八月大水漂沒民居七年秋七月大風雨海溢溺民害稼大饑元符二年冬十月朔江河水溢高丈餘有聲數日乃止宣和二年春睦寇犯境越帥劉述古敗寇于南門橋有毒蜂被野雲氣絕道寇駭益大敗建炎三年夏五月蝗暴至害稼六月雨血縣治沾衣秋民驚竄徙村落冬十二月車駕駐邑金兵尾之縣令李頴上把隘官陳彥張疑兵禦之帝如明州虜寇邑火之令丞皆奔節級周珉殺縣武尉署其家

四年春二月虜始出境令丞歸視事斬珉四月既望帝自明如姚紹興元年大饑疫十八年秋七月大水害稼十九年大饑二十九年薦饑乾道元年正月至四月淫雨蠶麥不登大饑大疫淳熙元年秋大旱四年秋九月丁酉戊戌大風雨海溢溺死四十餘人七年夏大旱八年夏五月大雨水以風漂民居稼盡敗九月旱饑穜稑皆絕紹熙四年夏四月霖雨至于五月壞圩田害蠶麥蔬稑大饑五年秋七月乙亥大風海溢

决堤溺死人嘉定二年夏大水壞田廬害稼寶慶二年秋大風海溢溺居民百十家嘉熙四年薦饑淳祐二年大水三年秋八月蝗咸淳七年夏五月大風壞民居十年夏四月大風德祐二年春正月承宣使張世傑師至焚邑廟學俱燬三月世傑復至縱軍大掠

元 大德五年海溢六年夏五月不雨至于六月七年海溢十一年大旱饑大疫至大三年秋七月大雨水害稼至元二年文廟火四年夏六月海

溢至正十三年夏旱十八年方國珍據邑十九年夏旱秋九月戊午方國珍城邑二十年夏旱兵二十三年夏旱饑二十四年大將軍湯和畧地知州李樞以城降

皇明正統七年秋海溢十二年蝗秋八月有魚涸于海際長千餘丈民采其肉餘萬斤越三日潮大至復去景泰五年冬十二月至春二月大雪害麥七年夏旱饑天順元年夏秋大旱饑二年旱饑三年旱饑五年夏旱蝗民禳捕之八年秋

七月海溢九年雙鴈鄉水溢壞田廬秋八月海溢十二年秋七月大雨水陷没石堰塲官鹽數十萬引害稼成化七年秋九月大水海溢溺男女七百餘口大饑穜稑幾絕十七年大水饑十八年大水饑十九年大水饑二十三年秋大旱饑弘治元年大饑二年饑四年饑七年秋七月海溢冬十月至十二月不雨八年正月至二月不雨十年大有秋十一年夏六月境内水湧高三四尺猝平災饑十二年春不雨冬十二月大

寒姚江氷合十三年春三月不雨至夏五月晦
乃雨饑四月江南復災焚民居三千餘家傷百
有八人火渡江焚靈緒山民居二百餘家十四
年秋旱蝗害稼大饑十五年無麥秋七月大雷
雹雨以風海溢十八年秋九月地震鷄雉皆鳴
响有妖民驚晝夜禦之餘月乃息正德元年夏
旱饑三年夏旱大饑四年秋七月大水冬十一
月大氷害苣麥橘柚饑五年大水饑六年秋八
月虎入治城三山司廵檢高寗射殺之七年秋

七月大雨震雷大水山崩文廟壞海大溢隄盡決漂田廬溺人畜無算夜燐火被海有兵甲聲民驚大饑食草根樹皮十年春三月雨雹大者如拳傷麥殺禽鳥夏上林地出血冬大水無麥大饑米斗直銀一錢三分十二月夏四月地震螟害麥民饑冬十二月至閏十二月大雪十三年秋海溢十四年夏旱饑秋八月海溢民訛言鷄爲妖盡殺之十五年夏旱大饑米斗直銀一錢嘉靖元年夏龍晝見附子湖頭角具見壞民

居拔木害稼秋龍晝見孝義鄉鱗甲皆見二年
夏旱饑日本來　朝道邑其鄙治兵相攻殺民
兵十餘人三年螟害稼大饑米斗直銀一錢三
分四年夏旱疫六年春夏大水無麥苗大饑八
年螟害麥夏蝗害稼民禳之十年秋八月大水
十二年饑十三年饑米斗直銀一錢十五年有
秋十八年旱十九年夏蝗禳之輒散秋大水二
十三年旱二十四年大旱斗米直銀二錢二十
五年海溢二十八年雨血梅川徐珮家庭中晝

赤二十九年疫三十一年旱李樹生爪三十二年至三十六年連有倭患詳後三十七年民驚有妖徹夜禦之更月乃息三十八年旱三十九年旱四十年秋澇四十三年夏大旱四十五年至隆慶二年有秋三年颶風海溢漂没人畜無算四年有秋萬曆元年旱三年海溢壞廬舍四年多虎傷人七年旱九年冬東門外居民蔣家地出血十年旱十一年十二年有秋十四年地震十五年春有虎從水門入城初至俞同知宅踞小齋中彌刻

乃去至武勝門以頭觸門震撼有聲已從吳知府宅後越城出兩家覓蹤跡顯然邑人聚觀萬計十五年秋霪雨及冬禾壞大風折木十六年春大饑告賑者遺作縣廳事前鄉民殺子而食黃十五雙鵰鄉人其夏旱十七年大旱十八年饑十九年又饑二十年有秋二十一年旱二十三年春雪彌月不霽民病樵採二十六年旱二十七年二十八年有秋二十九年訛言倭至民逃竄秋祭夜西齋桂下有火光冬多虎三十年春樂安湖畔獲一羚羊

擾吳吾邑者莫甚于倭邑倭患自嘉靖壬子後爲甚延蔓數歲里落爲墟特記其槩于此嘉靖三十一年倭有犯吾境者海民徐經十持大梃踣其二帥其酋殊鉅三十二年倭登自勝山港掠第四門四月攻臨山衛陷其城三十三年倭大掠梅川上林龍泉等鄉三十四年五月省祭官杜槐率鄉兵禦倭斬酋一人從賊三十三人槐力竭死邑城戒嚴時黃山後清二橋甚雄壯鄉薦紳以倭將至議毀之人猶二三已竟折焉

後清橋壓沒十餘人怨詈盈道後三日倭至適潮漲甚不能渡江南鄉兵遥爲聲援不敢逼倭列江濵間邑募獵夫射虎者踞城樓上發弩射中一人其矢傅毒血濡縷立死倭輿尸太公其冬倭復歷奉化轉戰至四明之斤嶺先是邑人以四明山僻多避寇于此倭猝至各鳥獸竄被禍尤慘時太學生謝志望文正公玄孫也募勇敢五百人分三隊張左右翼禦倭酣戰自卯至午殺賊九人射傷二三十人矢盡力疲猶奮呼陷

庠生貌白晳倭意其帥也叢刃殺之生之客身擁蔽生而被殺者亦十數人會參將盧鏜兵追及與倭戰于斤嶺于梁衕倭盡焚其廬舍却走已復由百官渡曹娥江邑庠生胡夢雷與從兄應龍操六等率鄉兵邀戰于東關死之三十五年倭掠雲樓鄉之樂安湖乘夜至城下黎明西門將啓蹄倭執諸生王某爲導大呼寇至急閉門拒之倭亦引去某竟得脫是時死事鴈門嶺者則有邑庠生倪泰員三十六年總督胡公宗

憲以賊由王直設計招之直先遣養子滶及葉宗滿來見宗憲馳駐邑城納其降慰諭之已果自至倭患遂漸息矣按宗憲禦倭及招㨿王直皆邑人知府嚴中爲之謀中諳曆象熟韜鈐併通六壬奇門占步卜筮諸家

古蹟塢 墅 池 城 宅 第 堂 閣 亭 榭 山房 臺 樓 義門

凡丘壑亭臺之勝必援古人爲重故蔽棠陰而思茇瞻峴首而懷人豈徒以其蹟哉邑之古蹟多湮泯不可考撫今追昔感慨繫之矣志古蹟

嚴陵塢在客星山下十道志云嚴子陵避光武聘

居此

虞國墅在羅壁山孔曄記云有漢虞國墅襟帶溪山表裏畸苑巖囿大勢具體金谷洛客來過徘徊瞻眺

賀墅在雲樓鄉晉賀循所居宋岑全詩荒村車馬驚鸞鶴散騎茅堂見杜蘭水王自茸山水味慢勞甲第賜長安

鴈池在雙鴈鄉以虞國名亭在國傳

郄家池在羅壁山晉郄愔[illegible]鳥故名宋華鎮詩山列翠屏圍碧落水流鳴玉遶平田郄家池館雖蕪沒金谷形容宛自然

阮家池在治西南三十五里梁文宣太后今龕故宅池也今龕事在帝后志

向家池在治南一里許鄉人相傳是宋向敏中家池今城南有向丞相墓是也池方二三丈四面石甃之初在陳叅政塏宅內今爲邵僉事夢弼撤其墻北臨官道與泮池左右相直並受九曲水形家呼爲覆龍眼云又治南十里有項家池又南五里有洪家池二氏已莫考其世附見于此

虞家城在梅川鄉〔元宋玄僖記畧〕余避難梅川時
胡處士逵道嘗謂余曰鄉有虞
家城者父老相傳爲虞世南宅基吾壯歲猶見
其遺址高一丈許厚三丈餘吾祖母出其地余
因與其從子惟彥過其處則其址之存者厚如
處士壯歲所見高則四尺餘耳迴圍度之爲丈
百有五十旁近居者多虞氏按輿地志及孔曄
記漢日南太守虞國宅在餘姚嶼山南郡志謂
治之東北三十里有嶼山今所謂虞家城正在
其南二里許國宅此無疑謂其宅在治西一里
靈緒山南蓋郡志誤也郡志既誤而此相傳爲
世南宅基者意世南亦居是地鄉人自其盛時
傳之爾〔按酈道元水經注云虞翻嘗登緒山望
四郭戒子孫曰可留江北居後世孫位當過於
我聲名不及爾然相繼代興居江南必不昌諸
虞氏由此悉居江北又云山南有百官倉即虞
國舊宅據此則緒山別稱嶼山而郡志沿之亦
不爲誤且虞氏奕世貴盛多開第宅據謝之言

固有居江南甚者又有特專此城以居也顧其城厚完非求輿輦其力或不能辦此

黄昌宅在邑治西南一里黄橋之南

虞國宅在緒山南酈道元云宅今爲百官倉即雙鴈送國歸處初號西虞以國兄零陵太守光居縣東稱東虞也

郗愔宅在羅壁山

日門館在太平山梁杜京産寓館也陶弘景碑曰吴郡杜徵君栢宇大平之東結架菁山之北爰以幽奇别就基址棲集有道多歷歲年

養親堂虞氏家記曰晉右衛將軍虞潭以太夫人年高解職被詔不聽特假百日東歸作堂養母親友會集作詩言志今莫考其地

世友堂在燭溪湖西北宋嘉定間孫祖祐建宋葉適詩

雀尋屋角飛燕遶簾櫳窺共賀新宇就生物欣有依含德厚乃祖義完廃利隳愈更悲别駕公櫝韞不盡施温恭化群從遜遜悌流深規一綵必同袍粒黍無異炊感零天上露潤浹園中葵魚獮雖芳鮮不如此菜肥凉風送佳音桂林自生枝借子赤霄羽登君文石墀樸斲吁可勤碧紊畬所宜諒爲前峰近長睽客星晋

貞僊閣在龍泉寺後本干安石與取僊人來住此

句明趙燁詩蒼山倚層構丹室棲神僊神僊去已遠遺跡在林泉昔賢慕遐舉何術能長年招招不可見從誰問真詮王生自緱嶺黃鶴留青田長林振哀籟烑草猶殘煙蓬萊有高士延佇思悄悄冥搜發佳詠清風滿山川

中天閣在龍泉山頂下取方于中天氣爽星河近之句陽明王先生守仁嘗於此聚徒講學嘉靖乙酉公書中天閣勉諸生云雖有天下易生之物一日暴之十日寒之未有能生者也承諸君之不鄙每予來歸咸集於此以問學爲事甚盛意也然而不能旬日之留而旬日之間又不過三四會一別之後輒復離群索居不相見者動經年歲然則豈惟十日之寒而已乎若是而求萌蘖之暢茂條達不可得矣故予切望諸君勿以予之去留爲聚散或五六八九日雖有俗事相

妨亦須破冗一會于此務在誘掖獎勸砥礪切磋使道德仁義之規日親日近則勢利紛華之染亦日遠日疎所謂相觀而善百工居肆以成其事者也相會之時尤須虛心遜志相親相敬大抵朋友之交以相下爲益或議論未合要在從容涵育相感以誠不得動氣求勝長傲遂非務在默而成之不言而信其或矜己之長攻人之短麄心浮氣矯以沽名許以爲直抉勝心而行憤嫉以圮族敗群爲志則雖日講時習於此亦無益矣諸君念之念之

鹿亭在四明山梁孔祐隱居於此有鹿中矢來投祐祐爲㯻之創愈乃去 唐陸龜蒙詩鹿亭巖下置時須白髯過草細眠應久泉香飲自多認聲來月塢尋跡到煙蘿早晚吞金液騎將上絳河 皮日休詩鹿群多此住因構白雲楣待侶傍花久引麛穿竹遲經時培玉潤盡日笑金芝爲在石牕下成隱自不知

更好亭在喚僊閣下宋高宗嘗幸龍泉寺登此望風物詫曰更好云

雩詠亭在秘圖湖北元越帥劉仁本建劉仁本叙至正庚子春仁本治師會稽之餘姚乃相龍泉之左麓州署之後山得神禹秘圖之處水出巖罅瀦爲方沼疏爲流泉卉木叢茂行列紫薇間以竹篁彷彿乎蘭亭景狀因作雩詠亭以表之合龢趣來會之士得四十二人同脩禊事取晋人蘭亭會圖詩缺不足者各占其次補之總若干首因曰續蘭亭會云劉仁本補叅軍劉密詩俛仰宇宙聽茲山川欣欣卉木冷冷流泉亹伊獨樂尚友千年飛觴柎詠萬化陶然又陽春沐膏澤草木生微瞻靈圖發幽秘感此禹跡存衣冠繼芳集臨流引清樽性情聊自適理亂復奚言都事謝一理補侍郎謝瑰詩瞻彼阿丘神禹秘之茂蔭嘉

樹清泛芳池臨流引觴衍衍以嬉俛仰千古逝者如斯 又 東溫散晴旭灌木浮嘉陰良晨事倏使我友欣合簪方池注清流可以濯煩襟一觴復一詠暢情忘古今 鄉貢進士趙俶補參軍孔盛詩 青陽既啟以遨以遊采蘭從阿濯纓芳流翰藻載詠羽觴載浮潔我禊事于以爲愛 又 暄風播暖宇欣懷托陽春盛夜啓幽暢虛襟遺世塵慮芳遵丘阿接盃沿澗濵詠歸何逍遥遐哉伊斯人 天台僧悦白雲補任城吕系詩 曦昔有懷陰雨翳霄尤爾居室忽焉終朝際此晴煥散翳林郊潛魚沫波遊羽鳴條 又 崇阿撫神秘微風翕和淳靈雨既云沐品彙區以陳蘭茁擢中沚葩萼媚芳辰散懷得真契引觴荅熙春 前蕭山王簿朱右補餘杭令謝滕詩 陟彼崇阿遊目遥岑川雲㳂岫林木蔽陰喈喈黄鳥懷之好音亦有良朋載歌載唫 又 息徒坐蘭渚臨流濯清泉光風被林薄春服麗以鮮持觴撫流景鳶魚樂天尉俛仰同一慨豁毫從所宣 帥府都事王

萩補王獻之詩〕滿彼源泉其流泱泱湍其遠之以詠以觴酌此春酒以祓不祥〔又〕華髮宴餘春微風宿雲散蘭皋野氣芳桐江日初旦群賢集崇丘臨流水光澳酌酒清滿曲俯泉慨長歎蕭山教諭諸綱補府曹勞夷詩〕俯挹清流遥聯崇嶺下焉遊盤寄興遐永放同觀濠高企臨顥冷風徐來暢焉深省〔又〕叢木翳林薄構亭俯澗瀆旭日散晴采光風媚芳春臨流轉輕觴于以樂嘉賓詠歌意自適酣暢趣益真茲遊敦所尚庶足酬令晨〔四明沙門僧皇補任城令呂本詩〕遲遲春陽藹藹蘭茁樂爾嘉賓以宴以遨靜觀物化散懷逍遥一觴一詠庶永終朝〔又〕禊飲秘圖湖天氣淑且柔傳觴際曲渚濯纓臨芳洲纖條亂風樹幽葩落晴溝衆賓亦以樂正忘塵世憂〔平江儒學學正徐昭文補府主簿后綿詩〕柔風扇和百卉具芳携我良儔憩于崇岡怡情詠歌激水兆觴俯仰宇内聊以徜徉〔又〕茲辰天氣佳篤言寫我憂衣冠盛良會祓禊俯長流川容澹

跡雨樹色翳崇丘清風接千載後此逍遥遊秘
圖隱者鄭熹補山陰令虞國詩輿懷古先仰觀
玄造忌歎逝川平念芳草莫春維和爰舒幽抱
皎焉白駒嚶其黄鳥又夙駕税幽麓泛醴循流
瀾芳蕤被巖瀨葩蕚耀林端靡靡時運近斯焉
撫嶺屺主欣遠賓集陶然有餘歡前嘉輿路經
歷張溥補鎮國大軍椽十迪詩藹藹雲岡溶溶
秋水集我朋儔摻茲蘭芷千載同流恵猶芳軌
美哉良會衎樂無已又茲辰暮春初散策臨泉
石雲渠引微波浮觴薄前席伊人既已太古今
同一適聽茲脩禊地遥岑澹空碧東山偉秘報
補彭城曹諲詩晴雲冉冉幽草茸茸群賢戾至
衎樂攸同芳葩泛灎翔羽遡風亦有旨酒可以
從容又柔條扇微風輕波漾晴旭群彦此委蛇
鳴條集中谷列席依巖廻飛觴隨
水曲緬懷古先哲庶以繼遐躅

樊樹在四明山漢劉綱與妻樊夫人於此昇僊焉

事在儒釋志唐陸龜蒙詩樊榭何年築人應白日飛至今山客說時駕玉麟歸乳帶緣松嫩芝臺出石微憑欄虛目斷不見羽華衣皮日休詩主人成列僊故榭獨依然石洞鬨人咲松聲驚鹿眠井香爲大藥鶴語是靈篇欲買重棲隱雲峯不售錢

石田山房在四明山祠宇觀旁元毛道士永貞所築其下磈磈磈磈衡亘從合畦町萬狀無非石也菖蒲河車芝之草蒼耳隨采而足故曰石田同時薛毅夫樂其幽勝亦同隱焉元黃縉贈石田鍊師石田外史丹山住如此溪山得此人高詠久無皮襲美清風復見謝遺塵門前飛瀑長翻雪洞口幽花淺駐春老我京華歸訪隱抱琴安得日相親留若沖詩道人住居白水洞洞口有田供鑿耕鑠鉏

不用辛苦少王石自分烹鍊精拾薪澗底客共煑化羊嶺上僊俱成夜深無扃月自到坐聽九霄笙鶴聲【薛發夫詩】數畝依山宅一區喜存磽确勝膏腴近因碎穀懷黃石也復耕烟種白榆玉氣潤多山木秀松雲飄盡鶴巢孤會當脫屣從師去乞取青糯顆顆珠

【祭忠臺】在龍泉山詳山川志

【瑞雲樓】在龍泉山北王文成公守仁所生處也公父華未第時嘗居是樓一夕夢雲中鼓樂幢蓋送一小兒來遂誕公因名其行曰雲一其樓曰瑞雲湛文簡若水爲之記

【義門】雙鴈鄉吴氏有高誼坊事在别記正統間義

民魏資善姜伯延出穀二千石賑饑賜　勑褒

美旌爲義門

丘墓

昔者許由高隱史乘振芬王燭勵忠樵蘇不及是以夜臺若窟幽壑爲光余登客星山其上㙒有嚴先生墓云後死者塚纍纍乎或榛莽爲墟或松楸無恙九原之下如可作也吾誰適從志

丘墓

漢嚴徵士光墓在客星山華清泉東轉數十百步

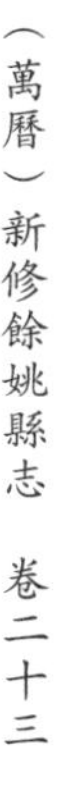

又躡而上登復數百步岡夷壠合左顧右旋東望山凹處如吻仰張狀凹外隱隱見海是惟光墓所在詳在陶安記中墓故有題石曰漢嚴光墓唐人筆也今已莫存　明正德八年紹興府同知屈銓復立石鐫曰漢徵士嚴光之墓輿地志曰光墓有石羊爲衞宋乾道四年丞相史浩鎮越封表光墓乃作客星之庵於墓左仍置墓田用僧以守其後即墓建書院崇祠峻宇山亭野閣聯于岡壠置山長守視祀事無缺詳任書

院及祠堂記中　明興龍山長書院寢廢而其墓之封表尚存自靈緒山建祠於是有司無復理視其墓至於陵夷廵按御史張縉唐鳳儀提學副使劉瑞黄芳李崑汪文盛徐階紹興府知府南大吉湯紹恩通判葉金推官李逄陳讓及知縣丘養浩顧存仁縣丞金韶皆圖表復事未究竟宋史浩詩王厘蛟龍已草萊一丘馬鬣尚封培雲臺若也表名姓千古誰知有釣臺陳允平詩山高石怪水冷冷三尺孤墳葬客星遥想陵原松檜色曉煙昏雨爲誰青明唐之淳詩昊天厭新亂炎劉嘘復然天子吾故人不事胡其賢惟此一杯土體魄之所存清風激巖谷勁氣

出蕭蘭中有高空雲日夕相與旋化爲千尺虬
下飲清泠淵爲霖旣靡試巘身入長煙猶疑動
星辰亟去不敢遭我見重再拜毛髮凛衝冠綱
懷東京日惕然思執鞭榮名世方貴節槩古猶
敦【通判葉金詩】不展經綸理釣絲先生此意果
何爲廟堂日夕加深省周武商湯迹可追【又】虎
鬬龍爭後漢基雲臺事業信艱危乾
坤回首知更幾萬古清風屬釣絲

【虞國墓】在雙鴈鄉本傳云鴈棲國墓不去後鴈死
乃瘞之墓旁名曰鴈塚

【劉綱墓】在四明鄉綱夫婦竝僊去合葬其蛻骨云

【吳虞飜墓】在鳳亭鄉羅壁山下

【唐學士汪亮墓】在四明鄉石井山

宋陳侍郎槖墓在通得鄉化安山

德興丞胡宗伋墓在翁湖山

胡尚書沂墓在龍泉鄉燭湖之澄溪

孫尚書松年墓亦在澄溪

莫殿譔子純墓在烏戎山

趙秀王墓在從山秀王者孝宗本生之父名伯圭家餘姚而葬焉

中書舍人王鈇墓在雙鴈横溪

通直郎王鎮墓在樂安山

餘姚尉楊龔璋墓在開元鄉

孫介孫應時墓在游源之竹山

莫將仕郎當墓在菁江

李莊簡公光墓在姜山

倪侍郎思墓在賀溪

趙知府彦嗣墓在鳳亭鄉

胡侍郎衛墓在吳山孫巖

趙知府師龍墓在石堰

王尚書俣墓在冶山鄉

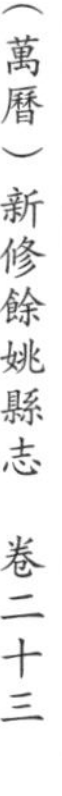

毛大理卿遇順墓在淳熙嶺

韋太尉璞墓在通得鄉八堡嶴

建康節推趙懷英墓在通得鄉福泉山

秘書郎岑全墓在上林鄉古嶺

史丞相巖之墓在海梁山

脩職郎孫一元墓在四明鄉金鵝山赤水原

統領陳升墓在汝仇湖赤嶺

元懿庵黃叔英墓在游源之竹山叔英慈谿人教授餘姚卒而葬焉

汪知州文璟墓在東山夏公嶴

國子學錄岑賢孫墓在金家峻

李知州恭墓在燭溪山栲峰

岑安卿墓在上林鄉包嶴

胡景莊及其子秉義墓竝在游源山西園

楊燧墓在梅川鄉匡阜南山

皇明趙考古謙墓在塢山

叅議王綱墓在禾山

錢叅政古訓墓在客星山

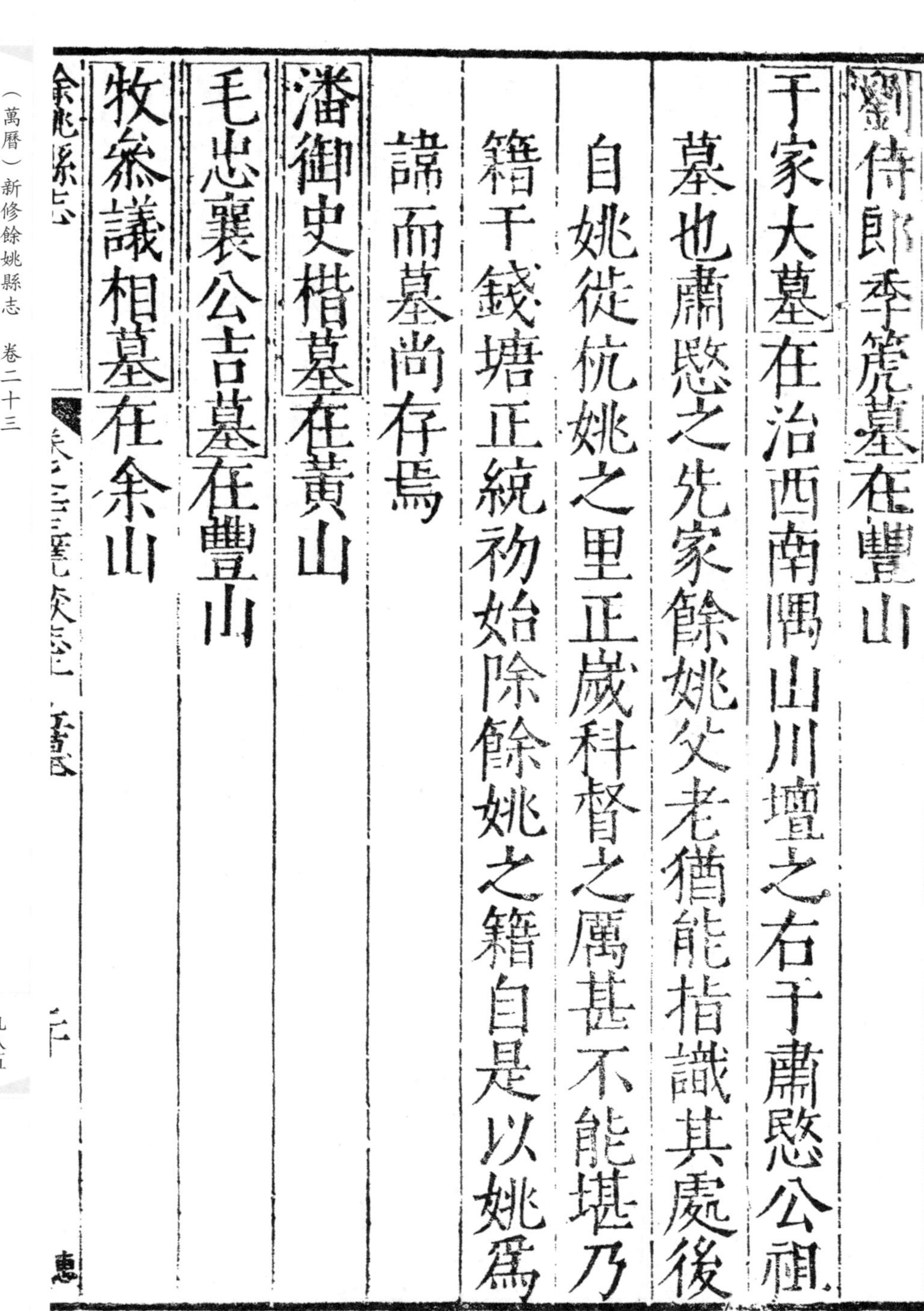

劉侍郎季箎墓在豐山

于家大墓在治西南隅山川壇之右于肅愍公祖墓也肅愍之先家餘姚父老猶能指識其處後自姚徙杭姚之里正歲科督之厲甚不能堪乃籍于錢塘正統初始除餘姚之籍自是以姚爲諱而墓尚存焉

潘御史楷墓在黄山

毛忠襄公吉墓在豐山

牧叅議相墓在余山

胡僉都御史東皐墓在方岡山

倪知府宗正墓在羅壁山近時

賜葬可稽者謝文正公遷墓在杏山

黃文僖公珣墓在彭山

史侍郎琳墓在玉泉山

宋副都御史晃墓在滸塘山

謝侍郎丕墓在東山余季墩

胡太僕卿鐸墓在東山南槑

嚴侍郎時泰墓在克山

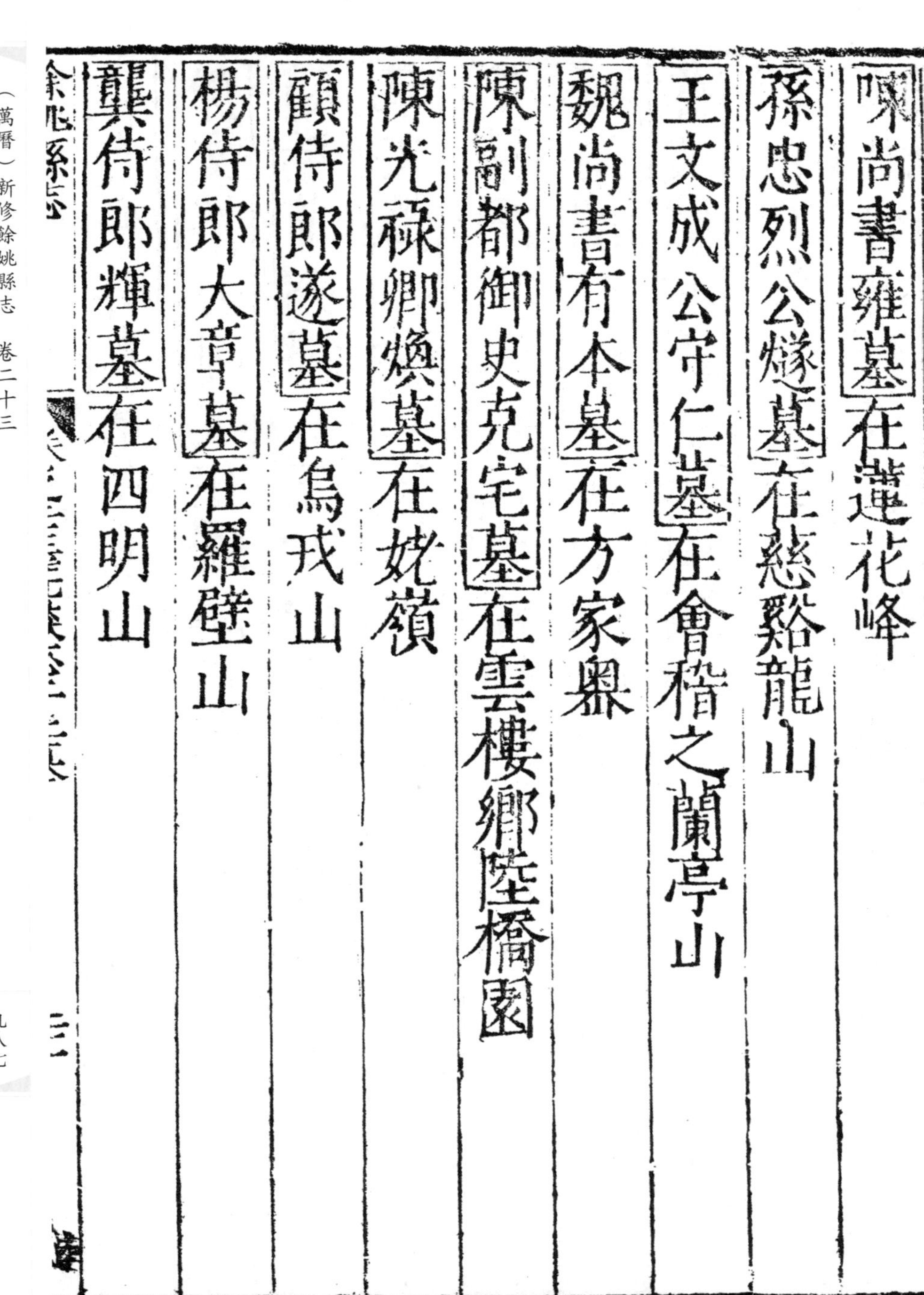

吳尚書雍墓在蓮花峰

孫忠烈公燧墓在慈谿龍山

王文成公守仁墓在會稽之蘭亭山

魏尚書有本墓在方家嶴

陳副都御史克宅墓在雲樓鄉陸橋園

陳光祿卿煥墓在姚嶺

顧侍郎遂墓在烏戎山

楊侍郎大章墓在羅壁山

龔侍郎輝墓在四明山

呂文安公本墓在姜山

孫文恪公陞墓在燭溪湖

趙端肅公錦墓在會稽蘭亭之婁家塢

陳文僖公陛墓在慈谿龍山

胡祭酒正蒙墓在慈谿鍾家門山

孫清簡公鑨墓在山陰梅山

孫太僕卿錝墓在燭溪湖

邵侍郎陛墓在竪粒山

陳恭介公有年墓在鳳亭鄉上黄山

翁尚書大立墓在大黄山

附淯澤園宋元時在龍泉山

國朝移置大小黄山已移塔子嶺地遠且陿棄骸

莫稽當事者盍亟爲之所乎

[illegible]縣志　卷之十[illegible]

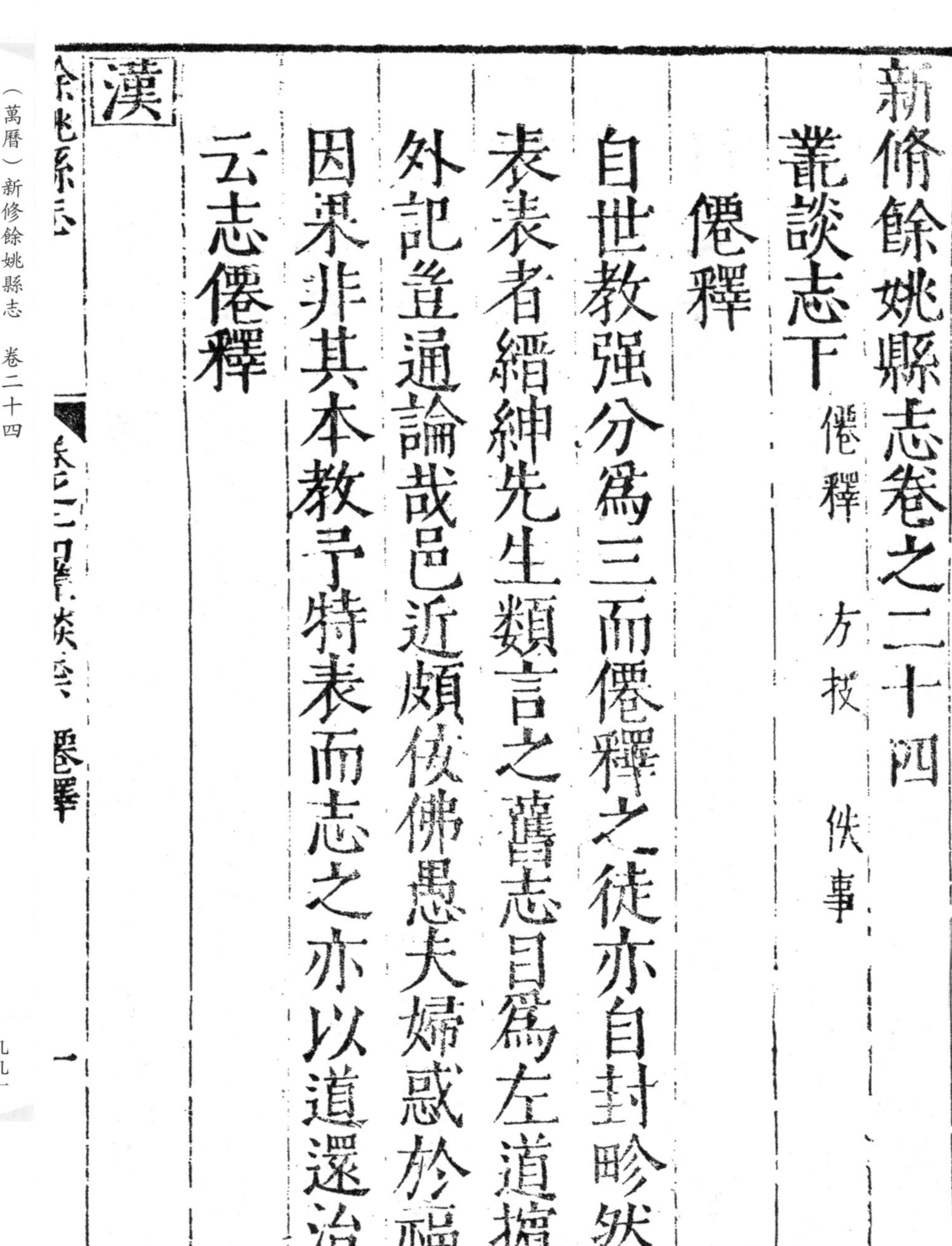

新脩餘姚縣志卷之二十四

叢談志下　僊釋　方技　佚事

僊釋

自世教强分爲三而僊釋之徒亦自封畛然其表表者縉紳先生類言之舊志目爲左道擯之外記豈通論哉邑近頗佊佛愚夫婦惑於福利因果非其本教乎特表而志之亦以道還治之云志僊釋

漢

劉綱字伯經初居四明山後爲上虞令師事白君受道歷年道成邀親故會別飲食畢登大皂莢木上去地十餘丈舉手而別忽然飛入雲中妻樊夫人亦有道術俱飛昇去今四明山傳有樊夫榭乃夫人遺跡也

葛洪字稚川僊公從孫以儒學知名尤好神僊導引之法初僊公以煉丹秘術授弟子鄭君洪就鄭君悉得其法嘗至餘姚煉丹今龍泉山有葛僊井相傳爲洪煉丹處太平山有葛僊煉丹石

上林破山亦云是洪剖之取石煉丹

晉

支遁字道林河内林慮人或曰陳留人本姓關氏少而任性獨往風期高亮家世奉法常於餘杭山沉思道行泠然獨暢年二十五始釋形入道王逸少作會稽遁在焉孫興公謂王曰支道林拔新領異胸懷所及乃自佳卿欲見不王自有一往雋氣殊自輕之後孫興支共載往王許王都領域不與交言須臾支退後正值王當行車

已在門支語王曰君未可去貧道與君小語因論莊子逍遥遊支作數千言才藻新奇花爛映發王遂披襟解帶留連不能已延住靈嘉寺已入沃洲小嶺建精舍晚移石城山樓嘗造卽色論示王中郎中郎都無言支曰默而識之乎王曰既無文殊誰能見賞三乘佛家滯義遁分判炳然云正當得兩入三便亂其談善標宗會而章句或有所遺時爲守文者所陋謝太傅聞而善之曰此乃九方歅之相馬略其玄黃取其駿

逸後至山陰講維摩許掾爲都講支遁一義四坐莫不厭心許送一難衆人莫不抃舞但共嗟咏二家之美不辨其理之所在遁常養數匹馬或言道人畜馬不韻遁曰貧道重其神駿性好鶴住東岇山里人遺其雙鶴少時翅長欲飛支意惜之乃鎩其翮鶴軒翥不復能飛乃反顧翅垂頭視之如有懊意林曰既有凌霄之姿何肯爲人作耳目近玩養令翮成置使飛去卒葬石城山僧史云葬餘姚塢中　按支遁舊志未收今據山川記清賢嶺謝

安支遁許詢數往來焉又明真
寺爲支講道之所故特收之

道慧慕遠公爲人遊廬山下居西林王式辨三相義慧詰難之稱長雄又就學孟公孟講成實爲張融所難慧一語便挫其鋒融大服褚澄謝超宗皆欽禮之

明慶戒行明白多蘊籍

宋

呂處仁次姚子當宋嘉定間隱居四明山得異術禱雨勝及爲人祈禳其驗尊爲演教真人及卒

以劍投于邑之後横潭每風月清朗之夜其劍常飛出

志遠姓吕氏餘姚人十七歲於上虞等慈寺爲僧遍遊諸方叅聽天台宗教嘗講於朝錫師號遂爲會稽諸邑講席之冠李光陳橐張轔趙不搖諸公皆愛重之年七十卒經五日荼毗於烈焰中身不欹側齒根不壞

元

普容字太虛姓茅氏世姚人脩常行常坐恒有徒

數十百人著圓倚要義一卷然未嘗不有證入歲饑疫爲粥活若干人又用闍維法斂遂其死者若干人紹興路禮普容建普度會竣事若有歌謳聲慶元路以旱告請白衣觀世音像感瑞光如瓔珞雨三日而止尊貴皆敬事之週遊明越間晚主明之乾符示寂于慈濟學士黃縉銘其塔

宏濟字同舟別稱天岸州人姚氏子有戒行墳典過目不忘狀貌魁偉才器宏贍道術深玄縉紳

碩儒皆尊敬之楊維禎亟稱其詩以流通經教爲己任凡尸洽席講演宗乘皆有奇祥異禎感天雨花元泰定二年鹽官州海潮衝激堤岸民甚患之行省丞相脫歡公禱于上竺廣興佛寺請師親履其地師冥心澄慮誦以涉水足跡所到土皆凝然壽八十五書偈而寂陶甕藏蛻質于受經峨嵋山之陽

與恭字行己號懶禪幼絕葷茹清貧高潔精通經典工詩嘗遊臨安冷泉亭題詩云天竺雨花飛

寶臺址山門對冷泉開石擘老樹無人識時有黃猿抱子來趙子昂賞識之遂與定交後遊蘇州定惠寺端然而逝檢其橐有回鴈峰詩官路迢迢野店稀薄寒催客早添衣南分五嶺雲天遠鴈到衡陽亦倦飛及茶毘有堅固子有鄒盛者字茂義學儒業積善喜施然好吐納生宋祥興己卯至洪武癸丑卒得年九十六將卒屬其子曰塟我以茶毗用其命亦有一堅固子填刻生芽歲漸滋長子孫至今藏之

皇明

自悅號白雲戒行高潔精於本宗旁通儒書陶安每與之譚易亟稱之有異術能咒潮水不至事在善政橋記洪武初被徵見　上講無祀鬼神論稱旨後賜歸住杭之靈隱寺及示寂有堅固子

如阜字物元明真寺僧戒行脩潔與自悅並以高僧被徵

如玘字大業號具菴温莊端確持戒甚嚴說經偈

能感動大衆嘗住持杭之演福寺詔以爲僧錄司左講經住天界寺恩寵甚隆及示寂遣官諭祭送龕歸杭

許極字無極號無菴目不識一字有異僧過邑衆往作禮求其術僧不作語但舉錫杖畫地如一字衆皆莫省極伏地前曰師道是惟一無二僧舉杖指其面良久極自是有所悟入觸事遇物能說偈深中道妙

彌永蘭亭號日菴建初寺僧了悟內典忽瞑目見

曰出何典玘曰出藏經第幾卷都御史詹同目
之曰若柰何爲此對玘曰玘釋氏不敢背教亦
不敢欺　上也　上頗闗其語詰之玘俱
以實對　上變色曰然則吾當何報耶玘叩
頭曰天生聖人爲生民主豈同於凡類耶
上曰此又出何典玘曰出藏經第幾卷　上
命取經閲之信然喜動顔色　諭諸大臣曰
卿等雖各有才恐不能若是僧之忠誠也玘臨
終沐浴更衣詣　上告訣　上遣有他事

不見玘望　闕門頭曰臣有生緣無死緣
上聞其語嘆曰噫玘死矣急使人視之果卒遣
官　諭祭驛送龕還鄉
許極字無極號無庵目不識一字有異僧過邑衆
往作禮求其術僧不作語但舉錫杖畫地如一
字衆皆莫省極伏地前曰師道是惟一無二僧
舉杖指其面良久極自是有所悟入觸事遇物
能說偈深中道妙
彌衣蘭亭號曰庵建初寺僧了悟内典忽瞑目見

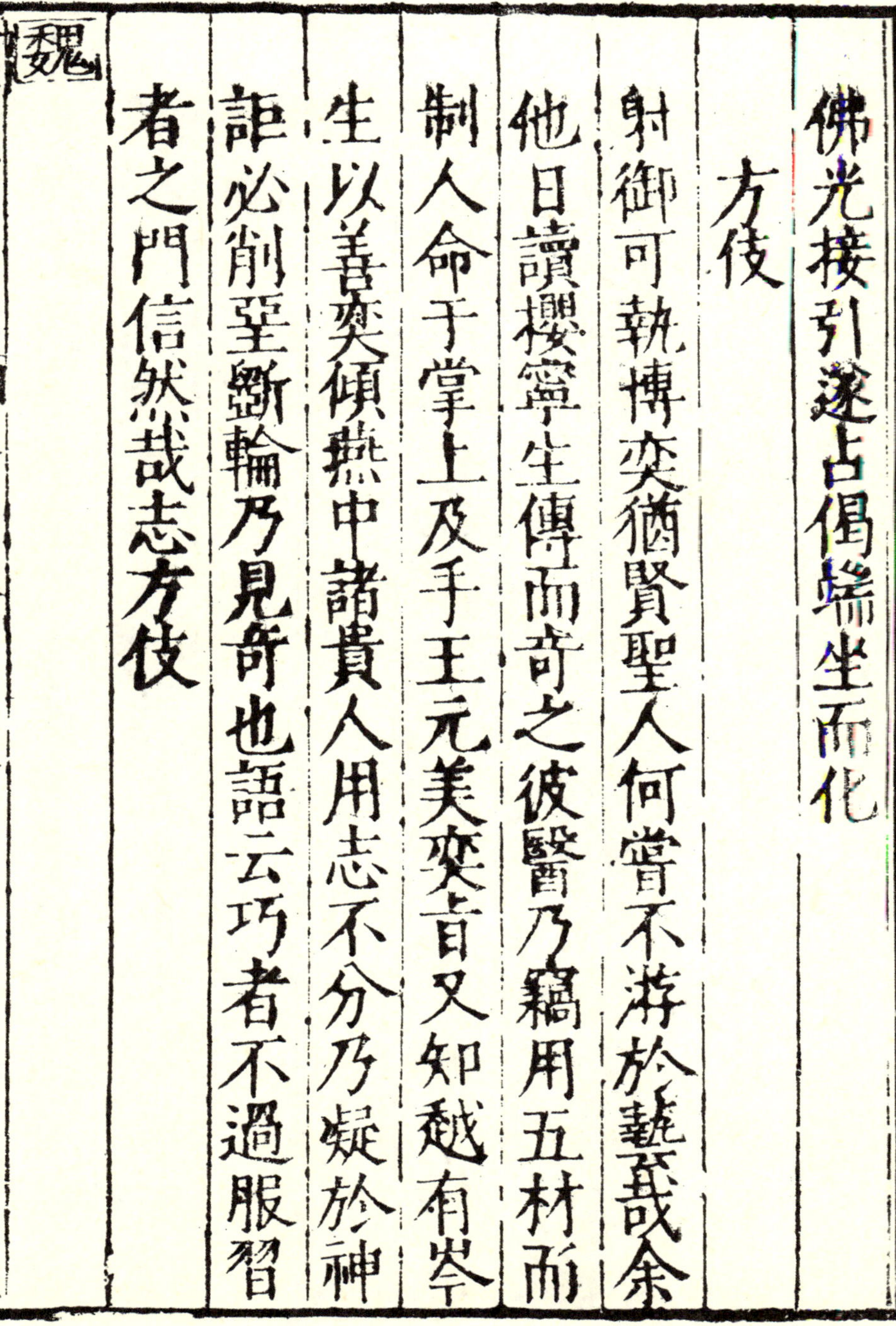

佛光接引遂占偈端坐而化

方伎

射御可執博奕猶賢聖人何嘗不游於藝哉余
他日讀櫻寧生傳而奇之彼醫乃竊用五材而
制人命于掌上及手王元美奕旨又知越有岑
生以善奕傾燕中諸貴人用志不分乃凝於神
詎必削至斲輪乃見奇也語云巧者不過服習
者之門信然哉志方伎

魏

虞松字叔茂官至中書令大司農竇泉述書賦云名徽格高復見叔茂體裁簡約肌骨豐妍如空凝斷雲水泛連鷺

皆

王敬伯善鼓琴仕爲東宮扶侍嘗至吳郵亭維舟中渚秉燭理琴見一女子披幃而進二女子從焉先施錦席於東床既坐取琴調之聲甚哀女子曰此曲所謂楚明光者也惟稽叔夜能爲此聲自此以外傳習數人而已

隋

虞綽見文苑傳工草隸書後品云鋒穎迅健

唐

虞世南見文苑傳隸行草入妙本師於智永及其暮齒加以遒逸得太令之規矩姿榮秀出秀嶺危峯處處間起行草之際尤所偏工世謂與歐陽詢智均力敵然虞內含剛柔歐外露筋骨君子藏器以虞爲優太宗學其隸書每難於戈法一日書戩字召世南補寫其戈以示魏徵徵曰

戩字戈法逼真帝賞魏公之精後卒帝歎曰吾無與論書者矣族子纂書有叔父體而風骨不及

宋

王逨書法鍾王然世罕有傳者姪中立得其筆法有名見本傳

張永洛陽人以醫術爲翰林醫學與太醫令李會通同時先時會通治官中疾用煎劑弗效永議爲散進之即愈詔擢會通官會通奏功由於永

因同授駐泊郎扈從高宗南渡遂家餘姚後登進士積勞至禮部尚書所著有衛生家寶及小兒方傳於世子孫業醫者至今猶多皆以駐泊爲名

元

滑壽字伯仁世爲許襄城人祖父官江南因徙儀真至壽徙餘姚壽學儒於韓說先生日記千餘言爲文辭有思致尤長於樂府有京口王居中者治方脉有名壽從之學醫居中授以素難諸

書壽編次註釋居中以爲莫及也傍考張仲景劉守真李明之三家而大同其旨傳鍼灸於高洞陽悟督任二經當與十二經並論註十四經通竅隧穴而施治功以盡醫之神秘其劑方處劑輒奏異效人爭延致之以一決死生一婦孕患腹痛隔垣聞其聲曰孩妖也砭之產數孩得不死又一婦臨產而死視之曰此小兒手捉其心耳砭之即甦少頃兒下大指有砭跡奇驗多類此壽無問貧富皆往治報不報弗較也與朱

與朱彦脩齊名在淮南曰滑壽吳曰伯仁鄞越曰攖寧生所著書至多具在典籍記天台朱右頗效太史公倉扁傳序述攖寧生醫道凡十數萬言宋玄僖稱攖寧生有道之士不試試於醫醫豈能盡攖寧生哉今子孫世爲餘姚人孫浩官知府按郡志葉知府逢春云壽乃劉文成基之兄易姓名爲醫文成旣貴嘗來勸之仕不應留月餘乃去

項昕字彦彰與攖寧生同時自永嘉徙姚授醫於朱彦脩陸簡靜陳白雲戴同父得其傳精於丸

運六氣之說治病往往奇中著脾胃論補東垣之缺爲人美髯善詞章兼工音律

鄭蘇善作蘭蕙人爭購之見本傳

皇明

史琳見鄉賢傳善墨竹

楊榮善墨竹嘗寫於徐州公署壁上後其孫刑部侍郎大章爲勒石焉玄孫秉禮善菊

王新建守仁見理學傳善行書出自聖教序清勁絕倫所至好題壁今皆勒石後營宅郡城每歸

姚嘗寓其從弟某宅某俟其至輒具佳紙磨墨
滿硯置案上守仁與到則書之挂軸横卷堂額
門帖無所不有今皆有力者購盡
鄭曾遺善著書雅好張即之字太峯擬極真書家
謂入能品今西與渡莊亭古蹟是其所書
黃謨字廷直工畫山水弘治間詔集天下善畫者
三十二人就禮部試謨畫稱　旨授官
駱用卿以衛學生中陜西鄉試正德三年舉進士
終兵部員外郎僑居通州初用卿積學不第授

徒他郡族故有戎籍在關中適徵檄至應代者不欲往偵用卿解館歸未至期來卒倉卒以用卿行然竟用以售用卿精堪輿術嘉靖中建初陵大學士張孚敬冢宰汪鋐交薦之擇地於十八道嶺具圖說以進遂用之今　永陵是也用卿居常自負而官不竟其志每咄嗟自異曰駱員外乃以地師終雖末技受知　明主非其好云

楊口東字子升開原里人也少業儒凡陰陽醫卜

兵家攻守之術無不畢窺里人有余某者精堪輿術多有奇驗人稱爲余半僊日東見而悅之遂盡傳其術後又遇異人於玉笥山中口授地理秘訣數篇心神頓覺豁然大悟初四明余文敏有丁少孤而貧日東爲傾貲卜其祖父兆曰此首甲拜相地也及余公果顯時時對薦紳稱楊君神術且誦其誼不容口適今 上將營壽宮海内術家雲走 闕下余公獨 上言術家無如餘姚楊日東臣已身驗之矣于是首徵日

東爲欽天監博士主其事夫何　駕幸大峪山羣議沸騰大臣無不神惧色變日東從容　奏對應荅如響萬年冈建一時而定省水衡錢以數百萬計　壽宫成例當增秩日東卽謝病乞歸士大夫無不高之若四明沈少傅一貫長洲徐侍郎顯卿輩相與祖道而贈之以詩時越有三相爲余公沈公及朱公賡其父兆皆日東所占云年至八十二而卒

楊節字居儉弘治末以懷才抱德舉已乃以善書

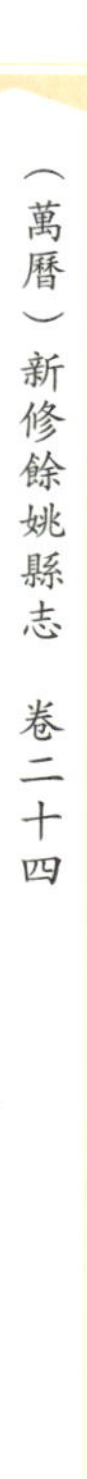

宜內殿爲序班正德初謫爲袁州檢校逾數轉高郵判官書效顏魯公更加瘦勁畫菊有莫書法亦能文章

嚴叔信行坦五人稱其行善醫用藥專以附子不問寒熱虛實並劾人號爲嚴附子

邵節善畫翎毛嘗從叔有良官于潮受業林良盡得其術

徐蘭字秀夫善水墨葡萄風烟晴雨曲盡其妙其枝蔓圓轉處藏有天下少世間無六字行書髮

髯趙松雪

孫堪見孝義傳善畫菊性愛菊所居輒種菊曰夕玩之畫益工

王維楨孫伯子畫菊歌

畫菊自有孫伯子眼中菊花無顏色千葩萬蕚出愈奇鄭老王丞掩不得鄙人重菊尤重孫初乞一揮挂吾軒霜天搖落群芳盡錦石崢嶸數樹存坐觀亡玩忻還訝紫艷金英爛相射恍惚如遊廿谷叢蕨蕤疑傍東籬下東籬廿谷杳難尋畫手千年愁見今細蘂跌枝秋婀娜含烟帶露氣蕭森吁嗟伯子之菊胡爾殊必日致品自三吳分畦列植繞山墅朝吟把朶夕對壺一吟一醉情相悅便欲因之向點綴濡毫拼縑花神愁生色真機造化泄名筆今餘二十年長安門闥踏將穿孤芳一出連城賤尺幅持來萬戶傳孫伯子勁氣貞操無與比畫中霜幹死相似巳知勳望妝人寰況覩丹青推帝里東園繁華

朝議大夫太常少卿

厲德斯侍郎曹詠妻兄也詠以秦檜姻黨驟陟顯要鄉里奔走其門惟恐後德斯獨不與通詠銜之帥越時德斯爲里正風有司脅治百端冀其祈巳竟不屈及檜死詠貶新州德斯以十詩贈行其一云斷尾雄鷄不畏犧憑伊掇𫍲復何疑八千里路新州瘴歸骨江南是幾時詠得詩愧憤

皇明戚瀾字文瀞景泰辛未進士官編脩有文名

卒爲水神蜀人楊慎丹鉛餘錄記之甚詳按其記曰公以編脩服闋上京渡錢塘江風濤大作有絳紗燈數百對照江水通明丈夫九人帕首袴韡帶劍白馬飛馳水面如平地舟人大恐公曰毋懼吾知之矣推牕看之九人皆下馬跪公問曰若輩非桑石將軍九弟兄耶曰然曰厺吾諭矣皆散公命舟人返棹曰有事吾當還遂歸抵家謂家人曰其日吾將逝矣及期沐浴朝服坐嚮九人率甲士來迎行踐屋瓦瓦皆碎戈矛

旌幟晃耀填擁有項公卒車騎騰踔前後若有所呵衛者隱隱入空而滅後丘文莊公夫人自南海浮江而上過鄱陽湖夜夢達官呵擁入舟曰吾乃翰林編脩戚瀾也昔與丘先生同官義不容絶特報耳三日後有風濤之險隻帆片檣無存可亟遷於岸夫人驚覺如其言移止寺中未幾江中果有風濤衆舟盡溺至京夫人白其事於文莊公公以聞於朝遣官諭祭文莊公又爲文祭之云於乎文淵馴勁之質豪放之氣高

義激切直上薄乎雲天巨眼空濶俯下視乎塵世凡衆人之嗜欲舉不足以動其中一時之交遊少足以當其意時發驚筵之辨臧否罔不稱情間若罵坐之狂毀譽皆有所試醉言無異於醒面折不遠於背僕也於君若有宿契始落落以難合終偲偲而交勵奈何命與心違中道而逝老我後死於十二祺孰知冥冥之中猶有舊交之誼老妻北來舟次江瀊夢中彷彿如見報以風濤將至預告以期使知趨避旣而果然幸

免顛躓於乎人傳君之爲神涖胥濤而享祀郎令所過而驗之無乃有司乎江湖之事由其生也不盡用於明時故其死也見錄於上帝於乎友道之廢也久矣曰友曰朋如兄如弟指金石以爲盟刑雞犬而設誓頭角稍殊情態頓異雲泥隔則易交勢位判則相忌對面如九疑之峰跬步有千丈之勢半臂纔分遇諸塗則掩面而過宿酲未醒踰其閾則騰口以刺過門不入室反爲操戈之舉落穽不援手忍拋下石之計親

於身也遑恤況伉儷乎生爲人也尚然況下世乎於乎文渝生死無二心始終同一致不忝爲聰明正直之神真可謂英邁特傑之士緬想舊遊稠人廣會一飲百十鍾揮毫數千字故以平生之素好用答故人之陰惠詩以寫不盡之情酒以侑有從之淚具別紙以焚燎就宿草以澆酎靈神如在來鑒於是不鄙世人之凡言特歆御醞之醇味詩曰幽顯殊途隔死生九原猶有故人情曼卿真作蓉城主太白常留翰苑名念

我冥冥來入夢哀君惻惻每吞聲朝回對坐黃封酒悵歎鷄壇負舊盟

張才少與鄭生者善嘗夢冥司遣一卒持牌書才及鄭名攝之既至王者檢其籍曰張其猶有二年鄭某繫獄閱數日鄭果物故才尋舉鄉薦又夢至一冥府守者名呼才曰葉落凋相公請見居頃之一人青衣絲絛自內出從者曰是葉落凋相公語才曰爾壽止三十二緣心地好增筭倍之才趨前謝遊遨闤闠間忽僕馬擁從甚都

其乘輿者烏紗幞頭緋衣金帶葉策一蹇從見才傍立遂步擁向神曰此張某神揖才如葉語且云已改註祿籍神太葉留後速才歸才曰乘輿者爲誰葉曰天下都城隍語旣而別才覺流汗被體後才以子琳貴棄其涞水學諭歸年巳六十又四年卒果符前夢

弘治壬子浙江三仁姚人居二焉爲孫忠烈公燧王文成公守仁其一則錢塘胡公世寧世傳文場內夜旣半場中人見東西立巨人二一人衣

緋一人衣綠合言曰三人作好事已忽不見是年三公遂同舉卒之寧濠之變發其姦者胡公而孫公死其事王公戡其難二巨人之言乃驗闗中王維楨作忠烈公傳亦引以爲言

孫繼先以貢試應天止德庚午闈中首薦其文及拆號王司以姚人爲逆瑾所惡不敢置上第方檢他卷謀易之忽聞外門傳鼓詢之云瑾已被收遂仍以孫爲解首榮進有數如此

趙世美字國用以術官御醫端肅公錦從兄也錦

桉雲南時疏相嵩諸奸狀嵩疑錦在遠必有主授者併逮世美下詔獄檢摎家書果及時事嵩恚甚屬其黨窮治之令誣服通侯鸞爲黨榜掠備酷折一指世美執辯不屈語侵嵩甚其黨盖怒乃更以不法刑具移置前有少年校怒張目踢所置趯數尺曰此何等刑也黨亦慙止竟同錦釋歸方世美下獄楊公繼盛沈公束同在獄中皆與交偶得釋械則相與彈棋清話時倡和爲詩詞 穆廟初用言事諸臣例得復官上

請停止醫院折價鬻傳取之弊指斥內侍再下詔獄削職世美始終守正不愧端肅難兄矣

千年潤在三錫書院隱愛堂後嘉靖丁巳邑令徐養相穿井得古堞有詩云石有千年潤泉無一日乾蒼生望濡雨龍向此中蟠蓋王荆公嘗讀書此山今梅林書樓其故址也詩見山川志乃七言今石止五言

白水宮瀆溪有巨石作橋歲爲湍流所衝輒圮居人患之楊山人珂大書醉臥石三字于上後遂

不復圯

陳恭介公有年未卒之先月餘嘗自作紀夢云萬曆丁酉十二月十八日之夜余臥畏天樓之從吾齋夢徘徊一山館中已而吳瀠州敬夫倪博士章偕至余曰此中儘有佳處吳曰諾來舟故在試共一遊遂相携入舟中舟無榜人亦無僕從漸能自移有項轉入山口峰巒聳拔山椒一老桂盤根樛枝下臨清澗飛花飄灑芳香襲人逡巡稍前遥望前山中房舍甚都相與歎賞徐

忽已至艤舟而登白石鱗次涓泉出石間若微雨新過狀徐步入舍明厰軒揭四無牕几寂不見一人循除久之忽老僕自外來詣前報曰館罷矣余第領之又回指偉衣冠數人自舟而陸若相就者二友曰此吾輩適來泛舟路也遂欠伸而寤惟見牕際月影朣朧而已念昔嘉靖丙辰南宫被放與吳倪同舟東歸中間區區聚散下論已即二友化爲異物不啻一紀而頃刻之夢堪爲惘然若老僕之言莫可致詰豈余病侵

尋預爲指館兆耶枕上漫成二調紀之夫人生胥壤所白晝明目而爭於善敗之場者千古一夢也勝紀乎哉又爽然自失已其二調云山之幽鬱盤丹桂臨清流臨清流花泉瀠漾馥襲蘭舟箇中秋思空淹留覺來牕外寒蟾浮寒蟾浮同遊安在千古悠悠人翩翩揭來携手穿雲泉穿雲泉依稀玉宇不見神僊箇中微語胡來前瞥然孤覺成高眠成高眠萬緣如夢何在何捐蓋寄憶秦娥云明年正月既望環恭介宅而居

者丙夜聞車馬襍沓聲竊覘之見龍犬隱隱不下數十度驂馬橋而來上下橋址間呼聲甚徹鄰犬羣吠始返呼復如之輒訝何物官人廼爾深夜過訪詰朝走問則屬烏有越數日恭介卒

邑西門有桑神廟俗呼桑九郡王系出桑巷併祠其子周舍史舍周嚮館穀外邑歸而經其姊家五夫里嚴氏姊爲具雞黍周怒何爲以骨飼我衆曰肉也姊家實以祠神竟不食歸告其妻趣具湯沐吾將去爲桑郡王子浴竟而逝叟名自

張髫年從學舍歸途遇一丈夫鬚髯甚偉曰豎子而非史氏子乃郡王桑氏子也史驚懼歸告其母夕發寒熱語語若神授母百禱無應竟死母潛見列女傳邑人十月間具旗傘鼓樂舁桑神及二舍迎于途至桑巷祠而返歲以爲常詳風俗志

歸萬言者布衣也壯遊京師適江陵相不奔父喪憤諸司有以疏留者乃伏闕論之至數千言得杖一百謫發抵邑韓劊重猶臥一牀特邑令陳

公勗起揖之曰好男子事雖近迂實難能也古有郤模編髮事史乘膾炙韓其庶幾乎

邑令陳公勗明習吏事而秩久不遷會舉鄉飲向人言今日有三異百歲鄉賓八十歲禮生七年縣令時孫潤爲大賓而讀誥則陳城也孫習醫又五歲乃卒近有杜一者東山杜氏養子本姓黃氏生成化乙酉迨萬曆壬寅得年百三十八終身無妻子不飲酒人亦喬朴力作食貧迄今猶日爲人杵二石粟人勸之休反不快御史聞

而召之㓜走匿後迎至邑城觀者如堵至擁不得行各上官皆延見之與之語多弘正間事曰見謝閣老娶徐夫人陳都堂做秀才時纔弱冠耳恍惚如昨日事謝郎文正陳指克宅距今皆百歲餘矣動履健捷齒髮無恙足稱人瑞云

新修餘姚縣志之二十四終